七重山

當代最具影響力的靈性經典

THOMAS
MERTON

傳奇隱修士&靈修大師
多瑪斯·牟敦——著

方光珞、鄭至麗——譯
吳伯仁——審訂

完整校訂版

THE SEVEN STOREY MOUNTAIN

Content

第三部

專文推薦

恩寵的生命之旅

劉錦昌

第四、五世紀的教父級人物奧思定（奧古斯丁），從他的心靈自傳《懺悔錄》出版以來，一千六百年來一直讓閱讀的人心靈受到激勵，並從中獲益良多。廿世紀美國的靈修作家牟敦（Thomas Merton），他的心靈式自傳《七重山》付梓之後，風行全球，有多種不同文字譯本發行；中文全譯本在台灣第二次出版，相信將再一次讓另一批讀者享受心靈之宴。

將自己的生命歷程、隱私、內在思想與感受，赤裸裸呈現給世人，這樣的人在感情和理智上有其特殊獨到之處；《七重山》吸引我們的地方，在於我們接觸到一個追求藝術、美德、脫俗的家庭，牟敦的父母、外祖父母、親人，他們的生命形態和生活方式，以及他後來在求學、求道過程中所逢遇的各路人士，匯集形成牟敦精彩的生命劇本。年少時，牟敦曾與父親在法國南部旅遊、居住，探訪過新教的喀爾文學院，卻未就讀，在潘訥（Penne）的卡匝斯（Cazals）村附近，常有機會到訪一些山城、妙景中失修的聖堂、隱修院，隱修院及聖堂的氣息和氛圍深深印入牟敦的心坎內。僧院、城堡，中世紀的情境一一進入他的生命裡，後來他的父親買下整座已成廢墟的聖堂，用聖堂的拱門、窗戶、石頭來建造自己的房子。法國境內修道院的一草一木和寧靜的氣氛，是年少的牟敦渴望能吸入的。

牟敦和他的父親均喜好詩人布雷克（W. Blake）的詩文，他認為這是上主聖寵在他生命中的施展，喚醒他靈魂中的信德與愛德，在布雷克詩詞的迂迴引導下，牟敦來到上主面前。在英國讀書時對哲學的興趣，讓他不斷深入思考生命的基本課題，又因病入院療養，讀到霍普金斯（G. M. Hopkins）的詩集，詩人是耶穌會的神父。入劍橋大學讀書前，他前往義大利，途中漸漸接觸到與基督相關的人與事物。一天夜晚在房間內，死去的父親似乎突然鮮明地臨在，他被強光穿透而看清了自己的生命狀況，生平第一次真正的祈禱，向他所不認識的上主祈禱，淚流滿面。父親、祂、上主之間交談著，這是一個極大恩寵的臨在，讓牟敦走進教堂祈禱。

要如何改變自己的生命？

當牟敦回顧自己的生命時，他深深體悟到那是一條滿是恩寵的道路，在哥倫比亞大學就讀期間，他遇到兩位好老師范多倫（M. Van Doren）與渥爾許（D. Walsh），他們不只是經師，更是人師。透過這兩位老師，牟敦接觸到現代士林哲學的思想家，同時對中世紀的思想有所認識，聖多瑪斯與聖文德一些思想和話語進入他的內心，他受到了光照；牟敦讀吉爾松（Gilson）的文字後，他感受到「天主在我心中真正被辨明了」，漸漸地他進入生命深沉之處，他祈禱並體驗苦修的操練，一步步地，最後他接受洗禮，信仰的真理碰觸到他的心靈，基督在他的內心誕生了，基督從祂的深淵呼喚牟敦。

《七重山》第二部第二章〈矛盾的浪濤〉所涉及的乃基督徒靈修的境界，「體驗到真正神秘的生命」，他開始懂得原來生命只是為上主而活，天主才是生命的中心。渥爾許向牟敦介紹革責馬尼聖母修院，勸他到此避靜，體會隱修生活。一次住院中，在病床上他領了聖體，他明白聖寵臨到他身上，找到了靈性生命的自由；哈瓦納的聖堂領聖體時，成聖體經文的聲音使他了悟，上主是真正屬於他的，內心覺醒了，「天堂就在我眼前」。

因喪失被徵召入伍的資格無法參戰，他的內心對熙篤會隱修生活愈加渴慕，一想到隱修院的一切，內心就受到莫大震撼，對孤獨的渴望使他安排到隱修院避靜。隱修院的彌撒、氣氛、隱修士的獻身生命都將牟敦帶到基督面前。隱修院的生活，在避靜中他體會到，在上主面前、在真理的氛圍中，一個人是否值得欽佩，取決於此人在世人中消失得有多徹底，他生命的完美度取決於是否完全不察覺自己的存在。隱修士從世俗中隱退，不是削減自己，卻是在孤寂隱退中變成更真實的自己。這時候，他腦中只有一個念頭：「做個隱修士……」

到底應如何？牟敦突獲一個靈感，翻開書本隨手一指，出現幾個字「Ecce eris tacens」（「看啊！你必成為啞巴。」路加福音 1:20）。牟敦告訴我們，修道院是一所向天主學習喜樂之道的學校，我們的本性需受治療，我們需要學習愛的真諦，要獲得自由就要能無私地愛，而愛是從真理——破除謊言開始，首先憎惡自我，祂便以祂的愛來重建我們的生命。

閱讀這本重重的大書之前，建議讀者可以先讀《遇見牟敦：盧雲眼中的默觀者》，或光啟文化出版社的《七重山》節譯本；當然一口氣將全譯本讀完是最令人滿足的方式。

（本文作者為台灣基督長老教會聖經學院院長）

專文推薦

我的他與祂

賴佩霞

讀過多瑪斯・牟敦的《七重山》，我花了幾天的時間，回首自己在靈性成長上的足跡。二〇一二年我雖然出版了一本以心靈成長為主、個人故事為輔的自傳《回家》，但書中提到的宗教追尋也只是冰山一角。本書作者描寫的靈性渴望我懂，我真的懂，我深切理解那種渴望被救贖的焦慮與急迫。我們多麼希望能撥雲見日，活出生命的尊貴與價值。我相信，每個人心裡都有這份渴望，只是當一切順利輕鬆之餘，人們不會刻意扭轉，想從痛苦中尋求解脫與開悟。

開悟，不是幸福的人追求的層次，開悟是知悉痛苦的人尋求解脫的出口。

美的是，感知痛苦，並不表示你要長期沉溺於痛苦，而是體驗痛苦的存在，瞭解人性的共業，從中尋求解脫。解脫之後，將自身的經驗，傳承給那些還耽溺在痛苦中，同時渴望解脫的人。這樣的分享，是人與人之間最美、最有價值的交會，不只被點醒的人遇見神，分享的人也體驗到生命最偉大的奉獻與滋潤。

對我來說，神、存在、大能、天主、佛、阿拉，都指向人性至高、至善、至美的部分。每個人透過自己的文化與機緣認識自己存有的善與美，在這樣的基礎下，任何宗教裡人性的較量，都不是我能認同的。在我尋求真理的道路上，我非常慶幸有多年心理學的訓練背景，因此，只要在任何宗教體系裡的權力競爭與情緒勒索，我幾乎能很快地從人性中找到原委。那些都不是我們內心真正的追尋，我們內心真正渴望被點燃的是祥和、仁慈、和善與感動的連結。對於一個渴望追求靈性潔淨的人來說，偏離一點都不行，除非到達，追尋將永無止境。

在我五、六歲的時候，念的是天主教的外僑學校，當時小小身影跪地祈禱的畫面如今仍歷歷在目。多少暗夜我獨自一人留守家裡，唯一能做的就是懷著莫大的恐懼向天祈禱，小小心靈似乎只有這樣才能強化信心，相信自己是安全、備受聖靈呵護的，是那一聲聲與天主的對話，幫助我渡過那些充滿焦慮、害怕的片刻。你說，當時能給我救贖的還有誰？從此，與老天爺的對話便成了我的慰藉。孤寂的暗夜對一個稚子來說，除了祂，還有誰能幫得上忙？

牟敦六歲喪母，從此開始了他顛沛的一生。父親是一位畫家，浪漫的情懷不免繼續追求愛情與事業。九歲時父親病危，他再次經歷可能失去至親的強大恐懼，雖然父親從病中痊癒，但對一個孩子來說，小小年紀便承受如此巨大的創傷，情何以堪。從此，他開始離家住校，常年往返於學校與親友家中寄宿。自從母親過世之後，父親幾乎都不在他的身邊。好不容易與外祖父母培養的親情，也因長年寄宿學校而少了往來，在他二十二歲時，兩老相繼離世。他的大學生涯荒誕不羈，叛逆的青春期讓他對什麼都存疑。這般灰暗的童年，讓他對生命充滿了質疑，牟敦，什麼都不信。

死亡，充斥在他生命中的不同階段。這樣的生命經歷，讓他如何開心得起來？內心除了神性的召喚，黑暗的生命歷練教人如何解脫？自在，想必對他來說像是海市蜃樓。正當他投身教會，全心追求靈性、迎向內心神性的召喚時，他唯一小他兩歲的的親弟弟也在牟敦二十八歲時意外身亡。他的一生，除了尋求痛苦的解脫，你想，還有其他的出路嗎？

除了親情的割捨，他在感情上也充滿矛盾與掙扎。大學時期，他的同學曾經描述他在校時的茫然與頹廢，追逐女性、抽煙、喝酒，就像一般時下迷失的一代，他知道那樣的生活無法帶給他平靜，於是，他再再問自己，希望找到神性的依歸。雖然他當時並不被教會所吸引，但是內心追求恬靜的渴望從未止息。

據說，他有一些謎樣的野史在坊間流傳著，譬如，他在大學期間可能生有一子；在擔任神職時曾與一女過從甚密；他意外身亡的故事留給世人多方揣測。這些未被證實的謎，讓牟敦的故事更引人入勝。

多瑪斯．牟敦是一位傳奇人物，他的真實能鏡映我們每個人心中神性與人性的對立與掙扎。我們是否能從這些坦誠的故事裡找到兩者的平衡，神性與人性是可以和諧並存，但前提是，我們要先認識祂與他。當他出現時，讓祂引領；讓祂透過他而展現；這一切無關宗教，關乎人性裡的祂。

這是一本好看的書，而且是起點，終點是你自己的故事，你神性與人性的整合。祝福你，願你也能為自己獨特、璀璨的生命，寫下一篇篇動人的成長樂章，平安。

（本文作者為魅麗雜誌發行人、作家、身心靈成長導師）

審訂者序

漂泊流離，歸根之路

吳伯仁

生命中何時遇見多瑪斯・牟敦（Thomas Merton, 1915-1968）已不十分記得了。當閱讀當代的一些靈修著作時，他的名字常會被提起，並與聖十字若望和大德蘭的名字並列，作為卓越古典和現代靈修典籍作家的代表人物。[1]但對我而言，他更可說是一位當代傳奇性人物，這可從大家對他的稱呼即可理解：隱士、詩人、記者、教授、文評家和思想家。另一方面，他雖過著隱修的生活，卻又僕僕風塵致力於國際的和平、反對戰爭、反對種族歧視，以及宗教交談。

對於牟敦所加入的嚴規熙篤隱修會（Order of Cistercians of the Strict Observance），若對台港澳的天主教友提起香港大嶼山、南投水里，就不是那麼陌生了。近來，歸心祈禱（Centering Prayer）的推廣，以及相關書籍的出版，它們主要的推行人多瑪斯・基廷（Thomas Keating, 1923-）、威廉・梅寧哲（William Meninger）和巴西略・潘寧頓（M. Basil Pennington, 1931-2005）三位都是嚴規熙篤會會士。倘若牟敦不在一九六八年意外死亡，想必他也會於一九七五年起參與其他三位共同推動的歸心祈禱運動。

嚴規熙篤隱修會的隱修士都要誓言沉默：如非必要，一律守靜默，俗稱「啞巴會」之名，不脛而走。院方另有嚴格規定，隱修士一年內能寫多少字數的信件。當牟敦在革責瑪尼隱修院初學時，院長卻不僅允准，甚至鼓勵他寫詩，進而任命他負責翻譯法文書籍、文章和寫作的工作。這自有原因：當時革責瑪尼修道院在熙篤會和美國天主教會中蓬勃成長，前所未有，望會和初學生有人滿為患之慮。在美國、愛爾蘭和蘇格蘭陸續建立新的熙篤隱修院，這意味著迫切需要有撰寫熙篤會士生活、靈修和歷史的英文書籍。除此之外，由於信友靈修生活的復甦，越來越多人前往革責瑪尼修道院參與避靜和祈禱，相關的靈修書籍也因應出版。牟敦自然成為當然的人選之一。

牟敦的第一本書名為《詩三十首》（*Thirty Poems*），出版於一九四四年。其後，院長又批准他寫個人自傳，取名為《七重山》（*The Seven Storey Mountain*）。一九四八年，此書的出版擊中了二次大戰後美國社會文化神經的深處，讓經歷戰爭殘酷洗禮的飄泊無根信仰，重新被人正視面對，因而立刻成為當年度暢銷書榜上的第五名，被譽為二十世紀聖奧斯定的《懺悔錄》。牟敦和革責瑪尼修道院因而聲名大噪。牟敦畢生發表著作多達七十餘種，去世後從遺著、日記、信函、講章整理出來的出版品不計其數，對當代宗教和靈修有極為深遠的影響。除了《七重山》以外，為我們所熟知的中文譯本，則是《沙漠的智慧》（公教真理學會，1989）、《默觀生活探祕》（光啟，1991）、《靜觀、靜觀》（上智，1999），以及從他的遺作整理出來的中譯本：《在生命寂靜的山巔》（商周，2002）和《隱修士牟敦悟禪》（啟示，2004）等。《七重山》的中文版曾在一九八三年由光啟出版社節錄出版，二〇〇二年由究竟出版社完整翻譯出版，如今十年後能夠再次校訂出版，對

1 參照多瑪斯．格林著，《井枯之時：入門後的祈禱》（光啟文化，1998），頁5；以及Max Oliva著，《祈禱自由、愛也自由》（光啟文化，1998）。

今日仍在生活中漂泊、渴望追求真理的人而言，實是一大福音。

《七重山》書名源自於中世紀詩人但丁（Dante Alighieri, 1265-1321）的經典作品《神曲》（*The Devine Comedy*）。《神曲》分地獄、煉獄和天堂上、中、下三篇，中篇煉獄描寫朝聖者的七重山之旅，意指在煉獄中經歷種種艱困、最終攀至天鄉的過程。這七重山暗喻基督宗教的七種罪，如驕傲、嫉妒、憤怒、懶惰、奢靡、貪食和色慾。牟敦藉此將他年少至成為一位隱士，所歷經在感情、智識和靈性上的歷練、痛苦、掙扎和折磨，娓娓道來。他從這個充滿不安、渴望、對質、抗爭的世界，潛進「孤獨」的世界與神相處，讓他的生命轉向胸懷世界，用憐憫的手觸摸這個被種族歧視、宗教仇恨、不正義和暴力所扭曲、分裂的世界。閱讀這部經典能指引我們走上尋找真理之道，更能感受到牟敦尋求心靈平靜的渴望與動力。

牟敦自幼父母相繼去世，過著漂泊輾轉、缺乏安全感的求學和寄宿生活。早熟和承繼了藝術氣質的他，表現出一種在感情和智識上的飢渴，一種在靈魂上深沉的痛苦，因而促使他能與世界的現實奮戰不懈，直到他找到歸宿，因著天主的仁慈、洗禮的恩寵，滌淨他過去一生的罪孽、開始新的生命。然而，人性的懦弱和罪惡習性仍有待挑戰和征服，現今只是到達煉獄的七重山山腳下的水邊。

牟敦對於真理的追求，沒有因著接受洗禮、成為天主教友而停止。當他內心浮現起要成為一位神父時，內心突然感覺到非常強烈、甜美深沉又堅持的牽引力量，有一種明確的感受，覺得應該要這樣做。牟敦深刻地體會到這是天主從祂自己的深淵中不斷地召喚他，並在瞻仰注視聖體時，更加確信神父的聖召。隨後，牟敦零星閱讀有關耶穌會、方濟會、道明會、本篤會的書籍，開始修會聖召分辨的過程。牟敦進入隱修院成為隱士的步驟並非一蹴而成的，一開始他對所有修會的會規都存有恐懼的心，對於團體生活、長時間的祈禱和齋戒，深感焦慮。

牟敦按照自己的意願，敲了方濟會的門，但終究在他內心漸漸明白，進修院的召喚是顯明的，然而準備進入方濟會初學院的心態並不完善，那是來自他自我的私心作主。天主卻藉由〈約伯傳〉的光照，讓他體會到只要我們仍有一點私心，這份自知的痛苦是躲不掉的，唯有在天主的愛中才能得到完全的淨化。牟敦有一天醒來，突然發現內心的平安完全消失，再次走上漂泊、流浪、受凍和孤獨的旅程。上主說：「我的思念不是你們的思念，你們的行徑也不是我的行徑：上主的斷語。就如天離地有多高，我的行徑離你們的行徑，我的思念離你們的思念也有多高。」（依撒意亞 55:8-9）

天主沒有讓牟敦進入方濟會，卻準備他進入革責瑪尼隱修院。牟敦形容自己進入隱修院後，真實地嘗到自由的滋味，但內心仍未完全得到安息。在整理詩稿出版《詩三十首》之際，他覺得似乎是在替一位陌生人、死去的詩人編輯作品。雖然他已正式更名為「瑪利亞．路易修士」，但仍覺得有一個陰影、替身總是跟蹤著他，是他擺脫不掉的「海上老人」，與他同進教堂，形影不離。這似乎與他發過初願、應該卸下自己一切身分，獻身於主的召叫相違背？牟敦甚至曾經害怕這會不會是躲在柱子後出賣主的猶達斯？經過長時間默觀，加上許多人的印證，他才恍然領悟到「寫作是他的聖召」。

牟敦從來沒有避諱說出他的矛盾與衝突，這是他人格特質的一部分。既要神，也要人；既要孤獨，也要人間；既要隱居，也要社會；既要獨處，也要旅行。這些張力、矛盾與衝突交織成牟敦的一生，在他早期的自傳《七重山》中，我們已經看出端倪，且持續到他生命的末刻。

牟敦自述說：

祢令我終日在樹下來回踱步，一遍遍對自己說：「獨居，獨居。」一轉身，祢卻將整個世界丟進我懷裡。祢對我說過：「拋棄一切，跟隨我」。然後祢將半個紐約緊緊銬在我腳上。祢讓我跪在那柱子後面，我的心像撲滿一般亂響，那算是默觀嗎？

當然，在這樣的矛盾與衝突中，默觀與行動、隱修與入世的張力，自然呈現出來。綜覽基督徒靈修史，對於積極入世的行動生活與默觀生活的看法，相當分歧。牟敦特別詳述聖多瑪斯．阿奎納（Thomas Aquinas）的教導，有關於入世、默觀和混合式的三種聖召。聖多瑪斯認為默觀生活的真正本質是比入世生活更為高超，但須承認入世生活在某些方面較默觀生活更加完美。入世的行動必須是愛天主之情洋溢的結果，是為了履行天主的旨意。唯有如此，行動方能超越默觀生活的喜樂與安息。即使如此，也不能豁免默觀的義務。牟敦繼續問道，那為默觀修會或純粹入世行動的修會如何呢？他總結說，無論那一種修道生活，完美的顛峰是「傳播默觀的果實」。不論以哪一種形式就是要分享默觀的果實，缺乏內心生活的入世聖召是貧瘠、無生氣的，必須要有深刻的內在生活才行。

基督的召叫不是只在吸引特選的少數人，而是要吸引所有的人跟隨祂，吸引所有真正有靈修的人，引領他們走向默觀的完美。進而，使每個走上祂的人，在默觀的熔爐中和基督融為一體，再延伸出去在地面上點燃同樣的火焰。主耶穌說：「至於我，當我從地上被舉起來時，要吸引眾人來歸向我。」（若望福音 12:32）又說：「我來是為把火投在地上，我是多麼切望它已經燃燒起來！我有一種應受的洗禮，我是如何焦急，直到它得以完成。」（路加福音 12:49-50）

牟敦在《七重山》的結語，提到「讓此書在此完結吧，但探索仍將繼續！」是的，人生的旅程仍須繼續往前行。一九六八年十二月十日，牟敦在曼谷舉行的一次研討會後，被發現在自己房間內不幸意外觸電死亡，享年五十三歲。他攀登七重山的旅程已經走完，回到天鄉了。

最後，以牟敦此段自述作結：

就某種意義而言，我們永遠是旅人，風塵僕僕，卻不知何去何從。換一種說法，我們已經抵達目的地了。在此生，我們無法完美無缺地擁有天主，這就是我們為何總是尋尋覓覓，生活在黑暗中；但是，藉著恩寵我們已經擁有祂，所以我們已經抵達目的地，生活在光明中。但是啊！我已經抵達了，還要走多遠才能找到祢呢！

〈希伯來書〉說：「的確，那些說這樣話的人，表示自己是在尋找一個家鄉。如果他們是懷念所離開的家鄉，他們還有返回的機會；其實，他們如今所渴望的，實在是一個更美麗的家鄉，即天上的家鄉。」（希 11:14-16）

（本文作者為輔仁聖博敏神學院教授、依納爵靈修中心主任）

我給你們說，天主能從這些石頭中給亞巴郎興起子孫來。

——〈路加福音〉第三章第八節

第一部

1 囚犯的基地

I

一九一五年一月的最後一天，在寶瓶宮星座下，於戰火連天之年，我在西班牙邊界的法國山腳下出世。人是天主的肖像，生來就是自由的，但是按我誕生所在世界的形象，我卻成了我自己的暴戾和自私的囚徒。[1] 這世界是地獄的寫照，充滿像我這樣的人，愛天主卻也憎恨祂；生來愛祂，卻生活在恐懼、無助且自我矛盾的飢渴中。

我在家中出生，距馬恩河（Marne River）幾百哩，當時人們正沿著河岸在沒有枝葉的樹林裡，冒雨從壕溝中打撈出混雜在死馬及毀壞的七十五公釐野砲之中的腐爛人屍。

我的雙親就是那個世界的囚俘，他們生活在這世界，卻又不屬於它，並非因為他們是聖人，而是因為他們別具一格；他們是藝術家。藝術家的特質就是把人提昇到這世界的水平之上，但那並不能將人拯救出來。

父親的畫風與塞尚（Paul Cézanne）相似，而且他和塞尚一樣，都很了解法國南部的山水風景。他的世界觀相當明智、平穩，充滿了對格局、萬物之間關係的崇敬，表露出個體、受造物與四周環境的關聯。他的見解清晰，並帶有宗教色彩，所以他的畫作不尚修飾或多餘的詮釋，一位具有宗教氣質的人尊重天主創造的德能。我父親是個優秀的藝術家。

我的雙親從未遭受浮淺的偏見之苦，他們不像一般人除了汽車、電影、冰箱內有些什麼、報紙上的新聞或鄰人離婚的事情之外，什麼都不知道。

從父親那兒，我承繼了他對事物的看法和正直的個性；由母親那兒，我承繼了她的多才多藝和對紊亂世界的不滿；從他們身上，我獲得了對工作、視野、享受生命及表達自我的能力。如果這個世界的生活標準是實在的話，我所擁有的就足以讓我活得像王侯一般。我們家從來不曾富裕，但是連傻子都知道，沒有錢財仍然可以享受快樂的生命。

如果人們習以為常的一切就是真實的——如果你需要的快樂只是抓住一切、看清每一件事、探討每一個經歷，而且能評論這一切，那麼從嬰兒時期直到現在，我應該就是很快樂的人，是精神上的百萬富翁。

如果快樂是與生俱來的恩賜，在我成年之後，就絕對不會加入嚴規熙篤隱修會（Trappist monastery）成為修士了。

1 譯註：本書關於宗教詞彙的翻譯一律採用天主教譯名，參考資料為《天主教英漢袖珍辭典》（天主教恆毅月刊社）與《神學辭典》（光啟）；關於聖經引文，則採用思高聖經學會譯釋之聖經。

II

我的雙親分別由天之涯、海之角來到普拉德（Prades），他們在這兒待了下來，但是並沒有待太久；待我出生了，能用自己的小腳站立之後，他們就再度上路。他們繼續跋涉，而我也跟著他們步上漫長的旅途；對我們三人而言，如今這段旅程均已告一段落。

父親來自地球另一邊，從紐西蘭越過千山萬水來到法國。從照片上看來，他的故鄉基督城（Christchurch）和倫敦近郊很像，或許較乾淨些。紐西蘭豔陽高照的日子較多，我猜住在那兒的人也較健康。

我的父親名叫歐文．牟敦（Owen Merton）。歐文這個名字來自他母親的家族，他們在威爾斯住了一代或兩代，我猜他們原籍應該是在蘇格蘭低地。我祖父是個虔誠的基督徒，他在基督城的基督學院教授音樂。

父親是個精力充沛、個性獨立的人。他向我描述紐西蘭南島的丘陵和山地，以及他常去的綿羊牧場與樹林。有一次一支南極探險隊伍到那兒，他差點就跟著他們去南極；若果真如此，他也會和其他人一樣在南極凍斃，因為那一支探險隊伍沒有人生還。

父親決定要研習藝術時，遇到重重阻攔，很難讓家人接受他選擇以藝術為職業。最後，他終於前往倫敦，然後到達巴黎。他在巴黎遇到我的母親，兩人結了婚，從此再也沒有回到紐西蘭。

我的母親是美國人。我看過一張她的相片，是個嬌小纖瘦卻很冷靜的小婦人，面容嚴肅、緊張又敏銳。這與我對她的記憶相當吻合，她總是對我——她的兒子——那麼擔憂、嚴厲、性急又挑剔，但是在家人口中卻總是快樂開朗。母親過世後，外祖母保留了一大把她的紅頭髮。母親寄宿學生時朗爽朗的笑聲好像永遠迴盪在外祖母的記憶中。

我認為母親是個懷有不能滿足的夢想的人，而且永遠在追尋完美無缺，無論是對藝術、室內裝飾、舞蹈、家務、甚至是教育子女，都要追求完美。或許這就是在我印象中母親總是顯得憂心忡忡的原因，我這身為長子的孩子如此不完美，對她而言是個極大的欺騙。我寫這本書或許不能證明任何事，但至少可證明我的確不是任何人心目中的理想孩子。我看過母親保存的一冊日記，寫於我的嬰兒期與幼年期，日記中流露出她對我的頑固個性和似乎能自由放任而毫無定性地生長，感到非常驚訝，這些都不是她原先期望的。例如，我大約四歲時就對廚房內的煤氣燈肅然起敬，那簡直是禮拜式的崇敬；母親不認為上教堂或學習宗教禮儀是教育現代兒童的重要科目，我猜，她認為讓我自由發展就能成為某種有教養、溫和的自然神論者，又不會受到迷信的戕害。

我會在普拉德受洗全是父親的主意，父親出身於根深柢固的英國國教家庭。不過，我猜給我施洗禮的聖水效力一定不夠，無法糾正我的放任個性，也無法將我的靈魂從魔鬼的吸血魔掌中解救出來。

為了實現夢想，父親來到庇里牛斯山區（Pyreness），他的願望比起母親凡事追求完美的理想更為單純、具體和實際。父親希望在法國找個地方定居、養家和作畫，不必依靠什麼；事實上我們也沒有什麼可賴以為生。

在普拉德時，父親和母親有許多朋友。他們安頓下來之後，作畫的畫板堆在屋角，整間屋子都聞得到新鮮油彩、水彩和廉價菸草、菜餚的味道，還有更多從巴黎南下的朋友來拜訪他們。母親喜歡在山丘上張著大帆布陽傘作畫，父親則喜歡在豔陽下作畫，他們的朋友都喜歡一邊喝著紅酒、一邊遙望坎尼古（Canigou）山谷和山坡上的修道院。

那一帶山區有好幾處修道院遺址，回想起來心裡總是充滿崇敬。那些整齊古老大石塊砌出的修道院和低矮巨大的圓形拱門，都是修士一磚一瓦搭建而成的，也許他們曾經為今日的我祈禱求福。聖瑪爾定（St. Martin）和聖彌額爾總領天使（St. Michael the Archangel）——隱修士的偉大主保——在那一帶山區都有教堂，此外還有坎尼古的聖瑪爾定教堂、寇薩的聖米歇爾教堂（Saint Michel-de-Cuxa）。我對那些地方懷有特殊懷念之情本是天經地義的吧？

二十多年後，其中一座修道院跟我一起橫渡了大西洋，我們將修道院的石磚一塊塊分開，運到這兒，然後還在我方便到達之處一塊塊堆砌重建。當時我亟需見到真正的修道院，亟需見到一個人做了理智抉擇之後的住所，住在修道院的人絕不會淪落至有如喪家之犬一般。現在寇薩的聖米歇爾教堂已經完全修復，成為紐約城北公園裡一間特別而小巧的博物館，放眼可見哈德遜河（Hudson River），在這兒不會感覺到置身於大都會中。它現在的名字就叫修道院，雖然是個拼湊綜合體，卻保持了相當原有的實質，隱藏在樹木及帕利塞德（Palisades）峭壁間，與四周的都市環境形成全然的對比。

那時，由外地來到普拉德的客人經常將報紙成捲塞在外衣口袋中帶來給我們看，還帶來許多印有愛國宣傳漫畫的明信片，傳達聯軍打敗德軍的消息。我的外祖父母住在美國，他們一直為住在戰區的女兒一家操心，顯然我們不能在普拉德久待了。

當時我剛滿週歲，對這趟旅行毫無記憶，據說我們是在波爾多（Bordeaux）上船的，大船前方甲板上還裝設了大砲。我也不記得橫渡大西洋的情景，不知道當時遇到德國潛艇的驚險，至於如何在紐約登陸、到達這塊沒有戰爭的新大陸的情景也不記得了；不過，當年我的美籍外祖父母初次見到女婿和外孫的情景倒不難推想。

家人都稱我外祖父為「老爸」，他是個朗爽有勁的人，不論在岸邊、船上、火車上，或是在車站、電梯內、公車上，還是在旅館、餐館裡，他總是興頭十足，對人發號施令，做出新的安排，隨興所至臨時改變計畫。外祖母正好相反，大家稱她為「好婆婆」，天生就慢條斯理、遲疑不決、不愛活動，她的慢動作與外祖父的過分性急對照之下加倍顯出兩人的差距；外祖父愈是有勁、發號施令愈大聲，外祖母就更加遲疑不前。這種分歧在一九一六年似乎還不太明顯，我想他們也沒有意識到，真正造成繁雜嚴重的衝突已是十五年後的事了。

毫無疑問，兩代之間一定有不少衝突，我父母決定搬出來，找個屬於自己的地方。後來，他們在長島（Long Island）的法拉盛（Flushing）——那時還是個小城鎮——找到一間破舊的小屋子，四周有兩三棵高大的松樹。我們家位於通往克伊裘登（Kiljordan）、牙買加（Jamaica）及老舊的中輟學校（Truant School）方向的郊野，家中有四個房間，樓上樓下各兩間；其中兩間小得僅如大櫥櫃，房租一定很低廉。

我們的房東德根先生在附近開了家酒廊，他和父親起過衝突，因為他盜取我們種植在院子裡的大黃。我記得這件事發生在一個灰暗的夏天傍晚，我們正在吃晚餐，發現德根先生在院子裡彎著身，看起來像一條鯨魚在一大片青綠的大黃汪洋內拔著帶有紅色的大黃莖葉。父親拔腿就衝到院子，我聽到他們厲聲叫罵，我們都靜坐在餐桌邊，沒有任何人動餐具。待父親回房，我開始提出問題，探尋這件事的道理；我一直覺得這是個很棘手的問題，雙方都有道理。我認為，如果房東高興，他應該有權取用在他的土地上種植的蔬菜，身為房客的我們無法制止。談到此事，我很明白一定會有人批評我，說我一出娘胎就帶有中世紀農奴般的道德觀，而且會認為這是我後來進入修道院當會士的真正原因。

父親全力作畫，完成了幾本素描，又畫了好幾幅紐約岸邊的水彩風景，後來在法拉盛幾位藝術家合營的畫廊開了一次畫展。由我們家門口那條路往上走，第三間房子是一幢有好幾個尖頂的白屋，四周有寬闊的斜草坡，園內還有一間馬房改裝的畫室。屋主名叫布雷森．白若斯，他的畫作屬於清淡的古典派，畫風類似夏凡諾（Puvis de Chavannes）。他的作品帶著溫文的風格，他對我們也相當友善。

父親無法只靠作畫養活家人，在戰爭那幾年，我們是靠他從事庭院管理工作為生的。那主要是出賣勞力的工作，不但要為附近的富裕人家設計庭院，還要親手種植草木、維護庭院。父親賺這種辛苦錢也同樣使出真本事，他的確是個內行的園丁，精通花卉，知道如何栽種植物；更重要的是，他對這種工作的喜愛並不亞於對繪畫的興趣。

一九一八年十一月，大約是世界大戰停戰前一週，我的弟弟約翰保羅（John Paul）出世了。他是個安靜的孩子，不像我這麼任性衝動，記憶中每個人都喜歡他那份安然自得的個性。在夏天夜晚，太陽還沒下山他就被送上床就寢，不會像我一樣吵鬧抗拒。他獨自躺在樓上的搖籃裡，我們都能聽到他自己哼唱小調兒，每個夜晚都是同一個調子，很簡單、很原始，卻相當悅人，很適合那個時辰和節期，我們在樓下也不知不覺地安靜下來，被搖籃中傳出的調子催眠了。我們望著窗外，斜陽的餘暉越過田野，漸漸消失。

我有個假想的玩伴傑克，傑克有一隻假想的狗杜立德，這主要因為我沒有同年的玩伴，而弟弟約翰保羅還只是個小嬰兒。有一回我想找些娛樂，跑到德根先生的酒廊觀看大人打彈子，結果挨了一場罵；相反地，我可以到白若斯家玩，可以去他們家的院子和畫室後面堆了木材的屋子。貝蒂．白若斯有時候也陪我玩，她雖然是個成年婦人，卻懂得如何與孩子玩耍。但是有些遊戲還是需要同年紀的玩伴，我只好找個假想的伴兒，這或許不太好。

起先母親並不在意我編造出假想的玩伴，後來有一次和母親一同出門，要穿越法拉盛的大街，我怕假想的狗杜立德會被車子碾到，所以拒絕過街。事後我發現母親將這件事寫在日記中。

到了一九二〇年，我已經可以看書、寫字和畫圖了。我畫了一幅畫，畫中有間房子，大家坐在鋪於松樹下草地的毯子上；我將這幅畫寄給外祖父，他住在五哩路外的道格拉斯頓（Douglaston）。不過，平常我最喜歡畫船，經常畫有許多大煙囪和上百扇艙窗的大客輪，船邊遍布著鋸齒狀的水波，天上滿是V字型的海鷗。

祖母從紐西蘭來訪這件大事讓我們興奮不已。大戰一結束，她就由對蹠群島（The Antipodes）前來探望散居英國與美國的兒女。我記得她帶了我的一個姑姑同行，但是只有祖母讓我留下了深刻的印象和影響。她講述許多事給我聽，也問我許多問題。我清楚記得的細節並不多，主要的印象是祖母令人感到敬畏又充滿慈愛。她很溫柔，她的愛讓人如沐春風，不會壓得別人透不過氣。我記不清楚她的樣子，只記得她總是愛穿深灰或深褐色的衣服。她戴眼鏡，有一頭白髮，說話輕聲細語、非常誠懇。她和在紐西蘭的祖父一樣，之前都在學校教書。

我記得最清楚的一件事是她吃早餐時在燕麥粥裡加鹽，這點我很確定，因為這是深深印在腦海的記憶。還有一件事我較不確定，卻對我更加重要，那就是她教我唸天主經（Lord's Prayer）。也許以前我也跟著父親唸過「我們的天父」的禱文，但是一直沒有養成習慣。一天晚上，祖母問我是否祈禱了，發現我竟然不會唸天主經，於是就教我；從此之後我再也不曾忘記天主經，雖然有很長一段日子沒用上，卻仍然記得。

說來奇怪，父母親那麼注重我們的教育，慎防孩子受到庸俗、醜惡或錯誤觀念的污染，卻沒有給予我們正式的宗教訓練。我只能猜想母親在這方面有很強烈的主張，或許她認為所有組織性宗教都達不到她的標準，不能幫助她的孩子在智能上臻於完美。住在法拉盛時，我們從不上教堂。

其實，我記得有一天我很想上教堂，卻還是沒去。那是個星期天，很可能是復活節的星期天，大概是一九二〇年吧！田野彼端，在鄰居紅色農舍後頭，我看到聖喬治（St. George）教堂的尖頂，教堂的鐘聲也從光亮的田間傳到我們耳裡，正在屋子前玩耍的我停下來聆聽。突然，樹上所有鳥兒也在我頭上唱了起來，鐘聲和鳥鳴使我心情激奮歡欣，我對著父親大喊：

「爸爸，鳥兒也在牠們的教堂裡！」

我接著說：「我們為什麼不去教堂呢？」

父親抬頭看看我，說道：「我們會去的。」

「現在嗎？」我問。

「不，太遲了，以後哪個星期天再去吧！」

母親自己有時倒是在星期天去做禮拜，父親大概不曾與她同行，他可能留在家裡照顧我和弟弟，因為我們從來沒去過教堂。母親去的是貴格派（Quakers）教會，在古老的會所中聚會，那是唯一對她有效用的宗教。我猜，她認為我們長大後也可以依照她的方式做禮拜，她可能不願直接影響我們，迫使我們信奉天王，寧可讓我們自己摸索出方向。

同時，我的教育是依據母親由雜誌上看來的一種先進教育法制訂的。雜誌廣告上有張橢圓形相片，相片上有個戴夾鼻眼鏡、學者模樣的人，母親看過之後便寄出回函郵購教材，後來收到從巴爾的摩（Baltimore）寄來的一系列教科書和一些圖表，還有一張小書桌及小黑板。原則上，現代的聰明孩子可以在這種啟發性教材中自由發展，順其自然地學習，也許不到十歲就有進入小型大學的程度了。

約翰．彌爾（John Stuart Mill）[2]在天之靈如果看到我打開書桌開始學習，一定會讚嘆不已，高興得在我房裡跳上跳下。我忘了這樣的教育成果如何，只記得有一晚我被處罰提早就寢，因為我硬是不肯改正一個拼音：我把「which」拼成「wich」，少了一個「h」。我覺得這真是不公道的處罰，心想：「你們把我當成什麼了？」畢竟那時我才五歲呀！

我並未對這種新式教育和附帶的書桌產生怨恨，小時候最喜歡的地理書可能也是從那兒得來的。我非常喜歡在地圖上玩一種名為「囚犯的基地」[3]的遊戲，因此嚮往成為水手，而且非常熱中於那種馬不停蹄、到處奔波的生活，不久後我的確如願以償了。

2 譯註：英國哲學家，由其父在家親自教育，較同齡者獲得更多知識。
3 譯註：類似官兵捉強盜。

我最喜歡的第二本書也肯定了這種欲望，那是一本蒐羅許多故事的合集，書名是《希臘英雄》（*Greek Heroes*）。這些故事都是用維多利亞時代的文體書寫的，文字超過我的閱讀能力，因此由父親大聲唸給我聽。我從那兒聽到了許多故事，例如忒修斯（Theseus）和牛頭人身怪物、令人一睹就喪命的美杜莎（Medusa）、英明王子柏修斯（Perseus）和美麗的安朵美達（Andromeda）；傑森（Jason）乘船到遠方尋找「金羊毛」，還有得勝歸來卻忘了換下黑帆的忒修斯，讓雅典國王以為他的兒子死了，悲傷地跳崖；也正是那時候，我聽到赫斯珀里得斯（Hesperides）這個名字。就是由這些故事中，我不自覺地拼湊出一些模糊零碎的宗教和哲學概念，這些概念一直潛伏在我的內心和行動中，一有機會就冒出來，強烈地影響我的判斷和意願，讓我始終不願屈服，極力爭取不斷更新視野的自由。

這就是我早年所受教育的成果。母親要我獨立自主，不隨波逐流，不能像一般中產階級子弟那樣，像是同一個模型在生產線上拼湊出的產物。我必須有開創性，有獨特的個性和自己的理想。

如果弟弟約翰保羅和我按照這個方式學習下去，在那兒長大成人，接受維多利亞時代與希臘文化的長期薰陶，我們很可能會成為堅定的懷疑論者，文質彬彬、學識不凡，或許還能成為有用之才；或許也可能成為成功的作家、雜誌編輯，或是在某個進步的小型學院任教。如此，生活一定很平穩，或許我也不會成為隱修士。

不過，暫且不談我終於成為修士的事。我最感激天主的就是賜給我這份至高的幸福，這和母親對我的期望似乎背道而馳；但是換個角度來看，卻又似是而非地履行了她對我的期望，這是她做夢也想不到的。如果她看到調教我的結果竟是如此，一定會覺得自食其果。

啊！那時弟弟和我可能發展的方向是何其多呀！一顆嶄新的良心正在萌發，可以成為控制靈魂的主宰。我開始審慎地抉擇。我的心智是清新而毫無成見的，可以接受任何標準；只要有機會，我可以配合任何完善、高雅、甚至是天主的價值標準。

那時候，我的意願是持中、不偏不倚的，有一份蓄勢待發的力量，可以產生強大的內在動力，不論是光明或黑暗的、和平或衝突的、規則或混亂的、有愛心或有罪孽的，都有可能。若有任何外來的偏見操縱了我的意願，就可能導致我整個生命是趨向幸福或苦難，生命或死亡，天堂或地獄。

更重要的是，因為沒有人能夠或曾經單獨生存，也沒有人能只為自己一人而活，所以個人的決定往往牽連到數千人的命運；有些人只受到間接的牽連，有些人則受到直接的影響。同樣地，我的生命也會因他人而有所改變，一旦進入道德的宇宙，就會與所有人產生關聯。這個群體就如同一窩密密麻麻的蜜蜂，彼此拖拉著朝同一個目的地前進，同享善果或惡果、和平或戰爭。

我想，一定是在母親入醫院後的一個星期日，父親陪我一同到貴格派的大會堂。父親告訴我，人們到那兒就是沈默地坐著，什麼事都不做，什麼事都不想，靜待聖神促使你說話。他還告訴我，有一位知名的老先生也會來參加，他就是美國童子軍創始人之一畢爾德（Dan Beard）。結果，我坐在貴格派人群中，腦海中只浮現出三個問題：畢爾德在哪裡？他只是姓畢爾德，還是他的腮上真有鬍子呢[4]？聖神要促使這些人說些什麼、做些什麼呢？

4 譯註：畢爾德與鬍子諧音。

我不記得第三個問題的答案了，不過，坐在木質講壇上的人以手勢宣布散會後，我在大會堂外看到了畢爾德，他和一群人站在低矮的陽台下。沒錯，他確實有一把鬍子。

一定是一九二一年，那正是母親生命的最後階段，父親在道格拉斯頓的聖公會教堂獲得風琴師的職位。那不是一個令他開心或起勁的工作，他和那兒的主持牧師合不來。不過，我開始在星期日上教堂了，當時母親一定在醫院裡，因為我和外祖父母同住在道格拉斯頓。

老錫安教堂是白色的木造建築，有個矮小的四方鐘樓坐落在山丘上，四周大樹環繞，還有一座大墳場。教堂底下的墓穴葬著道格拉斯頓地區最早期的先人，他們在百年前到這個海濱峽區拓墾。此處在星期日還算相當宜人，我記得禮拜儀式的行列是由教堂後面走出來，歌詠隊的男男女女穿著黑衣罩白袍，跟著一個大十字架行走。聖壇後有一面鑲嵌彩色玻璃窗，其中有個錨的圖案，我對這個圖案特別感興趣，因為我一直希望乘船渡海周遊世界各地。那個圖案在教義上有很奇特的解釋，象徵希望的持久性，也就是信、望、愛三德中的望德，意指世人將希望寄託於天主的恩寵。對我來說，這個船錨卻代表相反的意思，它象徵旅行和冒險、汪洋大海、人類英雄事蹟的無窮盡可能，而我就是要做個英雄。

再說說那個講壇，形狀像隻大鷹展開了翅膀，翅膀上放了一本巨型聖經，旁邊又擺著一面美國國旗。和其他基督教堂一樣，國旗上方有個小布告欄，上面有黑白分明的卡片，標示著要唱的聖詩歌曲號碼。銘刻於我心的是祭台上點燃的蠟燭、收集奉獻，以及合唱聖詩，而父親則藏身在合唱隊後面彈奏風琴。

走出教堂時，我覺得很愜意，那是一種剛辦完一件該做事情的感覺。現在回想起來，我認為那種經驗非常好，至少在我童年有那麼一點和宗教的接觸，這是人們與生俱來的需求，是人性的法則；就像人人都想建造房屋、耕作生產、結婚生子、讀書唱歌，人人也都想要和其他人站在一起，一同承認大家都仰賴天父造物者。其實這個欲望比任何生理上的需求更為迫切。

這時，我父親每天晚上還到鄰鎮灣邊（Bayside）的戲院彈鋼琴，因為我們實在很需要錢。

III

我們很需要錢，很可能就是因為母親得了胃癌。

這又是一件從來沒有人解釋給我聽的事。任何關於病痛或死亡的事都瞞著不讓我知道，害怕這一類事情會讓孩子太沮喪；從一開始，我就被認定該在善良、潔淨、樂觀又平穩的生活中成長。自從母親進了醫院之後，從沒有人帶我去探望她，這完全是母親自己的決定。

她病了多久、受了多少苦，我一點也不明白。在病痛與貧困中她仍然瞞著我們，繼續照顧家人、操持家務；然而，她的病痛也說明了在我的記憶中母親為何總是那麼消瘦蒼白、看上去有點嚴厲的樣子。

就稚童而論，我該算是特別自私的。當時我倒是很高興由法拉盛搬回道格拉斯頓和外祖父母同住，在那兒多少較自由自在些，食物也豐足；同時，我們有兩條狗和好幾隻貓可以玩。我沒有太想念母親，大人拒絕帶我上醫院探望母親，我也不曾哭鬧過。我安然自得地同狗兒到樹林裡玩耍，爬樹、追逐雞群，或是到外祖母的工作室玩；外祖母常在那兒製作瓷器、上釉彩，或是在小窯中燒瓷器。

後來有一天，父親給我一張小信箋，我非常驚訝，那是一封特別給我的信，而且是母親親手寫的。以前我從未收過她的信，也從沒有這種必要。我並不是很明白那封信的文字內容，但是我能了解是怎麼一回事；很明顯地，母親在信中告訴我，她將去世，永遠不會再見到我了。

我拿著那封短信到後院的楓樹下細讀，最後終於明白她的意思，一份沉重的悲傷籠罩了我。那份哀痛不是一般孩童的大哭大鬧，而是一種成年人的茫然悲愴，更可以說是一份重擔，一份不合情理的沉重負荷。之所以如此，我想是因為這是我自己慢慢思考歸納才明瞭一切的緣故。

我祈禱了嗎？沒有，那時祈禱還沒有在我腦子出現過。天主教徒一定感到不可思議，一個六歲的孩子能夠明瞭母親即將亡故，卻不知道要為母親祈禱！一直到二十年後，我成了一位天主教徒，才想到要為我的母親祈禱。

外祖父母沒有汽車，但他們租了一輛車到醫院。我也去了，但是他們不讓我進醫院，這未嘗不是一件好事。如果單單讓我陷入痛苦和傷感，卻不知祈禱求恩，也沒有聖事的庇護與安撫，對我有何益處？就這一點而言，母親的主張是正確的；在那種情況下，死亡只會是醜惡的，不會有任何意義，那又何必讓孩子背上目睹死亡之後的重擔呢？

我和雇來的司機一同坐在車內，車子停在醫院門外，我仍然不知道醫院裡到底發生了什麼事。我想，在當時的潛意識中，我多少拒絕接受母親即將亡故的事實，因為我若是真的想探個明白，也是很容易的事。

回想起來，我好像等了很久。

車子停在醫院的天井中，四周的醫院建築都是蒙著厚厚煤灰的黑磚建築物，一邊有一條長長的遮棚，雨水不斷地從屋簷滴下。我和司機安靜地坐著，聽雨水滴落在車頂上的聲音。天空陰沈，夾雜著迷霧和煙氣，醫院和煤氣房傳來刺鼻的味道，與車內不透氣的味道混雜在一起。

等到父親、外祖父、外祖母和哈諾舅舅從醫院門口出來後，我用不著提出任何問題，他們都已經被悲傷打垮了。

回到道格拉斯頓，父親獨自走進房間，我跟了進去，看到他站在窗前哭泣。

他一定是在回想戰前的日子，在巴黎初次遇見母親，那時母親是多麼快樂自在。母親跳著舞，對她自己、丈夫及孩子都充滿了理想、計畫和雄心；然而，一切都未能如願，此刻一切都結束了。外祖母則在另外一間房裡將一大把紅髮包裝好，那是外祖母在母親年少時剪下的；她用輕軟的紙包裝那把頭髮，同時也傷心地痛哭。

一兩天之後，他們又雇了同一輛車外出，這一趟我絕對慶幸我仍然留在車內。

母親始終主張死後火葬，我猜這很合乎她的人生觀：屍體應該盡快解決掉。我記得在我們法拉盛的家中，她清掃房子時總是先用布將頭髮緊緊包起來，免得沾到灰塵，然後使出渾身解數毫不鬆懈地打掃除塵。那種動作很容易讓人了解她多麼無法容忍無用和敗壞的肉體，應該消除的就盡快消除；生命結束後，也該斷然了結一切，一了百了。

再一次，雨落個不停。我不太記得埃瑟姨媽是否曾留在車內安慰我（埃瑟姨媽是母親的表親，人們稱她麥高文太太，是個護士），我的確非常悲傷，不過至少沒有人要我到那可悲又可怕的火葬場，不必隔著大玻璃目送母親的棺木慢慢被推進鐵門，送入火爐，否則我一定會更加難過。

IV

母親去世之後，父親不必再做繪畫以外的事了。他也不必困居一處，可以隨心所欲到想去的地方尋覓題材、汲取靈感；而我的年紀也夠大了，可以與他同行。

那時我在道格拉斯頓上小學，幾個月後升上二年級，教室是山頭上一棟擴建的灰色建築，帶著惡臭味。這時父親回到紐約，告訴我要帶我到新的地方。

那真是令人興奮的感覺。望著東河（East River）逐漸開闊，匯入長島海峽，等待由瀑河鎮（Fall River）前來的船隻威風地飛馳過灣邊海灣。我將實現夢想，從遼闊的水面上遙望道格拉斯頓逐漸遠去，航向新的地平線，那就是麻州的瀑河鎮、鱈魚角（Cape Cod）與普洛溫斯鎮（Province town）。

我們住不起上等艙房，睡的是底層擁擠的下等統艙，其實這樣的稱呼還太抬舉它了。那兒有許多義大利家庭，非常喧嘩，還有一些年輕黑人，他們喜歡在夜裡就著昏暗的光線擲骰子賭博。海水沖擊船身，在我們頭上發出巨大的聲響，這顯示我們的船艙低於水平線。

清晨，我們在瀑河鎮下船，沿著紡織廠旁的街道行走，遇到一輛販賣食物的車子，很多人聚在那兒買東西，要在上班途中吃。我們坐在櫃檯邊，吃了火腿蛋。

我們搭了一整天的火車，快到鱈魚角運河的黑色開闔吊橋時，父親出了車站，到對街商店買了一塊「糕餅師」牌的巧克力給我。那塊巧克力有藍色的包裝紙，還有一張穿戴古式帽子及圍裙的女士端著一杯杯巧克力的圖片。這麼大塊的巧克力讓我又驚又喜，以往糖果總是很嚴格且小量地分配給我們。

然後是一段穿越沙丘地的漫長行程，火車每站都停。我疲倦地坐著，精神恍惚，口裡殘留著黏膩而走味的巧克力滋味，腦海中不停地想著經過的地名：桑威赤（Sandwich）、法茅斯（Falmouth）、楚洛（Truro）、普洛溫斯鎮。楚洛這名字尤其令我著迷，我一直默唸著「楚洛、楚洛」，這名字令人覺得孤單寂寞，像是到了大海的盡頭。

那年夏天總是看到綿延的小沙丘，像金屬線一樣鋒利的粗大野草從白沙堆中冒出來。海風吹過沙丘，海邊灰色的碎浪一波波沖上岸來，我將視線投向大海，地理這門學科成了眼前的事實。

整個普洛溫斯鎮聞起來像死魚。那裡有無數的漁船，大大小小的船隻都繫在碼頭邊，你可以整天在那些船頭甲板上跑來跑去，沒有人會干涉或趕走你。我也漸漸熟悉了各種繩索、瀝青、鹽巴、甲板白木的味道，船塢下面的海草味道怪極了。

我得腮腺炎的那陣子，父親為我唸了一本梅斯菲爾德（John Masefield）[5]的書，書中有許多帆船的圖片。整個暑假我都沒有被處罰，只有一次因為不吃橘子挨了一頓罵。

回到道格拉斯頓之後，父親把我留在外祖父母家，弟弟一直在那兒。我已經學會畫縱帆船、三桅船、快速帆船、雙桅船，那時的我遠比現在善於分辨各種船隻。

我回到那所公立小學，大概在那不牢固的灰色擴建校舍裡待了幾個星期，沒有太久，父親一發現新的繪畫地點，就立刻回來取他的畫板和我。我們又出發了，這次是到百慕達（Bermuda）。

5 編註：英國桂冠詩人，同時也是極負盛名的小說家及戲劇家。

那時的百慕達沒有大飯店或高爾夫球場，也沒什麼名氣，只是一個令人好奇的島嶼而已。離紐約不過兩三天的航程，位於墨西哥灣流內，英國人在那裡設了一座海軍基地。島上沒有汽車，也沒有什麼值得一提的東西。

我們搭了一艘名叫維多利亞堡的小船，這艘船有一根紅黑相間的大煙囪。最稀奇的是，我們離開紐約後不久，就看到飛魚躍出船頭翻起的白浪，一路掠過暖和的海浪。我一直期望快快看到那座島嶼，但是當它倏地出現時，我仍然吃了一驚。島嶼聳立在紫色的海水中央，遠遠望去，島上主要的色彩是綠色和白色。很快地，我們就看到島上小小的白屋子在陽光下閃耀，房子是用珊瑚岩砌成的，比白糖還潔淨。我們的船進入淺灘，四周的海水顏色變淡了，沙灘上的水色變得碧綠如翠玉，岩石上的水則呈淺紫色。我們的船沿著浮標指點的航道彎彎扭扭地繞著迷宮似的暗礁航行。

英國皇家加爾各答號軍艦停泊在愛爾蘭島（Ireland Island）的船塢中，父親指出松柏樹林深處的索美塞特（Somerset）就是我們的目的地。我們還沒到達那裡天就黑了，隱身在夜幕中的索美塞特真是又寧靜又空曠！我們輕輕踏在無人行走的乳白色沙路上，靜寂無風，薄紙般的香蕉樹葉和夾竹桃葉都紋風不動，我們談話的聲音顯得特別響亮。不過，這是一個非常友善的島嶼，偶爾經過我們身邊的人都跟我們打招呼，好像是老朋友似的。

我們租下一個地方，那兒有個綠色的陽台，擺了許多搖椅，那深綠色的油漆是該重漆了。一些英國官員和其他住在那裡的人坐在陽台上抽著菸斗，如果是在談天，談的也一定是些世俗無聊的事。父親擱下我們的行李，那裡的人等著迎接我們。我們在陰暗中吃完晚餐，很快地我便適應，把這兒當成「家」了。

實在無法找到任何理智的解釋說明，為何我的童年總是每個月都重新安排生活、重新做計畫，但是每一段生活的演進都是有理由、有價值的改變。有時我必須到學校上課，有時不必上學；有時我和父親一起住，有時和陌生人一起生活，只是偶爾見到父親。有人進入我們的生活圈子，也有人離開；此刻我們有了這一批朋友，過些時候又換了一批新朋友。世事總是不停地變遷，我接受這一切。為什麼別人從來不像我這般過活呢？對我而言，這一切如同天候和季節的變化，是自然而然的事。有一件事我是明白的：在這段日子裡，我可以隨意到處亂跑，做任何我喜歡的事，日子過得還是相當愉快。

父親離開我們寄宿的地方，而我留下，因為這裡離學校較近。父親在索美塞特另外找了一個地方，和新認識的人住在一起，白天就在那裡畫風景畫。一個冬天下來，他完成了足夠開一次畫展的畫作，畫展的收入也湊足了再到歐洲的經費。這時我已經進入當地白人的小學，學校緊鄰著一塊公共板球草地。我經常受罰，因為我完全無法掌握乘除法的基本原則。

父親也很難做出兩全的決定。他要我進學校念書，也希望我和他在一起；不能兩全其美時，他先是傾向讓我上學，後來考慮到我還只是張著大眼、懵懂無知的年紀，住在當時的環境、成天受周遭言談的耳濡目染畢竟不好，不如退學跟著他走。我很高興就此卸下學習乘除法的負擔。

那時我只擔心一件事，就是怕那位教過我的老師騎車回家時見到我在路邊玩耍，會讓負責逃學事務的督學把我送回學校，所以我必須躲開她的視野。有一天傍晚，我沒注意到她的來臨，來不及立刻跳入廢棄石礦中的灌木叢。後來我從枝幹間張望，看到她慢慢踏著車一面往白山上騎，一面回頭張望。

日復一日，太陽照耀著蔚藍的海水、海灣源頭的小島、海灣前方的白沙灘，以及山丘下一排排的白屋。記得有一天我望著天空，忽然想要敬拜天邊的一朵雲，它的形狀很像戴著頭盔的女戰神密勒娃（Minerva）——就像英國大銅幣上的女人全副武裝的樣子。

父親把我留在百慕達和他的藝文界朋友同住，獨自回紐約開了一次畫展，得到很好的評價，也賣出許多畫。自從母親過世之後，他就不再從事庭院工作，他的畫風更成熟了，變得比以前更抽象、更富創意、更簡練，而且更明確地表露他的心聲。我認為當時的紐約人並沒有完全看到他畫中的涵義或是作品的進展方向，布魯克林博物館就是一個例子，該館買了一些父親在百慕達的畫作，選的是與霍默（Winslow Homer）依稀相似的作品，卻沒有選擇真正流露父親創意的作品。無論如何，除了都是用水彩作畫、以熱帶風光為主題之外，父親的畫與霍默並沒有太多共通之處；至於水彩的技巧，他和馬林（John Marin）較相似，但是不像馬林的畫作那麼虛浮。

畫展結束後，畫作賣出了，父親口袋裡有一些錢。我離開百慕達，回到美國才知道父親又準備與朋友結伴到法國，我被留在美國。

V

我一直很欣賞外祖父工作的地方。打字機、漿糊及辦公室文具的氣味相當清新提神，環境明亮、生氣蓬勃，每個人都特別友善，因為外祖父相當有人緣，用「生龍活虎」來形容他再適當不過。他總是活力充沛，大家都喜歡看到他經過各個工作部門，一邊叫喚招呼，手指發出清脆的聲音，一邊用手裡捲著的《電信晚報》（*Evening Telegram*）敲著每張桌子。

外祖父在「格羅賽特和鄧賴普」出版公司工作，這家公司專門廉價翻印通俗小說，並出版一系列兒童冒險故事，為世界帶來了斯維夫特（Tom Swift）[6]及其發明的諸多電器，還有《諾維爾兄弟探險記》（*Rover Boys*）、《傑瑞·托得》（*Jerry Todd*）和其他故事。那裡有好幾間大型陳列室放著這些書籍，我經常到那裡面，蜷縮在大皮沙發椅上，看一整天的書也沒人打擾。最後，外祖父會帶我到「恰爾滋」餐廳吃一頓炸雞大餐。

那是一九二三年，「格羅賽特和鄧賴普」出版公司生意最昌隆的時候，此時外祖父的事業也有重大的突破。他為公司出了一個主意，出版一些受歡迎的電影腳本，附帶劇照，而且在電影上映時出售。這個好主意很快就被採用，整個一九二〇年代都很流行，為公司賺了一大筆錢，也為外祖父奠下穩定的經濟基石，並鞏固了全家往後十五年的經濟。

所以，《黑牛群》（*Black Oxen*）、《十誡》（*Ten Commandments*）、《永恆之城》（*Eternal City*）及一些我記不清名字的書籍出現在所有藥房和書店，從波士頓到舊金山，所有小城鎮都看得到波拉·奈格瑞（Pola Negri）等當時大明星的相片。

那時候，偶爾會有人在長島拍電影，弟弟和我們這幫朋友不只一次聽說有人在艾里池（Alley Pond）拍戲。有一次，我們在樹下親眼看到葛羅麗亞·斯汪森（Gloria Swanson）和一位記不起名

6 譯註：由美國作家史特拉特邁爾（Edward Stratemeyer）創作的少年讀物中的十八歲發明家。

字的男主角舉行吉普賽婚禮的一場戲，主要情節是兩人割破手腕綁在一起，讓兩人的血互流。那就是吉普賽婚禮的主旨，不知是哪位製作人想出的點子，拍了這場永垂不朽的好戲。坦白說，我們對這個主意一點都不感興趣，對孩童來說這個主題太沈重了，我們對菲爾滋（W. C. Fields）來到艾里池所演的簡短笑劇片段才特別興奮。首先，他們在破舊老屋前擺好攝影機，主角究竟是扮演醉漢還是受驚者我可記不得了。那屋子的大門突然打開，菲爾滋就連翻帶滾地從台階上飛快跌下來，真讓人不知他從那兒來的本領，跌到底層竟然毫髮無傷。他專心一志、耐心且執著地一再重複這些翻跌動作，然後工作人員才將攝影機搬到附近一大堆木材的頂上，再拍攝一些相關鏡頭。有一個陡險的山坡布滿樹木，末端是六呎高的斷崖，他們在崖下安置兩頭特別馴良的母牛。菲爾滋從灌木叢中竄出來，表情和先前同樣驚慌失措，緊張地逃離某種看不見的威脅。他回頭觀望，沒注意到前面的斷崖，所以跌落下來掉在兩頭馴牛的背上。這兩頭牛原本應該架著他發瘋似地跑開，但事實卻不然，當菲爾滋重重地摔在牛背上時，這兩頭牛仍然無精打采地站在那兒吃草，最後菲爾滋由牛背掉到地上，再一本正經地爬起來走回山丘重來一遍。

我會提到這些，是因為電影根本就是我們在道格拉斯頓時的一種家庭宗教。

一九二三年暑假，外祖父母帶了約翰保羅一起到加州，遊歷了好萊塢。他們並不是純粹的觀光客，因為外祖父與電影界有商務往來。不過，這次旅行也可比擬成朝拜聖地，從此我們有聽不完的故事，例如他們如何面對面與傑克伊．庫根（Jackie Coogan）交談，傑克伊．庫根親口對他們說了什麼，如何當場在他們面前表演。

外祖父母其他的偶像是道格和瑪麗。我承認由於「羅賓漢」（Robin Hood）和「巴格達大盜」

（Thief of Baghdad）這些電影，我們對道格拉斯．范朋克（Douglas Fairbanks）有點過分崇拜，但是約翰保羅和我對瑪麗．璧克馥（Mary Pickford）就毫無興趣。對外祖父母而言，道格和瑪麗似乎總括了人類所有理想的德性，簡直無懈可擊。他們既美麗又聰明，人品高貴、氣質優雅、彬彬有禮，有勇氣，有愛心，總是那麼開心又溫柔，道德高尚無比，真摯、公正、榮譽、虔誠、忠貞、熱忱、誠信、負責、勇氣一應俱全；最重要的是，這兩位神明般的人物對婚姻忠貞不二，他們的愛情完美至極，早已傳為佳話，人人盛讚他們美好、質樸、誠信的夫妻之情[7]。純真善良的外祖父母具備那種善良樸實、信任別人的中產階級樂觀心理，他們將一切美好多情的形容詞都加在道格與瑪麗身上；當道格與瑪麗宣布離婚那天，我們全家都悲傷極了。

我外祖父最喜歡的禮拜場所就是紐約市的神殿戲院，諾克斯戲院建好之後，他轉而效忠那堆淺褐色大塊奶糖般的場地。之後，除了音樂廳之外，沒有其他廟宇能夠激發他的崇拜之情。

用不著詳述細節，誰都想得到弟弟和我經常在道格拉斯頓給家中製造麻煩及糾紛。遇到我們不喜歡的客人到訪，我們就藏在桌子下面，或是跑上樓將屋內軟硬物件丟到走道或客廳。

我該提一下童年時代對弟弟最深刻的印象：一想到自己的傲慢與鐵石心腸，以及他的謙遜仁愛，我就耿耿於懷、良心不安。

這也許是很平常的現象：在孩提時期，做兄長的總是不屑與較自己小四、五歲的幼弟為伍，將幼弟當成嬰兒，自己高高在上地施恩照顧，心裡卻瞧不起他們。我和朋友路斯、比爾在樹林裡

7 譯註：范朋克與璧克馥都是美國默片時代的超級巨星，兩人的婚姻被視為國家大事。

用木板、柏油防雨紙搭了一間小屋，材料都是在鄰近廉價房屋工地上撿來的，當時在道格拉斯頓一帶到處都有投資商趕工興建的廉價房屋。我們嚴禁約翰保羅、路斯的幼弟湯米及其朋友走近我們的小屋，連看看也不行，否則我們就丟石子趕走他們。

現在回想起童年生活，弟弟的樣子仍會出現在腦海。那五歲左右的小人影兒身穿短褲及皮夾克，不知所措地獨自站在原野上，不敢走近我們在漆樹叢中搭建的小屋，謹慎地保持一百碼以上的距離，免得我們拿石子砸他。他就那麼僵直地站著，兩手垂在身旁，朝我們的方向瞪視，滿臉受辱委屈的模樣，眼神憤怒而悲傷。然而，他也不退縮，我們對他叫喊，要他離開不要再來，要他回家去，又往他那個方向拋擲幾顆石子，他卻毫不動搖；要他到別處玩，他也不動。

他就那樣站著，不哭不鬧，只是生氣，不高興地承受欺侮，非常悲傷。他對我們的所作所為充滿興趣，看著我們將一塊塊方板釘在小屋四周，那份想與我們為伍的強烈願望使得他不肯離開。他心中的規則是該和哥哥在一起，和哥哥一起工作。他不能了解為何這條友愛的規則在他身上違例了，被破壞得這麼離譜、這麼不公平。

這種情況一再發生，在某種意識中，這種可怕的情況就是所有罪惡的原型：我們武斷地認定自己不想接受無條件的愛，因而蓄意排斥。我們盡力將這種愛拒於門外，避之唯恐不及，還拒絕承認它，只因為被愛讓我們覺得不舒服。我們潛在的想法可能是：如果接受了無條件的愛，等於提醒自己需要他人的愛，必須仰仗別人的慷慨付出才能過活。只要這種荒謬的念頭不改，認為接受愛彷彿意味著受到屈辱，我們就會拒絕被愛、排斥友誼。

有一陣子，我和我大無畏的同伴在我們那了不起的屋子內成立了我們的「幫會」，自以為能激怒一哩外小頸鎮（Little Neck）上那群波蘭來的強壯孩子的正式幫會。我們跑到他們的地盤，隔著安全距離朝他們在大廣告牌下的大本營吶喊叫罵，挑釁他們出來迎戰。

沒有人出來，也許根本沒人在那兒。

後來，一個陰冷下雨的午後，我們發現一群大大小小的人影，年齡在十歲到十六歲之間，多數看來筋強骨健，帽子都戴得低低的，壓在眼睛上，好像有什麼任務要辦的樣子。他們逐漸由附近大小街道竄了出來，聚集在我們屋外的空地。他們站在那兒，手插在褲袋裡，一聲不響，既不叫罵，也不挑戰，只是圍在那兒，望著我們的屋子。

他們大約有二十到二十五人，而我們只有四個人。在這緊要關頭，我們家那位原籍德國的僕人芙利達跑來跟我們說，她正忙著清理房間，要我們馬上出去。她根本不理會我們緊張的抗議，就把我們從後門趕了出來。我們衝過好幾家的後院，繞道走過另一條街，才安全抵達那塊空地後面街上的比爾家。我們從比爾家看到由小頸鎮來的那群沈默好鬥的孩子仍然圍在那兒，顯然他們決定還要守在那兒好一陣子。

然後，一件破天荒的事情發生了。

在空地那一頭，我們家的門突然打開，約翰保羅走下幾級台階，神色相當嚴肅鎮定。他走過街，穿過那塊空地，走向小頸鎮的那幫人群。他們轉身向著他，他繼續走，而且直接走入他們當中，其中一兩人的手從口袋中伸出，他只是望著他們，轉頭左邊看看，再右邊看看，就這樣從他們中間走了過來，沒有一個人碰他。

他就這樣走到我們所在的屋子，這回我們沒趕他走開。

VI

外祖父母和大多數美國人一樣是新教徒，但是你不可能摸清他們是屬於新教的哪一派；我是他們的嫡外孫，也無法探出真相。他們收到錫安教堂寄來的信封，一定放奉獻金進去，但是從來不去那座教堂。他們也捐錢給救世軍和其他機構，因此你不能從他們的贊助來推斷他們的信仰。在舅舅小時候，他們曾送他去位於哈林山地的聖若望大教堂（Cathedral St. John of the Divine）上唱詩班學校，當時哈林是個中產階級的安靜住宅區。後來，他們也送約翰保羅到那裡，但也不能就此認定他們是聖公會教徒。他們選擇那裡並不是宗教上的原因，只是因為喜歡那裡的學校與環境。至於實際行動方面，外祖母經常讀瑪麗·貝克·艾迪（Mary Baker Eddy）[8]的黑色小書，這該算是她最接近宗教信仰的表現。

大體上，對於宗教信仰，我們家大致是默認各個派別對自然與社會公益都有價值。在大都會略具規模的近郊地區總會偶爾看到教堂，就像中學或青年會，以及有鯨背狀大屋頂和大水塔的電影院一樣，教堂也是每個地區必有的景觀。

他們接受所有的宗教信仰，但是不包括猶太教與天主教。誰會願意成為猶太教徒呢？但那是種族問題，不涉及宗教；猶太人生來就是猶太教徒，沒有選擇餘地。至於天主教徒——外祖父聽人說自己是天主教徒時，就覺得多少有點來者不善的意思；在我的記憶中，每當外祖父談到天主教會時，語氣中明顯懷著敵意，對其他教會卻不曾如此。

我想，主要原因是外祖父屬於一個共濟會（Freemason）的組織，他們取了一個奇怪的名字，稱自己為聖殿騎士團（Knights Templars）。我不知道他們如何取得這名字，不過最早的「聖殿騎士」是天主教會中有軍隊組織的修會團體，與熙篤會士（Cistercians）有密切關係，如今的嚴規熙篤隱修會（The Cistercians of the Strict Observance）就是由熙篤會改革而成的支派。

既然是騎士，這些聖殿騎士也擁有長劍，外祖父起先把劍收藏在他私人房間的櫥櫃中，後來又有一陣收在前門口的衣櫃裡，與手杖、雨傘及一根警用的大警棒放在一起，這警棒是外祖父準備用來對付小偷的。

我猜，外祖父參加聖殿騎士的集會時聽說了不少天主教會的不當行為，後來就漸漸減少參加集會的次數。很可能是他從小就聽說了類似的傳聞，新教徒孩童都聽到同樣的故事，那是他們宗教教育的一部分。

外祖父畏懼羅馬天主教可能還要歸咎於一項偶發事件——某次紐約選舉發生政治弊案，那些最腐敗的政治家剛好都是天主教徒。在外祖父心裡，「天主教會」與「坦門尼協會」（Tammany）[9]幾乎是同義詞，這種觀念很吻合一般新教徒孩童的見聞，即天主教徒都是偽君子。在外祖父心裡，天主教與不誠實、不正派和不道德是可以相提並論的。

終其一生，這種印象都存在他的腦海中，不過後來變得不是那麼明顯，因為有位信奉天主教的婦人為了陪伴外祖母住進我們家，兼管家務及醫護工作，成為我們家的固定成員。全家人從一

8 譯註：美國真理教派的創立者。
9 譯註：美國民主黨在紐約市的組織。

開始就非常喜歡這位婦人艾爾西，外祖母非常依賴她，她漸漸成為我們家的一份子，最後嫁給舅舅，正式進入我們的家庭。自她來到之後，外祖父不再大肆攻擊羅馬天主教，頂多是不小心冒出一兩個不敬的字眼而已。

我受外祖父的影響不算太多，但是他對天主教徒的憎恨與懷疑確實深深影響了我的心態，表面上不太明顯，只是在內心深處、甚至是潛意識裡嫌惡那曖昧邪惡的事；對我而言，那就叫做天主教。那種概念存在於腦海中的黑暗角落，和死亡之類的恐怖事項在一起。我並不了解「天主教義」一詞的涵義，只是覺得它帶給我一種冷漠不快的感覺。

魔鬼並不是笨蛋，他能讓人們對天堂的感覺變成對地獄會有的感受，可以使人們對聖寵產生畏懼，反而不在乎罪惡的發生。他利用黑暗做這些事，而非利用亮光；呈現陰影，而非呈現真相；不呈現明確的實質，而是呈現夢幻與鬼影。人類的智能何其淺薄，只要有一點點背脊發涼的恐懼感，就嚇得不敢再去找尋真理。

其實，這時我不過九歲，已經愈來愈排斥宗教。有一兩次我被送去上主日學，覺得很乏味，就跑到樹林裡玩耍，不再上主日學，我的家人也不在乎。

這些時候父親一直在海外。他先到法國南部，去我的出生地魯西永（Roussillon）。他先住在班育勒（Banyuls），又搬到科立烏爾（Collioure），畫了不少地中海西邊與紅色山脈一帶的風景，最遠到達萬德爾港（Port Vendres）和加泰隆尼亞（Catalonia）的邊界。隔了一陣子，他又和朋友結伴渡海進入非洲，深入內地到阿爾及利亞（Algeria），到達沙漠邊界，又作了不少畫。

我們收到父親從非洲寄來的信，他還寄了一個包裹給我，裡面有件帶有頭巾的小斗篷式外衣，很合我身，還有一個真正的蜥蜴標本。那時我替自己的小小自然博物館收集了不少東西，多半是在長島附近找到的，盡是箭頭和形狀有趣的石子之類沒什麼價值的東西。

那幾年，父親畫了他一生中最精采的幾幅畫。不久，意外事件就發生了，我們突然收到他朋友的來信，告訴我們父親病得很嚴重，恐怕活不久了。

這時我已經滿懂事了，外祖母告訴我這個消息時，我深深受到打擊，感到十分悲傷害怕，擔心自己再也見不到父親了。不，絕不可能！我忘了我是否曾經想到祈禱求福，雖然我沒有什麼信仰的觀念，但是這一次至少有一兩次想到應該祈禱。如果我確實為父親祈禱，那也只是人在危急情況下盲目且半本能地做出的自然反應，連無神論者也不例外。這並不能證明神的存在，但是表露出對神明的尊敬與承認的確有其必要，這種需要深植在我們具依賴性的天性中，根本不能和我們的生命實質分隔。

父親在病床上躺了許多天，神智不清地說話，沒有人知道他生了什麼病，大家都以為他隨時會亡故，但他還是活過來了。

他終於熬過這場莫名其妙的怪病，度過難關，恢復正常知覺，漸漸康復。能夠再次起身站立後，他又作了一些畫，然後收拾一切到倫敦。一九二五年初，他在列斯特畫廊舉行了最成功的一次畫展。

同年初夏他回到紐約時堪稱衣錦榮歸、成功在望。很久以前他就被一個無關緊要的英國社團選為會員，可以在自己的名字後面加上「F.R.B.A」的榮譽稱號，但是他從沒用過。我想當時他一定也被列入了《名人錄》（*Who's Who*），只是他非常輕視此類虛名。

然而，現在他受到眾所景仰的重要藝評家如福瑞（Roger Fry）的重視及推崇，內行人不僅欣賞他的作品，也購買他的作品，這對藝術家可有用多了。

他到達紐約時簡直變了一個人，和記憶中兩年前帶我到百慕達的那個人完全不同。我只看到他那把大鬍子，非常不能苟同，因為我滿腦子都是青少年那種狹隘、勢利的觀念。

他剛剛進入道格拉斯頓的家門，我就問他：「你打算現在就剃掉鬍子，還是要等一會兒才剃？」

「我根本不打算剃掉。」父親回答。

「真是瘋了。」我說。不過，他也沒有感覺受到冒犯，一兩年後終於剃掉鬍子，但是那時我已看慣他留鬍子的模樣了。

他對我說的話遠比那把鬍子更令我不安。那時我已在同一處定居了兩年，這算是少有的事。我已經習慣道格拉斯頓的生活，喜歡這個地方，也喜歡我的朋友，還喜歡有機會到海灣游泳。我有個小照相機，拍攝了許多照片，舅舅送到城內的賓夕法尼亞藥房沖洗。我還有一根球棒，上面有個大大的斯柏丁招牌燒印。我還想當個童子軍，參觀過一次在法拉盛軍火庫舉行的童子軍大競賽，那地方緊鄰貴格派會堂，我就是在那兒看到畢爾德和他的大鬍子。

父親說：「我們去法國。」

「法國！」我十分驚訝。我想，誰會想要去法國？這顯示出我是個多麼愚蠢無知的孩子。但是他說服了我，因為他認真地表明他的決定，我怎麼反對都沒有用，終於迸出了眼淚。父親也並非完全不講理，他慈祥地解釋：等我到了法國，一定就會喜歡那兒；而且他說了許多理由，證明去法國是個好主意，最後他同意我們不必馬上動身。

這個妥協是我暫時的安慰，原本以為隔一陣子計畫可能會有所改變，但是幸好沒有。那年八月二十五日，「囚犯的基地」這個遊戲又開始了，我們啟航前往法國；那時，我並不知道、也不會有興趣了解，那一天正好是法國聖路易（St. Louis）瞻禮日。

2 美術館的聖母

I

天下怎會有這種事？全世界的渣滓盡數聚集在西歐，哥德人、法蘭克人、諾曼人、倫巴底人，他們和頹廢的古羅馬拼湊成一個混雜人種，其特徵是暴戾、仇恨、愚昧、詭詐、色欲、殘忍——從這一切之中，怎麼可能產生葛利果聖歌（Gregorian chant）、隱修院和教堂、普魯登蒂烏斯（Prudentius）的詩歌、比德（Bede）的評論與歷史著作、葛利果教宗的「教諭」、聖奧斯定（St. Augustine）的《天主之城》（*City of God*）和「三位一體論」、聖安瑟姆（St. Anselm）的著作、聖伯納德（St. Bernard）的「雅歌」講道詞，還有凱德蒙（Caedmon）、基涅伍甫（Cynewulf）、朗蘭（Langland）與但丁（Dante）等人所寫的詩、聖多瑪斯（St. Thomas）的《神學大全》（*Summa Theologica*），以及董斯高（Duns Scotus）的《牛津集》（*Oxoniense*）？

再說，時至今日，美國大學蓋起校舍來動輒耗資千萬，其建築還不及一兩個普通的法國石匠、木匠帶著學徒搭蓋的鴿棚穀倉來得完美，這又是怎麼一回事？

一九二五年，我重返出生地法國，也回歸世界的知性、靈性源頭，就像回到經過聖寵洗滌的天然泉水。聖寵的淨化效果太強了，今日法國即使再腐化、再頹廢，也絕無機會完全被污染，不會再墮回原來的野蠻腐敗。

平心而論，唯獨法國孕育出來的花朵最細緻優雅、最穎慧機智、最善解人意，勻稱又有品味。要論鄉間的風景，不管是低矮山丘、茵茵綠草，或是諾曼第的蘋果園、普羅旺斯地區輪廓鮮明的乾旱山脈、朗格多克（Languedoc）地區起伏綿延的紅酒葡萄園，法國的鄉下何處不是山靈水秀、得天獨厚！最宏偉的教堂、最有趣的城鎮、最具宗教熱誠的修道院、最優秀的大學，皆坐落於此，真是再適合也不過了。

然而，法國之所以神奇，就在於它完美得如此和諧、如此天衣無縫，不論是烹調、邏輯理論、神學，或是造橋、默觀，從種植葡萄到雕刻，從家畜配種到祈禱，法國集所有技藝之大成，無論是分開看或綜合起來，都讓其他國家望塵莫及。

和其他國家的孩子相較，法國兒童唱的歌曲特別悅耳，口齒特別伶俐無邪，眼神特別安詳深遠，誰又說得清楚這是怎麼回事？

法國啊，我慶幸能出生在妳的土地上，感謝天主及時領我回來，和妳共度這段時光。

我們從英國出發，在加來（Calais）上岸，那是九月一個下著雨的夜晚，那時我對法國的獨到之處一無所知。

我也無法領會父親的心情。我們一下船就走進蒸氣瀰漫的嘈雜車站，雖然只聽到站員、服務員、搬運工人的叫喊聲，父親卻已既興奮又滿足。

我累壞了，離巴黎還遠呢，於是我就睡著了。醒來得正是時候，看到外面濕漉漉的路面，燈火迷離，火車正駛過那數不盡的橋樑中的一座，幽暗的塞納河驚鴻一瞥，遠處艾菲爾鐵塔的燈光拼出「C-I-T-R-O-Ë-N」，這些都給我很深刻的印象。

眼前掠過的字，像蒙帕爾納斯、聖職路、奧爾良車站等等，對我都毫無意義，無法讓我聯想到那些灰色高樓、撐著闊遮陽篷的咖啡館，以及樹木、人物、教堂，還有飛馳的計程車和充滿噪音的綠色、白色公車。

十歲的我還來不及摸清這座城市，但是我已經知道自己會喜歡法國，雖然那只是又一次火車旅行的印象。

在乘坐南下快車、邁入南方國土的那一天，我就愛上了法國。我知道，如果要我挑選歸屬的地方，非此莫屬；我依據的不是證件文字，只因為此地是我出生的地方。

火車飛駛過奧爾良（Orléans）的長橋，橋下是黃褐色的羅亞爾河（Loire），我立刻有了回鄉的感覺；雖然我從未見過那個地方，以後也不會再見。就在那兒，父親告訴我聖女貞德（Joan of Arc）的故事，如今回想起來，那一整天我都隱隱約約想著她。也許是對她油然而生的尊崇摯愛之心化為無言的禱詞，贏得她在天替我代禱，使我在她聖潔的土地上得到某種恩寵，也讓我在溪邊白楊樹林裡，在村莊教堂旁密集的低矮村舍中，在樹林、農場、橋下的河流上，不知不覺地默想著天主。

我們經過一個名叫沙托當（Châteaudun）的地方，當地質岩層逐漸嶙峋，便接近里摩（Limoges）了。我們穿越迷宮般的重重隧道，最後豁然開朗，看到一座建在高地的橋樑，密密麻麻的房舍沿著陡峻的山坡向上延伸，直到那有著平凡鐘樓的教堂腳下，城市全景盡在眼前。我們已經漸漸深入亞奎丹（Aquitaine）鄰近格西（Quercy）和胡埃格（Rouergue）兩個老省份。雖然當時還不能確定這就是我們的目的地，但是日後我居住在這裡，回到此處中古世紀的水泉，飲它的水，從中汲取力量。

傍晚我們進了布里夫站，布里夫蓋雅（Brive-la-Gaillarde）到了。暮色漸深，周遭山丘起伏，多石的山上長滿了樹，高處必定光禿荒涼，山谷中有很多城堡。此時天色太暗，我們看不到卡奧爾古城（Cahors）。

我們終於到了蒙托班（Montauban）。

多麼死寂的城！從火車下來，四周特別黑暗沈靜。我們從車站走進空盪多塵的廣場，到處都是陰影，燈火零星昏黃，街道上空無一人，出租馬車的蹄聲蹺蹺作響，載著剛從快車下來的人進入這座神秘的城市。我們取了行李，穿過廣場，來到對面的旅社，就是那種無以名之、矮矮灰灰的小旅社，樓下窗口有盞暗淡的燈照著小餐廳，餐廳裡擺著好幾張鐵質餐桌，一個臉色不悅的黑衣女人坐在搖搖晃晃的桌子後面照顧她的四名顧客，桌上攤著沾有蠅屎的日曆和大本大本的地址簿。

原本以為旅社太過陰鬱，沒想到相當舒適，雖然過去沒有類似的經驗，卻覺得似曾相識，有回家的感覺。父親敞開房間裡的木質百葉窗，眺望靜寂無星的夜晚，他說：

「你聞得到空氣中燃燒木頭的味道嗎？那就是南方的氣味。」

II

次晨醒來，陽光燦爛，放眼出去都是瓦頂平房，顯然和昨天在暮色中從火車上看出去的風景大異其趣。

這裡和朗格多克（Languedoc）毗鄰，放眼就是一片紅，城鎮建築都是磚蓋的，坐落在不怎麼高的絕壁上，下面是塔恩河（Tarn River），粘土色的河水打著漩渦。我們簡直像是在西班牙境內了，但是天啊，這座城真是死氣沈沈！

我們為什麼來到這兒？父親想在法國南部繼續作畫，但這並非唯一的原因。那年他回到我們身邊，我猜他的改變可不只是留了鬍子；也許是他生了那場病，或許還有其他的原因，他決定不再讓別人替他教養兒子，要自己負起建立家庭的責任，一邊工作，一邊讓我們在他跟前長大，受他管教。此外，想必他已確認他自己和我們都應該有些宗教信仰。

我敢肯定他一直都虔誠信仰宗教，但現在他開始要我祈禱——我不記得小時候他曾經做此要求——要我祈求天主幫助我們，幫助他作畫，讓他的畫展成功，讓我們找到住處。

假如我們能夠定居下來，一、兩年後他會把約翰保羅也接來法國，那時我們就有一個家了，但是目前一切尚未成定局。至於他為何會選中蒙托班，是因為聽人說那裡有一所很好的學校。

這所學校叫做喀爾文學院，是一些有地位的法國新教徒推薦他的。

我記得我們拜訪了那所學校，那是臨河的一棟高大白色建築，十分整潔，迴廊庭院裡陽光普照，四處都是綠油油的草木；因為還是暑假，教室裡空無一人。謝天謝地，父親似乎察覺出有些地方不對勁，沒送我去那裡就學。其實那個地方不像正規學校，而是許多年輕新教徒（大多出身富裕家庭）住宿、接受宗教教育和管教的地方，其他課程則要到附近的公立中學上。

所以，父親的苦心我似懂非懂，雖然他希望我接觸宗教教育，卻對法國的新教信仰毫不喜愛。後來我聽他的朋友說，那時他很可能成為一個天主教徒。他相當喜歡天主教會，但最終還是為了我們而將自己的喜好擱置一旁；他大概是認為，應該先運用其能力所及的方法讓我和約翰保羅奉行最容易接觸到的宗教，不論是哪一種宗教都好。如果他成了天主教徒，家裡一定會掀起軒然大波，那時我們倆可能反而什麼信仰都沒有了。

當時若是有幾個和他知識水準相當的天主教朋友可以和他明智地談論信仰的問題，或許他就不會如此舉棋不定了，但是就我所知，他沒有這樣的朋友。他非常尊重我們接觸到的天主教徒，這些人卻拙於向父親講解教會的道理，而且他們通常都太靦腆了。

我們在蒙托班待了一天就明白這個地方不適合我們。這裡沒有什麼值得畫的，鎮上還不錯，但是太單調，父親唯一感興趣的是安格爾博物館。蒙托班是安格爾（Jean-Auguste Dominique Ingres）的出生地，這座博物館收藏了許多安格爾的工筆素描，但是那些乏味拘謹的素描最多只能讓人興奮十五分鐘。博物館外有一座布爾代勒（Emile Antoine Bourdelle）雕塑的青銅紀念碑，那夢魘般的風格倒和本鎮的特質較為相稱，看來像是一群史前岩洞居住者在巧克力熔漿中作戰。

後來，我們去旅遊局打聽可住的地方，碰巧看到亞威宏（Aveyron）河谷附近幾張小鎮的照片，就在城東北不遠處。

那天下午，我們搭上稀奇的老式火車，一出蒙托班、進入鄉下，就覺得自己像是東方三賢士，告別了耶路撒冷和黑落德王（Herod），引領他們前去朝拜耶穌誕生的那顆星。

我們搭乘的火車輪子非常大，鍋爐又矮又寬，煙囪奇高無比，整列車好像剛從博物館潛逃出來，但是非常堅固管用。這列車有三、四個小車廂，載著我們飛快地進入一個神聖的領域。

過了蒙特利古（Montricoux）就看不到有磚砌鐘樓的朗格多克式教堂了。火車轉進亞威宏山谷，差不多到胡埃格了，景致漸漸可觀起來。

火車沿著一條淺溪轉了個大圈，柳暗花明，來到一個小站，太陽正照在沿著車站月台種植的懸鈴木上。往窗外望去，才知道我們剛從一個一、兩百呎的陡壁下經過，陡壁頂端坐落著一座名叫布呂尼蓋（Bruniquel）的十三世紀城堡。周圍山勢險峻，森林茂密，岩石上遍布著扭曲多瘤結的矮橡樹。河邊有纖細的白楊樹在夕陽中隨風款擺，河裡碧波蕩漾，石塊清晰可見。上下車的都是穿著黑色工作服的鄉下人，路上行人走在拖著兩輪車的牛隊旁，用長棍子引領著安詳的牛群。父親告訴我，他們說的不是法語，而是奧克語（langue d'oc），一種古老的法國南方方言。

下一站是潘訥（Penne），位於兩個山谷的交界處，沿著河面呈現出一片絕壁，略略彎曲，像翅翼般突然展開，頂端矗立著另一座城堡的遺跡。更遠處有幾家村舍散落在山脊間，隱約見到其間有座方頂教堂，上方開放式的鐵製鐘樓裡，可以看見一座鐘的形影。

火車沿著河流與岩石中間狹窄的通道往前行駛，進入更加深邃窄小的峽谷，在河面和我們之間時而劃出一片牧草地大小的空間。偶爾越過一條荒廢的土路或牲畜走出的路，路邊有時出現一棟房子，平交道的法國鈴鐺震天價響，一串串駭人的鏗鏘鈴聲奪窗而入。

山谷開闊處、河流彼岸的山腳下就是卡匝斯（Cazals）小村落。火車又進入山谷，從窗口向上看，灰褐色山崖拔地而起，幾乎遮蔽了天空；崖上有許多岩洞，我後來攀岩造訪過其中幾個。火車載我們穿過無數個隧道，越過無數座橋樑，從幽深的陰影進入草木茂盛的光亮地方，終於抵達了目的地。

那是個古鎮，歷史悠久，可以上溯至羅馬時代——殉道聖人安東尼（Antoninus）的時代，他是該鎮的主保。當年安東尼將基督信仰傳入這原為羅馬屬地的山谷，他殉道的地點就在庇里牛斯山麓的帕美（Pamiers），距離我的出生地普拉德很近。

直到一九二五年，聖安東尼（St. Antonin）仍然保持圓形圍城的格局，只是城牆已經沒了，取而代之的是三面環繞的寬闊圓弧路。路邊樹木成蔭，堪稱林蔭大道，街道上人跡稀少，只偶有牛車或雞群走過。鎮上的窄巷活像迷宮，十三世紀的古屋多數已成斷垣殘壁。此鎮中古風味十足，街上只欠人群熙來攘往，看不到富裕商賈及手藝工人進出住家和商店，中古時代特有的色彩和歡樂嘈雜氣氛已無影無蹤；然而，走在街上仍有置身中古時代的感受，因為除了廢墟和時光的痕跡之外，看不到人為的改變。

從前鎮上最熱門的行會非鞣皮工人莫屬，老鞣皮廠還在流經小鎮的狹窄惡臭下水溝旁。在那古老的年代，行會自由繁榮，鎮上各行各業都很興旺。

正如我說的，這一切皆以教堂為中心。

不幸的是，過去幾次宗教戰爭，古老朝聖地聖安東尼總是首當其衝，現在立在廢墟中的是一座完全現代化的建築，以前教堂是什麼模樣已無法鑑定，也無法透過教堂的建築格式去揣摩建造者的心態。如今這座教堂在鎮上還是主宰一切，每天中午和傍晚傳出誦讀三鐘經的鐘聲，迴盪在古老的棕瓦屋頂上，提醒大家天主之母仍然呵護著人們。

教堂裡的祭壇在高聳的拱門之下，壇下葬著安東尼的聖骸，至今每天早上仍有好幾次盛大、隱密卻又顯明的祭獻禮在此進行。說它隱密，是因為我們這些有理性的受造物永遠不能徹底了解其中的奧秘；但是，這種祭獻又是那麼顯而易見——彌撒就是不流血的祭獻，也就是天主聖體聖血的祭獻，聖體聖血都隱藏在餅和酒的形象裡——因為它是如此明顯，反而使我們盲目。然而，當時我從未如此想過，其實也沒有能力這樣思考，因為我對彌撒的涵義根本一竅不通。

在這令人驚奇的古城裡，房屋街道的格調和自然環境中環繞的群山、懸崖與樹木，在在引領我將注意力集中於這唯一且重要的焦點：就是這座教堂及其內涵。不論我身在何處，周遭環境總是催迫著我，使我真實感覺到教堂的存在。大街小巷幾乎都指向鎮的中心，指向教堂；從外圍的山上以任何角度眺望此鎮，中心總是朝向這棟長型灰色建築的高聳尖塔。

這座教堂已經融入周遭的景觀，有了它，景觀的意義才清楚地展現出來。由於教堂的存在，目光所及的一切——包括山林、田野、白色的當格拉懸崖（Rocher d'Anglars）、紅岩（Roc Rouge）的紅色要塞、蜿蜒的河流、柏訥特（Bonnette）的綠色山谷、城鎮橋樑，甚至散落在昔日土堤區外田野果園裡現代中產階級的白灰泥別墅——都有了特殊的風貌，隨之具備了超性（supernatural）[10]的意義。

整個景觀被教堂和那指向天空的尖塔整合起來了，似乎在說這就是所有受造物的意義：我們受造的唯一目的就是要舉心向上，歸向天主，宣揚天主的榮光。天主依據我們各自的本性完美地創造了我們，把我們各自不同的本性安排得和諧無間，讓人類的理智和愛能與最終極的一個因素相配合，那就是天主賞給我們的解答人生意義的鑰匙。

啊！假如你居住之地的建築設計讓你不由自主地成為一個默觀實踐者，那會是何種境界！在那裡，你的眼睛日以繼夜、再三瞻望那隱藏著基督聖體的宮殿！

其實那時我根本還不知道誰是基督，不知道祂就是天主，不知道有聖體聖事[11]的存在，以為教堂不過是人們聚在一起唱唱聖歌的地方。但是敬告和我以前一樣不信宗教的人，單憑這聖體聖事，基督就生活在我們之間，祂被我們、為了我們、和我們一起做了祭獻——聖潔而永恆的祭獻；唯獨祂能使世界完整，使我們不致一頭栽入永遠毀滅之坑。讓我再告訴你，聖體聖事會散發出一種光明和真理的力量，就連從未聽過祂的名字和貌似無法接受信仰的人，都會心悅臣服。

III

不久，我們在鎮邊販賣牲畜的「牛馬墟廣場」一棟三層樓房租了一間公寓，但是父親一直有心建造一棟自己的房子，他在阻擋柏訥特山谷西進的大山山腳買了一塊坡地，山頂有座名叫髑髏地（Le Calvaire）的小聖堂，現已荒廢。只要從我家預定地的後方沿葡萄園間的石頭路往上，便

10 譯註：天主教慣譯此字為「超性」，意指有超自然能力的、超越本性、在本性之上的。

11 譯註：耶穌最後晚餐時，以餅、酒和門徒分享，說：「這是我的身體，為你們而捨棄的。你們應為紀念我而行此禮。」又說：「這杯是用我為你們流的血而立的新約。」後日彌撒中，以聖體聖事紀念基督的死亡及復活是最崇高的聖事。彌撒中祝聖聖體聖血後，教友領受聖體，稱為領聖體。

會經過一連串朝聖地點，那就是從鎮上到山頂參拜十四處苦路時的停駐點[12]。可惜這種虔誠的習俗自十九世紀以來漸漸沒落，繼續發揚這個好習俗的虔誠天主教徒太少了。

父親開始計畫建造房子時，我們在鄉下四處看地，順便尋找作畫的題材。

就這樣，我得以經常出入古老教堂，常常意外碰上年久失修的聖堂和隱修院。我們到過納架（Najac）、闊爾德（Cordes）等美妙的山城，闊爾德保持得較聖安東尼更完美，相異之處是闊爾德的建築並未環繞著朝聖地。它的中心當然也是教堂，但整個城鎮可算是替朗格多克貴族建造的夏天別墅，壁壘森嚴，主要名勝當然就是宮廷人士狩獵出遊的精緻住屋。

我們曾經南下到亞爾比（Albi）的平原地帶，那兒有座紅色的聖則濟利亞（St. Cecilia）大教堂，像堡壘一般，從塔恩河上不悅地俯視著世界。從塔頂眺望朗格多克平原，所有教堂都是堡壘。歷年來，這塊土地上異端邪說猖獗，人們受冒牌的神秘主義影響[13]，遠離教會與聖事；大家偷偷摸摸地掙扎前進，為的是想要達到某種奇怪、自殺性的解脫。

聖安東尼有一家工廠——當地唯一的工廠——雇用了鎮上僅有的三、四名無產階級男工，包括鎮上唯一的共產黨員。工廠出產一種裝置，可將乾草從田裡輕鬆舉起，送到貨車上。廠主名叫侯多洛斯，是鎮上的資本家，有兩個兒子替他管理工廠，其中一個高高瘦瘦的，神情嚴肅，深色頭髮，戴著角質鏡框的眼鏡。

某天晚上，我們坐在鎮上一家老人開的咖啡館中，這裡平常沒什麼人光顧。侯多洛斯找父親閒談，我記得他很客氣地問我們是否為俄羅斯人，也許是父親的滿臉鬍子讓他做此聯想。

他一聽說我們是搬來定居的，立刻表示有一棟房子可以賣給我們，並邀請我們去他那兒吃飯、看房子。那棟房子叫做孟福爾伯爵之屋（The House of Simon de Montfort），是個大農舍，就在出城往柯律斯（Caylus）方向的路上一、兩哩處，坐落於俯視柏訥特山谷的山坡上，位於圓形山谷的入口。在茂密的樹林深處，我們發現一條長滿西洋菜的小溪，溪水從清澈的泉源冒出。這棟房子非常古老，看來孟福爾伯爵的確很可能住過這兒，可能至今陰魂不散。屋內陰暗幽悶，暗室對畫家最不適合，再說房價對我們而言實在太貴了，父親還是想要自己建一棟房子。

沒多久，我開始上當地的小學，最尷尬的是要和最年幼的孩子排排坐學法文。此時父親已買下髑髏地山腳下那塊地，並已畫好藍圖，將會有一個大房間充做畫室兼飯廳、客廳，加上樓上兩間臥房，如此而已。

我們將地基描繪出來之後，父親便請工人來挖，又找來探水源的人，掘了一口井。父親在井邊種了兩棵白楊樹，一棵歸我，一棵歸弟弟約翰保羅。次年春天，他在房子東面開墾了一片大菜圃。

在此同時，我們結交了許多朋友。不知是經由資本家侯多洛斯還是激進社會主義者卡車司機皮耶霍的介紹，我們認識了當地的橄欖球俱樂部人士，也可能是他們先來找我們的。我們剛去不久，「聖安東尼前衛派」俱樂部的代表就來找父親，請求他出任會長；他們認為，只要是英國

12 譯註：參拜十四處苦路的習俗源自古代基督徒參謁耶穌受難舊址的活動，整個路線始自耶穌被判處死刑的官府，一直到耶穌被放入墓穴處，參拜者每到一處據福音書所載曾發生過某件事的地方，就停下來祈禱。後來演變成在記述受難過程的十四幅圖畫或塑像前依序參拜、祈禱。

13 譯註：指基督教亞爾比教派（Albigensian）。

人，就一定精通各種運動，其實父親僅僅在紐西蘭學校裡打過橄欖球。就這樣，他當選了俱樂部會長，偶爾還得冒著生命危險在他們進行瘋狂球賽時做裁判。他已經多年沒打球了，不僅球賽規則多有改變，聖安東尼人對規則更有自成一格的詮釋；除非受到默示或具備洞察靈魂的秉賦，否則根本沒有人能洞悉真相，父親竟然僥倖活過那個球季。

我經常和父親隨隊去外地比賽，最遠曾到過東北部的非吉亞（Figeac），深入胡埃格山區；也曾往南進入朗格多克平原的加雅克（Gaillac），那裡又有一座堡壘式教堂，居然還有一個正規的橄欖球球場。聖安東尼的橄欖球隊當然不能躋身明星球隊之列，我們的比賽總是被排在最開始，那時前來觀賞主戲的觀眾還在魚貫入座。

橄欖球在那個年代的法國南部風靡一時，已到了如火如荼的地步。比賽時殺氣騰騰，有時球員會受傷、甚至送命，真正重要的球賽散場後，裁判還必須由專門保鑣從現場護送出去，有時甚至需要跳欄遁入原野，這種例子滿常見的。唯一較橄欖球賽更普遍、更狂熱的運動就是長途自行車競賽，主要路線多半不經過聖安東尼，不過偶爾會經過我們的山區，那時我們會全體站在當格拉懸崖長坡的盡頭，看他們慢慢騎上山。他們拼命地蹬，上身向前彎，鼻子幾乎擦到自行車的前輪，肌肉緊繃，出現硬塊，額頭青筋畢露。

我們橄欖球隊有一位球員，個子小小的，像隻兔子，是當地一個糧草飼料經銷商的兒子；他有車子，賽球時大部分球員都搭他的車往返。有天晚上他幾乎喪命，連帶我們六個人也差點賠了老命。事情是一隻兔子突然跳進車燈照著的路面，一路跑在車子前方，這個瘋狂的法國人一見之下立刻腳踩油門緊追不捨，只見兔子的白尾巴在燈光裡忽上忽下，卻總是和車輪保持幾呎距離。

牠從路面一邊竄到另一邊，想要讓車子無法追蹤牠的氣味，可惜汽車狩獵根本不理這一套。車子在兔子後面吼叫著追逐牠，從路的這一邊追到另一邊，不斷蛇行，差點把我們都震出車外、摔入水溝。

此時車子已經開上一個陡峻的山頂，就要開始下長坡，我們擠在後座的人更加不安。這段開下聖安東尼山谷的路徑非常彎曲，若是繼續追趕下去，勢必全車翻出路面，一路翻滾到一兩百呎深的河谷才停得下來。

有人彬彬有禮地抱怨：「算了，你逮不到牠的！」

糧草飼料經銷商的兒子卻一言不發，他的身體緊貼著方向盤，瞪大雙眼緊盯路面。我們前面那白尾巴卻總能閃開車輪，衝刺前進，曲曲折折地從路面高起的一邊竄到溝的那一邊。

我們已經翻過山頭，開始下坡，黑暗空曠的山谷在我們面前展開。

後座更加怨聲載道了，異口同聲像個合唱團。只見司機死命踩足油門，車子猛晃著斜跨過路面，眼看就要逮到兔子了，但是功虧一簣，牠又跳到我們前面去了。

「進了山區一定會逮到牠，」司機喊道：「兔子下山不行，牠們的後腿太長。」

可是我們前面這隻兔子下山卻滿行的，牠保持著距離，總在我們前輪前方五呎左右。

有人大喊：「注意，小心！」

眼前出現一條叉路，主路往左，右邊是一條較老舊的路，傾向一個較陡的斜坡。兩條路中間是一道牆，而這隻兔子一頭對著那道牆栽過去。

「停！停！」我們懇求著，誰也不知道這隻兔子會挑哪一條路，只見牆對著我們直飛過來。

有人喊：「抓緊！」

車子忽然一陣亂晃，假如後座還有空間，我們勢必已經全部跌下座位。幸好大家都沒死，車子還在主路上，一股勁兒往谷裡衝。燈光照射之處再也不見兔子的蹤影，我們大大鬆了一口氣。

「你逮到牠了嗎？」我滿懷希望地問：「也許剛才撞到牠了。」

「唉，沒抓到。」司機傷心地說：「牠挑另一條路跑走了。」

我們的卡車司機朋友皮耶霍塊頭大、孔武有力，卻不打橄欖球。他太懶，又愛擺架子，但若是有他裝點門面，我們的聲勢會更浩大。球隊中還有三、四個大個子像他一樣，也留著大撇烏黑的鬍髭，眉毛像刷子，就像傳統的哥格（Gog）和瑪哥格（Magog）形象[14]；其中一位大個子總是戴著一頂灰色尖帽打全場，如果在盛暑賽球，搞不好會戴草帽出場。總之，我們球隊這群人相當夠資格作為「關稅吏盧梭」[15]的上好畫材，如果配上皮耶霍，更會增色不少，但是他唯一的運動只是泡在咖啡館中飲白蘭地，有時也去土魯斯（Toulouse）旅遊；記得那次我們站在橋上，他向我描述他和一個阿拉伯人在城裡鬥刀，令人毛骨悚然。

有一次，皮耶霍邀請我們去柯律斯（Caylus）參加一場在農場舉行的婚宴。我在聖安東尼參加過許多宴會，從未見過規模如此龐大卻井井有條、絕不瘋狂的宴會；在場的農人、伐木業者和其他客人大吃大喝，卻始終保持分寸。他們又唱又跳，彼此開玩笑，語言雖粗俗卻符合本地習俗，樂而不淫。婚姻是件聖事，理當賓主同歡。

皮耶霍穿上筆挺的黑西裝，戴著乾淨的帽子，駕著二輪馬車帶我們到柯律斯。他叔叔和堂兄弟的農場內停滿了貨車及二輪馬車，擠得水洩不通。這種慶典是街坊間的盛事，每個人都帶東西來分享，父親帶的是一瓶希臘烈黑酒，結果主人喝得爛醉如泥。

大飯廳和廚房樑上掛滿血腸和洋蔥串，賓客源源而至，廚房及餐廳無法容納，於是又將穀倉打掃乾淨，擺上桌子。午後一時左右，眾人皆已入席，上了湯之後，女人陸續從廚房端出主菜，盤裡盡是兔、小牛、小羊、羊、牛等各式肉類，有紅燒肉，也有牛排，還有燉、煮、燜、烤、炒、炸的各種禽類，菜式千變萬化，又備有各種摻酒和不摻酒的調味汁，除了肉幾乎沒有其他的菜，只有一兩片馬鈴薯、胡蘿蔔、洋蔥做為裝飾。

「他們經年累月只吃麵包、蔬菜和少許香腸，」父親解釋：「一旦有肉，當然不吃別的。」我想他言之有理。吃到一半時，我離開飯桌，步履蹣跚地走到外面，靠在穀倉牆上，看到幾隻雄糾糾的大鵝拖著填塞過度的肝臟在泥地上來回招搖走動，牠們的肝不久就會變成肥鵝肝醬，我到現在想起來都覺得噁心。

喜宴延續至傍晚時分，入夜之後客人仍然流連忘返。皮耶霍、父親和我隨著農場主人去看他土地上一座被遺棄的聖堂，不知從前是朝聖地還是獨修院？反正現在已成廢墟，有一扇造於十三、四世紀的窗子，非常美麗，玻璃當然已經沒了。父親用他最近開畫展存下來的一部分金錢買下整座聖堂，後來終於派上用場，我們在聖安東尼的房子就是用這座聖堂的石頭、窗子、拱門等物建造的。

14 譯註：聖經〈默示錄〉（Apocalypse）所說的異教國家，勢力強大，據說將在魔鬼領導下攻擊基督的教會。
15 譯註：法國素人畫家盧梭（Henri Rousseau）常被稱為關稅吏，其實際工作是向運進巴黎的貨物徵稅。

一九二六年夏初，雖然房子尚未正式動工，但我們已在聖安東尼安頓下來了。我的法文學得還可以，十一歲男孩該會的法文我都會了。還記得那年冬天我花了好多時間讀書，臥遊法國那些我尚未到過的好去處。

外祖父在聖誕節寄錢給我們，我們勻出一部分買了一套三本的昂貴巨型畫冊，插圖很多，書名是《法國風土》（*Le Pays de France*），書中那些大教堂、古老大修道院、城堡、城鎮、文化紀念碑使我著迷，我會永遠記得當時感動的情景。

我記得閱讀到瑞米耶日（Jumi ges）和克倫尼（Cluny）的廢墟時，幻想著全盛時期的教堂大殿不知多麼宏偉壯觀。看！沙爾特（Chartres）大教堂有兩個不相稱的尖塔，布爾茲（Bourges）大教堂的主殿多麼大啊，波微（Beauvais）大教堂的唱經班席位好高，安古蘭（Angouleme）大教堂的羅馬式建築奇怪臃腫，珀里格（Perigueux）的教堂有幾個拜占庭式的白圓頂。我注視著古老的嘉都西大修道院（Grande Chartreuse），建築物櫛比鱗次，隱藏在遺世獨立的山谷中；山谷兩邊的岩頂高聳入雲，高山上長滿杉木，住在獨修小室裡的是何許人也？翻閱那些圖片時，我並未多想，我對修道的聖召或規矩並不好奇，只知道當時心中渴望能呼吸到那僻靜山谷的空氣，聆聽它的靜寂。圖片裡的每一個地方我都想去，但是當然無法立刻如願，心中隱約有著莫名的傷感。

IV

一九二六年夏天，父親的心情十分苦惱。他原本想留在聖安東尼作畫、蓋房子，但是在紐約的外祖父已經要外祖母替弟弟裁製一套嶄新的西裝，收拾了高如小山的行李，辦好護照，向庫克父子公司訂購了成捆的機票，接著就登上巨艦號航機航向歐洲。

父親聽到這項入侵的消息心緒不寧很久了。外祖父無意只來聖安東尼和我們小住一、兩個月，其實他並不是特別想來我們這個被人遺忘的小鎮；既然有兩個月休假時間，他只想馬不停蹄地跑，那麼何不從俄羅斯橫跨西班牙，再從蘇格蘭南征君士坦丁堡，跑遍全歐洲。他懷著拿破崙式的野心，受到勸阻後退而求其次，答應只去英國、瑞士和法國觀光。

五、六月時分，消息來到，外祖父已經進軍倫敦，繼而急速掃過莎士比亞的家鄉及英國其他區域——他們正準備跨越英吉利海峽，佔領法國北部。

我們得到指示，北上和他在巴黎會師，之後要聯軍攻下瑞士。

但是在同一時間，有兩名一點也不好戰的訪客來聖安東尼看我們，這兩位從紐西蘭來的老太太溫文有禮，是父親家人的朋友。我們結伴北上，一路上不慌不忙，大家都想先去羅卡馬度（Rocamadour）看看。

羅卡馬度是天主之母朝聖地，登上崖頂的半途中有一個禮敬聖母聖像的洞穴聖堂，懸崖旁是個中古時代的隱修院。據說此地最早是羅馬稅吏匝凱（Zacchaeus）設立的，當年他爬上梧桐樹想見路過的基督，基督喚他下來，後來他在家中設宴款待基督。

短暫停留後，我們離開羅卡馬度。我無法忘懷那悠長的夏日傍晚，燕子繞著崖旁古隱修院牆邊飛，也在崖頂新建朝聖地的塔邊盤旋，而外祖父此時正和一車美國人乘坐巴士繞著羅亞爾河附近所有的城堡轉。當他們颼颼有聲地快速掠過契農梭（Chenonceaux）、布耳瓦（Blois）和土爾

（Tours）時，外祖父口袋中總是塞滿兩蘇、五蘇、甚至一、二法郎的錢幣，遇見成群嬉戲的孩子便伸手入口袋掏錢，一把把撒出去；遊覽車已經開走了，孩子們還在外祖父留下的開懷大笑聲和遊覽車身後的灰塵中爭奪錢幣，擠成一團。

他們在羅亞爾河的全部行程中都是這副德行。

我們先將那兩位紐西蘭老太太安頓在巴黎南邊一個叫做聖賽黑（Saint Céré）的幽僻小鎮，然後抵達巴黎，發現外祖父母陷在一間再貴不過的旅館裡，真虧他們找得到！其實他們負擔不起大陸酒店的房錢，但是一九二六年，法郎的價格真低，外祖父樂昏頭了，價值觀蕩然無存。

我們在巴黎那家旅館停留不到五分鐘已經心裡有數，知道未來兩週會是何種情景，旋風式的瑞士之旅就要展開了。

累贅無用的行李被一路堆到門邊，房間內幾乎無立足之地。外祖母和約翰保羅採取無聲抵抗，消極抵制外祖父熱情流露的樂觀和活力。

外祖父大談他的羅亞爾河戰役，從奧爾良到南特（Nantes），他在所有村莊一律慷慨解囊。看到外祖母痛苦無言的表情，以及她注視我父親時那種求助的動人眼神，就知道這一家人對外祖父做何感想了；既然自身難保，我們當然同情受壓迫者。顯然，從今以後每去一個地方，都要在大庭廣眾前擺闊；除了外祖父，我們的感覺都較細膩，覺得丟臉，也只好自認倒楣。外祖母天性非常敏感，約翰保羅和我也很快看出或想像出別人在嘲笑外祖父，覺得自己連帶成為笑柄。

就這樣，我們啟程前往瑞士前線，一天坐七、八個小時的火車，晚上停下過夜，不斷上下火車、出租車、旅館交通車，每一次那十六件行李都要數過。外祖父的嗓門響徹歐洲最雄偉的火車站，周圍四壁都可聽到回響：「瑪莎，妳究竟把那豬皮包包放到哪兒去了？」

為了識別方便，外祖父在每件行李上都貼了一張粉紅色的美國兩分錢郵票，這種做法立刻引起約翰保羅和我的猛烈抨擊，我們譏諷地問：「外祖父，您這是什麼意思？想要郵寄行李嗎？」

第一天我和父親混得還不錯，因為還在法國境內。在第戎（Dijon）稍作停留後，火車經過貝桑松（Besançon），到了巴塞爾（Basle），一踏入瑞士國土情況便不一樣了。

不知為什麼，瑞士讓我們覺得無聊透頂，那裡的風景不對父親胃口，但是就算他有心作畫或素描也沒時間。每到一座城市，我們的首要之務就是找尋博物館，但是都不能讓我們滿意，館中盡是瑞士某國家級現代畫家的大幅油畫，只見怪異的劊子手企圖砍下瑞士愛國者的頭。因為我們不會德文，問路不得要領，要找到博物館已經很不容易；好不容易抵達，不但看不到安慰人心的佳作，反而又看到那位瑞士極端愛國主義者畫的巨幅紅黃色漫畫，這傢伙叫什麼名字我早就忘了。

我們開始在博物館內嘲弄每一件物品。替雕像戴上我們的帽子倒是無傷大雅，因為博物館內經常都是空盪盪的。但是有一、兩次那些拘謹保守的管理員出其不意地從轉角出現，看見我們正在取笑戴著帽子的藝術傑作，拿貝多芬的半身肖像尋開心，差點找我們麻煩。

其實，在這次遠征中，父親唯一的樂子是在巴黎聽了一場由美國黑人大樂隊演出的爵士音樂會，我已經忘了是哪一個樂團。應該不是路易．阿姆斯壯（Louis Armstrong）的樂團，年代太早了，但是父親還是覺得很值得。外祖父對爵士樂不屑一顧，後來我們到了琉森（Lucerne），旅館餐廳有樂隊表演，進餐時我們的飯桌和樂隊近在咫尺，我一伸手就可以碰到他們的鼓，鼓手是黑人，相當靦腆，我卻立刻和他交上了朋友。這頓飯吃得真有意思，邊吃邊聽，有正式擊鼓表演助興，桌上的甜瓜、肉類佳餚反而變得次要了。這是我在瑞士唯一覺得有意思的事，但是轉瞬間外祖父已經安排我們換桌子了。

其餘時間我們都爭吵不休，在豪華遊艇、纜車裡吵，在山頂、山腳、湖邊、常青樹的濃蔭下也都吵個不停。

在琉森的旅館內，約翰保羅和我幾乎打了起來（外祖母袒護的是約翰保羅）。記得我們爭執的是：到底是英國人將〈我的祖國〉的調子盜用於〈天佑吾皇〉，還是美國人抄襲〈天佑吾皇〉，改名為〈我的祖國〉。那時我仍然掛名在父親的護照上，自認為是英國人。

最糟的大概是我們搭火車上少女峰（Jungfrau）那天，我和外祖父在上山途中始終爭辯不休。他這次出遊就是因為認定少女峰是附近最高的山，但現在他認為我們受騙了，因為少女峰看起來較周遭的山矮得多。他說，看！愛格爾峰（Eiger）和孟克峰（Monch）高多了。我激烈地反對並向他解釋，少女峰看起來矮是因為它遠，但是外祖父不相信我的透視理論。

待我們登上少女峰山口，大家神經疲憊得快要崩潰。山高讓外祖母暈厥，外祖父也想吐，我在餐廳險些嚎啕大哭，再加上父親、約翰保羅和我沒戴太陽眼鏡便走到雪地上，令人目眩的白雪搞得我們都頭痛了。整個說來，那天真是一敗塗地。

之後在印特拉肯（Interlaken）讓外祖父母覺得無限快慰的是，他們有幸住在范朋克和璧克馥數月前住過的房間；然而，約翰保羅穿著整整齊齊地掉入金魚池，全身濕漉漉地在旅館內奔跑，一路滴著水和綠色水草，讓我們全家窘得無地自容。火上加油的是一位女侍疲於招待數百位英、美觀光客，就在我的椅子後方端著滿滿的托盤突然昏倒，碗盤全都旋風似地摔破，我們都嚇得魂不附體。

從瑞士回到法國時，我們都非常高興，但是抵達亞威農（Avignon）之後，由於我已經恨透了觀光，因此寧願留在旅館房間讀《人猿泰山》（*Tarzen of the Apes*），不想參觀教宗的宮殿。父親和約翰保羅還沒回來我就已將整本書看完，他們這次出遊說不定是整趟苦旅中唯一真正有意思的事。

V

外祖父萬般無奈地來到聖安東尼，一來就想走，他嫌那兒的街道髒，但是外祖母拒絕提前動身，堅持住滿一個月，至少也得住滿預定時間。

然而，這段時間我們一家子做了一件正經事。我們去了一趟蒙托班，檢閱那年秋季我要上的公立中學。

石磚迴廊在八月下旬的午後陽光下看來非常清純，等到九月下旬那批穿黑罩衫的惡魔回來可就不一樣了，到時我就有得受了。

八月底，外祖父母和約翰保羅連同所有行李登上前往巴黎的快車，離開了我們。九月的第一週，鎮民舉著火把遊行，慶祝主保聖人聖安東尼的瞻禮日。休閒廣場上懸掛著日本燈籠，大夥兒在燈籠下跳波卡舞（Polka）和逍蒂喜舞（Schotti sche），各種精彩刺激的節目也紛紛出籠，花樣翻新的打靶競賽構想最為奇特。在小鎮這一頭，人們在一隻鴿子腿上繫線並拴於樹頂，大家用散彈槍將牠打到死為止；在小鎮另一頭，有隻雞被捆在一個漂浮於河心的箱子上，人們從岸邊向牠開槍。

我自己則參加了一項鎮上男孩與年輕人的大賽。我們全體跳進河裡，爭先恐後地追趕一隻從橋上丟入河裡的鴨子。比賽結束，逮到鴨子的是一個叫喬治的體面小伙子，他在蒙托班的師範學校讀書，準備當教師。

那年我才十一歲半，就愛上一個有金色捲髮的小女孩，名叫亨麗愛塔，她怕羞而膽小。這段情真是幼稚，她回家告訴她的父母「那個英國人的兒子愛上我了」，她母親拍起手來，那天哈利路亞聲響徹他們全家。再次見面時，她對我很友善，我們一起跳舞，她一本正經地要起花招，特許我繞著樹追她。

我突然看破了她的做作，就回家了。父親問我：「你這個年齡追著女孩不放到底在搞什麼名堂？」從那件事之後，我就很認真嚴肅地過日子；幾個星期後，我穿上全新的藍色制服前往公立中學就讀。

當時我的法文已經相當不錯，但是上學第一天，在滿是沙礫的大操場上，我被那些凶巴巴的傢伙圍在中間，他們的小臉黝黑冷峻，像貓似的；看到那幾十雙閃閃爍爍、充滿敵意的眼睛，我嚇得一個字都不記得，完全無法招架那些來勢洶洶的問題。我的蠢樣子讓他們更加火大，他們開始踢我，擰我的耳朵，把我推來推去，對我喊出各種辱罵的話。剛開學那幾天，我直接、間接受到攻擊，倒學會了許多骯髒褻瀆的話。

待他們看慣我這張藍眼、蒼白、蠢兮兮的英國臉後，倒也漸漸接受了我，對我相當和顏悅色；然而，每當我夜半驚醒，躺在看似浩瀚無邊的宿舍裡，四周小動物鼾聲四起，黑暗的靜夜中傳來遠處火車的轆軋尖叫聲，遠處塞內加爾的軍隊吹起號角，聲調瘋狂而無情，我有生以來首次感覺淒涼空虛，感到被遺棄的悲痛。

剛開始，我每個星期天必到蒙托班新城車站搭五點半的早班火車回家。我苦求父親不要再讓我去那所爛學校，他不為所動。大約兩個月之後，我漸漸習慣了，不再那麼悶悶不樂。創口漸漸結疤，但只要置身於那石磚迴廊中，感受到暴戾、不快的氣氛，我的心情就無法快樂平安。

其實我以前在聖安東尼結交的小孩也絕非天使，但至少單純友善；這所公立中學的男生其實也沒有什麼不同，只是家境較富裕。我在聖安東尼的朋友都是工人和農人的孩子，我們一起上小學，但是一旦幾百個法國南部男孩聚集在監獄般的公立中學裡，氣質和心態就不由得產生微妙的改變。和他們個別在校外相處時，我注意到他們相當和善、溫和、有人情味；然而，一旦聚集一堂，他們就好像惡魔附身，殘酷、邪惡、下流、猥褻、妒忌、仇恨使他們結夥成黨取笑他人，態度凶暴，口不擇言地大嚷大叫，與美德作對，也彼此作對。我和這群狼接觸時簡直就像接觸到了魔鬼，尤其是剛開始那幾天，真覺得是魔鬼在用他的肢體對我毫不留情地拳打腳踢。

學校裡的學生分成兩個完全隔離的集團，我屬於「低班」，四年級以下的學生都在這一組。這一組中最年長者約莫十五、六歲，其中有五、六個孤僻的惡霸專門喜歡欺負弱者，他們粗黑的頭髮從額頭一路披下來，幾乎蓋到眉毛，體格比誰都棒；智力雖然較差，但是幹起壞事卻棋高一著，下流話講得比誰都響亮。他們興之所至，行動蠻橫、無法無天，雖非成天到處樹敵，卻惹人討厭，比起與他們為敵，與他們為友反而更恐怖，他們為害最深之處正是在這裡：善良的孩子為了保住自己的小命，不得不唯唯諾諾、俯首稱臣，對這些人帶來的摩擦與不快只有容忍。整個學校，至少我們這一組，就完全受他們支配。

每次想到天主教家庭將孩子送到這類學校，便不免懷疑父母的頭腦有問題。河邊那棟高大乾淨的白色建築物是聖母昆仲會神父（Marist Fathers）辦的學院，潔淨得有點嚇人，我從未進去過，但是認識在那兒讀書的幾個男孩，他們的媽媽就是聖安東尼那位在教堂對門開糕餅店的小個子太太。我記得這幾個男孩為人特別親切善良，誰都不會因為他們是虔誠的教徒而看不起他們，他們和公立中學出來的學生真是有天壤之別。

整個回想起來，我警覺到身為天主教徒的父母若是不讓孩子到教會學校就讀，雙肩承擔的道德責任將會是多麼沈重，不屬於天主教會的人很難體會這種不勝負荷的感覺。教外人士不能了解其實不足為奇，因為他們總以為教會堅持父母送孩子上天主教學校只是想藉機賺錢，又藉此控制人心，擴張教會在俗世的疆土。教外人士大多認為天主教會有的是錢，所有天主教機構賺錢都易如反掌；賺了錢就存下來，替教宗購買金銀餐具，替樞機主教團物色雪茄。

如此一來，世上沒有和平又有什麼奇怪呢？每個國家都盡量不讓年輕人在成長期間接受道德和宗教的訓練，以致年輕人全無內心生活，不懂得修持身心，得不到愛德與信德的庇護，這樣的人怎能捍衛政府制訂的和平條約與和約？

各地成千上萬的天主教徒不僅忽視了天主的旨意，更忘了依照自然的理性與慎重態度行事，一味放任子女依循殘酷的文化標準成長，還膽敢哭泣埋怨天主不俯聽他們祈求和平的禱詞。

對我而言，和公立中學裡的學生共同生活是一種新的經驗，但是我在自己的個性中，在各式各樣的人身上，也看到和公立中學學生類似的獸性、狠心與冥頑，只有程度之別罷了。

這些法國少年似乎較其他人更頑固、更憤世嫉俗、更早熟，他們符合父親對法國所持的理想化看法。其實我多少也有粗略地將法國理想化的傾向，如何調解其間的矛盾呢？唯一的解釋是「至善有了缺陷就是至惡」。惡本身是虛無的，只是善的闕如，是缺少應有而未有的優點，因此至善一旦墮落，就形成了至惡。法國最令人震驚的，是靈性生活墮落為輕浮與憤世嫉俗，智慧淪為詭辯，尊嚴與教養淪為無謂的虛榮與誇張的自我表現，愛德淪為可憎的肉欲，信德淪為無病呻吟或幼稚的無神論。這一切毛病在蒙托班的公立中學都找得到。

然而，如前所述，我倒還滿能適應環境，交到一群性情還算聰明平和的朋友，言談舉止尚不至於下流，是一至三年級的低班學生中較聰明的；我說的聰明其實也意味著早熟。

但是他們都具有理想與進取心。我記得第一學年到一半時，我們這幾個人就瘋狂寫起小說。我們時常兩兩並排，拉開一長列隊伍出城散步，一到城外便分成幾個小組，我們這組喜歡雙手插在口袋，帽子倒過來戴，邊踱方步邊談我們的小說，神氣十足，就像了不起的知識份子。我們的討論範圍並不限於我們正在進行的小說布局，還批評彼此的作品。讓我舉例說明：當時我正用法文撰寫一個偉大的探險故事，場景設在印度，風格多少受到羅逖（Pierre Loti）的影響，書中男主角陷於經濟困境時，接受了女主角提供的一筆貸款。這種布局激起同儕異口同聲的抗議，他們認為男主角是個浪漫英雄，格調務必要高雅，豈能接受女主角的金錢施捨。「得了，老兄，哪有可能！太離譜了！」我根本沒料到他們會有這種反應，不過我還是改寫了。

記憶中，那篇小說一直未完成，但是至少有其他一兩篇是完成的。其實在我尚未上公立中學時，在聖安東尼就先寫過一篇小說，潦潦草草地寫在練習本中，用墨水筆大畫特畫了許多插圖——我用的墨水通常是鮮藍色的。

這些作品都受到金斯利（Charles Kingsley）的小說《嗨，西進！》（*Westward Ho!*）和杜恩（Lorna Doone）作品的影響。主角住在十六世紀英國的得文郡（Devonshire），書中惡徒都是天主教徒，他們和西班牙結盟，壓軸好戲是在威爾斯外海的一場精彩海戰，我費盡心思、淋漓盡致地描繪那場戰役。書中某段提到惡徒中有位神父將女主角的房子付諸一炬，我不敢告訴朋友，生怕觸怒他們，因為他們至少在名義上是天主教徒，每個星期日早晨都會見到他們兩兩並排至教堂望彌撒。

從另一角度看，他們的宗教素養不算太高，因為有一天我們出了學校去鄉間散步，瞥見學校前面廣場上兩位穿著黑色道袍、滿臉大鬍子的教士，其中一個朋友悄聲在我耳邊說：「是耶穌會士（Jesuit）！」不知為什麼，他竟然怕耶穌會士。現在我對各修道會已有更多認識，知道他們並不是耶穌會士，而是苦難會（Passionists）傳道士，胸前有苦難會的白色徽章。

起初，星期日若是留在學校，我總是和那些不上教堂望彌撒的同學在一起。我常在自習室閱讀凡爾納（Jules Verne）或吉卜林（Rudyard Kipling）的小說（我對譯成法文的《晦暗之燈》〔*The Light That Failed*〕相當著迷）。後來，父親安排我和其他幾個人一起聽一位矮胖的新教牧師來學校傳福音。

每逢星期日早上，我們就到校園中一棟陰鬱的八角形建築裡，此處是為學生設立的新教「聖殿」。我們圍坐在火爐旁，矮小嚴肅的牧師將樂善好施的撒馬利亞人（Samaritan）、法利塞人

（Pharisee）和稅吏等寓言——說給我們聽。現在回想起來，當時並未感受到特別深刻的靈修心得，但是牧師總算給了我們不少淺顯的道德教育。

我很慶幸在最需要宗教的年齡有機會得到這麼一點宗教教育。我已多年未進教堂了，以前上教堂也只是為了觀賞彩色玻璃或欣賞哥德式的拱頂建築，其實對我沒什麼幫助。如果得不到靈修指導，不領受聖事，沒有獲得聖寵的方法，只是偶爾散漫地祈祈禱，聽聽曖昧含糊的講道，宗教又有什麼用？

校園中其實也有一座天主教聖堂，但是就要成為廢墟了，窗子多半沒有玻璃，誰也沒見過內部，因為都鎖住了。我想，當年興建校舍時，天主教徒必定耐心爭取了好幾年才取得政府人士的特許，蓋了這座聖堂，但是後來的結果一定讓他們大失所望。

童年時代真正寶貴的宗教和德育薰陶，僅來自於和父親日常隨興所至的交談，沒什麼系統可言。父親從未專心、刻意地教我宗教，但是他在靈修方面有了感受總是自然流露出來，這就是最有效的宗教教育，其他教育亦可採用這種有效的方式。「樹好，它的果子也好；樹壞，它的果子也壞；心裡充滿什麼，口裡就說什麼。」

「出自充實之心」的言詞最感人肺腑，也最能影響別人。任何人只要真正信服自己所說的，則不論說的是什麼，就算和我們的想法正好相反，我們也都會聆聽，而且不敢等閒視之。

那位牧師說的法利塞人和稅吏故事我一點也記不得了，但是我忘不了父親無意間提到聖伯多祿（St. Peter）不認基督的那件事，他說伯多祿一聽到雞叫[16]就走到外面傷心痛哭起來。我已經忘

16 譯註：伯多祿想起耶穌說過：「雞叫以前，你要三次不認我。」

了當時是怎麼引起這個話題的，只記得我們正站在「牛馬墟」的公寓走廊閒聊。

我一直不曾忘記當時眼前那幅栩栩如生的畫面：伯多祿走出去淒淒慘慘地哭了。當時我的確曾了解伯多祿的心情，了解背叛耶穌對他的意義；後來我竟然能把當時了解的事遺忘了那麼多年，如今想來頗為不解。

父親一向對有需要的人坦然表達他對真理與道德的意見，當然，他絕不干涉別人的事，但是有一次他實在義憤填膺、不能自已。事情是這樣的：有個法國潑婦——就是那種心地不善、講話刻薄的中產階級——口無遮攔地宣洩她對鄰居的憎恨，其實那個鄰居與她本是一丘之貉，父親聽到後忍不住痛斥其非。

父親問她：為什麼基督告誡我們要愛自己的敵人？難道天主是為了祂自己的好處才定這條誡命？祂真的有求於我們嗎？難道祂不是為了我們好才制訂這條誡命？父親告訴她，有常識的人為了自己靈魂的健康和平靜就應該以愛待人，切忌嫉妒與心懷不善，免得自己粉身碎骨。聖奧斯定就是如此論述的：嫉妒和仇恨是刺穿我們鄰人的劍，但是在刺到對方之前，刀刃卻必須先穿過我們自己的身體。父親從未讀過聖奧斯定的神學，但是我知道他會喜歡的。

這個潑婦的故事讓人聯想到布洛伊（Léon Bloy），如果父親讀過他的作品，一定也會喜歡的；他們倆有許多相似之處，但是父親不像布洛伊那麼激憤。假如父親是個天主教徒，他在俗默觀的聖召一定會順著這個方向發展，我敢肯定他一定有這種聖召，可惜全無機會發揮，因為他從未領受聖事；然而，他的內心蘊藏著和布洛伊相同的神貧（spiritual poverty）[17]種子，也和布洛伊一樣憎惡物質主義和冒牌靈性修養，憎恨那些自稱基督徒者的世俗價值觀。

一九二六年冬，父親去了摩拉（Murat），那兒屬於奧文尼（Auvergne）區的老省份康塔爾（Cantal），居民多半信奉天主教，位於法國中部山區，附近有綠色山脈和老火山。山谷中密布肥沃的牧原，山上種植著茂密的杉林，有些山崗則不長樹，只覆蓋著草，綠色山頂高聳直上青天。住在那裡的大多是居爾特人（Celt），傳統上法國人總是有點喜愛取笑奧文尼這地方的人，認為他們頭腦簡單、土里土氣。他們不太容易動感情，但是很善良。

父親寄宿在摩拉的農民家中，這家人在陡坡上有間小房子和小農場，那一年我在那兒度過聖誕節。

摩拉真是個好地方，深深被雪所覆蓋，屋頂的積雪使得擠在三座山坡下的灰色、藍色和深藍灰色屋子更加醒目。這個城鎮蜷伏在一塊巨岩腳下，巨岩頂上高高矗立著巨大的無染原罪聖母雕像，當時我覺得那具雕像太大了，所渲染的宗教熱忱也未免太過火。現在我終於了解，那種宗教情操其實一點都不誇大，人們只是想要平實地表示他們對聖母的愛慕。她是有大能的天后，無限美善，無限慈愛，在天主寶座前為我們大力代禱；她的聖德榮光無涯，滿被聖寵，是天主之母，值得大家敬愛。她愛天主的子女，他們的靈魂是以天主為肖像受造的，這個盲目愚蠢的世界已經沒有人了解、記得她慈愛的力量了。

然而，我之所以提到摩拉，並非是要談論這座雕像，而是要提到普利發夫婦，也就是我們寄宿處的屋主。在我們來時，火車從康塔爾山另一邊的奧里雅克（Aurillac）攀登白雪覆蓋的山

17 譯註：擺脫世物的誘惑，依賴天主。

谷，那時距離摩拉還有老遠一段路，父親就告訴我：「見到普利發一家人之後，你就知道了。」

從某方面來說，他們是我認識的人當中最值得一提的人之一。

奧文尼地區的人通常不高，普利發夫婦就比我高不了多少，那年我十二歲，較我同齡的人高。普利發先生最多五呎三、四吋高，但是他背闊胸寬，身影幾乎呈正方形，非常有活力，又好像沒長脖子，頭從肩膀上一個結實的骨肉柱直接冒出來。就像當地大多數鄉下人，他戴著黑色寬沿帽，勻稱的帽沿與眉毛下方有雙清醒審慎的眼睛，目光平和地注視著你，使他的面容更顯得莊重。眉毛與帽沿都那麼端正，真是相得益彰，更凸顯了他那牢靠、穩定、沉著的形象；不論是工作還是休息，他都給人這樣的印象。

他的小妻子更像一隻依人小鳥，個性誠摯、熱切、敏銳，性情平和恬靜，我現在才知道這些特質是來自於接近天主。她頭上戴著一個無以名之的有趣小頭飾，只能說是棲息在她頭上的一個小圓錐，上面點綴著一小條黑絲花邊，奧文尼那兒的女人至今還戴著那樣的頭飾。

憶起這些善良好心的人，講述他們的事蹟，真是一件樂事，雖然我不復記得所有的細節。他們的性格祥和樸實，對我非常仁厚，讓我銘記於心。我尊敬他們，甚至覺得他們稱得上聖者，他們成聖之道是最直接了當、最動人的：他們默默無聞，以完全超性的方式平凡度日，倚靠平凡的才能從事一成不變的普通工作；然而，因為有內在的聖寵，他們的靈魂藉著深刻的信德及愛德與天主長期結合，使他們平凡的才能、工作、家常瑣事蒙上超性的光彩。

他們善良的靈魂最關心的就是農場、家庭與教會，日子過得非常充實。

父親對我的身心健康日益關心，他知道這兩位朋友非常可貴，越來越覺得摩拉是調養我身心的最佳去處。

那年冬天我數度發燒，在學校病房住了好幾週。次年夏天，父親要去巴黎，他再次藉機送我去摩拉和普利發一家人小住幾週。他們要我多吃牛油、牛奶，無微不至地照顧我。

回想那幾週難忘的日子，我虧欠普利發夫婦的豈止牛奶、牛油等滋養我肉身的食品；他們不僅親切地照顧我，更像疼愛親生孩子般牽腸掛肚地關心我，但是並不一意孤行，也不流於過分親密。從小我總是抗拒佔有性的愛，不論是來自何人——我總是本能地渴求開放與自由。在和超越本性、過信仰生活的人相處時，我才能真正自在平安。

普利發夫婦愛我，我覺得自由自在，我願意回報他們的愛，因為他們的愛不炙傷人、不束縛人；他們的愛不想禁錮你，也不會因自私心作祟而設圈套陷住你。

我經常爬山，喜歡在樹林裡奔跑，曾經和一個也許是普利發夫婦姪子的男孩去康塔爾峰，那裡除了高大的山峰之外沒什麼特別的。他上的是天主教學校，我想是神父辦的，當時我全然沒料到不是每個男孩說話都像公立中學裡調皮的小鬼，我不假思索地說了些在蒙托班整天聽到的粗話，頓時冒犯了他。他問我從哪裡學來這一套，我覺得又羞又窘，但是他表現得非常寬宏大量，讓我折服。他當下就原諒了我，好像什麼事也沒發生過似的；我覺得他似乎認為我畢竟是英國人，不太了解自己所說話語的真正含意。

畢竟，我能去摩拉就是很大的聖寵，當時我可曾徹底了解？其實聖寵恩典到底是什麼我都不清楚。雖然我很欣賞普利發夫婦的善良，也能了解他們行善的根源與基礎，卻從來沒有想要效法他們，或是藉著他們的榜樣而受益。

我想，我大概只有一次和他們談及宗教。那天大家坐在狹窄的前廊，眺望著山谷，山巒在九月的薄暮中逐漸轉成暗藍紫色。不知為什麼，天主教和新教突然成為我們的話題，我立刻感覺到普利發夫婦對我的不以為然，他們堅定嚴正地駁斥我，那種大義凜然的神情宛如不可攻破的要塞碉堡。

於是我極力替新教辯解，記憶中，他們似乎表示過不解——我沒有信仰，怎能過活！他們認為天下只有一個信仰，一種教會。於是我辯解，每一種信仰都是好的，只是引人走向神的方式不同；每個人應該遵從自己的良心行事，以他個人的看法解決問題。

他們不和我爭辯，僅僅互看了一眼，聳聳肩，普利發先生憂傷地輕聲說：「那不可能。」

他們一向沈默、平靜、堅毅，如今這些特質回過頭來和我作對，讓我覺得又害怕又難堪。他們指出我的錯誤：任性、無知、懷著無稽的新教徒優越感和他們保持距離，拒絕接受他們的保護，和他們內心活力的泉源斷絕關係。

最難堪的是我希望他們和我辯論，而他們卻不屑與我辯論，好像看穿了我的態度（而我自己卻沒有自知之明），知道我想辯論、想談宗教無非是因為缺乏信仰、師心自用、自說自話罷了。

更糟的是他們似乎知道其實我沒有任何信仰，我所謂的信仰只是空談。他們不讓我覺得這件事無關緊要，也不認為我是小孩就可以順其自然、等待水到渠成。我從未遇見對信仰如此執著的人，他們卻無法直接幫我的忙，能間接為我做的事一定都已經做了，真感謝他們費心。我從心底感謝天主，他們多麼重視我缺乏信仰的事啊！

誰知道我虧欠這兩位恩人多少？我只能猜測，以他們的愛心，必定曾經為我祈禱。日後我得到諸多恩典，最終皈依天主教，甚至得到修會聖召，可能都是拜他們祈禱之賜。誰知道呢？但是，總有一天我會知道，我慶幸自己有這份自信：有朝一日，我會和他們重逢，當面致謝。

VI

父親到巴黎擔任他昔日在紐西蘭的朋友克利斯陀上尉的伴郎，這位朋友在英國陸軍做得不錯，官階是輕騎兵隊軍官，後來又出任監獄典獄長。但這並不表示他是個陰沈乏味的人，婚禮一結束，他就和新婚妻子度蜜月去了，克利斯陀夫人的母親則隨著我父親回到聖安東尼。

史闕騰太太令人印象深刻，她是個聲樂家，但我不記得她是否曾上台表演。她絕不是那種戲劇性的人物，但是相當生氣蓬勃。

你怎樣也不會覺得她年長，她總是精力充沛、意志堅強、才智兼備、處事精明、見地獨到，讓人不得不佩服她的多才多藝；尤其那不可抗拒的端莊威嚴，令你不禁想稱她為史闕騰夫人或伯爵夫人。

她一來我們家，立刻發揮了極大的影響力，令我暗中懷恨。我覺得她無權操縱我們家務事，但是後來連我也看得出她的看法和建議其實都相當中肯；我們之所以會放棄永遠留在聖安東尼，受她影響最大。

房子即將竣工，可以搬進去了。房子雖小，卻真是漂亮，樸素牢固，看起來很舒適，裝有中世紀窗子的大房間裡還有一個中古時代的龐大壁爐。父親很有辦法，他蓋了一座盤旋石梯，可以直上二樓臥房。他費了很多心思在房子四周開闢了一座花園，以後一定會很美。

但是父親經常在外旅行，這間房子其實可有可無。一九二七年冬，他有幾個月都在馬賽（Marseilles），其餘時間都待在地中海另一個港口塞特（Cette），不久後又必須去英國，因為又到了開畫展的時候了。我一直在公立中學就讀，早熟得有點老油條，覺得自己就要成為道地的法國人了。

父親赴倫敦開畫展去了。

一九二八年春，學年即將結束。我對未來漠不關心，只知道不出幾天父親就要從英國回來。那是一個豔麗晴朗的五月天上午，父親來到學校，一來便告訴我盡快收拾東西，我們就要動身前往英國了。

我好像立刻卸除了手銬，環顧四周，磚牆上的光奏出多麼輕快的旋律；拜神秘的善力所賜，監獄的門為我大開：能逃脫公立中學真是天意。

終於有機會對那些即將分手的夥伴幸災樂禍了，我嘗到狂喜的滋味。陽光下，我被他們圍在中間，他們兩手下垂，穿著黑罩衫，頭戴法國圓帽，心懷嫉妒笑著分享我的興奮。

我和父親一起離開，乘坐出租馬車走在寂靜的路上，行李放在身邊，父親談論著我們的計畫。馬蹄聲在堅硬的白泥路上響著，經過那些陳舊的房子，整潔體面的淺色屋牆傳來「自由」的回聲，「自由，自由，自由，自由」，多麼輕盈愉快的回聲！

我們經過一個像多角形穀倉的大郵局，牆上貼滿已成殘片的老海報。在斑斑點點的懸鈴木樹影下往前看，長街的彼端就是新城車站，從前每逢星期日，我曾多次來此搭乘凌晨的火車回聖安東尼的家。

我們搭上小火車，重蹈初次來到亞威宏山谷的原路，想到我那即將失落的十三世紀，心裡確實不是滋味。唉，其實它早就不屬於我們，我們在聖安東尼一年後就把握不住它了。公立中學的苦澀鹼水腐蝕了聖安東尼對我的良好影響，我已經被烙傷、有點麻木了；但是一想到就要永遠離開，還真有點捨不得。

想到我們從沒住進父親建造的房子，也不禁有點傷感，但是且別在意，那些日子的恩典絕不會虛擲。

我還無法相信自己已和公立中學永遠告別，就已經搭上北上的火車，飛快地穿越皮喀第（Picardy）了。當天色轉變成朦朧的珍珠灰時，就知道已經快到英吉利海峽，沿途我們看到一些大型海報上面用英文寫著：「到埃及去！」

接著便看到海峽渡輪，福克斯頓（Folkestone）絕壁就在眼前，在朦朧的陽光下白得像乳酪；還有那灰綠色的丘陵，在岩石頂端排列整齊的旅館，都讓我心曠神怡。服務員操著倫敦土腔叫喊，車站飲食部傳來濃茶的香味，至今仍讓我聯想起假日的氣氛。這地方的禮儀規矩之多令人敬畏，卻又充滿各種令人安適的感覺，這些安適中的每一種經驗，似乎都穿透了七、八層隔離物才觸及到靈魂。

那時英國給我的感覺就僅止於此，而且延續了一兩年以上，因為去英國就等於是去伊令（Ealing）的毛德姑姑家。

卡爾騰路十八號的紅磚房像一棟具有十九世紀防禦措施的要塞，前面有一塊小草坪，同時也是草地球場；窗外有塊圍起來的草地，那就是德爾斯登學校的板球場。在伊令，一排排一模一樣的房子固守維多利亞式的標準，一成不變；毛德姑姑和班恩姑丈就住在這座城堡的核心，班恩姑丈顯然就是城堡的指揮司令之一。

班恩姑丈原本在城堡酒館路上的德爾斯登私立男子高中當校長，現已退休，他看來就像維多利亞時代那種悲劇性、一本正經的大將軍，躬著肩，白鬍濃密得像流瀉下來的大瀑布，戴著夾鼻眼鏡，身上的花呢衣服垮垮的。他有病在身，走路慢，有點瘸，需要別人呵護，尤其需要毛德姑姑的照顧。他說話沉著清晰，但是聽得出在必要時還是可以聲如洪鐘。如果他想說一番戲劇性的話，就會雙眼圓睜，直盯著你的臉，向你揮著手指，語調活像《哈姆雷特》（*Hamlet*）中的鬼魂：故事說到緊要關頭，他便會放輕鬆、坐舒坦，露出一口整齊的牙齒，輕笑著環顧圍坐在他腳邊的人。

說到毛德姑姑，這麼像天使的人十分罕見。當然，她已上了年紀，她的服飾，尤其是帽子款式，極端保守，我相信她仍然保留六十年慶祝會（Diamond Jubilee）[18]時流行的款式，絲毫未曾背棄傳統。她生氣蓬勃，很迷人，個子高挑，是個安靜謙和的老太太，經過這麼多年仍然不失維多利亞時代女孩明智、敏銳的丰采。「nice」一詞就像是形容她的專用語：原意為優雅，口語化的意思是可愛。她真是個既優雅又可愛的人，尖尖的鼻子和淺笑的嘴唇看上去就像剛剛說完「How nice!」似的。

現在我來到英國就學，當然有更多機會受她庇蔭。其實，我才剛剛上岸，她就帶我逛牛津街，這是去里普利院——這所學校位於索立（Surrey）——的前奏。里普利院是班恩姑丈已故兄弟羅伯特之妻皮爾斯太太的學校，羅伯特死於車禍，他騎自行車下山，在山腳下來不及轉彎，直直撞上正前方的磚牆。他的煞車在下山中途就失靈了。

我們去過牛津街好幾趟，那天早晨也許不是第一次了。走在街上，毛德姑姑和我大談我的將來。我們在埃文斯商店買了幾條灰色法蘭絨褲子、一件毛衣、幾雙鞋子、數件灰色法蘭絨毛衣，還有一頂英國小孩非戴不可的法蘭絨帽。離開商店後，我們坐在敞篷公車頂層的第一排，街景一覽無遺。

「我不知道多瑪斯是否關心他的未來。」毛德姑姑看著我，向我使眼色，好像在鼓勵我。當然我就是多瑪斯，她有時候愛用第三人稱稱呼人，也許因為提及這類話題，她覺得有些尷尬。

我承認約略思考過自己的未來及志向，但不知是否該告訴她我想當個小說家。

「您認為寫作是個好職業嗎？」我試探性地問。

「是的，寫作是很好的工作！但是你喜歡寫些什麼？」

「我在想，也許我喜歡寫小說。」我說。

「我想你有朝一日會成功的。」毛德姑姑慈祥地說，但是又加了一句：「當然你也知道寫作有時是很難維持生活的。」

「是的，我了解。」我沈思著說。

「也許你可以依靠另一份職業謀生，利用空閒時間寫作，有些小說家就是這麼開始的。」

18 譯註：一八九七年為維多利亞女王登基六十週年。

「我可以當個新聞記者，」我建議：「替報社工作。」

「這主意也許不錯，」她說：「外語能力對記者是很有用的，你可以再提升一點，當駐外記者。」

「有空就可以寫書了。」

「對，我想你不妨試試。」

我想，我倆就是用如此抽象、不切實際的語氣一路談回伊令的。下車後，我們穿越綠港路，來到城堡酒館路，到德爾斯登學校辦點事。

這並非我第一次和里普利院的校長皮爾斯太太見面。她體型高大，看起來有點愛找碴兒，眼睛下面有很大的眼袋。房裡掛著好幾幅我父親的畫。毛德姑姑和她提起我們在路上談論的話題，也許是那幾張畫作怪，她似乎正在思索藝術家的生活方式有何缺失和風險。

「他想要步他父親的後塵，和他父親一樣做個業餘藝術家？」皮爾斯太太粗聲粗氣地說，從眼鏡鏡片後凶狠地審視著我。

「我們談到也許他可以當個記者。」毛德姑姑溫和地說。

「胡說，」皮爾斯太太說：「讓他學商，好自立更生。別讓他浪費時間，欺騙自己。最好從小就灌輸他一些明智的看法，讓他腳踏實地，不要帶著滿腦子夢想進入社會。」她轉頭對我大聲說：「小男生！別當業餘藝術家，聽到了嗎？」

雖然暑期班已近尾聲，里普利院還是收了我，大概是覺得我有點像孤兒或流浪漢吧，必須立刻伸出援手、特別關照，卻又對我心存疑慮。我是藝術家的兒子，又在法國學校讀了兩年書，藝術家加上法國，是皮爾斯太太和她朋友最不信任、最憎惡的組合，火上加油的是我對拉丁文竟然一字不識，十四歲半的男孩竟然不會做「mensa」的字尾變化，甚至連拉丁文法書都沒動過，真是不堪想像。

因此我再次屈辱自己，降到最低班和最小的小孩排排坐，從頭牙牙學語。

不過，里普利院和監獄般的法國公立學校相比真是樂土。這裡有巨大蜿蜒的深綠色板球場，我們坐在榆樹濃蔭下等待上場；下午茶時間聚在餐室裡，一邊狼吞虎嚥地吃抹牛油果醬的麵包，一邊聽翁思婁先生朗讀柯南道爾（Arthur Conan Doyle）爵士的作品。有過蒙托班的經驗後，這種平靜真是一種奢侈的享受。

這些臉孔紅潤、天真無邪的英國小男孩也讓我耳目一新，他們較可愛、較快活是有來由的。他們都來自安適的家庭，無知像堵厚牆護佑著他們；一旦進入公學，這道保障就不管用了。趁這座牆未倒之前讓他們多多享受童年吧！

每逢星期日，我們穿上英國人認為適合年輕人穿著的滑稽可笑衣服，走向村裡的教堂，教堂內整個耳堂都特別為我們保留。我們穿著黑色伊頓短上衣，雪白的伊頓衣領頂著下巴，勒得人透不過氣。一眼望去，大家的頭髮都梳得整整齊齊，埋首在讚美詩集裡。我總算上教堂了。

星期日傍晚，我們總是到索立青蔥的野外步行一大段路，回來後又集合在木造的訓練房裡，坐在板凳上唱聖歌，聽翁思婁先生朗讀《天路歷程》（*Pilgrim,s Progress*）的故事。

於是，就在我最需要宗教的時候，培養了少許自然的信仰，得到許多舉心向天主祈禱的機會。我第一次看到人們公開在上床前下跪，也第一次在謝飯後才用餐。

往後兩年，我認為自己信教還算真誠，因而快樂知足。我不認為這是什麼超自然的現象，雖然我相信神恩總是在我們靈魂深處以隱晦不定的方式工作；不過，我們至少是在履行對天主應盡的義務——也藉以滿足我們天性的需要：義務與需要存在於最基本的事物中，我們之所以受造，即是為了這些基本事物，而義務與需要其實是殊途同歸的。

這兩年過去之後，我竟然像社會中充斥的愚蠢無神論者一樣，將這兩年稱為「我的宗教期」，這真是滿可笑的。幸好現在我已經明白那種想法有多可笑，不幸的是覺得可笑的人寥寥可數。我認為幾乎每個人都經歷過宗教期，對大多數人而言，這不過是人生的一個階段而已，過去了就過去了；果真如此，那是他們自己的錯，因為人生在世並非只是被動地經歷一系列「階段」。我們遵循生命中的善與秩序，興起崇奉敬愛天主的念頭，如果認為這樣的心意只是曇花一現或感情用事，那是我們自己犯了錯。敬愛天主的意願是一股深奧、強大、永恆的精神動力，其根源與方向都是超越本性的，不容我們將它降級，視為軟弱善變的幻想和欲望。

當我們提及祈禱時，聯想到的若是一席好菜，或是豔陽下歡樂的鄉村教堂、青蔥的英國鄉野，那的確相當吸引人。英國教會便是如此，它是特定階級的宗教，是屬於特殊社會和團體的宗教，並不屬於整個國家，只屬於國內少數的統治階級，這也是其至今尚能保持強烈凝聚力的主因。它談不上教義的統一性，更缺乏人與人之間奧秘的凝聚力，許多信徒已經不再相信聖寵或聖事了；他們至今還能凝聚在一起，主要是受到社會傳統的強力吸引，為了自己的利益固執地堅守某些社會標準與習俗。英國教會的存亡幾乎完全取決於統治階級的團結與保守，它的實力不是來自超越本性的信仰，而是倚靠強烈的社會和種族本能，促使該社會階級的成員團結。英國人緊守其教會就像緊守其國王和古老學校一般，這和他們那種宏大、混沌、甜美、複雜的主觀性情有關；一想到英國鄉間、古堡、漫長夏日午後的板球賽、泰晤士河上的茶會、槌球遊戲、烤牛肉、抽菸斗、聖誕節演出的啞劇、《笨拙》（*Punch*）週刊、《泰晤士報》（*London Times*）等等，他們心中便興起溫暖而難以言喻的嚮往之情。

我一到里普利院就學，便不由自主地被這些事物迷惑住了，其魔力之強，足以讓我將吸引我祈禱和愛慕天主的超越本性的力量，誤認成是本性化的力量，結果，我承受的聖寵就逐漸受到壓抑。我以為只要生活在板球、伊頓衣領、人造童年的平靜溫室內，我自能保持虔誠，甚至是真心虔誠；但是當脆弱的幻象之牆再次倒塌——也就是說，當我進入公學，看穿了英國人表面上多愁善感、骨子裡卻和法國人一樣冷酷之後，就不再勉力保持那些昭然若揭的假面具了。

當時我當然沒有能力得出這個結論，就算我有足夠的智慧，也不可能具備這種眼力；而且，周遭發生的事只衝擊到我的感情和感覺，尚未進入我的心靈與意志——這要歸功於我們聽到的英國國教教義在理論與實踐方面大多含糊不清，完全缺乏實質。

世間的聖寵就如此糟蹋了，我們這一代也失落了，真是可怕。英國國教之所以枯燥無味、無從建立道德秩序，也許是因為它和正教會的奧體失去了不可或缺的接觸，又建立在社會不公與階級壓迫之上；由於它基本上是特定階級的宗教，不免感染到該階級的罪惡。這只是我的猜想，我無力詳加申論。

那年我已十四歲，其實讀里普利院已嫌年紀太大，但是為了要通過公學獎學金選拔考試，又不得不在此拼命研讀拉丁文。至於該上哪一所學校，班恩姑丈以他身為大學先修班退休校長的身分做了明智的抉擇。因為父親窮，又是藝術家，我們不敢奢談哈絡（Harrow）或文契斯特（Winchester）等級的學校——雖然班恩姑丈最看重的是文契斯特，他曾成功培養許多學生獲得獎學金而進入該校，但是對我而言卻有兩個不利的條件：第一，他們認為父親不會有能力付學費（事實上是外祖父要從美國寄錢來付費）；再者，獎學金檢定考試對我而言太艱難了。

最後的決定讓大家都覺得非常合適。英國中部有一所小型學校，雖然沒有名氣，但是水準尚可，歷史悠久，具有一些自己的傳統。這所學校最近得到的評價稍有上升，因為即將退休的校長勞苦功高——這種內幕消息只有姑丈會知道，也只有姑丈會告訴我。毛德姑姑再度向我保證：

「你一定會發覺奧康（Oakham）是一所上好的學校。」

3 地獄劫

I

一九二九年秋，我去了奧康，這個小市鎮氣氛喜樂祥和，擁有一所學校和一座建於十四世紀的灰色尖頂教堂，高聳在寬闊的密德蘭谷（Midland Vale）中。

這的確是個名不見經傳的地方，唯一足述之處是它為該郡的首府，是英國最小的郡中唯一真正的市鎮。整個魯特蘭郡（Rutland）境內甚至沒有主要道路或鐵路通過，只有大北公路掠過林肯郡（Lincolnshire）的邊緣。

在這安靜落後的地方，在棲滿烏鴉的樹下，我花了三年半時間替我的前途做準備。三年半很短，卻足以使我脫胎換骨，不再是昔日那個十四歲的男孩了；那時，我帶著提箱、棕色呢帽、大衣箱、木質糖果盒來到這裡，是個窘迫笨拙的孩子，心地不壞，內心卻很不快樂。

在我進入奧康學校，住進破爛、點煤氣燈的霍基堂（外號「育兒室」）一隅之前，發生了一些事，使得我的生活更加複雜、更加可憐。

一九二九年，我到坎特柏立（Canterbury）和父親共度復活節假期，當時他在那兒工作，常在城裡雄偉靜穆的大教堂作畫。我大部分時間在附近鄉間散步，日子過得很平靜，唯有卓別林的著名電影「淘金熱」（The Gold Rush）姍姍來到坎特柏立上演時，曾經引起一陣轟動。

假期結束，我返回里普利院，父親渡過海峽轉去法國，最後聽說的是他去了盧昂（Rouen）。暑期班快結束時，某日板球校隊要到伊令和德爾斯登學校比賽，我一直都是個蹩腳的板球球員，當然沒有資格以球員身分前往，但是居然被派去當記分員。坐車到伊令的途中，我才聽說父親也在伊令，他病了，住在毛德姑姑家。我猜這就是他們要我一起來的原因：在喝茶休息時，我可以跑到板球場邊的房子見父親。

交通車在通往操場的路邊將我們放下。在一個小棚子裡，另一隊的計分員和我各自打開畫著綠橫格的大本子，將雙方球員的名字填在長方形紙的邊格中，然後帶著削得尖尖的鉛筆等著第一組球隊入場。隊員身上佩帶著白色大護墊，踏著沈重的大步前行。

微弱的六月陽光照射在操場上，彼端白楊樹在薄霧中搖擺，那兒就是毛德姑姑家，我可以看見那尖頂磚房的窗子，也許父親就在裡面。

比賽開始。

我不相信父親病重，要是真的病重，引起的騷動一定不只如此。在喝茶休息時間，我走過去，先經過牆內一扇綠色木門，來到毛德姑姑的花園，再進屋走上樓去。父親躺在床上，從外表看不出病有多重，但是從他的動作和說話的神情中，我終於看出毛病了。他似乎行動困難且疼痛難耐，而且沈默寡言。我問他怎麼回事，他說似乎沒有人知道。

我回到板球球棚，覺得有點傷感、有點著急。我安慰自己，過一兩週他的病情可能就會好轉。我還以為我猜對了，因為在學期快結束時他寫信給我，說我們可以一起在蘇格蘭過暑假，他有個老朋友在亞伯丁郡（Aberdeenshire）有間房子，邀請他去休養。

我們從金斯克羅斯車站搭夜車出發，父親似乎體力還不錯。一路上多次在蘇格蘭灰色沈寂的車站停下，次日中午抵達亞伯丁，這時父親已經顯得疲倦，不愛說話。

我們到了亞伯丁，在車站裡等了好長一段時間，決定到城裡逛逛。車站外有條寬闊無人的鵝卵石道路，再遠處就是港口。我們看到海鷗，還有幾根拖網船的桅桿和煙囪，但是這座城市好像得了瘟疫，一個人影都見不到。事後回想，那天一定是星期天，再怎麼死氣沈沈，亞伯丁平時也不至於如此空空盪盪。這兒到處都像墳墓般晦暗，花崗岩建築看來充滿敵意，那股陰森嚴峻的氣氛讓我們立刻打退堂鼓，回到車站的飲食部，坐下點了個雜燴，仍然振奮不起來。

我們抵達印緒（Insch）時已近黃昏，太陽露面了，斜斜的光線照在遠處滿山的石南田上，那就是我們主人的松雞獵場。我們離開這個與其說是鎮、毋寧更像拓荒區的荒涼小鎮，往荒野駛去，周遭清明安靜。

最初幾天父親還會下來進餐，其他時間則留在自己房內。他到花園去了一、兩次，但是沒多久就連吃飯都不下樓了。醫生經常來，不久我就知道父親毫無起色。

終於有一天，他把我叫到房間去。

「我必須回倫敦。」他說。

「回倫敦？」

「孩子，我要住院。」

「是不是你病得更重了？」

「看起來沒有好轉。」

「爸爸，他們還是沒找到病因嗎？」

他搖搖頭，不過又說：「你要向天主祈禱讓我痊癒。我想，時候到了我會好的，你不要難過。」

但是我真的不好過。

「你喜歡這兒，不是嗎？」

「還可以。」

「你就留在這兒，他們人很好，會照顧你的，留在這兒對你有好處。你喜不喜歡馬？」

我不怎麼帶勁地說，那幾匹小種馬還可以。那裡一共有兩匹小馬，那天主人的兩個姪女和我花了好些時間刷洗牠們、清掃馬廄，也騎了一會兒，但是我覺得實在太辛苦了。這兩個姪女看出我欠缺運動員風度，對我產生敵意，開始作威作福地使喚我。她們倆約莫十六、七歲，除了馬之外，心無他念，不穿馬褲時反而顯得很怪。

我們將父親送上火車，互道再見，他的目的地是倫敦的密德瑟斯醫院。

夏日冗長而乏味，有霧的冷天居多，偶有豔陽天。我對馬房和小馬越來越不感興趣，八月半之前，那兩位姪女終於不甘不願地饒了我，任我獨處，獨自神傷。於是我進入一個沒有馬、不用打獵打靶的世界，脫下蘇格蘭裝，不用參加皇家慶典或其他貴族的聚會。

於是，我得以坐在枝椏間，一本接一本讀著法文版大仲馬（Alexandre Dumas）的小說。為了表示對馬的王國的叛逆，我看到自行車就借了一部，騎到鄉間去看那些古老的石頭圓圈；據說德魯伊教（Druidism）祭司一度在此將人作為犧牲品祭獻給升起的太陽——假如那天太陽還升得起來。

有一天我單獨在家，別人都出去了，陪伴我的是阿陀斯（Athos）、波爾多斯（Porthos）、阿拉密斯（Aramis）和達塔尼安（D'Artagnan）[19]，阿陀斯是我最心愛的角色，我常將自己投射在他身上。突然間聽到電話鈴響，我本想由它去，但最終還是接了，原來有一份寄給我的電報。

電報局的蘇格蘭女人將電報讀給我聽，一開始我沒聽懂，聽懂了之後，又不能相信自己的耳朵。

電報寫著：「駛進紐約港，一切都好。」是在倫敦住院的父親打來的。我試著和電話那端的女人爭辯，電報應該是哈諾舅舅打來的，他那年正在歐洲旅行。但是她有電報為證，不接受我的說法，她堅持電報上的確署名「父親」，並且是寄自倫敦。

我掛上電話，心情沉到谷底。房裡靜寂無人，我來回走著，最後坐在吸菸室寬大的皮椅子上。吸菸室裡也沒人，整棟大房子一個人都沒有。

我坐在這黑暗鬱悶的房間裡，思想停頓、動彈不得，孤獨感從四面八方襲來：我沒有家，沒有家人，沒有國家，沒有父親，沒有朋友，孤苦伶仃，沒有內心的平安，沒有自信，沒有光明，沒有自己的見解——沒有天主，沒有天堂，沒有聖寵，什麼都沒有。父親在倫敦到底怎麼了？我

19 譯註：大仲馬小說《三劍客》中的人物。

不敢想。

我一到伊令，走進班恩姑丈家，他就用發表重要聲明的誇張語氣告訴我最近的消息。他睜大眼睛瞪著我，露出整口好看的牙齒，字正腔圓、一個音節也不含糊地說：「你父親腦部長了一顆惡性腫瘤。」

父親躺在黑暗的病房裡，話很少，但也不像我接到電報時想像得那麼糟。他說的話都很清楚，於是我放心多了，因為據我看，父親的病顯然有生理原因，不可能是狹義的精神失常症。父親並沒有神經錯亂，但已看得到他的前額有個不祥的腫塊。

他虛弱地說，醫生會替他動手術，但是恐怕效果有限。他再次要我為他祈禱。

我沒提電報的事。

我從醫院離去，心裡明白事情會如何發展。他會照這個樣子在那兒躺個一年，也許兩、三年，然後死去——除非他們在手術台上先將他殺了。

日後醫生漸漸知道可以將腦部做部分切除，既可救命，又能恢復病人的心智；但是，在一九二九年顯然還沒有這種知識，父親命中註定要在幾年內受盡病魔折磨，緩緩死去，而醫學上的新發現正呼之欲出。

II

奧康啊，奧康！在灰暗的冬日午後，我們七、八個人聚在閣樓裡，就著煤氣燈，孜孜不倦地讀書，糖果盒到處亂放。我們七嘴八舌，貪得無厭，口出髒話，打架叫喊！有人有一架四弦琴，卻不會彈。外祖父那時經常寄給我紐約星期天報紙凹版印製的褐色插圖，我們喜歡剪下女明星的照片貼在牆上。

我一邊死背著希臘文的動詞變化，一邊和大家喝葡萄乾釀的酒，吃馬鈴薯片，最後大家總是昏昏沉沉，想要嘔吐，各自坐開，一言不發。我坐在煤氣燈下寫信給醫院裡的父親，用的是奶油色的筆記紙，上面印著藍色校徽。

三個月後情況好轉，我升上了五年級，新書房就在樓下，光線較以前好，但還是擁擠雜亂。我們正在學西塞羅（Cicero）和歐洲歷史——全是十九世紀的歷史，對宗教人士有點輕蔑。上英文課時，我們讀莎士比亞的《暴風雨》（*The Tempest*）、喬叟（Geoffery Chaucer）的《女修道院教士的故事》（*Nun's Priest's Tale*）及《赦罪修士的故事》（*Pardoner's Tale*）。學校的校牧巴基賣力教我們三角學，卻沒把我教懂；有時候他也試著談點宗教，但是也沒有成功。

無論如何，他的宗教教學充滿了含糊的倫理學名詞，將英國紳士派的理念和他喜愛的個人衛生保健觀念混在一起。誰都知道他的課程一不留意便有可能變質，成為實地傳授划船技巧的課程，他坐在桌上現身說法教我們如何搖槳。

其實奧康這個地方沒有人划船，附近根本沒有河流，但是這位校牧在劍橋入選過划船校隊。他長得高大英俊，鬢髮泛白，有典型的英國大下巴，額頭寬闊平坦，上面好像寫滿這些字句：

「擁護公平比賽，運動道德萬歲。」

他講得最精彩的是聖經〈格林多前書〉（First Corinthians）第十三章——這一章的確精彩，但是他的詮釋有點奇怪，適足以代表他這個人及其所屬的教會。對這一章（和整本聖經）中的「愛德」一詞，「巴基版本」的註釋是：愛德就是「我們稱某人為紳士時所指的一切」；換言之，愛德指的是運動員精神，代表板球，代表正派，代表穿著得體、使用適當的湯匙、不做下流魯莽的人。

他就站在那個平凡的講壇上，抬起下巴、高高在上地垂顧著一排排穿黑外套的男孩。他說：「你們可以將聖保祿（St. Paul）寫的這章書信中所有的『愛』字用『紳士』一詞取代，例如：『我若能說人間的語言和天使的語言，但我若沒有紳士風度，就成了個發聲的鑼、發響的鈸……紳士是容忍的，紳士是慈祥的；紳士不嫉妒、不放縱、不自大……紳士從不變節……。』」

他繼續講完這章聖經，以「現今存在的有信、望、紳士精神這三樣，但其中最偉大的是紳士精神……」告終；雖然這是他用自己的推論方式得出的結果，但是我並不想大加撻伐。

男孩們忍氣吞聲地聽著，我想聖伯多祿和其他十二位宗徒如果聽到這番講詞，必定會覺得相當意外；基督受到兵士的鞭撻毆打和詛咒，冠上茨冠，受到不可言喻的屈辱輕蔑，最後被釘在十字架上，血流盡而死，難道只是為了要我們都能成為紳士！

我後來曾就這個主題和足球隊隊長展開激烈的辯論，但那是以後的事了；只要我還留在霍基堂，和那些十四、五歲的學童在一起，就必須對學校裡的老大謹言慎行，當著他們的面時更要格外小心。我們經常提心吊膽，深怕被捲入欺凌弱小的節目中，這些節目聲勢浩大，規矩一絲不苟，宛如慶典。十幾個壞小子被召集到布魯克山附近或是沿布朗斯頓路往上的凹地，遭人用棍子毆打，被迫唱愚蠢的歌，聽人罵他們品性不良、不合群。

一年後，我升上六年級，較有機會直接受到新任校長竇爾愓先生的薰陶和影響。他大約四十來歲，算是年輕的校長，個子高高的，一頭黑髮，是個癮君子，熱愛柏拉圖。為了抽菸方便，他把課排在他的書房；教室裡是絕對禁止抽菸的，在他的書房就可以一根接一根地抽了。

他胸懷寬大，我離開奧康後才了解他對我恩重如山，若沒有他的幫助，我大概會因為無法通過數學檢定考而一直留在五年級。他看出我有能力通過專考法文和拉丁文的較高級檢定考試，雖然難度較高，但是可以不考數學，再說這種較高級檢定考試的出路也更好。從一開始，他就安排我上大學，讓我全力爭取劍橋大學的獎學金。也只有他允許我追求自己喜歡的現代語言和文學，我不得不在圖書館自修，因為當時奧康沒有開真正「現代」文學的課程。

他熱愛古典文學，尤其喜愛柏拉圖的作品，恨不得所有學生都被他傳染，能容忍我著實難能可貴；然而，他那種傳染病——就我看來真是致命的傳染病——是我誓死也要抵抗的。我不確切知道自己為什麼討厭柏拉圖，只知道我讀了《理想國》（*The Republic*）的頭十頁之後，就已經下定決心不與蘇格拉底那幫人為伍，至今仍然無法摒除那種反感。雖然我似乎天生不喜歡哲學的唯心論，但是我厭惡柏拉圖派哲學家並沒有嚴肅而知性的理由。我們讀的是《理想國》的希臘原文本，哪有能力深入了解箇中深意；大部分的時間都在和文法及句法苦鬥，哪有餘力解決更深入的難題。

然而，苦撐了幾個月之後，我只要看到「真、善、美」這類詞句，便不得不強忍住憤慨之情，因為它們代表柏拉圖主義的大罪：將整個實在界簡化到純粹抽象的層面，好像具體的個別實體沒有自己的基本實質，僅僅是遙遠而普遍的理想本質之影，而理想本質則收存在天堂某處的卡片索引箱內；造物主繞著「理性」亂轉，興奮地發出如笛聲般高亢的英國知性聲調。校長深受柏拉圖主義影響，非常服膺靈性、知性的宗教觀，也較奧康校內其他人士更接近高派教會（High-Church）[20]；不過，要知道他具體相信什麼，並不比要知道其他校內人士相信什麼來得容易。

我每週有一小時宗教課（除了每天的聖堂時間之外），教這門課的老師有好幾位。第一位老師好不容易將〈列王紀〉（Kings）教完。第二位是個固執、矮小的約克郡（Yorkshire）人，他的長處是說話非常明確、坦率。有一次，他向我們講述了笛卡兒如何證明他自己和天主的存在，他說，對他而言宗教的基本意義就在那兒了。我未經深入思考便接受了「我思故我在」之說，其實我應該有能力了解：「不證自明」的證明一定是虛幻的。如果沒有不證自明的第一原則作為推理基礎，以求出一些非立即明顯的結論，怎能建立任何哲學體系呢？若是你連形上學的基本公理都要求證，就永遠不能建立形上學了，因為你永遠無法對任何公理提出嚴格的證明，第一個求證就會讓你陷入無窮的後退，你必須證明：你正在證明你正在證明的事。如此糾纏下去勢必陷入黑暗的外界，到處只聞哀號及咬牙切齒之聲。假如笛卡兒認為必須藉著「他在思考」（因而他的思考存在於某種主體中）來證明自己的存在，那麼他如何先證明他在思考呢？再談第二個步驟：天主必定存在是因為笛卡兒有清楚的天主觀念——這套理論從來不能使我信服，關於天主的存在有太多更好的證明了。

我在奧康的最後一年，教我們宗教課的是校長本人，他談的是柏拉圖，同時指定我們讀泰勒（A. E. Taylor）的書。我遵命讀了，但因為是被逼的，所以就敷衍了事、不求甚解。

一九三〇年，我剛滿十五歲，在上述大部分事情尚未發生之前，我突然很明確地意識到自己的獨立性，領悟了自己個體的獨特之處。這在那個年齡是自然現象，但是我誤入歧途，自我中心嚴重到幾近病態，從此步向各種知性方面的反叛；周遭事物似乎都與我同謀，鼓勵我和所有人一刀兩斷、獨斷獨行。我正處於青春風暴中，內心迷糊混亂，有那麼一個時期，內心的煎熬讓我謙遜，於是有了些許信德與宗教信仰；我甘心、甚至樂意服從外在權威，並遵守周遭其他人的作風與習俗。

但是，早在去蘇格蘭度假時，我就已經開始露齒示威，拒絕屈服於他人。如今我更迅速地構築鞏固防禦的工事，抗拒任何使我不快的事；無論讓我不快的是他人的意見、要求、指令或是他們本人，我總是置之不理、我行我素。如果想阻撓我的人有權有勢，表面上我雖然保持禮貌，但是內心堅決抗拒；我只按自己的意思行事，只顧自己。

外祖父母在一九三〇年重訪歐洲，這次他們替我敞開了世界的大門，讓我完全自由獨立。一九二九年的經濟危機並沒有徹底摧毀外祖父，他沒有將財物完全投資於破產倒閉的公司，但是間接受到的影響也相當嚴重，和一般商人一樣無法倖免。

一九三〇年六月，他們來到奧康——外祖父、外祖母，還有約翰保羅，全都來了。他們這次來得風平浪靜，不再旋風式地四處造訪，經濟不景氣改變了一切。此外，他們也習慣了在歐洲旅行，往日由於懼怕和慌張形成的亢奮多少緩和了些，他們的航程比較——我只能說比較——寧靜。

20 譯註：英國教會中遵行古代羅馬基督教會教義與禮拜儀式的一派，特別注重教會權威和儀式細節。

他們到了奧康，在迷宮式的皇冠旅館住了兩個大房間。外祖父一來，立刻叫我到他的房間去談話，其結果促成了我的解放。

我想，那是我有生以來第一次完全被當作成人對待，像個能充分照顧自己、獨力進行業務交談的成人。其實我向來無法明智地談論商務，但是外祖父將我們的財務狀況講解給我聽，好像相信我都能聽懂；他說完時，我也的確完全掌握了要點。

未來十年、二十年會發生的事沒有人能預料，「格羅賽特和鄧賴普」公司還在營業，外祖父亦然，但是業務成敗難以預料，連他自己都有可能失業。然而，為了保證約翰保羅和我有書可讀，甚至接受大學教育，在學成找工作時不致挨餓，外祖父已經將原本在遺囑中留給我們的錢取出，存入一個相當安全可靠的地方，按照保險政策每年定期支付一筆錢給我們。他讓我看看在紙上算出的數字，我很伶俐地點點頭，雖然不是每個細節都聽得懂，但是我知道至少在一九四〇年之前我的生活還過得去；不過，一、兩年後外祖父發現那萬能的大保險政策不如他想像中那麼萬能，不得不改變計畫，損失了少許金錢。

講解完畢之後，外祖父將那張清單交給我，在椅子上坐正，注視著窗外，撫著光禿的頭頂說：「大功告成！以後不管我發生了什麼事，你們都有保障了，至少幾年內都不用擔心。」

發生這麼重要的事，外祖父又如此慷慨大量，讓我有點惶恐。這一切都是出自外祖父內心，他想要將事情都安排妥當，萬一他破產了，我們仍然可以照顧自己。幸而他後來並未破產。

那天在奧康，外祖父慷慨大量地把我當成人看待，最妙的是他還做了一大讓步——他不僅贊成我抽菸，甚至還替我買了一支菸斗，真讓我大吃一驚。請留意，那年我才十五歲，況且外祖父一向反對抽菸，校規也禁止抽菸——那一年我不斷違反校規，為的是表現自己有多麼獨立，而非喜歡一再點燃冷菸斗，抽那辛辣的羅德西亞板菸。

假期來臨時又發生了另一個巨大的變動，我獲知今後不必再和毛德姑姑或倫敦郊外的親戚共度假日了。父親在紐西蘭時的一位老友將充當我的監護人，當時他已經是哈雷街的專科醫師。他邀請我到倫敦時住在他家，這樣我就更自由了；換言之，幾乎整天整夜我都可以暢所欲為。

湯姆——我的監護人——在那段時期成為我最尊敬景仰的人，對我最有影響力。當年他也高估了我的智力和成熟度，我當然沾沾自喜，但是日後他會發現不該如此信任我。

湯姆和他的妻子住在公寓裡，生活井井有條，充滿情趣。我們在床上進早餐，由法國女僕以小托盤端來一小壺咖啡或熱巧克力、吐司或小麵包，我那一份還加上煎蛋。用完早餐約九時許，必須等一陣子才能洗澡，所以我先躺在床上閱讀一個小時左右，讀的是瓦渥（Evelyn Waugh）那一類作者的小說，然後整裝出門找些消遣——或去公園散步、逛博物館，或去唱片行暢聽熱門唱片，聽完後我會買一張，答謝他們讓我白聽那麼多唱片。我常去一家名叫「萊維」的店，位於新月形的攝政街上櫛比鱗次的大樓頂層，他們進口所有美國最新的「維克多」、「布倫茲維克」及「歐克」唱片。我待在一間有玻璃門的房間裡，把艾靈頓公爵、路易·阿姆斯壯和「大王」奧力佛的唱片全部放來聽；其他唱片也聽了許多，有些已經想不起來了，舉凡〈盆地街藍調〉、〈貝爾街藍調〉、〈聖詹姆士醫院藍調〉，或是其他藍調樂曲中提到的地方，我都聽得耳熟能詳，彷彿美國南部各城的貧民窟都待過。像孟斐斯（Memphis）、新奧爾良（New Orleans）、伯明罕（Birmingham）等地到現在我都沒去過，也不知道那些街道在哪裡，但是我的確認識那些地方，這是我在攝政街的頂樓、在奧康的書房裡的收穫。

然後我再回到監護人的家，在飯廳吃午飯。那張餐桌太小、太精緻了，我正襟危坐，生怕碰翻桌子，摔破漂亮的法國餐盤，將法國菜撒在打蠟的地板上。公寓裡每件東西都小巧玲瓏，和我的監護人夫婦非常相稱；這倒不是說我的監護人很秀氣，他只是個子小，小小的腳走起路來輕快無聲。他經常站在壁爐邊，指間夾著根菸，姿勢優雅，很有可敬醫師的風度。醫師似乎都喜歡嘛嘴——他們站在剖開的人體前時，嘴唇老是嘛著。

秀氣的是湯姆的太太愛瑞絲，她看起來就像瓷器一樣易碎。她是法國人，父親是基督教長老，蓄著一把長白鬍子，在法國聖職路掌控著法國喀爾文教派。

公寓裡每一件擺設都反映出主人的修養：精緻、準確、簡潔、機智。這並不是說此地看來就像醫師的住處，恰好相反，它絲毫不像英國醫師的住家，英國醫生總是喜歡笨重沉悶的家具，湯姆並不是那種老是穿及膝長袍、活動衣領的專科醫生。他的公寓光線充足，到處擺滿讓我擔心會打破的東西，我走路時總是小心翼翼的，生怕一腳踏穿地板。

從一開始，我就很欽佩湯姆和愛瑞絲，他們簡直無所不知，在他們手下一切都安排得井然有序。我們坐在窗明几淨的客廳裡，膝上擱著咖啡杯聊天，我發現他們不但允許、甚至鼓勵我拿英國中產階級的觀念和理想開玩笑，這讓我喜出望外。我很快就養成一種習慣，拿成套油腔滑調的貶詞去形容品味或意見與我不合的人。

湯姆和愛瑞絲將所有小說借給我看，還告訴我戲劇圈子的消息。他們聽了艾靈頓公爵的音樂後覺得很有意思，也將他們收藏的阿根汀娜（La Argentina）[21]的唱片播放給我聽。從他們那兒，我首次聽到現代名作家的名字：海明威、喬伊斯（James Joyce）、勞倫斯（D. H. Lawrence）、瓦渥、塞利納（Louis-Ferdinand Céline）的《長夜漫漫的旅程》（*Voyage au Bout de la Nuit*），還有紀德（André Gidé）等人，不過他們不太注意詩人。艾略特（T. S. Eliot）這個名字是我聽奧康的英文老師提起的，他才離開劍橋沒多久，我聽過他大聲朗讀艾略特的〈空心人〉（The Hollow Men）。

有一次，湯姆和我一起去巴黎，他帶我去看夏卡爾（Marc Chagall）的畫，還看了幾位類似夏卡爾的畫家的作品，但是他不喜歡布拉克（Georges Braque）和立體派藝術，不像我對畢卡索那樣著迷。他指導我欣賞俄羅斯電影及法國導演克萊爾（René Clair），但是他不欣賞馬克斯兄弟（Marx Brothers）的電影。從他那兒，我學會了分辨皇家咖啡廳和英國咖啡廳有何不同，以及許多諸如此類的事情；他也告訴我哪幾位英國貴族有使用毒品之嫌。

的確，這些事顯現出一套嚴格的價值觀，但完全是世俗的、都會型的，被人們恪遵不渝；許久之後，我才發現其中不但包含審美觀，還包含一些世俗的道德標準，道德價值和藝術價值融匯成不可分割的整體品味。這是一條不成文規定，你必須極為機智、敏銳地配合他們的心理方能領會；同時這又是一條嚴格的道德律，從不公開對罪惡表示憎恨，只是不斷撻伐資產階級和中產階級的偽善，對其他罪惡則不直接、明顯地譴責，但是他們的道德規範已沉默而尖銳地嘲弄了他人的無戒律。我最大的困難和失敗就是沒看出這一點，例如他們對勞倫斯感興趣的只是他的藝術成

21 譯註：西班牙名舞蹈設計家。

就，卻完全不認可勞倫斯的人生觀。這已經夠微妙了，更微妙的是：他們覺得勞倫斯的人生觀很有趣，卻篤定地認為，如果照著勞倫斯的方式過日子，未免太過粗鄙。待我了解其間的分寸，已為時太晚了。

我去劍橋之前，在他們的影響下迅速成長，受益良多。當然，他們對我的善心和誠意是不容質疑的，他們全心全意地付出，隨時隨地、不拘形式地照顧我、管教我。

湯姆明白表示，我應該做英國的外交人員，至少進領事館工作，因此不遺餘力地督促我朝此目標邁進。他善於洞燭機先，事情還沒發生就及早預見諸多該注意的細節。舉例來說，他認為在倫敦「讀法律」只意味著要在四大法律學院之一進餐一定次數，表示在校住滿一定時間，以符合學校的規定，並繳納某些費用，取得某些不怎麼重要的榮譽，俾對從事外交行業有所助益。結果，我從未抽空前去那兒進餐，希望我的失職不致影響我在天上的位置。

III

在上述事情大半尚未發生以前，我指的是一九三〇年那個夏天，外祖父將屬於我的財產正式給了我，為我敞開大門，讓我可以像個浪子般遠走高飛。我不必像聖經中的蕩子那樣費事地離家遠走異鄉，只要原地不動就可以將一切揮霍殆盡，淪落到以餵豬的豆莢果腹的地步。

那年夏天，我們兩兄弟和外祖父母大都待在倫敦，以就近至醫院探望父親。我還記得頭一次去探望他的情形。

我上次去倫敦已經是幾個月前的事了，後來幾次只是路過，所以自從父親在前一年秋天住進醫院後，我根本就沒見過他。

我們全部人馬去了醫院，父親在病房裡，我們到得太早，所以必須在那間大醫院新蓋的廂房等待。那兒地板光亮乾淨，疾病、消毒水和醫院的味道讓我們有些沮喪。我們在樓下走廊坐了半個多小時，時間走得像蝸牛一樣緩慢，約翰保羅不安地坐在我身旁，我剛買來一本《義大利文不求人》，邊等待邊自修了幾個動詞。

探病時間終於到了，我們上了電梯，他們都知道病房在哪裡——跟前一次不同了。我想，他大概換過兩、三次房間，也動過不只一次手術，卻都不成功。

我們走進病房，父親的病床在左邊，他就躺在床上。

一看到父親，我立刻明白他將不久於人世。他的臉發腫，視力不清，額頭的瘤鼓漲得非常顯眼。

我說：「爸爸，你好嗎？」

他看著我，伸出手來，好像有點迷惑、有點不快。我這才知道他已無法說話，但是看得出他還認得我們，明白周遭的事，神智是清醒的。

看到他如此無助，我突然覺得無比悲哀，像是被千萬斤重擔壓得粉身碎骨，眼淚不禁奪眶而出，別人也都不再出聲。

我把臉蒙在毯子裡哭了，可憐的父親也哭了，其他人站在一旁，大家都悲傷得無以復加、一籌莫展。

待我終於抬頭抹乾眼淚時，護理人員已經用屏風把床圍起來了。我知道自己表現哀傷和情感的方式很不英國，但是因為悲傷過度，所以並沒有感到難為情。然後我們就離開了。

此種苦難教我如何承擔？我和家人都理不出頭緒。這綻開的傷口無藥可醫，只有像動物一般逆來順受。沒有信仰的人在面臨戰爭、疾病、痛苦、飢荒、苦難、瘟疫、轟炸、死亡時，只能如此，就像不會說話的動物，只能默默承受苦難；可能的話，當然會盡量躲避，但總有一天再也躲不過，只得認命。你可以試著麻醉自己，盡量減輕痛苦，但該來的總會來，痛苦終將把你全部吞噬。

的確，你越想逃避痛苦，就越會受苦，因為你若是太怕受傷，那麼連那些瑣碎、微小的事物也會讓你感到折磨，常人總是無法及時了解這個真理。到了連微不足道的事物也能傷害你的時候，我們可以說痛苦的根源已經不是客觀存在的事物了，你的存在——你這個人本身——變成了痛苦的根源，同時也是受苦的主體，而折磨你最甚的就是你的存在、你的意識。這又是一個魔鬼倒行逆施的把戲，它利用我們的哲學將我們的本性從裡面往外翻，取出我們內在趨吉避凶的能力，使之倒過頭來跟自己作對。

整個夏天，我們每週固定去醫院一、兩次，風雨無阻，唯一能做的事就是坐在那兒看著父親，告訴他一些事。他不能回答，但是至少聽得懂我們說的。

其實，除了不能說話，他還能做些事。有一天，我發現他的床上鋪滿了小小的藍色便條紙，上面都是他手繪的圖畫，卻一點都不像他以前的作品——畫的都是小小的拜占庭式聖人，蓄鬚，頭上有光環，臉上有慍色。

我們當中真正有信仰的人要算是父親，我相信他的信仰很深，如今雖因感官產生局部障礙而與世隔離，但是智力和意志力基本上並未受損。他將他的智力和意志力轉向天主，和在他裡面、與他同在的天主溝通。我相信天主給了他啟示，教他將自己的苦難轉化為有益的果實，使自己的靈魂更完美。父親的靈魂偉大豐沛，充滿自發的愛德，心性特別誠實，待人誠懇，心地純潔；雖然遭到駭人的病魔無情打壓，瀕臨生死邊緣，卻始終沒有被摧毀。

我們的靈魂就像運動員，如果有心接受考驗，想要使自己境界開闊，能力發揮到極限，憑實力得到應有的報酬，就需要旗鼓相當的對手。父親和腫瘤作戰，我們任何人都不了解這場戰役，只以為他的一生完了，其實病痛反而使他更偉大。我想，天主已經為他秤出了現實的重量，以此作為賜予他的獎賞，因為父親較任何神學家都更深信人必須履行「必要的義務」，所以他有資格得到這項獎賞；他的奮鬥是貨真價實的，沒有白費力氣，也沒有虛擲。

在聖誕假期中，我只和父親見了一、兩次面，他還是老樣子。我大部分的假期都在史特拉斯堡（Strasbourg）度過，湯姆安排我去那裡學習德文與法文。我住在芬瑪路上一棟新教長老創辦的膳宿公寓裡，由一位大學教授非正式地教導我，他是湯姆的家人，也是這位基督教長老的朋友。

黑林教授長著一臉紅鬍，為人仁慈和悅。我見過的新教徒中讓人覺得聖潔的並不多，他算得上一位。也許是因為他身為神學教師，受到初期教會作家的薰陶，他身上總是散發出一種內在非常安詳的特質，但是我們不常談及宗教。有一次，幾位學生來訪，身上散發出一種內在非常安詳的氣質，其中之一替我解釋唯一神論（Unitarianism）的基本教義，事後我問教授的感想，他從學術和折衷主義的角度作答，表示對各種形式的信仰都不反對；但是他也可能採取了社會學的觀點，將信仰當成人類基本本能的客觀複雜表現。其實，有時新教神學只是社會學與宗教史的綜合，但我不知道他究竟如何教授神學，不能妄加批評。

受到環境的感召，我去過一個路德會教堂，聽了一場我聽不懂的冗長德文講道，在史特拉斯堡就只做了這麼一件朝拜天主的事。我倒是對一個高大消瘦的美國黑人女孩約瑟芬較有興趣，她來自一座類似聖路易的美國城市，在一家劇院演唱「我有兩個最愛，我的國家，我的巴黎」。

回校途中，我在倫敦小停，又去看了父親。過了不到一週，有天早晨我被叫到校長書房，他給我一封電報，父親去世了。

慘事終於結束了，我卻全然不能理解到底發生了什麼事。死去的是一個心地善良、才能高超、慷慨為懷的人，也是生我、養我、照顧我、塑造我靈魂的人。我們父子情深，我對他無限仰慕欽佩，而他竟然被額頭上的腫瘤殺死了。

湯姆在《泰晤士報》上登了一篇訃文，將後事料理得差強人意。又是一次火葬，這次的地點在勾德司綠地（Golders Green），唯一不同的是牧師多唸了一些禱文，聖堂也比較像聖堂些。湯姆讓人用一塊東方絲質壽布覆蓋靈柩，壽布非常漂亮，不知是來自中國、巴里島，還是印度。但最後還是要將壽布移去，推著靈柩通過一扇拉門，進入錯綜複雜的龐大火葬場，在我們視線不及的不祥密處火化，隨後我們就離開了。

然而，這一切都無關緊要，忘記也無妨，我只希望有一天能在永生的基督內和父親重逢；這也就是說，我相信基督是天主之子，也就是天主，在世界末日祂有權讓死在祂聖寵內的人復活，分享祂復活的光榮，讓我們的肉體和靈魂分享祂神聖產業的榮光。

父親的死讓我憂鬱落寞了好幾個月，但是時間終於沖淡了一切，我發覺自己完全無牽無掛，不受任何約束，可以隨心所欲，儼然是個自由人了。五、六年後，我才發覺其實我讓自己陷入了囚徒的可怕處境。那一年，我僅存的宗教信仰都從乾枯的靈魂硬殼中被擠了出去，在我布滿灰塵垃圾的空虛廟堂中，再也沒有空間容納天主了；我滿懷嫉妒地阻擋所有侵入者，專心供奉自己愚蠢的意志。

如是，我成了一個貨真價實的二十世紀人，屬於我此刻活著的世界，是這個可憎世紀——毒氣和原子彈的世紀——的標準公民。我成了生活在〈默示錄〉門檻上的人，一個血管內充滿毒素、雖生猶死的人。波特萊爾（Charles Baudelaire）可以確實地用「讀者」來稱呼我：「偽善的讀者，我的夥伴，我的兄弟……。」

IV

這段期間，我發現一位詩人中的詩人，他屬於浪漫時期，但是和同時代的詩人大異其趣且特立獨行。我認為我對布雷克（William Blake）的喜愛是天主的聖寵在工作，這份愛始終不渝，在我的生活過程中深深扎根。

父親一向喜愛布雷克，我十歲時他曾對我解釋布雷克的妙處。有趣的是，布雷克的〈天真之歌〉（Songs of Innocence）貌似童詩，簡直像是特別為兒童寫的，但是大多數孩子卻看不懂，至少我就是這樣。如果我在四、五歲時就讀它，也許會有所不同，但是到了十歲已經太懂事了，知道老虎不會在夜晚的森林中燃燒。那太蠢了！孩子都是缺乏想像力的。

到了十六歲，我不再那麼拘泥於字面上的意義了，漸漸能接受布雷克的隱喻，讀得既驚訝又感動，但仍然無法確實掌握詩中的深度與力道。我極為欣賞布雷克，讀起他的詩特別有耐心且專注，卻總是覺得費解。我指的不是他的「預言書」——這個沒人能懂！我的意思是不知如何將他歸類，也不知如何統合他的觀念。

春天裡一個天色灰暗的星期日，我沿著布魯克路走上布魯克山，山上有個來福槍練靶場。長長的陡峻山脊寸草不生，山頂立著幾棵孤單的樹，俯瞰凱特摩斯山谷（Vale of Catmos），景致一覽無遺。奧康就在山谷當中，以教堂的灰色尖塔為中心。我坐在山頂的石階上沉思默想，北面是飼養科茨墨獵犬的飼狗場，南面是列客斯山（Lax Hill）和曼頓（Manton），對面是柏利屋（Burley House），山上樹木茂密，腳下有幾棟紅磚房從鎮上延伸到山腳下。

整個下午我不斷沉思布雷克這個人，思考得很專注、很用心。我很少這麼自動自發地思考問題，但是我想確定他是什麼樣的人、立場如何？他的信仰是什麼？宣講的又是什麼道理？

他一方面說「穿黑袍的神父四處巡邏，用荊棘捆住我的喜樂和欲望」，但是另一方面對伏爾泰、盧梭及其同路人又恨之入骨。他痛恨所有的唯物自然神論，痛恨十八世紀各種文雅、抽象的自然宗教，也痛恨十九世紀的不可知論，其實目前通行的觀念大都是他痛恨的。

及牛頓的光粒子
都是紅海岸邊的沙
以色列帳篷在此發出耀目光芒……

我絕對無法調和如此兩極的事物。布雷克是一位改革家，但是他卻厭惡當時最偉大、最典型的革命份子，毫不妥協地反對那些我認為最能代表其理念典型的人。

想了解布雷克這種理想讓我覺得多麼束手無策！我怎能理解：儘管他的叛逆充滿怪異的異端色彩，基本上卻是聖者的反叛，是熱愛永生天主者的反叛。他對天主的渴望如此強烈、如此不可抗拒，所以他的反叛就是全力譴責偽善、淫蕩、懷疑論和唯物論；在他看來，這些罪過都是冷漠庸碌的人樹立在天主和人之間不可逾越的障礙。

在描寫那些穿黑袍巡邏的神父時，他並不認識任何天主教徒，甚至可能從未見過天主教神父。他筆下的神父只是心中的象徵符號而已，象徵軟弱、妥協、法利塞式[22]的信仰，並且將自己狹隘、傳統的欲望和偽善的恐懼具體化，稱之為神。

他並未明指他鄙視的對象屬於何種宗教派別，只是不能忍受偽裝的虔誠和虛偽的宗教情感，因為形式主義和教條傳統會將天主的愛從人的靈魂中驅離，使人沒有愛德，沒有信仰的光照與生命，以致無法面對面地親近天主。布雷克在這首詩中，將穿著黑袍的神父描寫成充滿敵意的可怕

22 譯註：法利塞人為古代猶太教的一個教派成員，聖經稱他們是言行不一的偽善者。

形象，但是在另一首詩中，「查理曼的灰衣隱修士」卻是一位有愛心、有信心的聖者英雄，懷著真誠的愛為真天主的和平奮鬥，這種真誠的愛就是布雷克賴以為生的唯一真理。在生命即將結束時，布雷克告訴他的朋友帕莫（Samuel Palmer），天主教會是唯一宣講天主之愛的教會。

當然，我不會將布雷克當作接近信仰及天主的完美途徑而推薦給所有人。布雷克的確非常深奧隱晦，他的思想包含了西方世界盛行過的一切異端神秘系統所導致的困惑——那真的說了很多。然而，藉著天主的聖寵，至少我這麼認為，他並沒有受到自己筆下那些瘋狂象徵的污染，因為他太善良聖潔了，他的信仰是紮實的，對天主的愛如此浩瀚真誠。

天主終於利用布雷克喚醒了我靈魂中的一些信德與愛德——儘管布雷克描繪的古怪、凶暴形象下潛藏著那麼多混淆的觀念，出錯的可能真是不可勝數。因此，我並不想奉他為聖人，但還是必須承認受了他的恩惠。有些人可能會覺得驚訝，其實並不奇怪：透過布雷克，我終於能以迂迴的方式，通過天主子耶穌基督，來到唯一真實的教會與唯一生活的天主面前。

V

一九三一年夏季那三個月，我突然像野草般長大成熟了。

六月時，我還是個半生不熟的楞小子；十月間返回奧康時，卻成了油嘴滑舌的老油條，自以為飽經世故而沾沾自喜。現在回想起來，我看不出何者使我更加難為情。

事情是這麼開始的。外祖父寫信要我去美國，於是我訂做了一套全新的西裝，叮嚀自己：

「要在船上和一位美麗的女郎相遇，墜入愛河。」

我上了船。第一天，我坐在甲板上讀歌德（J. W. V. Goethe）和席勒（J. C. Friedrich Schiller）往來的書信，這是準備考大學獎學金必讀的。更糟的是，我不但捺住性子讀它，還勉強自己相信這是一件有趣的事。

第二天，我已約略知道船上有些什麼人了。第三天，我對歌德和席勒失去了興趣。第四天，我就給自己惹來一身麻煩。

那是一趟為期十天的航程。

我寧願住在醫院兩年也不願再經驗那種折磨！那種彷彿要將人吞噬般、激動熱烈的青春期愛情，它的魔爪深深陷入你的肌膚，日夜折磨你，直搗你靈魂的要害。童年的疑惑、焦慮、想像、希望、絕望都衍生為自我折磨，你渴望從自己的軀殼中掙脫，結果卻被全副武裝的感情軍團圍剿，而自己手無寸鐵，真像被活活剝了一層皮。這種戀愛一生只有一次，之後心就硬了，不可能再度承受這麼多的折磨。以後若是再次戀愛，痛苦當然還是在所難免，但不會再為雞毛蒜皮之事所苦了。初戀的危機只可能發生一次，因為苦就苦在自己完全沒有心機，事情糊里糊塗就發生了，一點心理準備也沒有。待有經驗之後，頭腦再簡單的人也不會再對顯而易見之事吃驚了。

一名天主教神父介紹我認識了這個女孩。神父來自克利夫蘭（Cleveland），喜歡玩推移板遊戲，玩遊戲時只著襯衫，未戴神父的白領。他第一天便結識了船上所有的人，至於我呢，兩天後才知道有那個女孩的存在。她和兩個姑姑一同旅行，她們三人很少和其他旅客打交道，自顧自地坐在甲板椅子上，不理睬那些戴著眼鏡和花呢帽、在上層甲板上穿梭而行的紳士。

我剛認識她時覺得她不比我年長，其實她的年齡幾乎是我的兩倍，可是一點也不顯老。我到十六年後才悟出，就算你的年齡是十六的兩倍，還是可以很青春，因為我現在正是她當年的年紀。她長得小巧嬌弱，像是瓷做的人兒，但是有一雙大而圓的加州眼睛。她的談吐大方，聲調率真有主見，聽得出來有點疲憊，似乎經常熬夜。

從我迷亂的眼中看來，她已經化身為每一本書中的女主角，而我只有跪在她腳下的甲板上俯首稱臣的份。如果她願意，隨時可以在我的頸子上套個項圈，用鍊子牽著我走。事實上，幾天來我花費所有時間向她和她的姑姑講述我的理想與抱負，她則教我打橋牌作為回報，這就是我全然為她所征服的最好證明；換了別人，我才不要呢，我永遠不會讓別人這麼對我！不過即使是她，也無法成功教會我打橋牌。

我們聊了很多。對她的貪戀讓我心裡血流不止，傷口越來越大，我還盡一切所能讓血流得更多。她的香水味和去尼古丁香菸的特殊氣息緊隨著我不放，一直追到船艙裡折磨我。

她告訴我，某次在一座著名城市的名夜總會裡，她遇見一位名人，是個有皇室血統的王子。他情意綿綿地注視她良久，終於起身朝她的桌子踉蹌而行，他的朋友叫住他，要他坐下別放肆。

我看得出來，凡是想娶康斯坦絲．貝涅特（Constance Bennett）[23]的伯爵和公爵，也都會想要娶她；但是那些伯爵、公爵不會在這兒出現，我們搭乘的只是改裝的貨船，帶著我們安全越過溫馴黑暗的北大西洋。我真後悔一直沒學會跳舞。

星期日下午，我們抵達南塔克特燈塔（Nantucket Light），當晚必須停泊在隔離檢疫站。我們的船駛入奈洛斯（Narrows）海峽，港口裡布魯克林的燈光閃爍如珠寶，黑色的船身內音樂熱鬧非凡，氣氛溫暖昂揚，溢出舷窗，滲入七月的夜晚。每個船艙都在開派對，不論你去哪兒，都猶如置身於電影場景中——最後一幕場景——尤其是在安靜的甲板上，感覺更浪漫。

我向她發表了一篇此情不渝的宣言：我不能、也不願再愛上別人，就算她遠赴天涯海角，命運也定會讓我倆再相聚。自從開天闢地，天上依軌道運行的星座就註定要我們相逢；我們的愛是整個宇宙歷史的中心事件，這種愛是不朽的，與它相比，時間算什麼，人類的歷史又是多麼短暫無聊啊！

輪到她說話了，她溫柔甜美地回答我，說的彷彿是：「你不知道自己在說什麼，事情不會是這樣的，我們永遠不會再見了。」其真義是：「你的確是個乖孩子，但是天啊，快快長大吧，別讓人笑話你。」我回到自己的艙房，對著日記本哭了一陣，之後竟違反所有浪漫定律，安詳地睡著了。

但是我未能久睡，五點鐘就醒來，心情混亂地在甲板上走來走去，覺得好熱，奈洛斯海峽看起來灰濛濛的。天色漸亮，停泊的船隻緩緩在霧中現形，其中一艘名叫紅星。我上岸後在報上讀到，就在那一刻，那艘船上有位旅客上吊了。

上岸前的最後一刻，我替她照了一張相片；讓我傷心欲絕的是，那張相片照得很模糊。我多麼渴望擁有一張她的照片，所以盡量把照相機貼近她拍攝，以致焦距失了準頭。這真是報應，我傷心了好幾個月。

23 譯註：美國著名女演員。

當然，在碼頭上迎接我的是所有的家人，這種變化教我措手不及、無法招架。我心裡充滿了不成熟的感情，瀕臨爆炸邊緣，轉瞬間卻發現全家人興高采烈地圍著我，表達家人之間寧謐親切的關懷。大家搶著說話，七嘴八舌地報告近況，問長問短。他們駕車帶我逛長島，指給我看赫斯特太太的住處和她的一切，我卻把頭伸出車窗外，看著綠樹向後旋轉消失，心想還不如死了好。

我不願向任何人透露內心的感受，就因為這份沈默，我和家人開始疏遠。誰也不能確知我正在做什麼，或者思想些什麼。有時我到紐約去，不回家吃飯，也不願告訴他們我去了哪兒。

其實大部分時間我沒去什麼特別的地方，頂多看場電影、逛逛街、打量路上的行人、吃條熱狗、喝杯柳丁汁。有一次，我進了一家賣私酒的店，興奮極了。不出幾天，那家店被查抄了，我更加得意忘形，好像自己曾經從全城最放蕩的非法酒店殺出血路逃生似的。

我的沉默寡言最讓外祖母傷心，多年來她總是苦守家中，不知道外祖父整天在城裡做些什麼。如今我也染上同樣的遊蕩習性，難怪她把我的作為也想得奇奇怪怪。

但是我幹的壞事不過是在城裡溜達、抽菸，對自己的獨立無羈沾沾自喜而已。

我發現「格羅賽特和鄧賴普」公司出版的書不限於《諾維爾兄弟探險記》系列，他們還推出海明威、赫胥黎（Aldous Huxley）、勞倫斯等作家的重刊本，我貪婪地讀遍這些書。住在道格拉斯頓的這段時間，我常在裝有落地窗的涼快臥室中讀書，燈火徹夜通明，引誘夏日黑夜的蟲蛾鼓翅撲向紗窗。

我老是跑進舅舅的房間，借用他的字典；他一知道我查的是哪些字，就睜大眼睛問：「你到底在讀些什麼？」

暑假接近尾聲，我又搭乘原來那艘船回英國，這次船上載著不少布林莫爾女子學院、瓦薩爾女子學院和其他學校的女生，都是要去法國讀婦女精修學校的；其他人似乎都是偵探，只有職業偵探與業餘偵探之別，大家都密切注意我和布林莫爾學院的女孩。總之，乘客分成兩個集團，一團是年輕人，另一團年紀較長。我們坐在吸菸室，在一個女孩的隨身手搖留聲機上放艾靈頓公爵的唱片，打發下雨的日子，聽膩了便在船上四處尋找有趣的事。記得貨艙裡裝滿了牲畜，下面還有一群獵狐狗，我們常跑下去玩狗。到了哈佛港（Le Havre），卸貨時一隻母牛從牛群中跑開了，在碼頭上到處亂竄。一天晚上，我們三人爬上前方桅桿的眺望台，那絕對不是我們該去的地方；又有一次，我們開派對，收音機操作人員和我以共產主義為題辯論起來。

那年夏天還有一事值得一提：我還不確知到底什麼是共產主義，就開始自命為共產黨人。世上這種人還真不少，一點主見也沒有，又懶又蠢，糊里糊塗地任人利用，一會兒靠攏法西斯主義，一會兒又認同共產主義，結果任何人都可以抨擊他們。

船上另外一組人是中年人，核心份子就是那些漲紅著臉、飽經世故的警察，整天喝酒賭博，彼此鬥來鬥去，喜歡在船上散播有關年輕人的醜聞，數說他們有多荒唐放蕩。

布林莫爾學院的女生和我的確在酒吧裡花了不少錢，但是我們從未喝醉過，因為我們細斟慢酌，而且不停地享用沙丁魚夾吐司等美食，英國船上這些存貨可多了。

總之，當我重返英國時，身穿外祖父在「瓦來齊」商店替我物色的幫派風格服飾，有高高的墊肩，頭戴淺灰色新帽子，帽沿壓在眼睛上方。我竊喜自己已經聲名狼藉，而且簡直不費吹灰之力。

船上兩代之間的代溝正中我下懷，令我樂不可支、信心大增。凡是較我年長的人都是權威的象徵，而且我親眼看見那些下流的偵探造我們的謠，其他那些愚蠢的中年人竟然信以為真，於是我更有理由輕視那一代人了。我的結論是：我不再受任何權威約束，也沒有必要聽從任何人的指導，因為那些忠告不過是偽善、軟弱、粗俗、恐懼的掩飾。權威階級是由老弱殘兵組成的，歸根究柢，他們是在嫉妒年輕力壯者有尋歡作樂的本錢……。

開學前幾天，我回到了奧康，此時我已目空一切，認為自校長以下，唯有我才是懂得生命真諦的人。

現在我當了霍基堂的班長，他們給我一間寬敞的書房，裡面擺設著數張東倒西歪的藤椅，配有許多椅墊。我在牆上掛了馬奈（douard Manet）和幾位印象派畫家的作品，還有幾幅羅馬博物館印製的維納斯女神照片。書架上放的是五花八門、封面色彩鮮豔的小說和小冊子，煽動性十足，教會永遠不必費心將這些書列入天主教禁書目錄，因為只需依照法律（甚至只需依照自然法），這些書都應該立刻被打入地獄。有些書名我還記得，但是不想在此提起，免得有些傻子會立刻去找來看；我只想說，小冊子裡包括馬克思的「共產黨宣言」——當時我讀此書並非真心關心工人的疾苦，勞動階級受到不公平待遇是事實，但是對我那愚蠢浮誇的腦袋而言太嚴肅了。我將這本小冊子擺在架上的真正原因是覺得它和我的室內裝潢非常相稱，在這間房裡，我已完全沉浸在想像世界中。

因為我確定了自己是個大叛徒，驟然之間我幻想自己超越了現代社會所有的過失、愚蠢和錯誤——我必須承認有待超越的過錯可真多——並且加入了抬頭挺胸、大步向未來進軍的士兵陣容。

在當前的世界，人們永遠是昂首邁入未來的，雖然他們對「未來」可能毫無觀念；事實上，我們走進的未來似乎只是一場場規模越來越大、越來越可怕的戰爭，算準了要將昂起的人頭一一擊落。

那年秋天，編輯校刊的職責落在我肩上，這間書房就是我工作的地方，我也在此讀了艾略特的作品，甚至還寫了一首詩，取材自荷馬作品中愛爾彭諾（Elpenor）喝醉後從宮殿頂摔下來的典故，他的靈魂後來逃到地獄的陰影裡。剩餘的時間不是在聽艾靈頓公爵的唱片，就是和別人辯論政治或宗教問題。

那些辯論多麼空虛荒謬！我想對有信仰的人提出忠告——如果有人想聽的話——請你們盡量避免辯論宗教問題，更不要論證天主的存在。如果你對哲學有點修養，我建議你研讀董斯高對「一個無限存有者」存在的論證，可以參考《牛津集》（*Opus Oxoniens*）第一冊「論第二項差別」的內容——是用拉丁文寫的，保證讓你讀到頭痛。一般咸認，就準確性、深度及範疇而言，此書對天主存在的論證算是最完美、最完整、最透徹的。

就算當年有人提出這些意見讓我參考，可能也不會對我有所助益。我剛滿十七歲，自以為精通哲學，其實根本沒有正式學過哲學；然而，我的確想研習哲學，這要歸功於校長苦心培養我們對哲學的興趣，但是奧康沒有哲學課程，我只得自尋出路。

我記得和我的監護人湯姆提過這些事，當時我們正從他家正門出來，走上哈雷街，我表示渴望研讀哲學，想了解哲學家的學說。

他就醫生的立場勸告我不要接觸哲學，他說學哲學最浪費時間了。

就這件事而言，我決定不顧他的忠告可算是幸事。我勇往直前試著讀了點哲學，卻一直沒有什麼心得，靠自修來精通哲學對我實在太艱難了。像我這種沉湎於聲色之欲的人是很難了解抽象觀念的，就算只是研究自然界的問題，學習者的心靈也要純淨到一定的地步，才能具備超然、清明的心智來解決形上學的問題。我說「純淨到一定的地步」的意思，並非是指只有聖人才有資格成為聰明的形上學者，我敢說形上學者下地獄的多著呢！

然而，當時吸引我的哲學家都不是第一流的人物。我常從圖書館借書回來，又原封不動地歸還。其實這樣也罷，但是到了十七歲那年的復活節假期，我真的急於了解斯賓諾莎（Baruch Spinoza）[24]了。

我像往常一樣獨自度假，這次去的是德國。我在科隆（Cologne）買了一個大型背包，把它從肩上甩到背後，開始徒步跋涉萊茵河谷。我上身穿藍色運動衫，配上一條法蘭絨寬大褲子，旅社和路邊的人猜我是從河裡駁船來的荷蘭水手。我的背包從一開始就很沉重，裡面裝著一、兩本黃色小說和人人圖書館版本的斯賓諾莎。在萊茵河谷讀斯賓諾莎，真妙！我的確善於搭配，兩者相得益彰。只恨我晚生了八十年，而且不是在海德堡念書的英國學生或美國學生，否則就完全符合十九世紀中葉的典型了。

由於欠缺常識，我在這次旅行中犯了一些錯誤。在抵達科布連茲（Koblenz）之前，我的腳有了毛病，好像有隻腳指甲下面發炎了，並不太痛，就沒去理會；然而，如此一來走路就沒有那麼俐落了，走到聖哥爾（St. Goar）後我不得不忍痛放棄徒步旅行。再說天氣也轉壞了，我循著想像中登山者行走的「萊茵河高路」往上走，結果又在森林裡迷了路。

我回到科布連茲，坐在俯視新方濟各大啤酒廳的一個房間裡，繼續散漫無方地研讀斯賓諾莎及現代小說。由於我對後者的了解遠遠超過對哲學家的理解，所以很快就將哲學置之度外，專心致志讀起小說來。

幾天之後，我取道巴黎回英國，外祖父和外祖母也在巴黎，我在那兒又挑選了一些更不像樣的書帶回學校。

回來沒幾天我就病倒了。最初我以為只是腳痛加上牙齒突然劇痛，所以不舒服，他們讓我去看校內的牙醫麥克塔嘎特先生，他住在往火車站路上一棟像軍營的大磚房裡。麥克塔嘎特醫生是個精力充沛的小個子，和我很熟，因為我的牙齒老是有麻煩。他的理論是齒神經都該殺掉，我半打牙齒的神經都被他抽了。此時他輕快地一圈圈繞著我坐的大椅子疾走，我成了啞巴，害怕得動彈不得，他卻不停地哼著歌，一邊飛快地換牙鑽：「婚禮不會多麼堂皇——馬車恐怕坐不上——但是新娘生得漂亮——坐雙人腳踏車又有何妨。」他一開始摧毀我的牙齒就精神百倍。

他輕敲我的牙，神情嚴肅。

他說：「這顆牙得拔。」

我一點都不心疼，那玩意兒太痛了，我恨不得立刻將它連根拔起。

但是麥克塔嘎特醫生說：「你知道，我可不能給你上麻藥。」

「為什麼不能？」

「因為發炎太厲害了，膿已經深入牙根裡了。」

---

24 編註：西方近代哲學史中重要的理性主義者，和笛卡兒齊名。

因為我信任他，所以接受了他的解釋：「那就拔吧！」

我靠回椅子上，因為不安而說不出話來，他卻很興奮地快步走向工具箱，一邊唱著「婚禮不會多麼堂皇」，同時抽出一把醜怪的鉗子。

「準備好了？」他說，搖下椅子，揮舞著刑具。我點頭，感覺好像連髮根都嚇得蒼白了。

一陣劇痛，那顆牙就以迅雷不及掩耳的速度拔出來了，我將滿口綠色紅色的東西吐到牙醫椅子旁那個颼颼作響的小小藍色漩渦池中。

「天啊，」麥克塔嘎特醫生說：「我不得不說，這看起來實在不妙。」

我心力交瘁地走回學校，心想拔個牙沒用局部麻藥沒什麼大不了；但是，情況不但沒有好轉，反而每況愈下，傍晚時分我真的病了。到了晚上——一夜無眠——我病得昏昏沉沉，全身痠痛。次日清晨，他們量了我的體溫，就把我送進病房，我終於睡著了。

睡眠對我沒有什麼幫助，不久後我恍惚得知是護士長哈利生小姐很擔心，還告訴了校長，在校長家為我設了這間特別病房。

校醫來過又走了，後來他和麥克塔嘎特醫生又一起回來，這次牙醫沒唱歌。

我聽到他們異口同聲說我的壞疽太嚴重了，決定切開我的牙齦，設法將膿袋排乾。他們給了我一點乙醚後就動手了，當我清醒時，嘴裡都是穢物，兩位醫生督促我趕快吐掉。

他們走後，我回到床上躺下，閉上眼睛，心想：「我得了血液中毒（Blood Poisoning）[25]。」

然後我回想到在德國腳開始痛的時候，下次他們再來一定要告訴他們這件事。

我病了，疲憊，半睡半醒，嘴裡傷口一陣陣抽痛。血液中毒。

病房裡非常安靜，也相當暗，我躺在床上，又累又痛又氣，有這麼片刻我覺得一位訪客像影子般進入我的房間。

那是死神，他來了，站在我床邊。

我一直閉著眼睛，主要的原因是我無動於衷。其實不需要睜眼就能看到那位訪客，看到死亡，你可以用心靈中心的眼睛看得清清楚楚：不需藉著光，單憑你骨髓裡感覺到的刺骨寒意就看得到死亡。

我藉著這樣的眼睛——內心的眼睛——在那種冷冽中半睡半醒地注視這位訪客，死亡。

我在想什麼？我只記得自己徹頭徹尾無動於衷，覺得病重、厭煩，至於死活，卻不怎麼在乎。也許死亡還不夠近，沒讓我看清它的冰冷黑暗，否則我一定較有戒心。

總之，我躺在那兒麻木地說：「來吧，我才不在乎。」然後就睡著了。

那天，我還只有十七歲，死亡沒有讓我說的話成真，真是大慈大悲。假如地板上那扇等著吞噬我的活門真的張開大口，讓我在睡夢中跌入黑洞，那會是何種情景！啊，此刻我告訴你，那天，還有第二天，以及往後的一兩週，我每次轉醒都是上天賜予的無上福分。

我躺在那兒，心裡一片茫然麻木，夾雜著驕傲與怨恨，好像覺得我遭遇這些不適是生命虧待了我，我有理由對生命表示輕蔑和仇恨，以死亡為報復手段。但是我究竟要報復誰？生命又是什

25 編註：又稱敗血症，常發於手術後或有開放性傷口的病人，因細菌進入血液內引起嚴重的二度感染，可能造成身體組織的廣泛傷害。

麼？是在我之外的一種存在？是和我分離的存在？別擔心，我並未深思熟慮，唯一的念頭是：「假如我必須死，那又怎樣？我在乎什麼？讓我死吧，一了百了。」

有信仰、愛天主的教徒知道生死的意義，知道什麼是不朽的靈魂，他們無法了解一個沒有信仰、已經拋棄自己靈魂的人的想法，無法理解在面臨死亡時竟然有人毫無悔意。但是我希望他們知道，成千上萬的人去世時心境與我當時一樣。

或許他們會對我說：「當時你不可能沒想到天主，你一定想要向祂祈禱，求祂憐憫。」

不！就我記憶所及，我根本沒想到天主和祈禱，不只是那天沒想到，整段生病期間、甚至那一整年都沒想到；即使有，也是因為我在拒絕或排除這些念頭。我記得那年站在聖堂裡背誦「信經」（Creed）時，我總是雙唇緊閉、慎重而堅定地宣讀我自己的信經：「我相信虛無。」至少，我認為自己相信虛無。事實上，我不過是拿一份確切的信仰（信仰天主，亦即信仰真理）換來一份含糊不清的信仰（信仰人的意見和權威，以及書報、傳單）罷了，其實我信服的東西本身就搖擺不定、變動不羈、自相矛盾，我簡直理不出頭緒來。

我希望能對信仰天主的人解釋我當時的靈魂狀況，但是很不容易用冷靜、直接、慎重、平實的詞句表達；用圖像和比喻更容易誤導，因為圖像和比喻是有生命的，能表現某些實質、能量與活動，而我的靈魂簡直是死的，是空白，是虛無。從超越本性的信仰生活方面來看，我的靈魂空虛，是靈性的真空，連我本性原有的睿智也只剩下一個枯萎的外殼。

靈魂是非物質的，它是活動的泉源，是「行動」，是「形」，是能量的根源。它是身體的生命，也具有自己的生命，但是靈魂的生命不存在於身體和物質中，所以若是將沒有聖寵的靈魂比成沒有生命的屍體，只能算是一個隱喻，但是卻相當傳神。

聖女大德蘭（St. Teresa of Avila）曾經看過地獄的顯現，她看到自己被監禁在燃燒牆壁中的一個窄洞裡。最讓她覺得恐怖的是那種監禁、炙熱造成的壓迫感，令人毛骨悚然。這些當然都是象徵性的，透過詩意的解讀，應能理解這個象徵傳達的是靈魂的某種經驗：死於罪惡中的靈魂是萬劫不復、萬般無助的，因此永遠與生命活動的本質相隔離；順應天理的靈魂則擁有生命活動的本質，那就是思想與愛。

然而，我現在躺在床上，滿身血毒，罪孽正在腐化我的靈魂，我對自己的死活卻毫不在乎。人生最壞的遭遇就是失去對現實的感受，發生在我身上最壞的事則是：死到臨頭、惡貫滿盈，竟然還冷漠到如此可恥的地步。

更糟的是，我對自己完全無能為力。要改變這種處境，依靠一般的方法是絕對無法成功的，只有天主可以幫助我。是誰為我祈禱了？有朝一日我會知道的。在天主大愛的神意裡，我們經過他人的代禱得到了聖寵。其實我已經是地獄的囚犯而不自知，後來我從地獄中獲救，正是得力於某個愛天主者的祈禱。

天主給我的大禮就是讓我恢復了健康。他們讓我穿得暖暖地上了擔架，身上又蓋滿了毯子，只露出鼻子，抬著我經過方庭中的石頭路。我的朋友正在那兒用一塊鋸掉一部分的板子和一顆灰色網球玩「方庭板球」，他們呆站一旁目送我前往學校的療養院。

我向醫生解釋過我的腳有毛病，他們剪掉我的腳指甲，發現腳趾滿是壞疽；不過，他們只給我解毒藥，沒割掉我的腳趾。麥克塔嘎特醫生隔一、兩天來一次，醫治我嘴裡發炎之處，病情遂逐漸好轉。一旦能吃能坐，我又開始讀那些下流小說了；沒人想到該禁止我閱讀，因為大家都沒聽過那些作者。

就是在療養院那段時間，我寫了一篇論現代小說的長篇論文——評論紀德、海明威、帕索斯（Dos Passos）、羅曼（Jules Romains）、德萊塞（Theodore Dreiser）等作家——以此來角逐貝利英文獎（Baily English Prize），他們給我許多用樹木圖案的牛皮做封面的書作為獎品。

師長試圖用兩種方式改善我粗鄙的品味。音樂老師借我一套巴哈 B 小調彌撒曲的唱片，我倒還滿喜歡的。我把手提唱機放在那間空氣流通、緊鄰校長花園的大房間裡，偶爾聽聽巴哈，最常聽的還是最熱門、最吵雜的音樂。我將唱機對準八十碼外花床邊的教室，希望正在苦讀味吉爾（Vergil）《農事詩》（*Georgics*）句法的同學嫉妒我。

此外，有一天校長借了一本藍皮小書給我，封底上的作者名是霍普金斯（Gerard Manley Hopkins），我從未聽過此人。我打開這本詩集，讀了〈星夜〉（Starlight Night）和〈收成〉（Harvest）這兩首詩，以及他早期最豐富精緻的幾首作品。我注意到這位詩人是天主教徒，又是神父，還是一位耶穌會士。

我無法確定自己究竟喜不喜歡他的詩。他的詩太工心計、太機巧，有時不免流於過分華麗誇張，但是有創意，充滿活力，有音樂感，有深度。其實他晚期的詩對我而言都太深奧了，讀得我一頭霧水。

但我還是有條件地接納了這位詩人。我將詩集還給校長，謝謝他，從此一直不曾忘懷霍普金斯這個名字，但是過了好多年才重讀他的作品。

約莫一個多月後，我離開了療養院。六月底，我們的大考開始了——高等檢定考試，我應考的是法文、德文和拉丁文。之後就去度假，安心等待九月放榜。那年夏天外祖父母和弟弟約翰保羅又來到歐洲，我們一起在波茅斯（Bournemouth）一家陰沉沉的大旅館住了兩個月。這家旅館位於絕壁上，面海的是一列漆成銀色的白鐵陽台，在英國微薄的夏日陽光和晨霧中隱約閃爍著。我在那兒遇見一個女孩，我們經歷了諸多情緒風暴和青春期的爭吵，在此不多做描述了；一鬧彆扭，我就逃出波茅斯，跑到多塞特（Dorset）的白堊山區，整天在鄉下漫無目的地亂走，讓自己平靜下來。

到了夏季的尾聲，她回倫敦，我的家人也在南安普頓（Southampton）上船回美國，我背上背包、帶著小帳篷動身前去新森林，在距離布羅肯賀斯特（Brockenhurst）數哩的公園邊閒坐松樹下，那是我在森林中度過的第一夜，多麼寂寞啊！青蛙在含鹽分的溪流中鳴唱，螢火蟲在金雀花裡嬉戲，遠處路上偶爾駛過一輛車子，車聲消逝後四周更形寂靜。我坐在帳篷入口處，要消化自己煎的培根蛋、喝完一瓶從村裡帶出的蘋果汁還真不容易。

她答應一回去就寫信寄到布羅肯賀斯特的郵局給我，後來我覺得這座公園盡頭的露營地點太乏味了，況且溪水的味道有點怪，我擔心會中毒，於是決定前往標利（Beaulieu）找家旅社用餐，不再吃自己煮的東西。下午時光我到那古老熙篤會隱修院前的草地上無所事事地躺著，孤單地回味自己的青澀愛情，盡情自憐；在此同時，心中卻興起到運動場探探上流社會業餘馬展的念頭，說不定可以邂逅某位女孩，可以和那個讓我憔悴欲死的女孩比美。不過，最後我還是明智地決定遠離這類無聊的活動。

我在熙篤會隱修院前不停地東想西想，就是沒有想到隱修院本身。我在古老的廢墟裡漫遊，進了原本是隱修士膳廳的本堂教堂，又在樹下的綠草地上約略體會到昔日隱修院裡的靜穆平安，但是我的心態與一般現代英國人無異，不過是輕輕鬆鬆地拜訪了一間老隱修院而已。一個英國人可能會想知道這地方住過什麼樣的人，他們又是為什麼住在這兒，但是他絕不會想到現在是否還有人會做出同樣的抉擇——如果有，那也未免太荒唐了。反正我已經沒有興致繼續推敲下去了，修士、修院關我什麼事？世界就要替我敞開大門展示種種樂趣，萬事萬物都將屬於我，我的頭腦好、五官敏銳，不難囊括世間所有的寶藏，將金庫銀庫搶劫一空，拿走我喜歡的東西，不喜歡的就棄若敝屣。如果我要糟蹋自己無意享用的好東西，盡可以任意糟蹋，因為我是萬物之主。我並不在意沒有很多錢，反正已經夠用了，其他的就靠我的聰明才智來辦吧。我知道最美好的享受並不需要花費許多錢——甚至完全不需要錢。

九月高等檢定考試放榜時，我正好在一位同學家，因為他沒考取，我對自己的成功便不能過分趾高氣昂；不過，那年十二月我們倆會一起去劍橋參加獎學金考試。

安德魯是威特島（Isle of Wight）鄉間教區一位牧師的兒子，當過奧康板球隊的隊長，戴著一副角質鏡框眼鏡，俊美的下巴微微翹起，一縷黑髮散落在前額。他在學校算是一名才子，以前常和我一同到奧康圖書館讀書；其實應該說是去泡圖書館，將一大堆書打開攤在面前，談的卻是不著邊際的話題，邊談邊對著瓶口喝一種叫「芬多」的紫色混合飲料，然後將瓶子藏在桌下或一冊冊國家傳記辭典後面。

他找到一本黑皮書，我記得書名是《現代知識大綱》（*The Outline of Modern Knowledge*）。這本書似乎剛到圖書館，書中詳盡地介紹了精神分析學派，還談到不少藉由檢驗排泄物而行的精神分析算命法，在別處還真看不到。幸虧當時我沒有迷昏了頭，只是覺得好笑，但是後來在劍橋時，精神分析曾經成為我仰賴的生活哲學，甚至成為我的一種擬似宗教，幾乎把我搞垮。那時安德魯早就對精神分析失去興趣了。

在十二月陰濕的濃霧天裡，我們到劍橋大學參加獎學金的甄選考試。沒有考試時，我都在貪婪地閱讀勞倫斯的《無意識狂想曲》（*Fantasia of the Unconscious*），就算在精神分析的著作中，此書的立論也太無稽，真是名符其實的狂想曲。勞倫斯信手拈來許多像「腰部神經節」之類的專有名詞，再摻入他自己對性本能的崇拜，燉成一鍋奇異的大雜燴，我卻把它當成神聖的啟示，待在房裡滿懷敬意地閱讀。這間空屋的屋主原是個喜歡畢卡索的大學部學生，不過已經南下過聖誕節去了。這時安德魯在聖凱薩琳學院，他怕極了一位以凶狠著稱的導師。整個星期我都坐在安靜的三一學院大廳裡，在大張而狹長的書寫紙上揮毫寫下我對莫里哀（Moli re）、拉辛（Jean Racine）、巴爾扎克（Honor de Balzac）和雨果（Victor Hugo）、歌德、席勒等人的見解。考試全部結束後幾天，我們在《泰晤士報》上看到安德魯和我雙雙上了榜，獲得獎學金，他上了聖凱薩琳學院，我在克雷爾學院；他的讀伴迪更斯是除了我在奧康唯一喜歡熱門唱片的人，也上了榜，得到聖若望學院的獎學金。

我心滿意足，終於可以脫離奧康了——其實我並不討厭那所學校，只是因為自由而雀躍，以為自己終於獨立成人了，從今以後可以展開雙臂、予取予求。

因此，我在聖誕假期參加了許多宴會，盡情吃喝玩樂，把自己都搞得生病了。還好問題不大，我重新打起精神。新年度的一月三十一日，我十八歲生日那天，湯姆在英國咖啡館請我喝香檳，次日我就出發前往義大利。

VI

在亞威農時，我已經知道在抵達熱那亞（Genoa）之前就要沒錢花用了，我必須到熱那亞才能用信用狀向銀行提款，於是我在亞威農寫了一封信向湯姆要錢。從馬賽開始，我徒步沿著海岸走，在白色山路上看到腳下碧藍的海水。我腰上掛著一個盛著蘭姆酒的扁酒瓶，背包裝的是許多爛小說，到了喀息斯（Cassis）正值星期日，餐館擠滿了從馬賽來此一日遊的訪客，因此等了很久才吃到我點的法式海鮮湯。等我走到名叫拉西約塔（La Ciotat）的陰暗小港口時，天已全黑，在錐形岩石下，我疲憊地坐在防波堤上望月沈思。

在耶爾（Hyères）等了好幾天錢才寄到，信上盡是鋒利的譴責言辭。我的監護人湯姆逮住機會，除了責備我不務實之外，也將我其他的過失一併提出，我真覺得丟臉。因此，在過了一個月可貴的自由生活之後，首次有跡象顯示我的欲望不可能永遠完全實現，當我的欲望和他人的欲望或利益接觸或衝突時，就必須調整。很久之後我才領會這番道理，而且假使是要我以本性界的道理來領會，可能我一輩子都沒辦法了解。我美麗而虛幻的信念是，只要不傷害別人，就可以隨意取樂；然而，如果只貪圖享樂、只顧自己的方便，就一定會傷害和你接觸之人的情感與利益。事實上，不論多麼有理想，活在本性界中的人多少還是傾向為自己、為家人、為自己所屬群體的利益和快樂而活，因此總是在有意無意間干擾、傷害其他人或其他群體想做的事。

我從耶爾出發，再次踏上旅途，覺得更加厭倦沮喪。我在炎日下走過松林，眼前盡是岩石、黃色洋槐、粉紅色小別墅和海上熾烈的陽光。那天傍晚，我長途跋涉來到一個名叫卡瓦來爾（Cavalaire）的小村落，找到一間供膳宿舍，裡面住的都是神情嚴肅的退休會計師，他們攜眷在昏黃的燈泡下喝著粉紅色葡萄酒。我上床睡覺，夢見自己被關在監牢裡。

我帶著一封介紹信到聖特羅佩（Saint Tropez），這封信是給湯姆的朋友，他有肺結核，住在小山頂上一棟陽光充足的房子。我在那兒還遇到一對美國夫妻，在坎城後面山區租有一棟別墅，他們邀請我路過時去拜訪他們。

在前去坎城的路上，經過艾斯特雷（Esterel）山區，當時已近黃昏，我遇到一場暴雨，一名駕駛豪華大型德拉基車的司機讓我搭便車。我一上車便卸下背包丟到後座，坐定後舒展疲乏濡濕的雙腳，享受從汽車底盤縫隙透過來的引擎暖氣。這名司機是英國人，在尼斯（Nice）開租車公司，據他說，他才剛剛將林白（Lindbergh）[26]一家人從自由城客輪上接下來，送到這條路上不遠處。到了坎城，他載我到一個沉悶乏味的地方，是英國司機和從遊艇下工的水手的俱樂部，遊艇乘客多半是去利維拉（Riviera）過冬的有錢人。我吃了一客火腿蛋，邊吃邊看那些車夫彬彬有禮地打撞球，但是聞到那流連不去的倫敦味——英國香菸、英國啤酒的氣息——讓我情緒低落，聯想起我以為已經擺脫掉的霧。

26 譯註：美國名飛行家。

不久，我找到在聖特羅佩遇見的那對夫婦的別墅。小住數日後，我覺得實在走夠了，如果沿著海岸線繼續走下去，一定會覺得很無聊，於是搭上火車前往熱那亞。

或許是身體狀況欠佳才引起這種百無聊賴的感覺。到達熱那亞之後，次日清早醒來看到幾名義大利油漆匠在窗外修理屋頂，我覺得心情惡劣，手肘上又長了一個大疔瘡，用自己發明的土法治療仍不見效。

於是我將我的信用狀兌成現款，搭上另一班火車到佛羅倫斯，在那裡又收到一封要我去見一位雕刻家的介紹信。佛羅倫斯可把我凍僵了，我搭纜車渡過亞諾河（Arno River），循一條陡峻的路上山，我要見的人就住在那兒。這是塔斯卡尼（Tuscany）的冬日傍晚，我冒著嚴寒往上爬，四周一片死寂。抵達目的地之後，我敲敲大門，聲音聽起來像是空谷回聲，我以為不會有人來應門，沒想到沒多久就來了一位義大利老廚師引我進工作室。我向他自我介紹，也告訴他我的手肘長了個瘡。這位廚師立刻端出熱水，讓我坐在一個未完成的雕刻旁，四周都是碎石塊和石膏粉末；我和雕刻家談話時，廚師忙著調製糊狀膏藥，替我醫治疔瘡。

這位藝術家是奧康學校前任校長（竇爾惕先生接替的就是他的位置）的兄弟，我見過他雕刻的淺浮雕作品擺設在學校聖堂正面作為裝飾。他看起來沒有前任校長那麼老，但是很慈祥，肩膀向前傾，頭髮灰白，和前任校長一般親切和藹。他對我說：「我今晚要去鎮上看嘉寶（Greta Garbo）的電影，你喜歡嘉寶嗎？」

我承認我喜歡她。「那好極了，」他說：「我們待會兒就去。」

佛羅倫斯實在太冷，當我覺得疔瘡已經快痊癒時，第二天就啟程前往羅馬。我已經疲於奔波，想要找個可以心安理得待下的地方，讓旅程告一段落。

火車緩緩穿過恩布里亞（Umbria）山脈，天空蔚藍，陽光耀眼地照射在岩壁上，車廂內除了我別無他人，快到羅馬的幾站才有人上車。我整天瞪著窗外光禿禿的山，注視著荒涼的景致。聖方濟（St. Francis of Assisi）曾在附近某座山上祈禱，有著熾熱血紅色翅膀的賽拉芬（Seraph）天使顯現在他面前，基督就被那雙翅膀攏在當中，聖方濟的雙手、雙足和右肋隨即印下耶穌的十字五傷。假如當時我能想到這件事，沒有信仰的我一定更加洩氣，因為我長的疔瘡並未痊癒，再加上另一顆牙也痛了起來，好像還在發燒，真讓我懷疑血液中毒又發作了。

我終於獲得嚮往已久的自由，整個世界都屬於我，我滿意嗎？我只做自己想做的事，但是，不但沒有快樂幸福的感覺，反而覺得悲慘，貪圖享樂註定自食其果。在那段奇怪的日子裡，全世界最不可能信服聖十字若望（St. John of the Cross）智慧的人就非我莫屬了。

如今我正進入一個能見證這些真理的城市。你若知道凱撒時代[27]的羅馬和殉道者時代[28]的羅馬有多麼不同，就看得到、找得到羅馬見證的真理。

我正進入這座被十字架昇華的城市，方正的白色公寓被光禿的灰綠色山麓簇擁其中，地面上扁柏處處叢生，從建築物的屋頂之間，可以看到聖伯多祿大教堂雄偉的圓頂聳立在薄暮微光中。我意識到這是實體而非照片，不禁嘆為觀止。

27 譯註：西元前一〇〇年至西元前四十四年。

28 譯註：約在西元二〇二年至三一一年間。

到了羅馬，首要之務便是找牙醫，旅社的人介紹我就近就醫。候診室裡有幾位修女先我而來，她們走後便輪到我。那位牙醫的鬍子是棕色的。牙痛事關緊要，我信不過自己的義大利文，於是用法文和他交談。他懂得少許法文，也看了看我那顆牙。

「啊，」他說：「vous avez un colpo d'aria.」

這句話很容易聽懂，「我的牙受了寒」，蓄有棕色鬍子的人是這麼說的。雖然明知那是化膿，絕非受寒，但是我不敢吭聲，寧願唯唯諾諾。

「我要用紫外線醫治你的牙。」牙醫說。我半信半疑地接受了這種無痛無效的治療，牙齒照樣疼痛，但是牙醫保證當晚牙痛會煙消雲散。我離開了診所，心裡覺得暖呼呼的，很踏實。

但是那晚牙痛並沒有消失，就像普天下所有的牙痛一般讓我徹夜無眠、極端痛楚、不斷詛咒人生。

次晨起床後，我蹣跚地走回隔壁，去見那位說我的牙受了寒的朋友。他正從樓上下來，連鬍子都梳得整整齊齊，頭戴黑帽，手套、鞋罩一應俱全。我才想起這天原來是星期日，不過他同意檢查一下我受寒的牙齒。

他用法文夾雜著義大利文問我是否受得了乙醚，我說沒問題，於是他用一塊乾淨的手帕捂住我的嘴和鼻，又在手帕上滴了幾滴乙醚。我開始深呼吸，一股甘甜噁心的氣味像利刃般刺入我的意識，耳邊響起粗重發電機般敲擊的聲音。我只希望醫生別太用力深呼吸，免得失手將整瓶乙醚潑在我臉上。

一、兩分鐘後我清醒過來，只見他揮舞著我那顆帶著血絲、牙根化膿的牙大喊著：「大功告成！」

我從旅社搬了出來，找到另一家供膳宿的公寓，窗外可看見巴伯里尼廣場，正中央就是那陽光照耀下的小海神崔頓噴泉，還看得到布里斯托旅館、巴伯里尼電影院和巴伯里尼宮。女侍送來熱水讓我熱敷長了疔瘡的手臂，我在床上閱讀俄國作家高爾基（Maxim Gorki）的小說，很快就入睡了。

以前我趁學校放復活節假期時來過羅馬，大約逗留了一週，參觀過古羅馬公共集會地、圓形競技場、梵蒂岡博物館、聖伯多祿大教堂，但是未能一睹羅馬的真面目。

這次我從頭來過，仍然抱持著盎格魯薩克遜人共有的錯誤觀念，以為真正的羅馬不外乎那些醜陋的廢墟，或是嵌在小山丘和市區貧民窟之間的灰色廟宇。我試圖在心中重建古羅馬城——但這只是夢想，談何容易，因為四面八方不斷襲來兜售風景明信片的叫賣聲。我徒勞地試了好幾天，突然領悟到不值得花費這麼多力氣。往日的宮殿、廟宇、公共浴堂已成了龐然成山的磚石堆，顯然帝國時期的羅馬必定是歷來最討人厭、最醜陋、最沉悶的城市之一；現在廢墟裡有了松樹、扁柏，雨傘松點綴其間，反而較當年可愛多了。

我依然經常光顧博物館，特別是設在戴克里先浴場中的那一間。這間博物館過去曾經是一間嘉都西會（Carthusian）的隱修院，這間隱修院也許辦得不甚成功。我有兩本羅馬導遊書，其中一本非常厚重淵博，購買此書時我又連帶買下一本二手舊書——貝德克版的法文旅遊指南。

白天逛完博物館、圖書館、書店、廢墟之後，一回到旅社我就又開始讀小說。其實我自己也開始寫小說了，但是在羅馬那段日子進展不多。

我帶來的書很豐富——組合夠奇怪的：有德萊頓（John Dryden）的作品，有勞倫斯的詩，幾本陶赫尼茨出版的小說，還有喬伊斯的《尤利西斯》（*Ulysses*），是用精緻的聖經紙張印刷的版本，看來花俏豪華、所費不貲；後來我借給別人，就此一去不返。

我的生活一如既往，但是大約一個星期後，不知怎麼的，我發現自己涉足的不再是廟宇廢墟、而是教堂了。最先勾起我的興趣、讓我對羅馬另眼看待的，也許是一座古老傾圮聖堂裡的壁畫。這座聖堂在巴拉丁（Palatine）山腳下公共集會地的邊緣，只要跨出一步，就從公共集會地到了殉道者聖葛斯默和達彌盎（Sts. Cosmas and Damian）聖堂，東首半圓室裡有一幅巨大的鑲嵌畫，畫的是耶穌站在暗藍色天空中審判萬民，腳下簇擁著火焰與小朵小朵的雲彩。這個發現令我異樣感動，看了那麼多枯燥乏味、幾近淫蕩的羅馬帝國的雕像，如今才接觸到這充滿靈性活力、熱誠、能量的真正藝術品——嚴肅而鮮活，主題動人且明確，有說服力——真令人興奮。它不做作，不虛張聲勢，也不採用誇張的戲劇化手法，如此簡樸卻莊嚴，使人格外受震撼；再加上它隱居於默默無聞之地，除了藝術還要達成許多更高的目標，俾對建築、宗教禮儀、靈修均有所貢獻，這也讓它更令人肅然起敬。當時我還不能了解那些更高的目標，但是鑲嵌畫有其特性及獨特的任務卻是很容易看出的，我很自然地聯想到它必定遵從著超乎藝術之上的目標。

我迷上了拜占庭式的鑲嵌細工，不斷走訪能找到鑲嵌藝術的教堂，連帶將同一時代的教堂一一訪遍了。我不知不覺成了一名朝聖者，不自覺、非特意地造訪了羅馬所有偉大的朝聖地，懷著與真正朝聖者無異的熱切和嚮往去尋覓聖堂內殿。我的動機也許不盡正確，卻也不能算錯，因為建構這些壁畫、鑲嵌細工、古老的祭壇、皇座、聖堂內殿的目的，就是為了啟迪不能立刻領悟較高深涵義的人。

我不知道教堂內珍藏了聖骸和種種奇妙的聖物，但是教堂的甬道、拱門已成了我心靈的避難所。基督的搖籃、受鞭撻時的柱子、被釘的十字架、囚禁聖伯多祿的鎖鍊、偉大殉道者的墓地（例如聖依搦斯〔St. Agnes〕聖孩童、殉道者聖則濟利亞和教宗聖克雷孟〔St. Clement〕、在烤架上被燒死的偉大六品聖勞倫斯〔St. Lawrence〕的墓地）……都沒有開口向我說話，至少我沒察覺，但是那些紀念他們的教堂說話了，牆上的藝術品發言了。

有生以來，我首度開始認識這被稱為基督的是何許人也。我對祂的認識雖然仍有點晦暗不明，但那是真實的知識，比我知道、願意承認的更加真實。羅馬是我對基督的觀念形成之處，在那裡我第一次見到祂，祂就是我現在侍奉的君王，我的天主，掌有、主宰著我的生命。

祂是〈默示錄〉的基督，是殉道者的基督，是聖若望、聖保祿、聖奧斯定、聖熱羅尼莫（St. Jerome）和所有教會初期神學家的基督，也是所有沙漠神師的基督。祂是基督天主，基督君王，「因為是在基督內，真實地住有整個圓滿的天主性，你們也是在他內得到豐滿。他是一切率領者和掌權者的元首……因為在天上和在地上的一切，可見的與不可見的，或是上座者，或是宰制者，或是率領者，或是掌權者，都是在他內受造的，一切都是藉著他，並且是為了他而受造的。他在萬有之先就有，萬有都賴他而存在……因為天主樂意教整個的圓滿居在他內……他是不可見的天主的肖像，是一切受造物的首生者……。」[29]、「死者中的首生者，和地上萬物的元首，那愛

29 譯註：參見〈哥羅森書〉（Colossians）第一、二章。

我們，並以自己的血解救我們脫離我們的罪過，使我們成為國度，成為侍奉他的天主和父的司祭的那位。」[30]

在被人淡忘的歲月裡，聖人在他們的教堂牆上留下話語，藉著天主奇異的聖寵，雖然我不能完全解讀，卻能略懂皮毛。然而，那最真實、最直接的聖寵來自基督自己，祂臨現在教堂中，以祂的大能，以祂的人性，以祂降生成人的身軀，以祂的物質、身體、肉身的臨在，親身教導我。在這些教堂中，這位非凡的天主多少次和我單獨相處，我卻毫不知覺——不過，如我所說，我心中一定隱約有數。教導我祂是誰的就是祂自己，祂的教導方式如此直接，簡直令我無法察覺。

這些鑲嵌畫將全能、大智、大愛的天主教義傳授給我。天主降生成人，在祂的人性中顯示無限大能、大智和大愛的天主神性，雖然我無法徹底相信、領會這些教義，但是當我懷著愛慕之心默觀那些畫的每一線條時，冥冥之中已能領會其中涵義了：藝術家的心靈和我相通，我的心靈和他們的觀念對話，怎能不感受到這些古代藝術家對基督——救主和審判者——的愛呢？

很自然地，我開始想了解鑲嵌畫中的涵義——我看到一隻羔羊站在那兒，好像被宰殺過，還有二十四位長老將他們的金冠投擲在地上[31]。於是，我買了一本拉丁文聖經來研讀新約。勞倫斯的詩已經被我置之腦後，只記得其中四首有關四位福音作者的詩，是根據舊約〈厄則克耳先知書〉（Ezechiel）和新約〈默示錄〉中「四神秘活物」的傳統象徵寫成的。有天晚上，我邊讀他這幾首詩，邊對其中的虛假無謂產生強烈反感；厭惡之餘我丟開書本，自問為什麼浪費時間在此等凡人身上。非常明顯地，他完全無法掌握新約的真義，只是隨興所至曲解新約，捏造出他自己的宗教，裡面孕育著大量荒誕怪異的種子，長成植物必然醜陋可怕，就像在陰濕的納粹主義氣候下野草不除的德國花園中伺機發芽的植物一樣。

因此，我終於冷落了我的最愛，福音書卻越讀越多了。我越來越愛古老教堂內的鑲嵌作品，漸漸地，拜訪教堂的目的已經不是純粹欣賞藝術了，另有一些東西吸引著我：是一種深沈的內在平安。我喜歡待在那些神聖的地方，並深信那是我安身立命之處；只有在天主的教堂內，我理性天性中深刻的欲望和需要才能得到滿足。記得我最喜愛的朝聖地之一便是聖伯多祿受鍊鎖之處。我並非因為某件藝術品而喜歡那裡，其實那裡最熱門、最有名的招牌作是米開朗基羅雕刻的梅瑟像，我卻一向覺得這長著角、鼓著眼、眉毛緊蹙、膝蓋有裂紋的東西非常無趣；幸好這東西不會說話，否則還不知道會說出什麼沉悶的話來。

或許，那座教堂吸引我的地方就是聖伯多祿本人，這座教堂就是奉獻給他的。我相信他熱切地替我代禱過，讓我能從自己的枷鎖中解脫出來：我的枷鎖可比他的粗重可怕多了。

我還喜歡去哪些地方呢？聖蒲丹其安那教堂（St. Pudenziana）、聖普拉斯德教堂（St. Praxed,s）,尤其是聖母大殿（St. Mary Major）和拉特朗大殿（Lateran）。然而，只要巴洛克式的感傷氣息太濃，就會驚動我，原有的安詳和模糊薄弱的信奉之情也會隨之消失。

到目前為止，我的意志並沒有深遠的轉變，還達不到皈依天主教的地步，也無法撼動箝制我天性的敗德魔掌；但轉變是會來臨的，來得奇怪且突兀，難以解釋。

30 譯註：參見〈默示錄〉第一章。
31 譯註：參見〈默示錄〉第四、五章。

一天夜晚，我在自己房間，燈亮著。突然，死去一年多的父親好像與我同在，他臨在的感覺如此鮮明真實，讓我驚訝，好像就在那一瞬間他觸碰了我的手臂，又好像和我說了話。整個事件一剎那就過去了，我對自己悲慘墮落的靈魂頓時有了深刻的體認，覺得無地自容。我被強光穿透，看清了自己的狀況，覺得恐怖萬分，整個人立刻奮起反叛我的內在，靈魂渴望逃脫這一切；這種盼望自由、解放的欲望如此強烈急迫，是我從未經驗過的。有生以來我第一次真正祈禱——不只是動動雙唇、用腦力和想像力祈禱，而是發自我的生命和存在根源的祈禱，向我從來不認識的天主祈禱，求祂從黑暗中向我伸出援手，助我擺脫千百種奴役我的可怕事件。

我淚如雨下，哭泣對我是有好處的，雖然一開始父親降臨我房內的那種鮮明、痛苦的感覺已消失，但是他已進入我心中，我正在和他交談，也和天主交談，好像他是天主和我之間的媒介。我無意暗指當時我以為父親已躋身諸聖人之列，那時我並不明瞭成為聖人的含意，而現在我明白了，也不敢說當時我認為他一定是在天堂。就記憶所及，我應該說他「好像」是從煉獄中被派來看我的，因為歸根究柢，煉獄中的靈魂沒有理由不能像在天堂中的靈魂一樣以祈禱來影響、幫助世間的人。一般說來，煉獄中的靈魂恐怕更需要得到我們的幫助，但是就我的例子而言，如果我猜得不太離譜，情況恰好相反，是父親幫助了我。

然而，這並不是我特別要強調的，也不想做任何確切的解釋，我怎能知道這是否純屬想像或只是純粹自然的心理因素？太難說了。我不想做任何解釋。我一向憎惡號稱通靈的占卜術——包括碟仙、和亡魂交談等——這是我絕對無意參與的。但是不管出自想像或神經過敏，或是其他原因，我可以不昧良心地說，我的確鮮活地感覺到父親的親臨，隨後他好像不經語言傳達給我天主內在的光，又將我靈魂的狀況顯露給我看——雖然那時我還不能確定自己是否有靈魂。

實際上，我唯一能肯定的是，這的確是個恩寵，一個很大的恩寵。如果我能不辜負這個恩寵該有多好，我的生命會多麼不同，接下去那幾年就不會那麼悲慘。

在此之前我從未進教堂祈禱，但是次日，在春日陽光下，我記得自己攀上了人跡罕至的阿文廷（Aventine）；我的靈魂雖因悔罪而破碎，卻很乾淨，就像膿瘡被割開或斷骨被重新接好，雖然痛苦，對身體卻有益。我的懺悔是真心的，因為我不相信有地獄，不會只是因為怕受罰而悔罪。我去道明會（Dominican）的聖撒賓那（Santa Sabina）教堂，那真是個難忘的經驗，就像經過一番掙扎後宣布投降，簽訂條約，情願皈依（直至如今，要我單純為了跪下向天主祈禱而走進教堂，心裡也不無掙扎）。平常我到教堂時從不下跪，也不刻意注意那是誰的殿堂，但是這一次我在入口處沾了聖水，筆直地走到祭壇扶欄前跪下，誠心誠意、緩慢地開始誦讀天主經。

不可置信的是，除此之外我什麼都沒做。有了昨夜那種經驗，我至少也該熱情洋溢地祈禱、痛哭流淚半小時才是，但是並沒有。值得牢記的是，在好幾年不祈禱後，我再度開始禱告。

天主教徒始終不能體念新皈依者的苦處，一想到要公開在天主教堂內祈禱，新皈依者就窘迫不堪，總覺得每個人都在看你，覺得你瘋狂可笑，你必須花很多力氣才能克服想入非非的恐懼心理。那天在聖撒賓那教堂時，雖然教堂內幾乎沒人，但是我在走過石頭甬道時仍然提心吊膽，生怕哪個可憐、虔誠的義大利老嫗會覺得我形跡可疑，等我一跪下祈禱立刻跑出去向神父控告，憤慨地控訴我膽敢擅入他們的教堂祈禱——我想得也太荒唐了，難道天主教徒寧願看到大批異教觀光客漠然、毫無敬意地進來逛教堂，而會在看到其中一人因承認天主存在而跪下祈禱片刻後生氣不成？

反正我祈禱了。結束之後，我在教堂內外漫步，走進一間房間欣賞一幅莎索費托拉（Sassoferrato）的畫，又探頭到門外，看到一個簡樸的小迴廊，陽光正照在一旁的橙樹上。我走到戶外，覺得有重生的感覺。過了街，信步走過郊外的原野，來到另一座人跡罕至的教堂，幾個木匠和鷹架讓我起了戒心，不敢祈禱。我在教堂外的牆上坐著曬太陽，品嘗自己內在平安的喜樂，心想：我的生活將如何改變？我該如何改善自己？

VII

改善自己談何容易。在羅馬的最後一個多星期，我的確非常快活，充滿喜樂。有天下午，我乘電車出城去聖保祿教堂，然後又搭上一輛破舊的巴士，沿著鄉間小路前往台伯河（Tiber River）南面丘陵地帶中一個淺盤狀山谷，來到一間名叫「三噴泉」的嚴規熙篤隱修院。我走進那黑暗樸素的老教堂，很喜歡它，但是不敢進去拜訪隱修院，心想那些隱修士一定坐在他們的墳墓裡遵照戒律鞭打自己。就在這個沉寂的下午，我在尤加利樹下來回踱著步子時，一個念頭油然而生：「我倒滿喜歡做個嚴規熙篤隱修士。」

當時突生此念是不擔什麼風險的，只是做做白日夢罷了——我想，很多男人都有過這種念頭，連什麼都不信的人也會。哪個男人從未幻想過自己身穿會服，莊嚴獨坐密室中，過著英雄式的苦行獨居生活；而隱修院門外從前對他冷漠相待的年輕女人如今猛敲著門，嘶聲叫喊著：「出來罷，出來！」

那天我的白日夢大概就結束在這種浪漫的幻想中。我對嚴規熙篤隱修士是什麼樣的人、做什麼樣的事一無所知，只知道他們終日保持沈默；其實我還以為他們像嘉都西會士一樣，完全孤獨地住在密室中。

回聖保祿教堂的巴士上，我遇到一個熟人，是美國學院的學生，他介紹我認識他的母親。話題轉到那間隱修院，當我提及自己想做隱修士時，這位女士以極端驚訝的眼光注視著我，著實讓我吃了一驚。

日子一天天過去，家人一再從美國寫信來催我搭船回去，最後我只好向旅社裡那位義大利打字機銷售員及其他房客、還有旅社的老闆娘及其母親一一道別。我用鋼琴彈奏「聖路易藍調」時，竟然讓老闆娘的母親聯想到死亡而不知所措，遣了女僕要我停止。

我滿懷惆悵地告別巴伯里尼廣場，向通往廣場的彎曲林蔭大道投以最後一瞥，並且告別品西甌花園、西班牙廣場和遠處的聖伯多祿大教堂圓頂。最讓我牽腸掛肚的是那些心愛的教堂——在范克理（Vincoli）的聖伯多祿教堂、聖母大殿、拉特朗大殿、聖蒲丹其安那教堂、聖普拉斯德教堂、聖撒賓那教堂、米納瓦聖瑪利亞教堂（Santa Maria sopra Minerva），在科斯枚丁（Cosmedin）的聖瑪利亞教堂，在特拉斯特維（Trastevere）的聖瑪利亞、聖依搦斯、聖克雷孟、聖則濟利亞等教堂……。

火車越過台伯河了，我又看到那英國墓地的小金字塔和林立的柏樹，濟慈（John Keats）就埋葬在那裡，這些景物也逐漸消失在身後，我記得羅馬劇作家普勞圖斯（Plautus）的作品中提及這裡以前有堆積成山的垃圾和陶瓷碎片。之後就到了羅馬和大海之間空無一物的平原，遠處是聖保祿教堂，還有掩藏在小山丘之後的三噴泉嚴規熙篤隱修院。「羅馬啊，」我心中默唸：「以後還會再相逢嗎？」

抵達紐約後的最初兩個月，我在道格拉斯頓家中繼續私下讀聖經——生怕別人會取笑我。我和舅舅同睡在權充臥房的露台隔間裡，從樓上走道通過玻璃門就可以進出我們的房間，所以我不敢在睡覺前跪下祈禱。其實我知道大家看到我祈禱都會很高興、甚至感動，但是我不夠謙遜，老是怕別人對我有意見。我怕別人說我，就算說的是好話、是讚許之辭也一樣。驕傲的人就是這樣，別人愛惜我們、讚賞我們，我們反而以為受了人家的恩惠，面上無光，因此又恨又怕。

我真誠的宗教熱忱曇花一現，後來如何冷卻消失並不值得一一道來。復活節期間，我們去了父親以前任職風琴師的錫安教堂，就在車站和我們家之間的小山丘上，白色尖塔矗立在刺槐樹間。那兒的禮拜儀式讓我十分煩躁，再加上我傲氣十足，煩躁的感覺就更形強烈、複雜了。記得我總是在家裡走上走下，逢人便訴說錫安教堂的可怕之處，連進餐時也將它指責得一無是處。

有一個星期天，我去了法拉盛的貴格派會所，母親生前曾經去那兒和信徒坐在一起默想。這次我也在後排靠窗處找了一個位子，坐進很深的長椅裡。教堂內約有一半的位置坐了人，中老年人居多，看來和浸信會、美以美會、聖公會及其他新教聚會中的人沒什麼明顯不同，但是貴格派的特色是教友不出聲地坐著，等候聖神的感應。這點我極為欣賞，我喜歡這種靜默。在安詳的氣氛中，我的羞澀漸漸消失，不再批判他人，而能進入自己的靈魂；雖然還不算深入，但是畢竟興起了模糊的向善之心。

可惜，沒多久就被打斷了，因為一名中年女人已經受到聖神驅使，起身發言。我私下懷疑她來聚會前就備妥了這篇演講詞，因為她一起身，手就伸入皮包大聲激昂地說：

「我在瑞士照了這張有名的『琉森之獅』……。」她抽出一張照片，不錯，果然就是那有名的琉森雄獅。她舉起照片讓信徒都能看到，接著解釋這雄獅不愧是瑞士勇敢、威武、執著的寫照；她又提到製錶王國瑞士的其他美德，我已經記不得細節了。

信徒們耐心聽著，反應不熱也不冷，我卻離開了，還自言自語：「貴格派和別派沒什麼不同。在其他教堂內，只有牧師可以散播陳腔濫調，但是在這教堂內誰都可以。」

我總算還有足夠常識，知道要在世上尋覓一絲俗氣也不沾的一組人、一個組織、一種宗教、一座教堂，本身就是一種瘋狂。但是當我讀到潘恩（William Penn）[32]的著作，發現它並不比「蒙哥馬利．沃德」公司的商品目錄更擅長探討超越本性的信仰生活時，我對貴格派終於失去了興趣；如果當時我閱讀的是安德希爾（Evelyn Underhill）的作品，也許就另當別論了。

我相信在貴格派信徒中必然有人是熱心、純潔、謙遜地崇拜天主的，其愛主愛人之心也是真誠的。各種宗教多少都有這些特點，但是這些德行顯然都未能拔高到超越本性的層面。貴格派信徒具備自然的美德，也有人能依「默觀」一詞的自然意義過默想、祈禱的靈修生活。在領受超越自然的恩典方面，只要天主願意，他們也不會遭受天主的排斥，因為祂愛他們；對於善良的人們，祂是不會不光照的。但是，我看不出貴格派信徒除了自稱其組織為「公誼會」之外還有多少

32 譯註：英國貴格派著述家。

內涵。

那個夏天，我搭乘一列骯髒的慢車繞遠路去芝加哥參觀世界博覽會。我先在宗教大廳取了兩份摩門教的小冊子，讀了他們受到天啟、在上紐約州山上尋到聖書的故事。這並不能說服我，我也不會因此皈依摩門教。博覽會場上，散布在湖泊、貧民區、貨車場之間的殿宇透過紅黃色單薄的外牆傳出各種噪音，讓我覺得有趣。我生平第一次在這平坦浩瀚的中西部昂首闊步。

我靠吹噓的本領找到了一份工作，但是只做了幾天。我在博覽會場上名叫「巴黎街景」的雜耍表演前招攬遊客，「巴黎街景」之名充分說明了這項展覽的性質。找到這份工作太輕而易舉了，讓我在驚喜之餘頗為自負，覺得搖身一變從被詐財者到詐財者，大權在握。但是，不出幾天我卻發現自己也許仍屬「被宰」的一群，因為雜耍表演的老闆說得天花亂墜，卻不願真正掏腰包付我工資。大熱天，灰塵滿天飛，從正午站到子夜，還要對著滿坑滿谷頭戴草帽、身穿帆布、棉麻布敞領襯衫或連衣裙、出一身中西部健康汗水的人不停地吆喝，實在令人精疲力竭。我習慣了英國人複雜的沈默寡言和法國人花俏的色情作風，面臨這種極具芝加哥特色、博覽會特色（特別是博覽會中此一特定地區）和顯然也極具美國特色的異教信仰——絕對開放、毫不遮掩、完全不負責任的坦率——真覺得不可思議。

再回到紐約時，我對宗教的三分鐘熱度已經喪失殆盡。城裡的朋友有其自成一派的信仰，也就是紐約市自己的儀式崇拜，曼哈頓以其特有方式表現這種美國異教的強大、俗豔、嘈雜、粗鄙、獸性橫流。

我經常和父親的老朋友馬爾許出沒於第十四街，觀看粗俗的歌舞雜技表演，他是以這些東西為畫材而出名的。馬爾許長得粗壯短矮（我想他現在仍然如此），看來像是退休的輕量級職業拳擊手，說話時像是從嘴角迸出字來，卻長了一張天真無邪的娃娃臉，用樸實、無私、包容的藝術家眼光觀看這個世界。他師法畫家霍加斯（William Hogarth），一切生動鮮活的景象都可能成為他作畫的主題。

因為看法一致，我們相處得很融洽。我崇拜生活本身，他也一樣，但是特別崇拜這座擁擠瘋狂城市中的喧囂騷亂。他最喜愛朝拜的地方是聯合廣場和歐文街粗俗歌舞劇場，這些地方充滿汗臭味和廉價雪茄菸味，好像隨時有可能被一把火燒個精光。但是我猜他心目中最大的教堂就是科尼島（Coney Island），看過其畫作的人都會有這種印象。

那年我在他位於第十四街的畫室混了一整個夏天，他參與的宴會我也跟著去，漸漸對紐約瞭若指掌。

九月一到，我就再次搭船前往英國。這次搭乘的是曼哈頓號，是一艘俗麗喧囂的客輪，船上的服務員像是納粹間諜一般，看到猶太旅客就不順眼。這次航程真是不安穩，一天晚上，我站在樓梯轉角往下面深處看，有六、七個喝得半醉的乘客在搖擺的油氈布地板上打成一團。又有一天下午，大西洋輪船上固定提供的無聊做作娛樂節目進行到一半——我想很可能是一場「賽馬」遊戲——一個美國牙醫吼叫著站了起來，向一個法國裁縫挑釁，要和他在散步甲板上打出個勝負來。他的挑戰沒有被理睬，但是全船生意人和觀光客都興致勃勃地隔岸觀火，因為大家都知道這件醜聞的幕後人物是一名華府要人六呎高的女兒。

到了普利茅斯（Plymouth），我們這些要去倫敦的人在港口中間上了一艘平底大汽艇，我又見到英國淺綠色的草原了。我帶著有生以來最嚴重的感冒上了岸。

隨著這一陣混亂不堪的浪潮，我昂然進入劍橋邪惡的暗流中，大學生涯就此開始。

VIII

也許對你而言，劍橋的氣氛既不黑暗亦不邪惡。你可能只在五月時去過劍橋，只看到半掩在霧裡的微弱春陽，或是古老學院後園中的花兒從三一學院、聖若望學院或我就讀的克雷爾學院淺紫色石磚上探頭微笑。

我甚至願意承認，有些人在那裡住了三年或一輩子，備受呵護，從未察覺到周遭那甜蜜而腐敗的惡臭——那刺鼻而飄忽的腐味無所不在，嚴厲地指責大學生在古建築中製造出的噪音——多麼膚淺的青春啊！至於我，被懵懂的食欲驅使，不得不長驅直入，咬了這爛水果一大口。過了這麼多年，那苦味還揮之不去。

大一這年過得飛快，開始時是英國的秋季，下午很暗很短，一眨眼已到了為時短暫的夏季，我們在河上度過一個個漫長的傍晚，就這樣糊里糊塗地一年就結束了。不論是白天還是夜晚，都沒有碰上什麼浪漫事件，真是可惜，這根本不是我想過的日子。

我拼了命要從生命中取得十八歲時應得的一切。我和一群老友愛在脖子上繫著彩色繽紛的圍巾，若非我們必須在規定時間內回房睡覺，一群人可以整晚不停地在小食街市集的暗處吼叫，聲音響徹街道。

最初我有點昏頭轉向，在這呈半流體狀的混濁環境裡，我花了一、兩個月時間終於在渣滓沉澱處找到了我命中註定要待下來的地方。由於缺乏安全感，我和幾個從奧康來的朋友時常聚在房間裡消磨時間。安德魯的宿舍遠在艾登布魯克醫院再過去的荒地上，我必須騎車經過幾棟化學系專用的神秘新建築，到路途終點喝茶，或是用鋼琴彈奏「聖路易藍調」。迪更斯住得近多了，從我住的地方只要轉個彎，經過聖若望學院的兩、三個庭院再過河就到了。他的房間就在所謂的「新建築」裡，可以看見河，我和安德魯一起在他房裡邊吃早餐、邊丟吐司麵包屑餵河裡的鴨子，同時聽他談論巴夫洛夫（Pavlov）和條件反射作用。

時間久了，我逐漸和他們疏遠，尤其是和安德魯，因為那年他被選為腳燈秀（Footlights Show）的主角人物。他頗有幾分歌手的架勢，但是我們這夥人不但對唱歌沒興趣，甚至有點藐視腳燈秀及其相關一切。有一兩個和我在同一學院攻讀現代語言的年輕人相當嚴肅、高深莫測，我差點和他們交上了朋友。但是他們太過沈默寡言，讓我覺得無聊，而他們對我使盡力氣緊抓生命的態度也感到震驚。

宿舍中，住在我房間正下方的是個圓臉盤紅通通的約克郡人，他是個反戰主義者，非常沈默寡言，但是他在停戰日參加了示威運動，橄欖球員和划船選手都向他丟擲雞蛋。我是在晚報上看到照片才知道這回事。

原本我也不會有興趣和他交朋友，他太溫馴、害羞了，但是房東竟然來到我房間，大肆中傷這個可憐的傢伙；我明知無法讓他閉嘴，索性洗耳恭聽。不過，該學年尚未告終，房東最討厭的人已經變成了我，他認為我比歷來任何房客都還糟糕。

大概是在停戰日活動之後，我先後認識了近兩百個各色各樣的人。我隨波逐流，開始結交劍橋最沉淪的一群人。

凡是舉辦慶祝划船賽得勝的晚宴時，最吵的就是我們這群人。我們住在獅子客舍，爭先恐後地衝出衝入「紅牛酒吧」。

那一年，我們這夥人大多數都被判過禁足，到了年底有很多人被勒令退學。我現在已經不記得那些人誰是誰了，印象最鮮明的是戴著角質鏡框眼鏡的朱利安。我不覺得他像美國人，只能說他是個想模仿美國人的法國人，會操著鼻音過濃、反而失真的美國口音述說冗長曲折的故事。他是一位維多利亞時期詩人的孫兒或曾孫，住在威特島上的祖宅裡；在劍橋，他在市場山上擁擠不堪的宿舍裡有間房，年底那個地方就要拆掉，改建屬於嘉友學院的新房子。在拆毀之前，他的朋友已經開始搗毀那些危險的部分，也就是他住的地方；我依稀記得有人向窗外丟了一個茶壺，路過的國王學院學監幾乎被砸破頭。

還有個臉色病黃、不喜多費唇舌的小伙子，是從昂德爾（Oundle）來的。他開著一輛跑車，每當我們高談闊論、叫喊不休時，他總是不動聲色安靜地坐在一旁，臉上帶著賽車選手特有的激動神秘神情。只要一坐進車子，手操方向盤——其實大一學生不准開車——他就變成被鬼神附體似的怪物，全憑來自另一世界的恐怖生靈擺布。不准駕車的禁令當然對他無效，偶爾他會失蹤，然後快快樂樂地回來，坐下和找他玩牌的人打牌，來者不拒。最離譜的是他有一次開車去波茅斯，竟想沿著絕壁蛇行下山，終於被學校開除。

但我為何要重提深埋已久的舊事、重建我心中的龐貝城廢墟呢？這樣做有何意義？當時我的所作所為，無一不是在徹底踐踏靈魂中僅存的靈性活力，不遺餘力地摧毀天主培植在我體內的神聖自由形象，如今雖然已經悔悟，但又何必舊事重提？我用盡心機、使出渾身解數，為的就是要將自己監禁在不堪忍受的醜惡桎梏中。這並不稀奇，人們不能了解的是，這樣做就是將基督釘上十字架：那些為了分享祂聖寵的喜樂和自由而受造的人一次又一次拒絕祂、否認祂，祂就一次又一次死去。

毛德姑姑在那年十一月過世，我取道倫敦，摸索著回到伊令參加葬禮。

那天下午下著雨，天色晦暗，猶如夜晚，到處燈火通明。這正是英國初冬的景象，天光短暫，黑暗多霧。

班恩姑丈坐在輪椅上，消瘦衰弱，頭上戴著黑色無邊便帽，這次真的看起來像個鬼魂。他似乎已經失去語言的能力，茫然環顧四周，好像在說：平白無故說什麼葬禮，豈非侮辱他頭腦不清？為什麼大家那麼賣力地告訴他毛德已經死去？

我可憐的毛德姑姑，這位天使心腸的維多利亞時期婦女，她削瘦的身軀埋入了伊令這地方的土地。我似懂非懂地察覺到自己的童年也和她共葬了，非常恐慌；我最清純的歲月是在她的羽翼下度過的，現在我眼看著那些日子和她一起入土。

我透過她純樸清澈的眼睛所看到的英國也在這兒死去了。我再也不信任那些美麗的鄉村教堂、靜謐的村莊，還有草坪邊緣的榆樹下身穿白色球服的板球球員，他們等著上陣，投手在三柱門後沈思踱步，斟酌策略。從索塞克斯（Sussex）上空飄過去的大朵白雲、古老郡鎮裡鐘聲繞樑的尖塔、大教堂禁區的茂密樹木、教務長宅邸四周的烏鴉叫聲——全都與我無關了，我已喪失一切。由奇魅聯想編織而成的脆弱網絡破滅、煙消雲散了，我從古英國的表面墜入地獄，墜入倫敦，這座貪得無厭的城市是真空與恐懼的溫床。

這是我最後一次在英國見到親人。

我搭上前往劍橋的最後一班火車，倦極入睡，醒來時已經坐過頭，到了伊里（Ely）。輾轉回到宿舍，早已過了子夜，因此遭到禁足的待遇，心裡憤憤不平，認為錯不在我。那年我兩度被禁足，這是第一次。

我該繼續隨著時序運轉講述下去嗎？那年冬天何等灰暗，我沉入深淵底部，我們像骯髒的鬼魂般出沒在學院後園的樹叢下、克雷爾新樓後和徹斯特頓路上的房間裡，這些不堪回首的事可有必要重提？春回大地時，我參加了克雷爾隊第四號船的划船訓練，幾乎丟了我的命，可是至少有幾週必須每天起早接受訓練，並且在學院進早餐，晚上上床時頭腦也稍微清醒些。

我依稀記得那段日子曾經見到一線陽光，那是從布洛教授窗前流瀉出來的。他的房間位於嘉友學院，窗戶很古老，房裡寬敞舒適，擺滿了書，窗口對著兩個庭院的草地。他的起居室必須由草地往下走幾步路才能到達，可能有兩層樓的高度。角落裡有個中古時代的講經壇，他就站在那兒，又高又瘦，一頭灰髮，是個像苦行僧般的學者。他從容地翻譯但丁給我們聽，我們十來個男女學生散坐在椅子上，對照著義大利文讀本跟他學習。

冬季那學期，我們開始讀《神曲》（*La Divina Commedia*）的〈地獄篇〉（Inferno），進度很慢，一天讀不到一篇；不過，現在但丁和味吉爾已經經歷了冰冷的地獄中心之旅，他們在那裡曾見到三個頭的魔鬼，口中咀嚼著幾個至惡的叛徒。如今他們已爬出地獄，眼前是平靜的海水，這裡是煉獄山的山腳，山路環山七匝。現在是基督徒的封齋期，我之所以守齋，卻只因參加了划船隊（因為表現太差，已經倒盡胃口），理由既不正當，當然也無功可居，就像在一圈圈的煉獄裡兜圈子。

我讀劍橋的最大收穫便是接觸到但丁，他的作品平易近人卻才氣逼人，堪稱最偉大的天主教詩人——這倒不是說他已臻於全德與至聖的境界。讀了他才思橫溢的作品後，我至少暫時接受了他對煉獄和地獄的說法，這可不是一件小事，他的思想恰巧觸發了我的美感反應，但是不能奢求我將他的思想應用到我的道德境界上。不，我當時宛如披著七層刀槍不入的盔甲，被自己的缺陷和盲目禁錮，這七罪宗[33]唯有用煉獄的火或上天的愛（兩者幾乎相同）才能燒盡。但是那時我竟能不受火焰的攻擊，因為我動用了意志力逃避它們，那時我的意志已慣於被扭轉，變得徹底冥頑不靈了。我竭盡所能使我的心不被愛德感動，並用我頑固的自私心設下誰也攻不破的心防——我終於如願以償了。

然而，我還是能愜意而專注地傾聽但丁的聲音，他緩慢莊重地演繹神話與象徵，詩意地融合了士林哲學和神學，自成體系。可惜他的種種思想皆未曾在我心中扎根，因為我的心粗糙懶散，不能吸收這麼純淨的東西；不過，我心中終究還保持著某種武裝中立的態度，願意含糊籠統地容忍諸般教義，以便了解但丁的詩。

33 譯注：七罪宗是指：驕傲、吝嗇、迷色、憤怒、嫉妒、貪饕、懶惰。或是：傲慢、貪婪、色欲、暴怒、妒忌、懶惰、貪食。

現在看來，那也是天賜的恩典之一，是我從劍橋得到、具正面效果的最大聖寵。其他的就都是負面的了。仁慈的天主容許我盡可能遠走高飛，遠離祂的愛，但是祂成竹在胸，待我最終沉淪到深淵底部、自以為天高皇帝遠時，將與我對質。這固然也是一種恩典。「我若上升於高天，你已在那裡，我若下降於陰府，你也在那裡。」[34] 因為當我最悲慘時，祂會充分光照我的靈魂，讓我看出我有多麼悲慘，讓我承認那是我自己的錯造成的，是我自食其果。我永遠要因犯罪而受罰，必須了解到（至少也要朦朧地意識到）是在自己的地獄火焰中受煎熬、受懲罰，在我自己的腐敗意志造成的地獄中潰爛，直到受不了極端的悲慘，終於放棄自作主張的意志。

我曾有過類似的體驗，但是在劍橋這一年，我即將感受到前所未有的苦楚；相較之下，以往種種不值一提。

僅僅了解自己不快樂並不代表獲得拯救，那也許是獲救的開始，也有可能打開了陷入更深層地獄的門，我不知道自己沉到谷底的路途還長著呢；然而，現在我至少已清楚自己身在何處，開始設法脫身。

也許有人會認為天主的安排真是既滑稽又殘酷，祂竟然容許我自行選擇用什麼方式拯救自己的靈魂。但是天主的安排就是天主的愛，祂明智地不去理會自我意志強烈的人，只要他們堅持以一己之力掌控自我，天主便任憑他們自由行動，好讓他們看出自己的無助會將他們帶入何等徒勞與悲哀的境地。

這種情況的諷刺和殘酷並非來自天主上智的安排，而是來自魔鬼，他自以為正在從天主手中騙取我這個愚蠢無趣的小靈魂。

於是，我開始在由學生活動中心改裝而成的大圖書館裡將佛洛伊德、榮格和阿德勒（Alfred Adler）的書全都借了。我在宿醉之餘強打起精神，耐心勤奮地研讀神秘的性壓抑、各種情結、內向性、外向性等等。最糟的是由於我完全不節制欲望，以致激情失控，發為澎湃的亂流，使我的靈魂及其所有機能都快報廢了；在這種狀況下，我得出一個結論：我不快樂的原因就是性壓抑！更荒唐的是，我又推論出世上最嚴重的罪惡便是內向。我努力要做個外向的人，於是不斷地自我檢討，研究我的各種反應，分析我的所有感情，結果反而朝著我希望竭力避免的方向一頭栽了進去，變成一個內向的人。

我日以繼夜研讀佛洛伊德，自以為得到科學的啟迪，其實哪有什麼科學可言？還不是像老太太私下熟讀秘術讀物，好為自己算命、看掌紋預測未來罷了。我不知道當時是否瀕臨進入四壁裝有軟墊小室的地步，但是假使我真的發瘋了，精神分析必是罪魁禍首。

在此同時，我的監護人接二連三地寫信給我，言詞越來越鋒利。最後，約莫在三、四月間，我收到一封很不客氣的召見書，要我去倫敦。

我在候診室等了又等，將兩年來每一期的《笨拙》週刊都翻遍了。把我扔在這樣一個陰沉、霧氣瀰漫的房間內與枯燥乏味的雜誌為伍，想必是蓄意要挫挫我的銳氣。

一個半小時之後，我終於蒙受召喚，攀登狹窄的樓梯，到候診室上方的診察室。房內的地板

34 譯註：參見〈聖詠集〉（Psalms）第一三九篇。

打過蠟，我又有了如履薄冰的感覺，好不容易走到桌邊的椅子旁，幸好沒摔斷髖骨。

湯姆以文雅卻極為冷淡的態度接待我，隱約流露出些許不屑之情。他遞給我一支菸，暗指我沒有菸會活不下去，我當然拒絕了。

但是接下去那十幾分鐘是我有生以來最痛苦、最窩囊的時光，並非因為他說了什麼話，他根本沒生氣，甚至也沒有挖苦我。我記不得他究竟是如何措辭的，但是我受不了他直率、無情地要我解釋自己的行為，使我坐立不安。我做了那麼多愚蠢、惹人厭的事情，如今必須提出合理的解釋，為自己辯護，這怎麼可能？一個有理性的受造物竟能生活成那副德行！我深深感到為自己辯護的痛苦和無稽，舌頭幾乎失去功能。我喃喃說出「我錯了」和「我不想傷害別人」，聽起來真是蠢極、下賤極了。

因此，我真是迫不及待想要離開，一走出門就不停地抽起菸來。

幾個月過去了，我並沒有任何改變。復活節假期後，導師找我談話，要我解釋為什麼缺席了大部分課程，還問了一些其他的事，這次我沒那麼不自在了。至於那些即將來臨的考試——我應該考法語、義大利語的現代語言優等生甄試初試——我認為可以通過，結果也的確如此，還都考了第二名。朋友打電報告訴我結果，那時我已上船前往美國——就是那種從倫敦出發、歷時十日的航程——正經過多佛（Dover）海峽，太陽照著白色岩壁，我的胸腔充滿新鮮的空氣。

原本我計畫次年再回劍橋，已在克雷爾學院的「老方庭」訂好住宿的房間，就在通往克雷爾橋的大門旁，往外可以看到校長的花園。但是像我這副德行的大學生，住在那個地點其實是下下之策：正好夾在校長和資深導師的住處之間；不過，我再也沒有以劍橋大學一份子的身分回去過。

那年夏天，湯姆寄信到紐約給我，建議我打消進入英國外交界的構想，因此也無須再待在劍橋，以免浪費時間和金錢。他認為留在美國才是明智之舉。

不出五分鐘，我就轉念同意他的看法。不知我是否太主觀，總是覺得歐洲隱約有種毒氣在腐化我，一想到、聞到那種氣息就讓我作嘔。

到底是什麼呢？是一種道德霉菌嗎？在那潮濕多霧的空氣、燈光掩映的黑暗裡，可曾有霉菌的孢子四處飄散？

我一想到不必再回到那陰濕惡臭的薄霧裡，就鬆了一大口氣——大大彌補了我受傷的自尊心，以及因表現不盡理想而生的羞恥心。我說「不必一定要再回去」的意思是：我還是要回去待一段時間，以取得永遠定居美國的入境名額，因為我現在僅持有臨時簽證。這倒無所謂，這種不一定要留在那兒的感覺也是另一種解放。

我再度反問自己，我的看法是否太主觀——可能是吧！我只看到英國某一部分的腐敗，不能據此指控它全盤腐化；我也不能說只有英國被這種厲害、難纏的靈魂惡疾所傳染，其實整個歐洲都遭殃了，尤其是上層人士。

我兒時初訪英國，在純樸的鄉間行走，參觀村裡老教堂，閱讀狄更斯（Charles Dickens）的小說，和姑姑及表兄弟姐妹漫步溪邊野餐，當時並沒見到、也未察覺這個地方有何不妥。

如今，這塊土地、這些人們究竟出了什麼毛病？為何一切如此空虛？

最奇怪的是，你若傾聽足球、橄欖球、板球、划船隊員和狩獵者的吶喊聲，以及茶肆酒館裡顧客笑鬧或笨拙起舞的聲浪，不免要問：明明是一片歡樂喧囂，為何聽來如此痴呆空洞、如此荒謬可笑？我覺得劍橋和整個英國似乎都在苦苦扮演生氣蓬勃的角色，簡直稱得上勇氣可嘉。演這種戲必須大費周章，就像演一場盛大複雜的比手劃腳猜字遊戲，服裝布景昂貴繁複，配樂多而無當，整場演出卻乏味至極，因為大部分演員實際上都已經是行屍走肉，早已被自己的黃色釅茶水氣悶死，或被酒吧酒廠的氣息、劍橋牛津大學牆上的黴菌窒息而死了。

我說的都是記憶中之事。後來，也許這些病因引起的那場戰爭產生了某些作用，治癒了這個環境，或是改變了它。

某些人內心空空如也，一無所有，戰爭期間的苦難操勞反而會增強其心靈的韌性，不像承平時一味沾沾自喜、外強中乾，這是我相信的；若非如此，他們就會全軍覆沒。我有個朋友就是這樣的人，在我離開劍橋約莫一年之後，聽說了他的遭遇。

邁克長得強壯結實，臉紅紅的，是個愛鬧的年輕威爾斯人；我在劍橋那一年，從早到晚都和他那夥人瞎混。他喜愛大聲哄笑，又喜歡大驚小怪地叫喚，靜下來時喜歡長篇大論地談人生，最具特色的是喜歡一拳打破窗子。他給人的印象就是豪爽、愛說話，整日興高采烈，能吃能喝，追起女孩熱情奔放，有點嚇人。他總有辦法惹出許多麻煩，那是我離開劍橋時他的情況。次年，聽說一個門房之類的人去克雷爾的「老方庭」建築下面淋浴，發現邁克用一條掛在管線上的繩子上吊了，那張神采飛揚的大臉泛黑，流露出窒息而死的的苦痛，那就是他的下場。

一九三四年十一月，我終於永遠離開了歐洲，當時的歐洲悲慘動盪，充滿不祥之兆。

當然，許多人都說：「不會打仗的……。」但是希特勒在德國掌權已久，那年夏天紐約所有的晚報忽然爭相報導多勒福斯（Engelbert Dollfuss）[35]在奧地利被刺殺，以及義大利在奧地利邊境聚集軍隊的新聞。有天晚上我和馬爾許去科尼島，走在旋轉的燈光和喧嘩的聲音中，喝著一杯杯冰冷稀薄的啤酒，吃了幾根抹了很多芥末的熱狗，心想自己也許不久就會入伍，說不定就此送命。

這是我第一次感覺到對戰爭的恐懼，彷彿利器已刺中我的要害。那不過是一九三四年，往後還有得瞧呢！

現在是十一月，我永別了英國，船隻靜靜地在夜間駛出南安普敦的水面，我身後的大地彷彿充滿山雨欲來之前的沉靜。這塊土地彷彿被層層濃霧和黑暗封閉，噤不作聲，所有人都在厚牆圍繞的家中靜待納粹發動他們那十萬架飛機，發出第一聲轟然雷鳴。

或許他們並不知道等在眼前的會是這些，或許他們只關心喬治王子和瑪麗娜公主昨天的婚禮。連我自己也不例外，只牽掛著即將離開的人，不怎麼關心政治氣氛，但是當時的局勢豈容忽略！

我已經看夠了這些將戰爭合理化的事物、行為和欲望，世界將因此受到成噸的炸彈轟擊，日後更會有數以百萬噸的炸彈落下；然而我可知道，單單我一個人的罪孽就足以毀滅整個英國和德國，甚至還有剩餘？到目前為止，我們發明的炸彈威力皆遠不及人類任何一項大罪的一半，然而罪惡卻沒有正面的能力，只是否定，只是滅絕：也許這就是罪惡如此具破壞力的原因，它是虛

35 編註：奧地利政治人物，一九三二年擔任奧地利總理，一九三四年在維也納納粹份子的劫持暴動中遭槍擊身亡。

無，所在之處什麼都不剩——只剩下空白，剩下道德的真空。

若非天主賜予我們無限的憐憫和愛，我們老早就互相廝殺得粉身碎骨，將祂造化的一切毀滅殆盡。人們似乎認為，世間烽火不斷正足以證明具憐憫心的天主是不存在的，其實恰好相反。想想看，千百年來，人類行使自由意志造成了多少罪惡、貪婪、色欲、殘酷、仇恨、貪財、壓迫與不義，而人類仍能一而再、再而三地復原，並孕育出能以善心克服罪惡、以愛心克服仇恨、以愛德克服貪婪、以聖德克服色欲和酷行的男男女女；如果沒有天主的憐憫和愛，如果不是祂將聖寵傾注在我們身上，這一切怎麼可能發生？難道你還不信戰爭與和平各有出處嗎？且看那些世俗之子，在和平會議時竟然摒棄天主，他們越是談論和平，無疑只會帶來更多、更大規模的戰爭。

只要張開雙眼環視周遭，就知道我們的罪惡如何危害世界，多少錯誤已經鑄成。但是，我們視而不見，我們就是天主的先知所說的人：「你們聽是聽，但不明白；看是看，卻不理解。」[36]

每一朵花開放，每一顆種子落地，每一粒麥穗在枝頭上迎風點頭，都是在向全世界宣講顯示天主的偉大與慈悲。

每一個仁慈慷慨的舉動，每一項犧牲行為，每一句和平溫柔的話語，每一個孩子吐露的祈禱詞，都是在眾人面前、在天主寶座前詠唱的聖歌。

我們的祖先該隱（Cain）凶惡嗜殺，數千代謀殺犯綿延至今，我們當中竟然還有人可以成聖，這是怎麼回事？世間真正善良的人以其恬靜、沉潛、安詳的美質讚頌天主的榮光。

這一切事物，一切受造物，每一個優雅的動作，每一個出自人類意志的端正行為，都是天主派來的先知；由於我們的固執，先知的來臨只有讓我們更加盲目。

「使這民族的心遲鈍，使他們的耳朵沉重，使他們的眼睛迷濛，免得他們眼睛看見，耳朵聽見，心裡覺悟而悔改，獲得痊癒。」

我們拒絕聆聽天主藉著千百萬種不同的聲音對我們說話，每一次拒絕，我們反抗聖寵的心就會變得更硬——然而祂繼續對我們說話：我們卻說祂沒有憐憫心！

「但是主為你耐心相待，祂不願意任何人毀滅，只願所有的人回頭悔過。」

天主之母，上個世紀妳多次在山中、樹叢、小丘蒞臨垂顧我們，告訴我們將要發生的事，我們卻一概充耳不聞。我們還能裝聾作啞多久？難道就一頭栽入我們深惡痛絕的地獄鉗口，任它吞噬？

聖母，那晚我離開曾經敬拜妳的英國，妳的愛與我同在。雖然當時我不知道，也無心理解，但正是妳的愛與妳在天主前的代禱，指引著我的船在海上航向另一個國度。

當時我不知何去何從，也不知到了紐約能做什麼，但是妳看得比我更遠更清楚，是您為我的船分開海水，帶領我順著那條路途，越過汪洋，來到我從未夢想過的地方；妳甚至已為我將該地安排好了，讓我在那兒得到拯救、庇護及家園。當我認為人世間沒有天主、沒有愛、沒有憐憫的時候，妳無時不在引領我進入天主的愛和慈悲，我毫不知曉地被妳帶領，進入那將我隱藏在祂的聖容裡的會所。

光榮的天主之母，今後我怎能不信任妳，不信任妳的天主？妳在祂寶座前的代禱是有求必應

36 編註：參見〈瑪竇福音〉（Matthew）第十三章第十四節。

的，我能轉過頭去不看妳的手、妳的臉、妳的愛嗎？終我一生，我豈能再左顧右盼而不時時刻刻仰望妳充滿愛心的臉，尋求開示，俾能掌握人生的方向？

聖母，妳曾經眷顧過我，請妳同樣照顧我千千萬萬的兄弟，他們的悲慘處境我曾親身走過；儘管他們可能尚未回心轉意，仍請妳垂顧他們，以妳不可抗拒的影響力引導他們。靈魂的神聖天后，罪人的庇護者，請妳像帶領我一般，帶領他們來到妳的基督面前。「聖母，祈求妳聊亦迴目，憐視我眾，及此竄流期後，與我等見爾胎，普頌之子耶穌。」[37] 聖母，在我們的流亡期結束後，請將妳的基督顯示給我們，但務請在此時此地也將妳的基督顯示給我們吧，雖然我們的流亡期尚未結束。

37 編註：參見〈又聖母經〉（Hail, Holy Queen）。

4 市場裡的孩子

I

我的路途遙遠，要渡過的不只是大西洋，也許冥河還好渡些，它只是條河流而已，可能不那麼寬。越過冥河的困難不在其寬度，尤其是你只想離開地獄，並不想進去。所以，這次我雖然離開了歐洲，卻仍然留在地獄裡，但是我並非未曾嘗試離開。

這次越洋真是風狂雨驟。只要天氣許可，我會在寬廣無人、浪花沖擊的甲板上散步。有時我會更往前走到可以看到船首的地方，船頭衝入排山倒海而來的海水，海水迎面而來。我抓緊欄杆，船隻搖搖晃晃地向水溶溶的空中滑翔，海水在我們下方沖刷而過，船上的支柱和艙壁都在呻吟抱怨。

當我們來到大岸灘（Grand Banks）時，海面平靜了，雪花紛飛，安靜的甲板在暮色中一片雪白。望著寧謐的雪景，我以為自己既然有了不少新想法，內心亦將漸漸獲得平靜。

我確實面臨劇烈的變化，這種蛻變並不正確，但畢竟是一種轉變；與先前相較，也許算是兩害相權取其輕吧。這倒是無庸置疑，但是不管怎麼說，也沒好到哪裡去——我就要變成共產黨員了。

這麼說好像和自稱「我要留鬍」沒什麼不同，其實這時我還長不出鬍鬚，也可能是不敢嘗試。我猜想，我的共產主義就像我的臉一樣不成熟——我貼在移民名額卡上的照片就是那副乖戾、不知所措的英國孩子模樣。但是就我所知，我已竭盡所能憑著自己當時的見解和冀求，朝道德蛻變的方向邁出誠懇、完整的一步。

自從離開了在奧康時那種與外界較隔離的環境之後，我就過著自由放任的日子，改變不可謂不大。現在我該徹底重整自己的價值系統了，不能再逃避真理。我太慘了，顯然我那奇特曖昧而自私的享樂主義已鑄成大錯。

痛定思痛，我很快發現自己在劍橋那一年所有遊戲人生的夢想真是瘋狂荒謬，所追求的一切都化為灰燼；更糟的是，我變成了令人極度厭惡的人——虛榮、自我中心、放蕩、軟弱、猶豫不決、缺乏紀律、好色、淫穢、驕傲。我真是慘透了，只要照照鏡子，就自覺噁心。

當我想捫心自問、尋找問題癥結所在時，接下去的發展便順理成章了，我似乎已經找到讓我脫離精神監獄的那扇門。四年前我第一次讀到《共產黨宣言》，此後從未完全忘記這本書。在史特拉斯堡過聖誕節時，我讀過幾本有關蘇聯的書籍，書中提到工廠一律自動加班的盛況，還有許多帝俄時代的農民笑容滿面、手中拿著樹枝歡迎蘇聯飛行員從北極飛行歸來。那時我常看蘇聯電影，從技術角度看，那些電影相當不錯；其實也許沒有我認為的那麼好，我可能太急於認同了。

最後，我腦海中出現一個迷思。我認定蘇聯是藝術之友，在中產階級的醜陋世界裡，它是純正藝術唯一的避難所。真想不通這個念頭是從哪裡冒出來的，我竟然深信不疑了那麼長一段時間，這就更令人費解了。你想想，誰都看得到那些蘇聯紅場的照片，史達林的巨大畫像懸掛在世界上最醜陋的建築物牆上，更不用說那突出怪物似的列寧紀念碑了，那就像一座巨山型的肥皂雕刻，頂端站著那個小共產主義之父，還伸出一隻手來。到了夏天我去了紐約之後，見到朋友們的小公寓中到處散放著《新群眾》（*New Masses*）；其實，當年我遇見的人當中，很多人都是共產黨員，不然也已經快要入黨了。

現在，輪到我仔細盤點自己的心靈了，我很自然地想到自己的心靈與經濟歷史和階級鬥爭的關係。我的結論是：我的不快樂不應歸罪自己，該責怪的是我生活在其中的社會。

我想到現在的我、劍橋時期的我，以及我自己塑造的我，很清楚地看出我就是這個時代、這個社會和我這個階級的產物，就是由這唯物世紀的自私、不負責任孕育出來的產物。然而，我沒看出我的時代和階級所產生的作用只是次要的，它們讓我的自私、自豪與其他罪惡都沾染上本世紀特有的軟弱、高傲無禮，但這只是表面上的現象；在深處產生作用的，仍然是人心固有的三種貪欲：貪婪、色欲、自私。至於孳生貪欲的肥沃、腐爛的土壤，則是不論哪個年代、哪個階級都稱之為「世界」的東西。

「誰若愛世界，天父的愛就不在他內。原來世界上的一切就是肉身的貪欲、眼目的貪欲，以及人生的驕奢。」[38] 換言之，只依感官需求生活的人，只想順應天性追求享樂、沽名釣譽的人，

38 編註：參見〈若望一書〉（1 John）第二章第十五至十六節。

就已經自絕於天主的愛。這種愛本是靈性活力和幸福快樂的本質，唯獨天主的愛能拯救我們，讓人不因卑鄙自私而陷入空虛貧瘠。

的確，在唯物主義社會中，所謂的文化隨著資本主義的微妙擺布而演化，結果社會世俗化的程度可謂登峰造極，或許只有異教的羅馬社會可以媲美。資本主義世界大量孕育出低賤、卑劣可厭的情欲和虛榮，一切罪惡皆假賺錢之名而行，並且得到鼓勵與支持。我們的社會致力於刺激人體每一根神經，使它處於人為張力可能達到的極致，將每個人的欲望緊繃到極限，盡可能創造新需求，激起人工製造的熱情；然後，再由我們的工廠、印刷廠、製片廠等等推出產品，用來滿足需求。

身為藝術家的兒子，凡是和「中產階級」沾上邊的事物，我一概誓死反對。如今只要以經濟名詞包裝我的嫌惡，然後擴大範圍——也就是說，將可歸類為「半法西斯主義」的事物都囊括在內（包括勞倫斯和許多自命叛逆、實則不然的藝術家）——我就有了現成的新宗教，馬上可以派上用場。

這種宗教簡單易行，真是太方便了！它指出世上所有的罪惡皆來自資本主義，只要拋棄資本主義，所有的罪惡就消除了。這多麼簡單啊，因為資本主義包含著使自己腐爛的種子（這是一目瞭然的真理，沒有人會花力氣否認，連最蠢的現行制度維護者也不例外，他們的說辭絕對敵不過我們的雄辯）。我們是一個活躍、領悟力高的少數族群，大家都知道這個少數族群是由社會中最聰明、最有活力的份子組成，其任務是雙重的：喚起受壓迫的無產階級，令他們察覺自己的權力與命運，知道自己是生產工具的未來主人翁；此外，要從「內部打洞」，盡其所能地掌握權力。

無疑地，某種程度的暴力行動可能有其必要，但這是因為資本主義必然會施展法西斯主義的手段逼迫無產階級就範。

凡是人們厭惡的事，都能歸罪到資本主義頭上，連革命的暴力本身亦然。當然，現在俄羅斯的革命初步成功，無產階級專政也已經建立，但是必須推廣到全世界，革命才算真正成功；然而，一旦資本主義全盤瓦解，無產階級專政的「半國家狀態」就只是暫時性的。無產階級專政像是革命的監護人，也是新的無階級社會未成年時期的導師；一旦這新的、無階級世界的全體公民受到啟發性的教育，徹底排除了貪念，殘餘的「國家狀態」亦將凋零，我們就會有一個嶄新的世界、嶄新的黃金時代，所有產業（至少所有資本財貨、土地及生產工具等等）都會成為共有，沒有人想要據為己有，於是世上不再有貧窮問題，不再有戰爭，不再有悲慘，不再有飢餓，不再有暴力，皆大歡喜。沒有人會工作過度，只要喜歡，便可心甘情願地交換妻子，他們的後代會在一個個閃亮的大育嬰保溫箱長大。負責照顧孩童的不是國家，因為國家已經消失了，取而代之的是新的「無階級社會」中一個偉大美麗、宛如數學上無理數般的東西。

我還沒那麼容易上當，不致輕信只要國家不存在、無上的幸福便會接踵而至這樣的想法——這較原始印地安人死後在天堂快樂狩獵的傳說還要天真，太過簡化。但是我一廂情願地認定只要天時地利人和，所有問題便會迎刃而解，當前首要之務便是廢除資本主義。

對我而言，共產主義之所以有說服力，是因為我自己缺乏邏輯。共產主義企圖征服的邪惡是一回事，它所下的診斷是否正確、能否對症下藥，又是另一回事，我卻無法區分。

我們所處的社會之惡劣是不容懷疑的，社會中的鬥爭、蕭條、貧民窟和其他各種邪惡主要都是不公義的社會制度造成的，這個制度必須改革、淨化，否則就要以新的制度取而代之。然而，就算你錯了，我就一定是對的嗎？你是壞人，就證明了我是好人嗎？唯物主義是一切邪惡的根源，共產主義將這一點看得很清楚，而它自己只不過是資本主義崩潰導致的另一後果，共產主義的真正弱點在於它本身同樣是唯物主義的另一產物。的確，共產主義像是用十九世紀資本主義意識型態的斷垣殘壁拼湊而出的，這種意識型態曾經進入十九世紀資本主義龐大紊亂的知性結構，如今又借共產主義還魂。

我不了解，假裝懂得一點歷史的人怎會如此天真，以為綿延數世紀的腐化殘缺社會制度最後可以演化成完美純潔的制度——這豈不是意味著惡可以變成善，無常可以變成永恆，不義可以變成正義！不過，革命也許是對進化的否定，所以公正可以取代不公，善良可以取代邪惡。然而，假定同一批人除了改變心態之外其他一成不變，轉瞬之間就能改弦易轍，創造出完美的社會，這種想法豈不同樣天真？為什麼同一批人過去創造的一切就那麼不完美，頂多只能建立一點點公正的假象呢？

然而，正如我所說，當我乘坐航期十天的船取道哈利法克斯（Halifax）前往紐約時，站在甲板上，心中突然充滿希望，這種希望大部分是主觀和想像的。我偶然間將新鮮空氣、海洋、健康的感覺和許多發憤圖強的決心結合了起來，碰巧又想起一些膚淺的馬克思主義概念，使我步上許多人的後塵，成為一個自我幻覺中的共產黨員。我就如此加入千萬美國人民的陣容，偶爾買一份共產主義傳單，聽到共產主義者的演講不起反感，卻對攻擊共產主義的人公開表示厭惡。我們知道世上的不公和苦難太多，認為共產黨員最想要真正有所作為。

除此之外，我力求改過自新，卻又三心二意、方向錯誤，從而養成了某些獨樹一幟的信念，認為必須為公眾利益奉獻自己，並且至少應該運用一部分個人的才智解決這個時代的嚴重問題。

現在想想，這對我多少有些益處，至少我承認了自己很自私，願意培養一些社會和政治意識作為補救。我懷著新生的熱情，甘願為世界和平與正義犧牲奉獻。我要以積極的行動中止並扭轉越演越烈的洪流，以免世界陷入另一場戰爭——我覺得我可以做一些事，不必孤軍奮戰，而是加入一個活躍敢言的團體，與其成員共同奮鬥。

那是個明亮冷冽的傍晚，我們已經過了南塔克特燈塔（Nantucket Light），在十二月太陽微弱的光照下，長島那長遠而低矮的黃色海岸線緩緩展現。進入紐約港時已經萬家燈火，輪廓清晰的堅固建築物閃爍得像珠寶盒般，這個偉大、快活的城市既年輕又老成，既睿智又無邪。我們經過巴特利（Battery），往北河的方向航去，聽到城市在冬夜中發出呼喚聲。我好高興啊，又能以移民身分回來了。

我來到碼頭，心中充滿自信與佔有欲。「紐約，妳是我的！我愛妳！」這瘋狂的大城市總是高興地擁抱她的情人，但我猜想最終會導致他們毀滅。的確，這座城市對我毫無益處。

我的心情十分激動，有那麼一段時間想去社會研究新學院註冊選課，該校位於第十二街，是一棟黑溜溜的建築。但是我很快就被說服了，還是在普通大學修課取得學位來得妥當，所以我開始辦理繁複的手續，申請哥倫比亞大學的入學許可。

我從第一一六街地鐵出口上來，校園四周堆著骯髒的積雪，可以聞到晨邊高地冬季特有的潮味，夾雜著一抹令人興奮的氣息。巨大醜陋的建築物謙恭而若有所思地面對世界，大夥兒衝出衝入玻璃門，完全不像劍橋那些穿著華服的大學生——沒人穿戴五彩領帶、校服外套和圍巾，沒人穿粗花呢衣服、馬褲，沒人擺架子、裝模作樣，只見大家穿著與市內民眾無異的樸素單調大衣。一眼望去，便覺得這些人比我在劍橋認識的人要更認真、更謙遜，沒那麼有錢，也許較聰明，但肯定更用功。

大體說來，哥倫比亞大學完全沒有學術界的繁文縟節，禮服禮帽只有在特別場合才用得上，其實不參加那些場合也行。我碰巧參加過，但也僅此一次而已，那是我拿到文憑後幾個月的事。順帶說一句，文憑是在大學廳註冊組的窗口領取的，註冊組辦公室的樣子頗像郵局，而文憑是捲在紙筒裡的。

和劍橋相較，哥大像個被煙燻得烏黑的大工廠，但是反而充滿新鮮空氣，明亮開朗，有一種真心向學的蓬勃氣氛——至少相對而言。也許是因為大多數學生必須辛勤工作、賺取學費吧，就算所獲無幾，他們也很珍惜。那棟寬敞閃亮的嶄新圖書館亦值得一提，在借書處有複雜的借書系統和照明裝備，不久我就從那裡抱著滿懷圖書出來。現在我已經無法理解當年那些書為何讓我興奮了，我想並不是因為書本身，而是我自己全身是勁、躊躇滿志，將不怎麼有趣的東西都想成趣味盎然。

舉例來說，伊恩（Yrjö Hirn）的美學書為何讓我著迷？我不記得了。我幾乎天生就討厭柏拉圖學派，卻滿喜歡菲奇諾（Marsilio Ficino）用拉丁文翻譯的柏羅丁（Plotinus）的《九章集》（*Enneads*）；其實真正的原因是柏拉圖和柏羅丁有很大的不同，但是我的哲學素養不夠，不知道不同之處何在。感謝天主，今後我永遠沒有必要尋找答案了，反正我就扛著這一大冊書，先坐地鐵再換長島線火車，回到道格拉斯頓。在家裡，我有自己的房間，大玻璃書櫃中裝滿共產主義的小冊子和精神分析的書籍，而我在羅馬買的拉丁文聖經已經被打入冷宮了……。

我不知怎麼對狄福（Daniel Defoe）發生了興趣，不但讀了他的畢生事蹟，也閱讀《魯濱遜飄流記》（*Robinsin Crusoe*），以及他所寫的大量怪異新聞報導文章。我還閱讀斯威夫特（Jonathan Swift）的作品，視他為英雄。記得那年五月，我去了一趟哥大書店，將一本艾略特的小品文和一批雜七雜八的書賣了。我有意不再附庸風雅——我已改頭換面，變得嚴肅且實際，這些書籍的中產階級色彩似乎太濃了，配不上嶄新的我。

美國大學的課程是廣泛籠統的，不會將某個項目教得完完整整，反而盡力灌輸學生各種膚淺皮毛的知識。我發現自己對地質學、經濟學稍有興趣，暗自詛咒大二學生必修的「當代文明」，那是一門大而無當的時事課程，不論喜歡與否都必須修習。

沒多久，我就像道地的哥大學生一樣滿口經濟學和偽科學的術語，也適應了我覺得相當友善的新環境。和劍橋相比，哥大真是個友善的地方，若是有事求見教授、指導教授或教務長，他們多半會簡短地說明你分內該知道的事；唯一麻煩的是，不論你想見誰，通常都得等上半小時左右，但是輪到你之後，就不會碰到拐彎抹角的怪招和顧左右而言他的花招了，也不會被難以捉摸的學術典故或無聊的俏皮話弄昏頭，那可是每個劍橋人都喜愛賣弄的。劍橋人都愛別出心裁、自成一格，我想，也許在大學中矯揉造作是不可避免的。唯有兩種人能對一代接一代的學生開誠布公：第一種人反璞歸真，到了超凡拔俗的境地；另一種人雖屬凡夫俗子，但是虛懷若谷，非一般人所能及。

在哥大，那時——現在亦然——就有這麼幾個人，其中之一就有這種過人的英勇氣概，他就是范多倫（Mark Van Doren）。

我在哥大的第一個學期正值一九三五年冬，那時剛過二十歲生日不久。范多倫開了「英文系列課程」中的一門課，授課地點在漢彌爾敦樓，從窗戶看出去，可從大柱子之間一直望到圍著鐵絲網的南操場。參與這門課的學生約有十三、四人，多半頭髮蓬亂、戴著眼鏡、懶散地坐著。

這是一門英國文學課，非常持平，無所偏廢，教的就是分內該教的：十八世紀英國文學。在課堂上，文學就是文學，沒有被當成歷史、社會學、經濟學，或是一系列精神分析的案例史來教，這真是奇蹟。

我私自揣度這位傑出的范多倫到底是誰？他受聘來教文學，就本本分分地教文學，談論寫作、書本、詩、戲劇，不會突然離題扯到詩人或小說家的生平，也不會牽強附會將許多主觀意見強加在別人的作品中。他到底是何許人也？他不會惺惺作態，也不會為了掩飾無知，引述一堆評論、猜測或與該課題無關的無用數據。他真心喜歡教他分內該教的東西，不像有些人私下憎惡詩、討厭文學，卻好意思自稱是文學教授。這個人真是了不起。

哥大竟然有許多像他這樣的教授，他們不會狡猾地置文學於死地，將文學隱埋於一大堆不相關的玩意兒中。他們教導學生如何讀書，如何區分好書壞書，辨別真正的寫作與虛偽、模仿的作品，確實澄清並教育了學生的觀念，因此讓我對自己的新大學肅然起敬。

范多倫走入教室，二話不說就進入正題。大部分時間他會向學生提出問題，問題都很精彩，假如你用心作答，就會發現自己答得妙極了，不明白自己怎麼會有這般見識；其實你原本沒有這等見識，是他用問題把你「引」了出來。他的課是名符其實的「循循善誘」——將東西從你的腦袋引出，讓你產生屬於自己的明確意見。別以為范多倫只是將自己的想法塞進學生腦袋裡，然後讓學生誤以為是自己的想法，說出後便牢記不忘。他的方法與此完全不同。他有本事讓人感染到他對事物的高昂興致，學到他處理問題的方法，有時造成的結果卻出人意外，但我認為這是美好的意外；他光照別人，自己卻毫無所覺。

身為老師，若能年復一年、持之以恆（雖然范多倫當年還年輕，現在也不老）做到不耍花槍、說笑話來哄騙、討好學生，又能不大發雷霆、大肆指責學生，使學生戰戰兢兢、如臨大敵，藉以掩飾自己疏於備課——如果教授能夠不做上述這些捨本逐末之事，就表示尊重上天的召喚，工作成果相當豐碩；不只如此，服從召喚也會使他更完美、更尊貴。這就是他應得的報酬，不僅合乎人之常情，在聖寵的領域中更是如此。

我知道范多倫對聖寵是不會陌生的，但是只談他的教學工作在俗世擔當的任務，亦可看出天主有意以他為最直接的工具，這是他自己都不盡理解的。我本人就受益於他清醒真誠的思維能力，以及絕對誠實、客觀、不逃避的治學態度，因此及早做好心理準備，日後得以接受士林哲學的好種子。這件事絲毫不奇怪，因為范多倫自己就熟悉好幾位現代士林哲學家，像馬里旦（Jacques Maritain）和吉爾松（Etienne Gilson）等，又和美國新多瑪斯學派（American neo-Thomists）的莫提美．阿德勒（Mortimer Adler）和麥可基恩（Richard Mckeon）往來。這批人最先都在哥大，後來不得不轉往芝加哥，因為哥大當時還不夠成熟，不知如何善用他們。

范多倫顯然具有士林哲學家的氣質。他的心智清晰，能直接探索事物的本質，不被機遇和表象蒙蔽，追尋存有和實質；對他而言，詩歌就是智者與現實互動後所發的金玉良言。如果詩歌只是含糊不清的情感氾濫，則徒然消耗我們的靈魂，無從充實我們的基本能力。

就憑范多倫這種踏實的士林哲學，就永遠不會允許自己犯幼稚病，用自己私心喜愛的理論曲解自己喜歡的歷代各國詩人。他痛恨二流左翼評論家自以為是的作風——只要碰上他們喜歡的作家，自荷馬以降到莎士比亞乃至當代作家，他們都自以為從中發現了辯證唯物主義的梗概。如果這位詩人讓他們中意，他的作品必定是在替階級鬥爭證道；如果不合他們的心意，他們就有辦法證明該人是法西斯主義的祖宗。被他們奉為文學界英雄的作家都是革命領袖，最喜歡談到的惡棍就非資本主義者和納粹莫屬了。

我在那特殊時刻有幸碰上范多倫這樣的人真有福氣，當時我剛開始崇拜共產主義，只要聽到宣揚無階級社會的論調，就覺得天堂在望，再蠢的言論也令我俯首貼耳，身處險境而不自知。

II

紐約當時似乎有這麼一種由赫斯特報業集團（Hearst papers）撐腰的說法，說哥大是共產主義的溫床，師生都是赤色份子，可能只有校長巴特勒（Nicholas Murray Butler）例外，他孤苦伶仃地住在晨邊大道上的大磚房裡。我相信這可憐的老人確實孤苦，與大學隔絕也是事實，但是認為大學裡每個人都是共產黨人就太離譜了。

我知道哥大的教授圈子就像個同心圓，其堅實的核心是由一些善意、不開化、拘謹保守的老前輩構成，他們是理事和校友的最愛，也是巴特勒的學術榮譽守衛。內圈人士則是社會學家、經濟學家和律師，我看不透他們的世界，他們對華府施行「新政」有很大的影響力；我對這批人及其附屬份子的情況毫無所知，只知道他們絕不會是共產黨人。此外，哲學學院裡有一小群顯赫的實用主義者，他們培養出成千上萬平庸的弟子，遍布在教師學院和新學院的叢林裡。這些人也不是共產黨，他們在美國中西部曾經產生很大的作用；他們企圖制約他人，結果反受他人制約，因此教師學院的象徵永遠是黯淡、平庸、不幸的行為主義。以上這三種團體就是哥大的精髓，我認為他們總以奉行自由主義為榮。沒錯，他們是「自由派人士」，但不是共產黨人；他們習慣性的妥協作風給自己找來滿頭麻煩，共產黨人毫不留情地表示輕蔑。

我一向是政治的門外漢，如果一時做出任何政治分析，未免逾越了目前的職權範圍。然而，我知道當時大學生中頗有幾個共產黨員或共產黨的同路人，尤其是在哥倫比亞學院，最聰明的學生大多是赤色份子。

共產黨員控制了校刊，對其他出版品也很有影響力，在學生會很有勢力。這種校園共產主義雖然熱鬧，對一般學生卻沒什麼作用。

《旁觀者》（*The Spectator*）週刊的一向作風是掀起戰端，負責召開群眾會議，或是主辦罷工示威。那些兄弟會的男孩在這些兒戲中扮演「法西斯主義者」，他們登上教室大樓，打開消防水管，對準圍繞在共產黨演講者四周的人群。當晚的《紐約報》（*New York Journal*）立刻全面報導，在哥倫比亞俱樂部進餐的校友差點沒被海龜湯噎死。

我到哥大時，共產黨已經常在第一一六街的日晷處召開會議，那兒空間開闊，位於有圓頂的舊圖書館和南操場之間，又在新聞系館和漢彌爾敦樓的消防水管射程之外。我第一次到那兒參加會議覺得相當枯燥乏味，主題是反義大利法西斯主義，有一、兩個人發表演講——讓學生有機會練習練習。站立者多半是全國學生聯盟的會員，他們出席是不得已的，盡盡義務、表示彼此是夥伴而已。幾個好奇的行人在前往地鐵途中稍作停留，氣氛相當平淡，有位滿頭蓬亂黑髮的女孩身上掛著告示牌，上面寫著一些審判法西斯主義的聲明。有人賣給我一份小冊子。

不久，我看上了一個沉默卻熱誠的小傢伙，粗短身材，身穿灰色大衣，沒戴帽子，黑髮，是住在下城的一個共產黨員，他主導了這項活動。他並非學生，而是真正的此道中人，負責訓練哥大這些自己送上門來的貨色。他的助手是個年輕人，兩人都相當忙碌。我走上前與他交談，他居然真心傾聽，重視我提出的意見，似乎也贊同我關心的事項，令我受寵若驚。他記下我的名字和地址，要我參加全國學生聯盟的聚會。

沒多久，我也掛起了前後各一的告示牌，在「義大利屋」前走來走去，控訴義大利蠻橫入侵衣索比亞。我記不清當時戰事是剛發生還是即將發生，因為控訴的是一件明顯的事實，我覺得參與示威、沉默地公開表示控訴能帶給我一些慰藉。那天下午天色陰霾，我們兩、三個人在阿姆斯特丹大道的人行道上來來回回走了將近兩個鐘頭，背負著慘烈的控訴標語，外表看來有點無聊，但我們心中的正義感卻燃燒得很旺。

因為義大利屋附近自始至終根本不見一個人影，我開始懷疑店裡究竟有沒有人。唯一走近我們的是一個年輕義大利人，像是大一足球隊員，他存心挑釁，可惜太蠢。他走開時喃喃自語，說赫斯特集團的報紙非常出色，因為他們公開徵獎，頒發許多大獎給讀者。

我忘了那次示威抗議是如何結束的：是等到別人來接班，還是認為已經夠了，自動取下告示牌解散了事？但是不論如何，我還是覺得自己完成了一件好事，就算只做了一種象徵性的表示、並無具體成果也好；至少我公開表白了我的信仰，表明我反戰的態度──反對所有戰爭。我說出我認為戰爭是不公義的，只會摧毀這個世界……有人可能不了解我背負的告示牌怎麼會讓我有這麼多感觸，但是我記得，那一年黨的路線就是反戰──至少那是分派給大眾的黨的路線。

學生在校園內示威時，那疲倦但堅決的吶喊聲至今猶在耳際：「我們要書本，不要軍艦！」「不要戰爭！」我們對所有戰爭一視同仁，只要是戰爭，我們就憎恨，聲稱不再要它。我們說，我們要的是書本，不是軍艦；我們充滿了求知欲，追求智慧和精神的長進，但是邪惡的資本主義者還在強迫政府購買武器、建軍艦、造飛機與坦克，以便從中得利，其實這些錢應該用來替我們學生購買可貴的文化叢書。我們的生命正要起步，我們呼喊：「我們的雙手伸向教育與文化！」難道政府要把槍放進我們手中，將我們送進又一個帝國主義的戰爭？在一九三五年，對這一切的解釋方式就是：所有戰爭都是帝國主義的戰爭，根據一九三五年黨的路線，黨認為戰爭純粹是資本主義者的消遣，為的就是圖利武器製造商和國際銀行家，用工人和學生的血替他們鑄造財富。

那年春天，最大規模的政治活動就是「和平罷工」。我一直不太了解究竟是根據什麼原理，學生總有辦法將蹺課當成罷工。理論上，它代表挑戰權威，但是這種違抗並未使他人蒙受損失，吃虧的也許只限於學生本人；同時，我原本就慣於隨興所至蹺課，所以美其名為「罷工」，我總覺得言過其實。不過，在另一個灰暗的日子裡，我們開始「罷工」，這次體育館內聚集了數百人，甚至有一、兩位教授也上台發言。

他們並不都是共產黨員，但是演講的重點大致相同：在這個時代，我們絕不能認為有所謂正義的戰爭。沒有人要戰爭，不論是誰的戰爭、何種戰爭，都不會是公義的；一旦戰爭爆發，一定是資本主義者的陰謀，有良知的人都必須堅決抵抗。

這種立場正是我欣賞的，當時對我很有吸引力，它具有一種有掃蕩力、不妥協的單純性，一切難題都因此迎刃而解。一切戰爭皆屬不義，沒話說，應該做的是將兩臂環抱胸前，拒絕作戰；假如每個人都如此，就沒有戰爭了。

說正經的，共產黨不可能堅守這種立場，但至少當時我深信不疑。反正這次會議的主題是「牛津誓約」，「誓約」的內容以大字寫在一張大告示牌上，歪斜地懸掛在講台上方；所有演講者都朝它揮臂頌揚，重複誦唸，呼籲我們支持，最後我們終於在歡呼聲中莊重地對它宣誓。

現在大家或許已經不記得牛津誓約了，那是「牛津同盟」通過的一項決議，宣稱這些牛津大學部的學生決定不替國王及國家作戰，不論是哪一種戰爭。那是某晚大學辯論隊聚會時大多數隊員投票所做的決定，整個大學並沒有義務要遵守其約束，甚至投票者也無義務遵守；是後來世界各地的學生團體將它轉化成一種「誓約」，傳播到成千上萬的學校、學院和大學，變得越來越煞有介事，彷彿大家果真願意遵守誓約。那天我們在哥大的行動就是這樣，這一切通常是受到赤色份子鼓動，那年他們非常欣賞牛津誓約……。

然而，次年西班牙內戰爆發，我最先聽到的消息就是一九三五年和平示威的一位主要演講者——也就是對此著名誓約非常熱中、聲稱我們永不參與任何戰爭的那位先生——正在為紅軍對佛朗哥（francisco Franco）作戰，而全國學生聯盟和青年共產黨員視此戰為十字軍為了工人向法西斯主義者宣戰，他們四處遊行，譴責認為西班牙內戰並非聖戰的人。

讓我困惑不解的是：在哥倫比亞體育館內的人，包括我自己，宣誓時是怎麼看待自己的作為？宣誓對我們的意義是什麼？在我們心中，這項義務的基礎是什麼？我們要怎樣才會受義務的束縛？共產黨不相信自然法、良心律之類的東西，雖然表面上似乎相信。他們不斷大聲疾呼，譴責資本主義的不公不義，但是言猶在耳，他們又說正義只是統治階級編造出來哄騙無產階級的迷思。

就我記憶所及，在我們宣誓時，大多數人以為只是發表公開聲明，只要人數眾多，就可以影響當政者。我們根本沒想過要接受任何義務的束縛，私底下我們這些人還自以為是神呢；既然是神，我們必須遵守的唯一法律，就是我們自己那些難以言喻的小意願。閒話少說，我們是不會願意替任何人打仗的，這就夠了。如果後來我們改變了主意——那又有何妨？我們不就是自己的神嗎？

共產黨的宇宙是個不錯的複雜宇宙：以完全不負責任、反覆無常的機會主義為軸，朝著穩定、和諧、和平、秩序的方向移動。它的唯一準則是：任何時候，只要有利可圖，便可不擇手段。其實這已經是現代各個政黨的作風，對此我無話可說，既不想假裝震驚，也不想故作痛心狀。任憑死人去埋葬他們的死人吧[39]，他們可以埋葬的死者已經夠多了。這是他們的哲學，只要

39 譯註：見〈瑪竇福音〉第八章第二十二節，耶穌有一門徒有意跟隨耶穌，但請求耶穌先讓他去埋葬父親，耶穌回答：「你跟隨我吧！任憑死人去埋葬他們的死人！」意指心智不堅、眷戀骨肉者不宜做耶穌的門徒，因為跟隨耶穌的人需有慷慨赴義的精神。

提醒他們這一點就夠了，但是要讓他們相信這一點實在不容易。

過去我心目中有一個共產主義的理想圖像，但是現實卻使我失望。我想我的白日夢跟他們是一樣的，兩者都不真實。

我曾經以為共產黨員都是平靜、堅強、堅定的人，非常清楚世界到底出了什麼差錯，也知道解決之道，會不計代價除弊革新，以簡單、公正、徹底的對策解決一切社會問題，替人群謀幸福，為世界帶來和平。

事實上，有些共產黨員的確平靜堅強，他們基於模糊而自然的愛心與正義感發展出明確的信念與為理想獻身的熱忱，因此心境平和；然而，問題出在他們的信念通常是奇怪、固執的偏見，受到統計學的符咒魔法擺布，缺乏紮實的知識基礎。既然神是統治階級發明的，他們便將神排除在外，與神有關的道德常理也隨之而去。他們為了建立另一種道德制度，遂將倫理道德連根拔起，道德這個字眼就令他們不快。他們力求矯正一切，否認現存的對錯之分。

這就是共產主義知識基礎不紮實的表現，由此也可看穿其哲學基礎的弱點。大部分共產黨員都是吵鬧、膚淺、凶暴之人，因為微不足道的嫉妒心、派系仇恨，彼此傾軋且互相廝殺，大聲喊叫，炫耀自己，給外人的印象是雖屬同一黨派，卻真心誠意地憎恨彼此。雖然激進主義不同支派間都相互仇恨，但是共產黨的山頭主義之激烈險惡遠超過它們對其最大公敵——資本主義——的全面性抽象仇恨。由此可以了解共產黨內何以有那種大規模的整肅，遭整肅的就是竄上烏托邦國度前廳高位的人，而蘇聯就是這樣的烏托邦。

III

我對世界革命的貢獻不足為道，前後總共只持續了三個月左右，曾經在義大利屋前抗議，參加過和平示威，大概還在全國學生聯盟假商學院二樓一間大教室開會時發表過演講。我講的好像是英國的共產主義——我對這個題目一無所知，如此信口雌黃倒真是忠於赤色份子的雄辯傳統。我還賣過小冊子和雜誌，雖然對其內容不甚了解，但是看看其中大幅大幅資本主義者暢飲工人血的黑白漫畫，就不難推想其內容。

赤色份子終於開了一個派對，地點居然是在公園大道（Park Avenue）[40]上的一間公寓。除卻這件諷刺性的事實（其實也不算太諷刺），派對一點趣味也沒有。這是一名巴納女子學院學生的家，她是青年共產黨員聯盟的成員。那個週末她的父母都不在家，從家具的款式和書架上遍布的尼采、叔本華、王爾德、易卜生著作，大概可猜出她的父母是哪一類人。那兒還有一架演奏會用的大鋼琴，有人在彈奏貝多芬的音樂，赤色份子則在地上圍坐著。後來，我們在客廳像男童軍開營火會似地合唱激昂的共產黨歌，包括那首反宗教的精緻名曲〈別指望死後美夢成真〉（There'll be pie in the sky when you die）。

有一個長著暴牙、戴角質鏡框眼鏡的小傢伙指著另一個房間角落的兩面窗戶，一面可將公園大道一覽無遺，另一面看到的是橫越市鎮的街道。他邊看邊說：「這真是放機關槍的好地方。」

40 譯註：公園大道是紐約的高級住宅區。

這句話是個中產階級年輕人說的，說話的地點又在公園大道的公寓裡，顯然他只在電影中見過機關槍。假如此刻爆發革命，他會是第一個被革命份子殺頭的人；而且他和我們一樣，才剛剛發了有名的牛津誓約，發誓絕不加入任何戰爭……。

這場派對讓我覺得乏味的原因之一是，除了我沒有人真正想要弄點東西來喝。最後有個女孩像照章辦事般地慫恿我去第三大道角落的酒店買瓶裸麥酒，幾杯黃湯下肚之後，她邀我去一個房間，要我報名加入青年共產黨員聯盟。我選用「法蘭克．斯威夫特」做為入黨的名字，待我看完文件抬起頭來，發現那女孩已經不見了，我像做了一個淡而無味的夢。我搭乘長島線火車回家，新的名字成了我心頭的秘密，羞於告人，直到現在我已經置榮辱於度外，才提及這段往事。

青年共產黨員聯盟的聚會我只去過一次，是在一個學生的公寓召開的。我們以某同志為何從不出席為題進行了冗長的討論，結論是該同志的父親太中產階級，不讓他來。聽完我就離開了，走在空寂的路上，心想：讓那聚會自生自滅吧！

能呼吸到新鮮空氣真好。我的腳步聲在昏暗的石頭路上回響著，在路的盡頭、高架鐵路的鐵檪架下，酒吧間發出淡琥珀色的燈光對我送秋波。裡頭空無一人，我要了一杯啤酒，點起香菸，終於重新享受到恬靜、甜美的時光。

我的偉大革命家生涯就此告終，我決定還是只做個共產黨「同路人」較明智。其實，一開始我想要替人類謀福利的激情就相當微弱抽象，目前仍然有興趣的是替世上唯一的一個人謀福利——那人就是我自己。

五月了，長島的樹都綠了，當火車從市區開出、經過灣邊鎮、穿過草原往道格拉斯頓駛去時，可以看到海灣上籠罩著柔和的夏日煙靄。我數著繫在小碼頭上的船隻，冬天已過，它們又浮泊在水面上，輕快地隨波搖盪。白晝漸長，到了傍晚，陽光仍然將飯廳照得很亮。外祖父回來吃晚飯了，他用力關上前門，對著狗大呼小叫，用晚報劈劈啪啪地敲著廳裡的桌子，讓大家知道他已經到家。

不久，約翰保羅的學校放假了，他從賓州回來，我也已經考完試。我們倆什麼事都不做，只顧著游泳，要不然就是待在家裡聽熱門唱片。我們常在晚上晃出去看一場爛電影，那些電影簡直無聊到致人於死地。我們沒有車，舅舅不讓別人碰家裡那部別克，反正那部車對我來說也派不上用場，因為我一直沒學開車。通常我們都搭便車去看電影，電影散場後再沿著寬大的馬路走兩三哩回家。

當時我們為什麼將那些電影全都看了？那真是個謎，約翰保羅和我，以及我們形形色色的朋友，一定將一九三四到三七年間製作的電影一片不漏地看遍了。大部分的電影爛得要死，而且製作水準每況愈下，令我們越來越煩。此刻我耳際仍然繚繞著福斯公司有聲電影和派拉蒙公司新聞短片的片頭音樂，就在這虛假放蕩的樂聲中，旋轉攝影機緩緩轉著，最後鏡頭對準了你的臉。我也彷彿還能聽到「旅行談」節目的主持人史密斯和費茲派翠克的聲音：「別了，美麗的新南威爾斯。」

不過，我必須承認，對我記憶中的英雄，我仍然私心仰慕，念念不忘。其中包括：卓別林、菲爾滋、哈波．馬克斯（Harpo Marx），以及許多我記不得名字的人，但是他們的影片如鳳毛麟角。觀看其他影片時，我們竟然顛倒是非，崇拜片中的惡棍而憎恨英雄，因為通常演惡棍的都是較優秀的演員，隨便他們做什麼我們都欣賞。電影演到最感人、最溫柔、最觸動人性善良情操的情節時——比如傑奇．庫柏（Jackie Cooper）愴然落淚，愛麗絲．菲伊（Alice Faye）在鐵窗後展現英勇笑容時——我們經常哈哈大笑，隨時有被踢出戲院的可能。

沒多久，看電影就變成一種苦刑，弟弟和我想戒又戒不掉，常來往的朋友也都是這樣。一看到那些閃爍的黃色燈光和演員唐．亞曼契（Don Ameche）的大海報，我們就像受了催眠；但是一坐進電影院，看到那些愚蠢的巨大造型，我們就痛苦不堪，有時當真想嘔吐，最後甚至嚴重到不能看完全片。這就像是點上一根菸，吸幾口就得扔掉，因為嘴裡菸味惡劣無比，忍無可忍。

不知不覺中，一九三五至三六年間，生活緩慢下來，再一次變得難以忍受。

一九三五年秋季，約翰保羅進了康乃爾大學，我回到哥大，對大學裡的一切都充滿憧憬，一時衝動竟然報名參加大學輕艇隊，先後在哈林河（Harlem River）和哈德遜河小試身手。幾天後，我們試圖划向揚克斯（Yonkers），來回途中遇上壞天氣，對我而言簡直就像是小型颶風。我可不願早夭，從此直到大學畢業我都小心繞道，避過船塢。

美國的十月真是個美好而危險的季節，秋高氣爽，嫣紅、金黃的色彩在田間鬥豔，血液裡已經濾淨了八月的懶散，人人躊躇滿志。這真是萬象更新的大好時光，來到大學，課程表上的每一門課你都想修習，每一項科目都是一個新天地，你摟著滿懷嶄新乾淨、等著寫滿的筆記本走進圖書館，聞到成千上萬精心保管的書香氣息，高興得有點昏眩。帶著清爽的快感，頭戴新帽，身穿新毛衣或一整套新西裝，口袋裡的五分、二角五錢幣也像是新的，大樓在燦爛的陽光下閃亮。

在一九三五年這壯志凌霄的季節，我選修的課程包括西班牙文、德文、地質學、憲法法律、法國文藝復興時期文學，還有一些我忘記是什麼了。我開始參與《旁觀者》和畢業紀念冊的編輯工作，還有《哥倫比亞評論》（*The Review*），並延續從上學期開始的工作：辦《小丑》（*Jester*）雜誌。我居然還答應參加兄弟會。

兄弟會位於新圖書館後面，那是一棟陰沉的大房子，底層有間暗得像陳屍間的彈子房，還有間飯廳。從樓梯走幾步上去，就是一大間用護牆板圍著的昏暗客廳，有時用來開舞會或啤酒派對。再上去兩層樓都是臥房，電話整天響個不停，總有人在淋浴間唱歌。這棟樓裡還有個秘密房間，親愛的讀者，無論你付出任何代價，就算生死攸關，我也絕不能把地點透露給你。就在那個房間，我終於正式加入了兄弟會，入會儀式包括為時一週的種種拷問折磨，那些懲罰我都欣然接受了；若是換成修道院為了超性的動機或某種真正的理由對人施加如此待遇（而非如兄弟會這般無的放矢），必定引起軒然大波，所有宗教團體都必須關門解散，天主教會在美國也將難以立足。

事後我將獲得的一個琺瑯金別針別在襯衫上，別針後面刻著我的名字。那一整年我頗以此別針為榮，後來連襯衫一起送進了洗衣房，別針便一去無回。

當時促使我參加兄弟會的理由有二。第一是個錯謬的理由，我以為可以藉此「拉關係」，畢業後容易找到好的工作。另外一個比較實在的理由是：我以為參加派對和各種娛樂消遣的機會可以因此變多，在那個陵墓似的房子裡開舞會時，說不定會遇見許多漂亮的年輕女郎。但是，這兩個希望都泡湯了，其實我加入兄弟會的真正原因應該是受到十月天的影響。

再來說說約翰保羅的情形。他去康乃爾大學時，除了我之外全家都出動，開著別克汽車去綺色佳（Ithaca），回來後好幾個星期話題總不離足球、選課和兄弟會，說的想的都和大學生活有關，全家都興致勃勃。

事實上，約翰保羅在康乃爾大學的第一年就像我一樣慘——很快地，一張張他付不起的帳單接踵而至家中，事態不言而喻；等我再見到他時，就更加了解他的狀況了。

他原本是個快樂、樂觀的孩子，很不容易沮喪，而且頭腦清晰靈活，個性敏感卻平和。現在他的思維似乎受到內心困惑的影響，變得迷惘不清、心情憂傷、坐立不安，不再是個快樂的孩子了。雖然他的嗜好有增無減，但是深度並未增加，只是範圍擴大而已；後果是精力分散，心智和意志不能集中，徒勞無功。

他在康乃爾大學某兄弟會門檻外徘徊良久，非常猶豫不決；別人替他別上入會徽章，一、兩個星期後他又取下，揚長而去。他和三個朋友在綺色佳一條陡峻多蔭的路上租了一棟房子，之後那一年長期陷入混亂，得不到任何滿足。他們將住處稱為「大酒店」，還用這稱號印了信紙，道格拉斯頓的家人陸續收到用這種信紙寫的信，內容散漫零碎，大家都憂心忡忡。他從康乃爾回來時形容憔悴，一副受夠了的模樣。

我想，兄弟會的兄弟確實應該彼此照顧，互相幫助。我在哥大參加的那個兄弟會有人行為太過荒唐時，比較明智的會員會聚在一起，搖頭表示不贊同；如果有人真有了麻煩，兄弟之間的關心雖徒勞無功，卻真誠感人。兄弟會中總是有層出不窮的問題，我入兄弟會那年就有位兄弟失蹤了，在此姑且稱此人為佛瑞德。

佛瑞德個子很高，肩膀有點駝，總是有點憂鬱，黑髮覆眉。他經常沒什麼話說，喜歡離群而處，並獨自喝悶酒。我對他唯一鮮明的記憶便是在那古怪的入會儀式過程中，基於某些原因，預備會員必須拼命吃麵包和牛奶，我無可奈何地大口吞嚥，而佛瑞德就居高臨下地站在我身邊悲壯地喊：「吃，吃，吃！」

他應該是聖誕節後某日失蹤的。某晚我去兄弟會，那幫人坐在皮椅上談得正起勁，「佛瑞德上哪兒去了」成為談話主題，這幾天到處都找不到他。打電話到他家會驚動他的家人嗎？當然會了，但還是得硬著頭皮問問，結果他也沒回家。有位兄弟老早就到他常去的地方找過。大家拼湊記憶，想要回憶起最後一次看到他的情景。他最後一次走出大門時是什麼心情？還不就是平常那副模樣——安靜、憂鬱，很可能想出去買醉。一週後，佛瑞德還是沒有下落，兄弟們雖然熱心尋人，卻沒有成績，關於佛瑞德的話題逐漸冷卻。一個月後，我們大部分的人都把這件事忘了；兩個月後，這事終於有了結局。

「找到佛瑞德了。」有人告訴我。

「真的？在哪兒？」

「在布魯克林。」

「他沒事吧？」

「他死了，是在高文那斯運河（Gowanus Canal）中找到他的。」

「怎麼死的，跳河？」

「沒有人知道他幹了什麼，他在水裡很久了。」

「多久？」

「我不知道，也許有一、兩個月了，他們從他補的牙才確定了他的身分。」

這畫面對我並非完全陌生。一個冬日下午，我們那堂有名的當代文明課程要我去參觀貝樂渥陳屍所（Bellevue Morgue），只見一列列冰櫃裝著腫脹發紫的溺死者屍體，還有這罪惡大城中其他的人類殘骸：包括從馬路上撿來被火酒摧毀的屍體，或是在舊報紙堆中睡覺時餓死凍死的屍體，或是在仁多爾島（Randalls Island）上死去的貧民，或是吸毒鬼、被謀殺者、被壓死的、自殺的、死去的黑人與中國人、因性病致死者、不知緣由的死者、被黑幫殺死的人。他們全都會被載上駁船，沿東河運到某個燒垃圾的島上埋葬。

這就是「當代文明」！我們走出停屍間，最後看到的是泡在瓶子裡的一隻男人的手，膚色黝黑，狀極不堪。沒人知道那人是否罪犯，他身上的其他部分已經被送去河邊火葬場，只留下這隻手。驗屍室桌上躺著一個男人，短褲敞開，尖尖的死鼻子高高指向天花板。醫生手握那人的肝臟和腎，用一條小橡皮管流出的涓滴水流噴洗著。那裡收集的都是像佛瑞德一樣死於當代文明的屍體，貝樂渥陳屍所中那種可怕潮濕的死寂我永遠不會忘記。

然而，那年我一直忙著投入各種活動與工作，沒時間多想這些事。活躍的金色十月後，冷冽晴朗的冬日來了，鋒利似刀的風從閃爍發光的帕利塞德絕壁吹掃過來，使我那一整年精神抖擻，情形似乎滿不錯的。我從未同時進行這麼多種不同的事又能有如此顯著的成效，也從沒想到自己真有這份工作、活動、享樂的能力，就像俗語所說：水到渠成。

我並未真正用功或工作過度，只是突然間發現一個竅門，可以同時在空中耍玩上百種不同的遊戲，就像在表演一種不可思議的絕技，在空中耍弄好幾個球。最令我驚訝的是，我竟然能夠撐那麼久。先說我的學業吧，我選了十八個學分——不算多也不算少——而且我知道低空掠過的捷徑。

其次，說到所謂的「第四層樓」。約翰．傑伊大樓的第四層是各個學生出版品、合唱團、學生會和其他社團的所在地，是校園中最嘈雜、最刺激的地方，氣氛倒不算愉快。我幾乎沒見過這般公然勾心鬥角、互不相容、彼此嫉妒的地方，衝突如此尖銳，同時又是如此微不足道。整層樓經常氣氛沸騰，辦公室之間相互辱罵，大家從早到晚寫稿子、畫漫畫，以法西斯稱呼對方，不然就是在電話中以最粗魯的語言詛咒彼此。這些惡意都是知性和言詞上的，永遠不會具象化，不會墮落成身體的暴力。就因為這個緣由，我覺得可以看成是遊戲一場；大家之所以參與，也許可以和美學扯上一點關係吧！

那一年學校應該是處於「知性騷動」的階段，每個人都覺得、甚至公開表示大學裡人才濟濟，有創意的學生多得超乎尋常。我想，這話不無道理。阮哈特的確是歷年來《小丑》招攬來的藝術家之中最優秀的，將其他的大學刊物算在內也無人能出其右，他經手的那幾期《小丑》與正規雜誌無異，我認為他在封面設計和排版方面都已經有資格為城裡商業區的美術編輯開課。他推出的每一期刊物都是那麼有創意、詼諧有趣，因為多年來我們首次有正規作家投稿，不再沿用美國大學雜誌那種偷懶的舊例，把流傳了兩代的陳舊黃色笑話炒冷飯似地再用一次。此時，阮哈特和一九三五年《旁觀者》的編輯衛契斯勒都已畢業。

我模仿劍橋的方式，採取了相當慎重的步驟為我去第四層樓鋪路。我先去請教指導教授麥基先生，他為我寫了一封給《哥倫比亞評論》編輯羅賓森的介紹信。我不知道羅賓森看到介紹信會做何想法，反正我從沒機會見到他。在《哥倫比亞評論》的辦公室，我把那封短信交給副編輯吉如，他看了信，抓抓頭，就說，如果我有點子就寫點東西吧。

到了一九三六年，羅賓森已經失蹤了。我老是聽說有關羅賓森的事，卻只像霧裡看花，因此總覺得他似乎住在樹上。我祈禱他能上天堂。

至於《哥倫比亞評論》，由羅伯．史密斯和吉如共同編輯，表現很好，我不知道能否用「騷動」這種字眼形容他們。史密斯和吉如都是好作家，吉如是個天主教徒，他的平靜和第四層樓有點格格不入；他並不參與那些長期的部族鬥爭，其實根本不常來。說來貝瑞曼算得上是那一年《哥倫比亞評論》的明星人物，他是校園內看起來最正經的人。

那層樓除了合唱團、學生會、為全體足球教練設有辦公桌的大房間之外，每間辦公室我都去過。我替《旁觀者》撰寫故事及幽默專欄，也替畢業紀念冊寫文章，還不得不兼做推銷的工作——這工作真是吃力不討好。畢業紀念冊是沒人要的玩意兒，因為又貴又無聊，我最終成了畢業紀念冊的編輯，但是一點好處都沒得到；我對那冊子、對哥倫比亞大學或是對整個世界都沒什麼貢獻。

我對哥大每年推出的學生滑稽秀從來不特別感興趣，但是他們的房間有一架鋼琴，房間內幾乎總是沒人在，中午時光我常去那兒別出心裁地猛彈爵士曲——任誰聽了都要掩耳，只有我自己樂在其中。這是一種發洩方式，也可以說是一種運動，我用這種方法敲毀的鋼琴不只一架。

我最忙碌的地方是在《小丑》的編輯辦公室，那裡沒有幾個人真正在做事情，只是中午來碰碰面，用手掌猛拍那些巨大的空檔案櫃，發出如雷的聲音，響徹走廊，有時走廊另一端的《哥倫比亞評論》辦公室也起而應和。我常去那兒交稿，從被書本塞得鼓鼓的皮質書包裡取出稿件和繪畫交給編輯。那年的編輯是傑克布森，他把我最差勁的漫畫都放得大大的，在最顯眼的位置刊出。

那年年底，我當上了《小丑》的美術編輯，自己頗引以為榮。編輯是賴克斯，陀勒達諾是總編輯，我們合作無間。次年的《小丑》編得很好，那是陀勒達諾的功勞；文章精彩，那是賴克斯的功勞；受到群眾歡迎，則是我的功勞。然而，真正好笑的反而一點都不受歡迎，真正好笑的那幾期大多出自賴克斯和吉卜尼之手，這是凌晨四點鐘他們倆待在佛諾德大樓頂樓的房間內得到的靈感。

編輯《小丑》主要的好處是替我們省下一大筆學費。我們在校園內招搖過市、沾沾自喜，袋錶鍊上懸垂著一個小小的金色冠冕；說實話，那就是我戴袋錶鍊的原因，其實我根本沒有錶。

那段時間我經手的事實在是罄竹難書，比方說，我還去工作介紹室向韋吉訥小姐報了名。韋吉訥小姐真是個天才——希望她現在仍然健在、天才如故——她整天坐鎮校友樓那一小間整潔的辦公室內，不論有多少人來總是不慌不忙、心平氣和；每次去見她，她總是會接到一、兩通電話，她就在一小疊紙上記上一筆。夏日炎炎，她似乎也不受影響，總是笑臉迎人，顯得既幹練又可親，稍微有點公事公辦的樣子。這又是個不辱使命、盡忠職守的人。

她替我找過好些好工作，其中之一便是在洛克斐勒中心的美國無線電公司大樓屋頂瞭望台做導遊和口譯員。那工作真容易，容易得讓我覺得無聊，只要站在那兒回答那些從電梯成群湧出的人群所提出的問題就得了。這份工作的報酬是一週二十七塊半，這樣的薪水在一九三六年是很不錯的。我還有一份工作，辦公室地點在無線電城，我在那兒替「紙杯紙容器公司」製造商的公共關係處做事。他們要我畫漫畫，告訴大家絕不可用普通玻璃杯喝水，否則會得「戰壕口腔牙齦炎」。每畫一幅漫畫，他們付我六塊錢，讓我覺得自己已成腰纏萬貫的業務主管，在美國無線電公司大樓進進出出。韋吉訥小姐有時也會遞給我一張寫著公寓地址的小紙條，要我搭地鐵去見一些富裕的猶太婦人，替她們的孩子補習拉丁文；換言之，我只要陪他們坐著，替他們做家庭作業，一個小時便可賺到兩塊或兩塊半的報酬。

我又去越野隊報了名，教練收了我之後竟然沒後悔，這就足以解釋那年本隊為何在東部大學越野賽中殿後了。輪到我受訓的下午，我會在南操場的煤渣路上一圈圈地跑；冬天來臨時，我改在木板跑道上一圈圈地轉，直到腳底到處起泡、跛得寸步難行為止。我偶爾會去范科特蘭公園，穿過樹林沿著砂石路跑。每次和其他大學比賽時，我永遠保持不是最後一名——總有兩、三個哥大學生跑在我後面。在觀眾已經失去興趣、開始散去時，才會見我姍姍來遲地跑到。假如我肯認真接受訓練、戒菸禁酒、作息規律，也許會成為較成功的長跑健將。

但是哪有可能！一週總有三、四個晚上，我和兄弟會的兄弟搭乘又暗又吵的地鐵風馳電掣般地抵達第五十二街，那兒有許多骯髒的褐紅石建築物，地下室以往是販賣私酒的地方，如今遍布著嘈雜昂貴的小夜總會。我們在那兒匍伏出入，暗房內一坐就是好幾個鐘頭，和許多莽撞無禮的陌生人（及其女友）摩肩觸肘，像擠沙丁魚似地隨著奔騰洶湧的爵士樂搖晃。沒有一席之地可以跳舞，我們在藍色牆壁間擠成一團，肩碰肩，肘碰肘，彎腰低頭，耳朵都快聾了，也說不出話。你也休想動手去取自己的酒，一動就會將鄰座的人推出他坐的凳子。侍者在彼此憎厭的人海中鑽出鑽進，賺走所有人的錢。

我們倒沒喝醉，奇怪的是坐在人堆裡喝悶酒，不講什麼話，震耳欲聾的爵士樂在人海中流竄，宛如某種液體媒介物，將大家結合在一起。說來這也是神秘主義的模仿秀，只不過太怪誕、太動物性了點：大家坐在隆隆作響的房間裡，噪音從你的體內沖流過去，韻律在你的骨髓中跳顫。這檔子事本身不能算是大罪，我們只是坐在那兒，沒做別的；如果次日得了宿醉，可能最該歸罪於抽菸和神經過於疲勞。

這樣一夜下來，我每每搭不上往長島的火車，只好到兄弟會在沙發上過夜，或是在城裡的朋友家中過夜。最慘的是搭地鐵回法拉盛，希望能碰巧搭上公車回家。世上沒有比法拉盛公車站更陰沉的地方了，尤其是黎明將至時，在灰濛濛的寂靜中至少會遇上一、兩個人，活像我在陳屍間看到的死人的前身。也許會碰上兩個喝醉的軍人想回營地，我就在他們之間站著，累得隨時可以倒下，點上那天的第四、五十支菸——喉嚨內壁都快燒爛了。

讓我最沮喪的是太陽升起時，看到工人紛紛上路工作，他們是那麼健康、清醒、安靜、目光明亮、有所為而為，令我感到痛徹心扉的羞恥和絕望。我的懺悔也僅止於此：自覺屈辱、潦倒、一事無成。這是我的本性所做的一種反應，勉強顯示我的道德尚未淪喪殆盡，但也沒什麼意義。「道德尚未淪喪」一詞或許反而混淆了我靈性已死的事實，其實我早已如此了。

IV

一九三六年秋，外祖父死了，事情的經過是這樣的：那一陣子我去賓州從事地質課的實地參觀，星期日離開煤礦區和板石採石場，乘坐一輛福特敞蓬車風塵僕僕、一路受凍取道新澤西州回家。抵家時夜已深了，德拉瓦水峽（Delaware Water Gap）的冰風沁透肌膚，寒意猶存，我誰也沒見便上床就寢了，其實我還沒回到家眾人就已各自回房。

次日清晨，我往外祖父房裡望去，他坐在床上，看來很不開心，有點不知所措的樣子。

「您覺得還好嗎？」我問道。

「糟糕透頂。」他回答。那並不奇怪，他經常生病，我以為他又感冒了，就說：「多睡一會兒吧。」

「好吧，」他說：「我會的。」

我回到浴室，匆忙穿戴齊整，喝了咖啡，跑去趕火車。

那天下午，在十一月微弱的陽光下，我在跑道上輕鬆地練跑，經過圖書館前、操場多蔭的那一邊，看到一位和我一起編過紀念冊的大三學生站在高高的鐵絲柵欄後面，那是最靠近約翰．傑伊大樓的轉角處，有許多灌木和白楊樹。我來到轉彎處時，他喚我過去，我即走向柵欄。

「你舅媽剛剛打了電話來，」他告訴我：「她說你外祖父去世了。」

我無言以對。

我快步沿著操場往回走，快快淋浴後便穿上衣服回家。除了慢車，沒有其他班次可搭，車廂半滿，慢條斯理地出站往長島駛去，每站都停了很久。但是我知道不必趕時間，我不能使外祖父起死回生。

可憐的老外祖父，他的死和他死去的方式並不令我驚訝。我猜他一定是心臟病發作，這種死法真符合他的個性：永遠行色匆匆，去哪兒都一定早到。他在漫長的一生中總是沒有耐心，總是不耐地等待外祖母化完妝上劇院，等待她進晚餐，或是等待她下樓拆看聖誕節禮物；對於死亡，他可不願再忍受拖延了。他在睡眠中遁離我們，好像是一時興起，全無預謀。

我會想念外祖父的。最後一、兩年我們滿親近的，他常常約我在城裡共進午餐，暢談他的問題，也談論我的前途——我又想當個新聞記者了。外祖父非常樸實，他的樸實坦率出自天性，相當符合美國人的特徵；至少可以說，他那一代的美國人皆具備仁慈、熱心、寬宏的樂觀態度。

回到家後，我很明白到哪兒瞻仰他的遺體。我直接上樓去他的臥房，開了門，唯一的震撼是所有窗門大開，十一月的冷空氣迎面撲來。外祖父這一生就是怕坐在風口，他住的房子暖氣總是開得過熱，而他現在躺在冰冷的死室裡，只蓋了一條床單。這棟他在二十五年前替家人建造的房子如今首度面臨死亡。

一件奇怪的事情發生了。我不經思索，內心全無掙扎，就把門關上，跪在床邊開始祈禱。我想這一定是自然反應——我太愛我可憐的外祖父了，自然想替他盡點力，感謝他對我的一切美意；然而，以前我也曾和死亡相逢，卻不祈禱，甚至連祈禱的念頭都沒有。兩、三年前的夏天，一位年老親戚死了，我只覺得她沒有生命的屍體和一件家具無異，好像只是一件物體，不能讓我覺得裡面有個人。我並未像亞里斯多德一樣領悟到靈魂存在的教訓……。

但是我現在唯一的衝動就是想要祈禱。

不幸，外祖母就要進來了，她會要我瞻仰遺容。果然，不久我就聽到大廳響起她的腳步聲，在她開門之前我站了起來。

「難道你不看看外祖父的遺容嗎？」

我什麼也沒說，她掀起床單一角，我看了外祖父的遺容，蒼白、沒有生氣。她放下床單，我們一起走出房間，我坐下和她談了一個鐘頭左右，夕陽正在西下。

大家心照不宣，外祖母在世的日子也不會久了。雖然我們這個家庭出奇地摩登，人人爭吵不休，長年隱約存在一個充滿競爭、暗中嫉妒的複雜網絡，外祖母卻一直非常愛慕她的丈夫。如今她開始憔悴，拖了好幾個月才逝世。

最初她摔了一跤，跌斷了手臂，復原過程漫長而痛苦。在這段過程中，她逐漸變得彎腰駝背，成了面容消瘦、沉默寡言的老婦人。到了夏天，她再也起不了床。有天晚上我們以為她病危了，驚恐地在她床邊站了好幾個鐘頭，聽到她從喉嚨發出刺耳的喘息聲。我望著她向我轉過臉來，一言不發，表情無助，那時我也在祈禱。這次我較能察覺自己在做什麼了，我祈求她能活下去，雖然就某方面來說，她顯然不如死去。

我在心裡說：「創造她的祢，讓她活下去吧！」我這麼說是因為我唯一能確定的好事只有生命，生命的價值若是至高無上且是首要的現實，那麼生命的延續便取決於生命最高權威的意願（否則何必祈禱）。祂是最終的現實，祂是純粹的存在，祂就是生命本身，祂就是自有者，我祈禱就是默認這一切。到現在為止我已經祈禱兩次了，卻還認為自己什麼都不信。

外祖母活下去了，我希望這和天主的恩寵有關。最後幾個星期，她睡在床上說不出話來，一副無助的樣子，天主給了她某些東西，讓她繼續活下去，拯救她自己的靈魂。八月間，她終於辭世，遺體離開了我們，那就是她肉身的終結，和常人一般。當時是一九三七年的夏天。

外祖父逝世時是一九三六年十一月，那年秋天我已經開始不適，但是活動照常——上課、編輯畢業紀念冊、打工、未經鍛練便參加越野隊的賽跑。

有一天，我們和陸軍及普林斯頓大學比賽越野賽跑。一如往常，我雖然不是最後一名，但也是三十人中的倒數第七、八名。跑到終點後，我倒地不起，只覺得反胃，難過到一點也不在乎別人做何想法。我沒有故作勇敢，或用笑話來自我解嘲，或隱藏我的感受。我就這麼躺著，直到覺得舒服點後才站起來走開，從此再也沒進過更衣室，教練也沒費心來找我，沒有人拉我歸隊。我們雙方都很滿意：到此為止。然而，擺脫了這項負擔並沒有解決我的問題。

某天我搭乘長島線火車進城，帶了一書包已算晚交的功課準備當天繳交，之後要見一個我很盼望與她約會的人。火車經過長島市貨運車場時，我忽然覺得昏眩，當時我怕的倒不是嘔吐，而是內部的平衡中心好像出乎意料地被抽走了，又好像我就要跳進一個不見底的深淵。我站在兩個車廂之間，想要透透氣，但是膝蓋抖得厲害，真怕會從車廂間的鏈條處掉下去，成為輪下鬼，所以退了回去，靠牆站穩。這種奇怪的昏眩感來來去去，火車怒吼著潛入河底隧洞，四周一片黑暗，到站前毛病已經過去了。

我真有點嚇著了，馬上想到去找賓夕法尼亞旅館的駐館醫生。他替我做了檢查，聽心跳，量血壓，給我一點喝的，告訴我問題出在受到過度的刺激。他問我靠什麼維生，我告訴他我上大學，此外還參與不少課外活動。他勸我退出幾項，然後要我上床睡覺，等我覺得好些再回家。

於是我躺在賓夕法尼亞旅館的房間裡，但是卻無法入睡。這個房間又小又窄，雖然窗子佔去了對面牆上大部分的空間，屋內還是相當暗。聽得到遠從樓底傳來的第三十二街車聲，但房間裡倒是很安靜，靜得有點怪，帶點不吉的意味。

我躺在床上傾聽血液在腦袋裡迅速鼓動的敲擊聲，幾乎無法闔眼。但是我又不願意睜眼，唯恐一看到窗戶又會出現那種奇怪的昏眩感。

那扇窗戶真是奇大無比，似乎頂天立地。我真擔心地心引力會將整張床連帶我一起吸到深淵的邊緣，一頭墜入虛無。

我的腦海深處發出低微、冷淡嘲弄的聲音，說道：「如果你跳窗的話……。」

我翻身想要入睡，但是血液不斷在腦袋中鼓動。我無法入睡，心想：「我大概得了精神崩潰。」

然後我又看到那扇窗戶，一看到它，我的頭又開始打轉。一想到自己離地那麼遠，就嚇得暈頭轉向。

醫生進房來，看到我躺在那兒毫無睡意，問道：

「我不是要你睡覺嗎？」

「我睡不著。」我說。他給了我一瓶藥就走開了，我只想趁早離開這個房間。

他一走，我就起床下樓，將房錢付清，打道回府。在回程的火車上，我並未覺得不舒服。家裡沒人，客廳有張躺椅，我們稱之為「陽台靠椅」，我躺下去就睡了。

舅媽回來時說：「我以為你要在上城吃晚飯。」

但是我說：「我覺得不舒服，所以就回來了。」

我到底怎麼了？至今仍然沒有答案，我想可能是一種精神崩潰，隨之併發胃炎，大概就要轉成胃潰瘍了。

醫生要我節制飲食，又給了我一些藥，這兩者的心理治療成分比什麼藥效都高，從此每吃一樣東西，我總是追究其成分，小心選擇後才吃。記得醫生准許我吃的一項食物是冰淇淋，這我完全不反對，尤其是在夏天；我不但吃得津津有味，還在想像中加油添醋，認為吃冰淇淋既有益健康，又促進身心健全。我幾乎可以目擊冰淇淋擺出親切、溫和、慈悲的姿態，以它冰冷、健康的物質覆蓋我的初期潰瘍。

遵守這種飲食計畫的結果是：我學會玩一套繁瑣無聊的遊戲，對我認為無刺激性、有益健康的食物產生狂熱的崇拜。我再次反省自己：這是一場遊戲，是一種癮，有點像過去我對精神分析的著迷。當我和別人談論食物營養價值及其用量與健康的關係時，我甚至自命是這方面的權威；還有呢，我的腦子聽從胃的指揮，一夸脫又一夸脫地吃著冰淇淋。

以前我從未真正了解何為恐懼，現在我的生活卻被恐懼感主宰。難道我真對恐懼覺得陌生嗎？不是的，恐懼和驕傲、情欲本是分不開的，驕傲和情欲可以暫時隱藏恐懼，但那是銅板的另一面；現在錢幣翻過來了，我注視著另一面，只消一年光景，那隻老鷹就要吃盡我的內臟，我成了個廉價的普羅米修斯（Prometheus）[41]。我這樣終日小心翼翼、神經兮兮的，自己覺得十分難堪。我還不知自己理當受到更多屈辱，我罪有應得，這個道理我還不盡了解。

41 譯註：希臘神話中，泰坦族巨人普羅米修斯因為從天庭盜火給世人，被天神宙斯綁在山上，讓禿鷹啄食他的肝臟；然而，被食的肝臟在夜間又會復生，以便對他施加永無止盡的折磨。

我一直拒絕接受約束我們身心健全的道德律，以致如今淪落得像老愚婦一般，生怕觸犯那許多無中生有的保健規則，老是惦記著種種食物營養價值的標準，還有千百種微小繁複的行為準則。這一切其實非常荒謬可笑，對我卻隱約有著非同小可的約束力，讓我無法自拔；我怕吃了某種食物會精神崩潰，又怕不吃晚上就會死。

我終於成為現代社會的標準產物，關心的全是雞毛蒜皮的瑣事，卻無法考慮或了解和自己利害攸關的重大事項。

看看我吧！距離我離開奧康、步入新世界還不到四年，當初我以為自己可以將全世界的甜頭都搶來品嘗，也確實這麼做了，現在卻發現被搶空、被挖心掏肺的是自己。多麼奇怪啊！想裝填自己反而淘空了自己，向外掠奪反而喪失了一切，盡情享受之際得到的卻是苦惱與恐懼。由於因果報應，當我淪落在悲慘與屈辱的絕境時，我戀愛了，近幾年來我待人處事的方式終於還報到自己身上了。

這個女孩和我住在同一條街，我有幸看到她和我的對手開車出去，那是她說她太累、必須留在家裡、斷然拒絕和我出去之後不到十分鐘內發生的事。她甚至懶得隱瞞這個事實：當她無事可做時，讓我陪她打發時間倒還不壞。她曾經款待我，描述她心中的快樂時光和理想對象給我聽——她心儀的正好是那些膚淺的傢伙，看到他們坐在鸛鳥俱樂部裡，我就渾身起雞皮疙瘩。這就是天主的意思，是我罪有應得，合該卑屈溫順地忍受一切，效法寵物靜坐乞憐，等人輕拍我的頭，或者表示一丁點愛意。

這種情況是維持不了多久的，結果也確實如此。我受了不少折磨和委屈（不過我該受的屈辱遠不止於此），脫身之後，我再度擁抱大量的冰淇淋，那也一樣屈辱。

我想當個偉人，卻出師未捷身先死。外表上（我想）我很成功，在哥倫比亞大學沒有人不知道我，還沒見識過我的人待畢業紀念冊一出版也就知道了。紀念冊裡盡是我的照片，恐怕連我不想告人的事都已被看穿。他們無須特別敏感，只要看看照片中我那副自滿的蠢相，就能看清我的真面目。我唯一沒料到的是：沒有人公開責備或嘲笑我虛榮到如此可恥的地步，沒有人向我投擲雞蛋，也沒有人說我壞話；而我知道他們能言善道，縱然說得不盡得體，卻足以致人於死地。

我想，當時我內心的創傷已經夠重，正在流血致死。

假如我的本性更執迷於那些可憎的享樂；假如我不認輸，拒絕承認在找不到滿足的地方追求滿足是徒然的；假如內心空虛的壓力尚未壓垮我的道德和神經系統，誰能告訴我，我的結局會是什麼？誰知道我會如何收場？

我能發覺自己誤入死巷還真不簡單，但是正因我極度痛苦無助，我立刻服輸。每逢戰敗就是我獲救之時。

第二部

1 極高的代價

I

人類的存在有一個矛盾，若不先了解這一點，靈魂便不可能恆久幸福快樂。這個矛盾就是：只憑人自己的本性，一輩子也解決不了最切身的重要問題。如果我們只依憑自己的本性、自己的人生觀、自己的倫理準則而生活，保證最後都走向地獄報到。

幸而這只是以純抽象角度描述的一種可能性，否則就太令人沮喪了。因為在具體的範疇內，天主給予人配合超性生活的本性，祂創造的靈魂並不能憑自己的能力達到完美之境，必須依靠天主以人力絕不能及的力量帶領我們走向完美至善。我們並非命定要過純本性的生活，因此在天主的計畫中也並非註定可得幸福。我們的本性原是天主所賜，但是這份天賜的本性該由另一份不是分內的天賜禮物來促進才能趨向至善。

這第二項天賜禮物就是「使人聖化的恩寵」。這份恩賜可以讓我們將天賜本性導向完善之境，給我們生命、智慧、慈愛，無止境地超越原有的生存模式。如果一個人只憑自己的天生本能就能達到抽象的完善頂點，這還不夠天主工作的一半，那只是天主原意的起步點，因為真正的工作是恩寵、「灌注的德行」（infused virtues）[1]及聖神恩賜的工作。

什麼是「恩寵」呢？就是天主與我們分享祂自己的生命。天主的生命就是愛，由於恩寵，我們能夠分享天主無限且完全無私的慈愛。天主是如此純粹的實存，沒有任何需求，因此絕對不會剝奪我們任何權益去滿足祂自私的欲望。其實，天主領域外的一切都是虛無，萬物的存在都有賴於祂無私的贈與，所以認為天主自私這個觀念是與天主之完美徹底抵觸的。從形上學來分析，天主不可能是自私的，因為萬物的存在都是天主恩賜的，都是仰仗天主毫無私欲的恩賜。

一束光線射到水晶上會使水晶產生新的光彩，同樣地，天主賜給人們靈魂的大公無私之愛也應該在人們身上產生新的光彩，那就是一種新的生命力，也就是「使人聖化的恩寵」。

人的靈魂如果只停留在本性的層次，就等於原本應剔透的水晶留在黑暗中，它的本性已充分發揮了，所缺少的東西必須從外、從上而來；然而，當光照耀進它之內時，它似乎就在更高性質的光輝（在它之內照耀的光之性質）中失去了自己的本性，自己轉化成光。

在本性的層次上，人類天生的善良和愛的能力多少帶有自私的成分，當天主的愛在他之內閃耀時，人的本性才會改頭換面。一個人完全脫開本性、沉浸在神聖的生命中會變成什麼樣？這種完美至善只屬於一般所稱的聖人——其實該說是屬於真正的聖人，屬於唯獨生活在天主榮光中的聖人。因為有些被世人視為聖者的人很可能是魔鬼，他們的光彩可能是黑暗的。就天主的光照而

1 審訂者註：是指非由人反覆踐行養成的良好習慣，而是天主賦予作某動作的能力。

論，我們只能算是貓頭鷹；天主的光使我們失明，被光射中時，我們陷入黑暗。看來像聖賢的人常常不是聖人，而看來不像聖賢的人卻往往是真的聖人；最偉大的聖人有時最不容易辨識，譬如聖母瑪利亞，或是鞠養耶穌的聖若瑟（St. Joseph）。

基督創建祂的教會，主要原因之一就是為了使人們互相幫助，一同走向基督，聖化自己，聖化他人。耶穌基督這項工作就是透過其他人牽引我們追隨祂。

我們必須審查自己內心深處的感受，再比照當代繼承耶穌門徒地位者，給我們有神聖保證的啟示——他們憑著基督的聖名來對我們說話，如同基督親自傳授。耶穌說過：「聽你們的，就是聽我；拒絕你們的，就是拒絕我。」

天主的權威只能靠天主權威的自我啟示才能了解，當事關接受天主權威時，有些人認為要他們悉心聆聽簡直沒有道理。無法從其他途徑得知的事，他們不願由此途徑得知，卻寧願順從、被動地接受任何報章散布的恐怖謊言；其實只要從手中的報紙上方稍稍往外張望，就能探出眼前的真相。

舉個例子吧。有些書在起首處印有「核准出版」（imprimatur）的拉丁文字樣，意指出版品經主教審查通過，保證內含妥當教義，這種保證有時會引起讀者的反感和畏懼心。

一九三七年二月的某一天，我口袋正好有五元或十元零錢，不花掉就是不痛快。也不知為何我會走到第五大道，在書店前看到櫥窗內滿是嶄新的書，我深深被吸引了。

那一年我正好選修了一門法國中世紀文學，我也回憶起早年住在聖安東尼的一切，那深遠、天真、豐富又儉樸的十二、十三世紀似乎有話要對我傾訴。我曾經寫過一篇有關〈聖母院的吟遊詩人〉的論文，將聖母院吟遊詩人的傳說與米涅（Migne）編纂的《拉丁教父文集》（*Latin Patrology*）中一個沙漠修士的故事做了比較。我已經開始被天主教文化吸引了，心中也感到那種健康的氣息在本性層次已經對我產生了作用。

此刻，我在書店櫥窗裡發現一本《中世紀哲學精神》（*The Spirit of Medieval Philosophy*）。我走進書店，從架上取下書，檢閱書中的目錄和書名頁。其實那書名頁有點引人誤入歧途，因為那兒印著：此書乃由在亞伯丁大學（University of Aberdeen）發表過的系列講座講稿結集而成。這對我並不會產生推薦作用，反而使我完全忽略了作者吉爾松（Etienne Gilson）的身分與特性。

我買下這本和另一本已記不清書名的書，回家途中，坐在往長島的火車上，我打開包裝欣賞自己的採購所獲，直到此時才發現《中世紀哲學精神》的首頁竟然也印著一行小字：「教會審查通過……核准出版。」

我深深感覺像腹部挨了一刀，那令人噁心受欺侮的感覺。我覺得被人騙了，應該有人警告我這是天主教徒的書，那麼我就絕對不會買了。這時火車正行經烏德塞（Woodside），我真想把這本書拋向窗外的屋子，就像拋棄危險或不潔的東西一樣。一行無辜的拉丁文和一位神父的簽名竟然在我這個現代人的開明心靈中引起如此的恐懼！這麼點小事竟引起如此多、如此複雜的可怕聯想，這是絕對無法對天主教徒解釋清楚的。這行字是用拉丁文寫的，對我那植基於新教教義的心靈而言，古老晦澀的拉丁文意味著天主教神父珍藏的各種陰險秘密，他們用一般人不懂的文字來保守這些秘密。一本書的內容必須經過神父審查通過之後才簽署許可讓人閱讀，這已經引起人們恐懼，使人立即聯想到真實或想像中濫用宗教裁判懲罰異端份子的事例。

那正是我打開吉爾松這本書時的感受：你知道，雖然我欣賞天主教文化，但是一直對天主教會有恐懼感，這也是今日社會中一般人對天主教的看法。不過，在購買一本中世紀哲學書籍時，我不可能沒想到書中會牽涉到天主教，只是那行核准出版的文字標明了這本書完全符合那可怕又神秘的天主教教條，就是這份連帶關係讓我產生如此的反感和恐懼。

現在看來，當時我沒有丟掉那本書，而且還真正閱讀了那本書，真是拜聖寵之賜。我並沒有通讀全書，但以往我都無法讀下一本這麼深奧的書；回想起來，在道格拉斯頓外祖父的那間「小窩」，我在架上存了多少買來後就沒看過的書，如今竟然讀了這本書，還記得很清楚，這就更奇怪了。

我從這本書中獲得一個重要的觀念，徹底改變了我的一生，那個觀念完全蘊藏於士林哲學家常用的一個枯燥古怪術語「aseitas」之中。這個字只適用於天主，表明天主最獨特的屬性。就是從這個字，我發現了一個關於天主的全新觀念，這個觀念立即向我指出，天主教徒的信仰並非我以前所認為的那般空泛迷信，猶如非科學時代遺留下來的產物；相反地，這個關於天主的觀念是深刻、精確、簡明而確實的，而且包含許多我還無法領會的涵義，雖然當時我非常缺乏哲學的訓練，但是至少可以摸索做出一些判斷。

「aseitas」——相當於英文的「aseitas」（天主的自有性）——意思就是一個存有絕對地藉自己而存在的能力，此存有並非起因於自己，而是不需任何原因、不需任何理由而存在，其基本本性就是存在。宇宙間這樣的存有只有一個，就是天主。說天主由自己而存在——「自行」及「由於」本身而存在——等於是說天主就是存有本身；天主說「我是自有者」，這意思是天主一定享有「完全的獨立，不依賴外在的一切，也不依賴祂內在的一切」。

這個觀念留給我深刻的印象，我還用鉛筆在那一頁書眉上寫了一句「天主的自有性——天主是在己存有」。現在我就可以看到這幾個字，因為我將這本書帶進了隱修院。有段時間我不知這本書流落何方，不久前又在院長神父房內的書架上找到了，此刻這本書就在我眼前。

我也在其他三段上面做了註解，最好在此抄錄下來，也許較我現在的文章更能清楚表達我當時的讀後感。

天主說祂就是存有（這是書上原文第一句），如果祂的話對我們有可理解的意義，這句話必然是指：祂就是存在的純粹實現。

純粹實現：那即是摒除了存在層序中的一切不完滿，因此摒除了一切改變、「變化」、任何開始或結束、所有的限制。如果我思考得夠深入透徹，從這完滿的存在之中我應該能很快發現，完整全然的至美至善是很容易證明的。

不過，作者提出另一個很重要的條件也讓我印象深刻，他明確地分辨一般存有的觀念（對一般存有的抽象觀念）和無限存有（具體而真實的無限存有，祂是超越我們一切概念的）。下述是我在書中做了記號的一段文字，也是我走向聖十字若望的第一步：

天主超越一切可感覺的形象，超越一切概念的測定，證實了祂本身即純粹實在的絕對存有行為。我們對天主的概念僅是對一項真實存在的拙劣類比而已，那真實的存在在各方面都遠遠逸出我們的類比。我們對天主的概念只有這樣一個判斷可以解釋清楚：存有即存有，此絕對性超越展示在每件事物上，充分包含其他事物存在的原因。正因如此，我們可以說過度的確實往往將神性的存有從我們眼前遮蔽了，然而這事實正是照亮其他一切的光：這黑暗恰是我們心靈至高的光照（ipsa caligo summa est mentis illuminatio）。

吉爾松引用的拉丁文語句來自聖文德（St. Bonaventure）的《心靈朝向天主之旅》（*Itinerarium*）一書。

我在吉爾松書中標出的第三段文字如下：

聖熱羅尼莫說天主是祂自己的源由及祂自己實體的原因，他的意思與哲學家笛卡兒並不一致。笛卡兒的意思是說，天主以自己的全能（宛如藉著一個原因）將自己置於存有中，但是聖熱羅尼莫認為我們不應在天主之外找尋天主存在的原因。

我想，這些見解和其他類似見解會給我如此深刻的印象，是有其內在原因的，因為在此之前我從不明白基督徒對天主的觀念。我一直習慣以為人們所信仰、稱之為造物者而主宰萬物的天主是聲音很大、非常戲劇化、易怒、不明確、善妒、隱密的存在，祂是人們欲望和祈求的客觀投射，也是人們主觀的理想。

其實，以前我對天主的觀念就是我指責基督徒用來教誨世人的觀念，基於這種觀念，天主的存有簡直是不可能成立的。祂既是無限的，又是有限的；祂是完美的，有時又不夠完善；祂是永恆的，有時又經常有所改變。祂似乎也受到七情六欲的左右，擁有人類的各種情緒：愛、悲傷、憎恨、報復。然而，如此愚昧自滿、感情用事的天主怎麼會是沒有開始、沒有結束的萬物創造者呢？就像在聖經中聖保祿的書信所說：「文字叫人死，神卻叫人活。」[2] 我以前是被那聖經文字的死板解釋整死了。

現在我讀到的吉爾松的文字使我深感滿意。天主在我心中真正被辨明了，每個智者都自然渴望獲得對天主的真實概念：我們生來就希望認識祂、找到祂，除此無其他可能。

我相信很多人是「無神論者」，或自命為「無神論者」，這都是因為他們反對、抗拒那些用想像、隱喻之詞對天主所做的陳述，那是他們不能解釋或理解的。他們之所以反對那種觀念，不是因為蔑視天主，很可能是因為他們要求的是有關天主的更完美見解，一般聽到的見解——關於天主的比喻概念——不能滿足他們，所以他們躲開了，而且以為不可能找到滿意的答案；或者，更糟的是他們不聽任何哲理解說，他們的出發點是，哲學不過是由一籮筐無意義的字眼拼湊出來的，只想為同一個老舊、沒有希望的謊言打打圓場罷了。

如今我發現我們的思想不僅無法恰當地表現天主，就連任何意象也不能，更不該讓自己對如此認識天主的方式感到滿足。這番理解讓我鬆了一口氣。

2 編註：參見〈格林多後書〉（2 Corinthians）第三章第六節。

這個結果使我立即對天主教哲學和信仰深感崇敬，而且後者是萬事中最重要的。我終於了解信仰有極明確的意義，其迫切性很具說服力。

能有這點感受算是相當了不起，當時我也只能做到這一步了。我體認到那些想到天主的人是真正推崇天主的，那些相信天主的人信仰是真實的，不是夢想；在當時，除此之外我已無法有更深入的體會了。

多少人也處於同一情境！他們在圖書館的書架前翻閱聖多瑪斯的《神學大全》，充滿了崇敬與好奇。他們在課堂上討論「多瑪斯」、「董斯高」、「奧斯定」及「文德」，熟知馬里旦和吉爾松，也讀過霍普金斯所有的詩，較天下多半天主教徒都還要熟悉天主教文學與哲學的傳統。他們偶爾也上教堂望彌撒，探討有關教堂禮儀的尊嚴與限制。他們非常欽佩教會組織，因為教會中的每一位神父，即使是沒有才華的神父，多少都能傳授深廣且統一的教義，也都能為帶著憂慮前來求助的信徒伸出效力神奇的援手。

從另一個角度來看，這些人較一般天主教徒更能了解教會和天主教教義，這份理解是超然、知性、客觀的，但是他們並沒有進入教會。他們站在大宴會門口挨餓——明知自己也是受邀的賓客——某些較他們貧困且智力、才華、學歷不及他們、甚至德行也不如他們的人卻進入宴會廳內，在巨大的餐桌前飽餐。

放下這本書之後，我不再分析作者的論證方式，書中內容對我的影響反映在我的生活中。我開始有上教堂的欲望，這是較從前更誠心、更成熟、更深刻的欲望；在此之前，我從未感到如此強烈的需求。

當時我唯一想到的地方就是附近的聖公會錫安教堂，那座刺槐環繞、父親曾任琴師的教堂。我猜天主有意安排我再次爬上我曾跌落的地方，因為我曾看不起這間英國國教的教會——新教聖公會——天主要我排除驕傲和自以為是。祂並不要我在排斥一個教會後進入天主教會，那不是正當的排斥，而是內在驕傲、外在無禮的罪行。

這次我回到錫安教堂並不是來批判，也不是譴責那可憐的牧師，只是來試試它能否滿足我靈魂中剛萌芽的對信仰的模糊需求。

這座教堂還算相當不錯。星期日早晨，坐進這美麗的白色小建築物中，陽光從窗外流瀉進來，給人一份舒暢的感覺。教堂合唱團的男男女女身穿白袍，我們一同唱的聖詩並沒有帶領我進入喜悅超拔的境界，但我至少在心裡不再嘲笑他們了。要唸宗徒信經（Apostles' Creed）時，我也和大家一同起立誦唸，希望天主能給我恩寵，讓我日後能真心信奉。

牧師的名字是瑞利先生，外祖父總是稱他瑞利博士，讓他很不好意思。雖然他有個愛爾蘭姓名，卻和其他新教牧師一樣非常排斥天主教徒。他對我一直很友善，我們經常一同討論知性話題，有時也涉及現代文學，甚至談勞倫斯，他似乎相當熟悉勞倫斯的作品。

他似乎很重視這種事——認為牧師的要務之一是要清楚最新出版的書籍，能和人們討論新書，以這種方式保持和大家的接觸；但是正因如此，我覺得上他的教堂很乏味。他不欣賞也不了解什麼是「先進」的現代文學，其實沒有人認為他能明白，也沒有人要求他知道；不過，他總要討論新文學及現代政治，卻不談論宗教或天主，令人覺得他不清楚自己的使命，也不知道該做些什麼。他自己擔負起一份社會沒有賦予他的責任，其實根本沒有必要。

當他總算抽出時間來傳授基督教的真理時，簡直就像在講道壇上公開承認（有時，他私下對想要談論真理的人也是這麼說）這些教義他自己大多不相信。其實傳到新教徒手中的教義已經稀釋到無以復加了。「三位一體」？他曾因著「三位一體」想要什麼？至於那聖子降生成人的奇怪中世紀概念，要一個有理智的人相信簡直太強人所難了。

有一次，他要以「錫安教堂的音樂」為題證道，事先留話要我務必出席，因為他會提到我父親。在比較「自由」的新教教堂內，這樣的演講內容是很常見的，那天早上我很順從地去了。他還沒提到我理當感興趣的部分，我突然感到頭昏，就走出教堂呼吸新鮮空氣。他在教堂內講道，我則坐在教堂外的台階上曬太陽，和身穿黑袍的教堂管事者談天；等我感覺好多了，講道也已結束。

我不能說我常去那座教堂，但是上教堂的興趣甚濃，甚至在非主日也去。我記不清是什麼日子了，也許是聖灰日（Ash Wednesday）或聖週星期四（Holy Thursday）。教堂內只有一兩名婦人，我鬼鬼祟祟地溜進去，在最後幾排找個位子坐下。我們做了些祈禱，禮拜很快就結束；禮拜之後，我鼓足勇氣趕上火車，進城到哥大上課。

II

現在我要談到在天主上智的安排中，哥倫比亞大學在我生命中註定要扮演的真正角色。可憐的哥倫比亞！它本是一所由虔誠新教徒創辦的以宗教為主的大學，時至如今卻只在校訓中還保留一抹宗教色彩：In lumine tuo videbimus lumen——〈聖詠集〉中最深奧、最美的句子之一：「藉你的光明才能把光明看見。」這裡說的正是聖寵。這句話可以作為所有基督徒或士林學派學習的基石，現代哥大的教育標準卻和此校訓毫不相干，還不如改成「藉蘭德爾的光明才能把杜威看見」[3]，對哥大可能更有利。

然而，實在很奇怪，聖神竟會在這座大工廠似的校園內等著以祂自己的光明來光照我。天主使用的主要方法之一，是透過人間的友誼來指引我。

天主造萬物的原意也是要我們互依互助才能得救，我們必須一同努力、互相援助，才能達到相互的福惠，得到救贖。聖經教導我們，上述這一點在超性的層面上、在基督奧體的教義中特別真確，基督奧體的教義當然是源自基督宗教對聖寵的教誨：

> 你們便是基督的身體，各自都是肢體……眼不能對手說：「我不需要你。」同樣，頭也不能對腳說：「我不需要你們。」……若是一個肢體受苦，所有的肢體都一同受苦；若是一個肢體蒙受尊榮，所有的肢體都一同歡樂。[4]

當時有一事我並不了解，現在卻看得清清楚楚。天主將我與其他半打和我一樣的人聚到哥

---

3 譯註：蘭德爾（John Herman Randall）和杜威（John Dewey）皆為曾在哥大任教的美國哲學家。

4 編註：參見（格林多前書）（1 Corinthians）第十二章第十二至二十六節。

大，讓我們變成朋友，使我們的友誼有效發揮彼此幫忙的功用，把我們從迷茫痛苦中解救出來，找到自我。之所以陷入迷茫痛苦，一部分是我們自己的錯，一部分則是所謂「現代世界」或「現代社會」中的複雜狀況造成的；不過，加上「現代」兩字其實並無必要也不公平，只用傳統福音中所用的「世界」一詞就足夠了。

我們的得救是始於共同、自然而平常的事物（因此整個簡潔的聖禮儀式停駐在最基本平常的東西上，譬如麵餅、酒、水、鹽及油等），對我亦正是如此，天主顯示的聖寵就在一般事物上發生作用，譬如書籍、觀念、詩歌、故事、圖片、音樂、建築物、城市、某個地方、某種哲學意念等等。不過，這些事物本身是不夠的，我得了半想像性的病症，外人不能完全分析診治；因為擔心自己的安危，我產生了恐懼的基本直覺。

世界大戰將至，戰爭一起，世界必然充滿未知、混亂及恐懼，還有戰事以外的暴行與不公不義，這些都是影響我們人生的重要因素。這些事件加在一起，讓我和一兩位朋友的心靈深深感受到天主聖寵的效力；我們分享彼此的想法、痛苦、煩惱、憂慮、恐懼、困難、欲望、宿醉等等，天主的聖寵在我們的分享中發酵滋長。

前面我已提過范多倫。說他是我們朋友圈中的核心人物並不完全正確，我們並不是每一個人都選修過他的課，也不是都在同一時間選修他的課，但是大家一致尊敬他的清明神智與聰明智慧，對他的崇敬也讓我們幾個人發現彼此有共同的思想與感受。

或許，范多倫的課對我個人的影響較其他人更大，下面是我想到的一個例子。

一九三六年秋天，新學期剛開始，日子都是新鮮、明亮、興奮忙碌的，每個人都充滿新希望。這一年也是外祖父步向死亡的時候，同時我已難以承受追求享樂及發展抱負的壓力，終於認輸。這一整年我經常有頭暈的毛病，變得害怕搭乘長島線火車，好像那是個大怪物似的。我也不敢到紐約，好像那是個張著烈焰大口的阿茲特克（Aztec）神祇，等著將我吞噬。

那一天，我並未預料到後來這些。剛進入哥大時，那股唯物主義和政治熱潮正在我的血脈裡澎湃，我真的依照校方給予的一般性指示選修了一系列多半與社會學、經濟學、歷史有關的科目。這是非常微妙的，我好像是在半清醒、半蛻變的心態下離開了劍橋，隨之也對文學、詩歌——我本性所趨的事物——有所懷疑，認為它們都只會導向徒勞無功的美學，一種逃避現實的哲學。

這種觀念並沒有讓我對范多倫這群人失去興趣，但是我以為重要的是該選讀歷史科目，而不是選修范多倫的其他課程。

所以我就走上擁擠的漢彌爾敦樓，到了我以為是上歷史課的大教室。四處觀望之後，看到第二排坐滿了一批未梳頭、平日中午坐在《小丑》編輯室裡射紙飛機或在牆上塗鴉的人。

他們當中最高的人較嚴肅，有一張馬臉般的長面孔，頭上頂著馬鬃般的黑髮，名叫賴克斯，好像在沉思什麼無法衡量的悲痛，而且像在等待有人進來對他說話似的。直到我脫了外套，放下一大堆書，才發現這不是我要選修的課，而是范多倫要教授的莎士比亞課程。

我站起身要離開，走到門口，又轉回原來的座位坐下。後來我又到註冊組改選，於是我又在那一班待了剩下的一學年。

這是我在大學選修的最棒的一門課，在各方面都給了我很多好處，也只有在這兒可以聽到有意義的授課，內容涉及人生基本問題，如生死、時間、愛情、悲哀、恐懼、智慧、苦難與永恆。文學課絕對不是討論經濟、哲學、社會學、心理學的場合，正如我強調的，范多倫最大的特點就是不把文學當成其他科目來教；不過，文學採用的材料，尤其是戲劇，主要是人類的行為——也就是自由的行為、道德的行為。事實上，文學、戲劇、詩歌經常是能對人類行為加以解說的唯一方法；正因如此，我們若將莎士比亞、但丁或其他文人對生命與人類充滿創造性的重要見解縮減成枯燥的歷史、倫理和其他科學名詞，便無法了解其作品中深邃的意涵。文學與歷史、倫理、科學並不屬於同一類型！

然而，名著如《哈姆雷特》、《英雄叛國記》（*Coriolanus*）、但丁《神曲》的〈煉獄篇〉（Purgatorio）或多恩（John Donne）的《神聖十四行詩集》（*Holy Sonnets*），其宏大力量就在於它們是一種對倫理學、心理學、甚至形上學及神學的評述；或者可以反過來說，這些學科可用來註釋其他真實的事物，即我們稱之為文學、戲劇、詩歌的事物。

那一整年，我們就如此討論著欲望最深的根源，討論希望與恐懼。當我們探討那些重要的現實問題時，會發現那實在與莎士比亞及詩歌所論涉的並沒有太大差距，往往和莎士比亞所說的相吻合，只是偶爾有些直覺性題目是屬於另一領域的。然而，我提過范多倫的見解平穩、敏銳、清晰，既簡明又有微妙的內涵，基本上是士林學派的，但是並不必然、明確地呈現基督宗教的精神；他使實在界的事物生活在我們之內，而且具有健全、恆久、有成效的生命。當時只有幾件事能打動我、讓我趕火車到哥大，這門課就是其中之一；在我讀到吉爾松的書之前，也只有這門課對我的健康有益。

在同一年，我開始了解賴克斯這個人。他既有范多倫的明澈，又有我的混亂與痛苦，還有許多屬於他自己的特質。

換個方式來形容賴克斯。他可以說是哈姆雷特和厄里亞（Elias）[5]的綜合體，可能成為一位先知，但缺少狂熱的精神；是君王，也是個猶太人。他滿腦子博大玄奧的直覺，自己覺得越來越難表達，最後也就安於笨嘴拙舌了。他雖然言語支吾，卻不尷尬緊張，經常用一雙長腿盤著椅子，變換了七種姿勢之後才找到字眼開始說話；坐在地板上談話時話鋒最健。

我認為他的穩健堅定依靠的是自然、本能的靈性，與生俱來就向著天主。他總是擔心自己陷入死胡同，又約略知道那可能不是死胡同，而是無限的天主。

從搖籃時代開始，他就自然傾向於喜歡約伯（Job）和聖十字若望。我現在知道了，他生來就深具默觀者的秉賦，但是可能永遠不會明白這份稟賦在他身上佔了多少份量。

總而言之，就連批評他太不實際的人都很尊敬他，正如重視物質保障的人會不自覺地尊重不擔心物質保障的人。

那時他和我最大的相同處是，無論走到哪裡，眼前腳下都好像有個深淵，使我們老是覺得頭昏眼花，害怕搭火車，害怕上高樓，但是我們很少談到這個問題。他逐漸默認我對調理身心健康有一套見解，也許是因為我總是很明確地表明我的好惡，不過我恐怕沒有幫上他的忙。雖然我知道宿醉後我想像中的深淵會變得更深、更大、不可測量，我的頭暈毛病會增加十倍，但是我經常

5 編註：舊約中的著名人物，是猶太人心目中克盡職守的先知。

想到的念頭還是可以到什麼特別地方聽某個樂隊演奏，或是品嘗特別的酒，一直鬧到酒店在凌晨四點關門為止。

幾個月就如此度過，多半時間我待在道格拉斯頓，替紙杯工廠在杯上畫漫畫，試著做我該做的事。暑假時，賴克斯到歐洲去了，我仍然待在道格拉斯頓，寫一部冗長無聊的小說，敘述一個大學足球員牽涉紡織廠罷工糾紛的事。

我原本屬於畢業班，但是那年六月並未畢業。我還缺一兩門課，因為我是在二月才進入哥大的（較別人遲了一學期）。一九三七年秋，我回到學校，由於不用再去四樓做那些醜惡無用的事情，頭腦變得較輕鬆靈活，可以自由自在地為《小丑》寫作或繪畫。

我和賴克斯、瑞斯談得更深入了。瑞斯的畫很優秀，他的漫畫是《小丑》中最有趣的。這也是我第一次遇見費禮德古德，他是個有強烈、複雜見解的人，但有時喜歡故作溫文儒雅狀，令人覺得事有蹊蹺。那時他在哲學研究所念書，愛用一些非常冷門的術語，我們都無法理解。他經常故意製造整套各式各樣騙人的故事，並且引以為傲；他善用戲謔的謊言，次數之頻繁、範圍之廣大，皆已達到極致。你可以用速度測量他回話的真假程度，回答得愈快，答案就愈假；究其原因，可能是他正在思考其他的事，也許那件事極端深奧，與你的問題境界相距太遠，他不願打斷思路回頭為你尋找真正的答案。

這對賴克斯、我或是吉卜尼都沒什麼問題，原因有二：首先，費禮德古德通常只在回答實際問題時胡說八道，其實答案正確與否對我們都不重要，因為我們都太不切實際了；其次，他謊詐的回答通常比真相有趣。後來，我們了解他的回答都是假的，就習慣性地比照慣例雙重標準，比較他所說的與可能的正確答案，這種方式為我們帶來許多生活上有趣和反諷的看法。

他家在長堤（Long Beach），家居環境混亂嘈雜。他們還有一條笨拙的大警犬，老是擋著別人的路，低著頭，垂著耳朵，一臉友善、罪惡自卑的可憐樣。我第一次看到那條狗就問：「牠叫什麼名字？」

「王子。」費禮德古德從他的嘴角吐出這個答案。

這條狗好像很喜歡回應這個名字，我猜牠可能會回應任何一個名字，不論叫牠什麼，牠都會感到非常受寵，實在是一隻特別笨的狗。

有一次，我帶著牠在海邊木板路上散步，叫著：「嘿，王子！嘿，王子！」

費禮德古德的太太海倫也跟在一旁，她聽我這麼叫，也沒說什麼，想必以為我故意開這隻牲畜的玩笑。後來不知是費禮德古德還是旁人告訴我牠並不叫「王子」，但是他們的解說更讓我誤以為應該叫牠「大王」。所以，後來有一陣子我叫牠「大王」：「嘿，大王！嘿，大王！」幾個月之後，我到他們家玩了好幾次，才知道這條狗既不叫「王子」，也不叫「大王」，其實叫做「膽小鬼」。

倫理神學家說，幽默的謊言自身大不了只是個小罪。

費禮德古德和賴克斯是學校宿舍中的室友。戈迪也和賴克斯做過一年的室友，他畢業後的德行也和我在道格拉斯頓差不多，待在華盛頓港（Port Washington）的家裡，同樣面對著空白牆壁，那是他自己的死胡同終點。他偶爾會進城探望多娜，她住在第一一二街，沒有工作；和我們相比，雖然她也感到困惑，但還是較快活，因為大不了把錢花光回巴拿馬（Panama）老家就是了。

吉卜尼不能算是敬神的人，說實在的，他有點傲氣，一般人會認為他不敬神；不過，我認為天主會了解吉卜尼的暴躁和譏諷掩蔽了他自身十分深沉的形上學迷茫，這是一種很實在的苦悶，卻又不夠謙卑，不足以讓他的靈魂受益。他的不敬直接針對他認為徹底不妥的普遍意見或觀念，或許在主觀方面表達出一種追求天主潔德的曖昧熱忱；他反抗的是平凡陳腐的思想，是庸庸碌碌及外表的虔誠。

過去的那一年，我想一定是在一九三九年春，吉卜尼、賴克斯和戈迪都在討論要成為天主教徒的事。戈迪是個精明的二年級學生，有張娃娃臉，頂著一頭卷髮。他對生命的態度十分嚴謹，那時他就發現研究所的士林哲學課程，而且選修了一門。

吉卜尼和喬伊斯一樣對士林哲學感興趣，他很尊崇士林哲學的智慧，尤其欣賞聖多瑪斯的哲學；只是那份興趣還不夠強烈，未能影響他皈依天主教。

我和吉卜尼來往的三、四年間，他一直在等待某種「神蹟」，像神秘經驗之類的，某種來自天主的明顯而實在的內在震撼，好讓他開始行動。但是他在等待期間卻做盡了排斥和抵銷聖寵的事，所以那時沒有成為天主教徒。

他們當中最認真的是賴克斯，他是生下來就認識天主的人，但是因為其他人沒有採取行動，他也就停滯不前。

再來就是我。我看過《中世紀哲學精神》一書之後，發現天主教對天主的信念是很紮實的，但是我也沒有進一步鑽研，唯一的行動只是到圖書館查閱目錄，尋找聖伯納德的《論愛上主》

（*De Diligendo Deo*）而已。這本書是吉爾松一再提起的，但是我發現它只有拉丁文版本，所以根本沒有借出來。

到了一九三九年十一月，賴克斯和我在第一一〇街及百老匯大道交叉口搭上進城的公車，繞過哈林區南邊，再經過中央公園上端那個雖髒卻仍有許多小船的湖泊。我們沿著第五街在樹下行進，那時賴克斯告訴我，他正在讀赫胥黎的《目的與手段》（*Ends and Means*），他說得那麼動聽，讓我也想馬上一睹為快。

因此，我到斯克里布納書店買了一本，立即就閱讀了，還寫了一篇文章交給那時《哥倫比亞評論》的編輯尤蘭諾夫。他帶著明朗的希臘式笑容收下我的文章，居然刊登了出來。他那樣笑是因為我和赫胥黎一樣，信仰轉變了，但是我在文中強調了一點：赫胥黎的轉變不該被視為出人意料之外的。

赫胥黎是我十六、七歲時最喜歡的小說家之一，當時我讀過的故事使自己創立了一種奇怪、無知的享樂哲學。現在大家都在討論赫胥黎的轉變，有關赫胥黎的閒談愈來愈有趣，因為他有個信奉不可知論、倡言天主的存在難以確定的老祖父，又有個哥哥是著名的生物學家，而他自己竟然鼓吹起神秘主義來了。

赫胥黎非常犀利聰明，又太有幽默感，不可能走上錯誤的步驟，讓自己的皈依變成愚蠢的笑柄。你無法取笑他，至少沒有人可找到具體的失誤非議他。這也不同於「牛津集團」（Oxford Group）那夥人公開懺悔後皈依道德重整運動。

相反地，赫胥黎廣泛、深入、明智地研讀了各種基督宗教和東方神秘主義的著作，獲得驚人的真理。這絕不是夢幻、魔術或偽裝的綜合觀念，而是真實又嚴謹的思想。

他指出超性境界不僅確實存在，而且是具體的經驗，近在咫尺、隨手可得，是道德活力迫切必備的泉源；只要透過祈禱與信仰，秉持超脫、仁愛的態度，就能達到那種境界。

他的書名原意就是指出：我們不該用邪惡的手段尋求美好的結果。他的主要論點是，目前我們所用的手段——戰爭、暴力、報復和貪得無厭——恰巧無法達到美好的結果，而他也推論出，我們無法達到善果的原因就在於沉溺於物質及獸性的欲望貪求，這是因為人性中那盲目、粗暴、沒有靈性的因素使然。

主要的問題是要爭取我們自己的自由，不再臣屬於這些低劣的因素，重新確認我們心智、意志的支配權，維護這些機能及整體的精神力量，讓它們享有行動自由，否則我們會生活得像野獸，互相殘殺。總體的結論是，我們必須實行祈禱與苦修。

苦修！這個念頭在我內心引發了革命。過去這個字眼在我心中代表著古怪又醜惡的違反自然之舉，是被這歪曲、不公的社會逼瘋成了被虐待狂之後的行為。這是個什麼念頭呀！要人們否定肉體欲念，還要自笞以消除、抑制這些欲念。這些事對我毫無吸引力，只會嚇得我渾身起雞皮疙瘩。當然，赫胥黎並沒有強調肉體上的禁欲和苦修——這是對的，他主要是想擊中苦修的重點，指出想達到超脫境界的需求有其終極的正面原則。

他說，這種否定欲念的過程不是絕對性的，不只是為了否定而否定，而是一種解放，辨明我們真正的自我，讓精神從難忍、自我毀滅的限制中解放出來，不再受役於終將毀滅我們本性、毀滅社會與世界的肉體欲念。

而且，我們的精神一旦解放，回歸其本質，就不再是單一的個體，它可以找到絕對、完美的天主聖神，可以和天主結合為一。此外，這種結合不是空洞玄奧的意念，而是實在的真正經歷。根據赫胥黎所說，這份結合的經驗結果可能是、也可能不算是佛家所謂的涅槃境界，佛教講求終極地否定一切經驗、一切現實；不過，在這方面他引用證據證明這種結合就是、或可能是一種真正的正面積極經驗。

書中最振振有詞的就是思辯的部分，由於其特有的折衷主義，這個部分無疑充滿許多奇怪的教理。至於實際的成分則是全書的弱點，尤其是他想引用一些具體社會福利組織的例子，更不能讓人信服。赫胥黎似乎也無法很自在地談到基督宗教的「愛」，在其書中談得非常空泛，其實「愛」是所有神秘主義的核心與生命。全書中我獲得兩項最重要的觀念：超自然的精神世界確實存在，以及我們有可能真正獲得與天主接觸的經驗。

赫胥黎被某些人認為是正要進入教會的人，但是他在寫《目的與手段》時，對天主教教義的理解並不十分深入。雖然他不加選擇地引用了聖十字若望和聖女大德蘭的話，卻也引用了沒有那麼正統的基督徒作品，如艾克哈特大師（Meister Eckhart）的句子；而且整體說來，他較偏重東方的宗教思想。我認為當他拋棄了家傳的唯物主義時，就走上老派新教徒的老路，回歸將任何物質的創造都看成罪惡的異端邪說。不過，我的記憶有限，不能譴責他曾經正式提出這些主張，但是起碼可以說明他為何偏好佛教思想和虛無主義特徵，願意將他自己的神秘主義——甚至倫理觀——歸成萬事皆空的思想。這讓他變得像亞爾比教派一樣，懷疑教會的聖事、禮儀生活和其他教義，包括聖子降生成人。

當時我並不關心這些事。我憎恨戰爭，個人特別的苦痛及世界性的危機使我全心接受這份啟示——精神生活、內心生活是必要的，包括某些克己苦修的行為。我很滿意地在理論上接受必須克己的真理，或至少將之積極應用在一些在我身上不太嚴重、還不需要特別克己的情緒上，譬如憤怒與憎恨，卻忽略了真正需要節制的欲望，譬如貪婪與情欲。

但是這本書對我最重要的影響，是讓我開始將學校圖書館內有關東方神秘主義研究的書籍洗劫一空。

我還記得一九三七年底和三八年初的冬天，在那些安靜無事的日子裡，我坐在道格拉斯頓家中寬敞的客廳內，蒼白的陽光從鋼琴旁的窗子照射進來，牆上掛著一幅父親畫的以百慕達為背景的水彩畫。

屋內非常安靜，外祖父母都不在了，約翰保羅到康乃爾大學參加考試。我在那裡坐上好幾個小時，讀著好幾冊四開本的大書——耶穌會的威格（Wieger）神父用法文翻譯的數百種東方奇書。

我記不清那些書名或作者了，反正從來也完全不明白書中說了些什麼。我的習慣是一鼓作氣地快速閱讀，只偶爾停下來做筆記。這些神秘思想都需要深思才能了解，即使內行人也需要花功夫苦思，何況我對這方面一點也不熟悉。結果，這許多稀奇古怪的故事及理論、道德警語、精緻的寓言比喻並沒有在我腦海中留下什麼印象，待我放下書之後，只想到神秘主義是秘傳給少數特殊的人選，而且相當繁複。另一個印象就是：我們置身在一個大的存有之內，屬於這個存有，又從這個存有繼續演化。我們該做的事是盡量將自己再帶回那個大的存有，這個過程就需要精密的自制，要用自己的意志控制。這個絕對的存有是無限的，沒有時間範圍；是平靜的，是不具人格的虛無。

我得到的唯一一項實際收穫，就是一套失眠時如何自我催眠的方法。你可以平躺在床上，不用枕頭，兩手平放身體兩側，雙腿伸直，放鬆全身肌肉，對自己說：「現在我沒有腳了，現在我沒有腳了……沒有腳，沒有腿……沒有膝蓋……。」

有時的確有效，你真的可以讓自己覺得你的腳、腿及身體各部分似乎都變成空氣，都消失了。唯一從來無法奏效的部位是我的頭部，如果在頭部消失前我還沒睡著，一對自己說「現在我沒有頭了」，頓時胸、肚、腿、腳又都回到惱人的真實世界來了，那麼我又會失眠好幾個小時。不過，通常我能用這一招很快入睡，我想這就是自我暗示的其中一種，是一種催眠術，或者就是放鬆肌肉加上一點主動幻想的功能吧！

基本上，我猜想東方神秘主義可以化約成類似的技巧，當然其方式更加細緻與先進；如果這個推論是對的，就不算什麼神秘主義，這一切仍在自然規律範圍之內。就基督信仰的標準而論，這本身並不是邪門歪道，但是就其和超性的關係來說，也並非正確的見解。這多半沒什麼用處，但是若與純粹魔鬼的質素混在一起，這種夢幻與毀滅性的安排當然足以摧毀一切最重要的道德行為，只剩下個人的意志來控制他自己或外來的邪惡原則。

我懷著這些想法完成了大學學業，從註冊組窗口領取到文學士文憑，並立刻在英文研究所報名，選了幾門課。

過去一年我的體力突然崩潰，追名逐利的衝勁減弱，對活躍而不穩定的記者行業已望之卻步。進入研究所代表我踏出了退出名利場、遠離世間擾攘衝突與競爭的第一步，我大概會當個老師吧，在相對較平靜的大學校園內讀書寫作，度過餘生。

赫胥黎的書並沒有立刻使我超越本性界，最明顯的事實便是我決定主修十八世紀英國文學，從中選擇我的碩士論文題目。其實，在南操場邊的髒雪融盡時，我已經快要決定以尚未被人注意的十八世紀後半葉小說家葛瑞夫斯（Richard Graves）為論文題目，他最重要的作品是小說《唐吉軻德的靈修之旅》（*Spiritual Quixote*），仿菲爾丁（Henry Fielding）的傳統諷刺當時英國一些衛理公會和其他教派的宗教狂熱者。

我的指導教授是亭德爾先生，這正是他在行的題目。他是個不可知論者和理性主義者，主張理智不能認識天主的存在，只有物質可以理性地討論，特別樂於深入研究近五百年來人類宗教直覺的偏差反應。他自己剛寫完一本有關勞倫斯的著作，討論到勞倫斯企圖綜合被半異教徒拋棄的靈性理論，建立自己的合成宗教觀。他對勞倫斯的批評有點苛刻，著作出版之後引起許多勞倫斯友人的不滿。我記得那一年亭德爾最喜歡的話題之一就是聖女卡比里（Mother Cabrini）的奇蹟，她剛被教會列入真福級，接受公眾敬禮；亭德爾和其他理性主義者一樣，認為這是很可笑的事，「奇蹟不可能發生」是他的信條。

記得一直到春天時我都還無法決定論文題目，但是事情發展得很突然，我自己也弄不清來由。一天，我從卡賓特圖書館跑出來，頂著太陽沿著網球場的鐵絲網圍欄走，心裡只想著十八世紀唯有一個詩人是我可以拿來寫作論文的，但是他最不像十八世紀的人，而且所作所為幾乎都和他的時代相違背。

我手中拿著一本印刷精美的小書，是無敵出版社出版的《威廉．布雷克詩集》（*Poems of William Blake*）。此刻我知道我的論文應該寫些什麼了：討論布雷克的詩及其宗教觀。

我在哥倫比亞書店賒帳買了同樣版本的布雷克詩集（兩年後才把這筆帳付清），這本詩集有藍色的封面，我猜現在還藏在我們隱修院圖書館內某處，也許是誰也找不到的地方。那也無妨，我想一個普通的隱修士可能會被布雷克的「預言書」搞糊塗，而可以從布雷克作品獲益的人應該去看其他許多更好的書籍。至於我自己呢，我再也不需要他了，他已在我身上下了很多功夫，徹底影響了我，我希望以後可以在天堂見到他。

啊！那是多麼了不起的事，那一年，那個夏天，我寫了論文，真正在生活上與布雷克的天才及神聖精神有了接觸！我開始欣賞他超越同時代英國人的偉大，再加上隔了空間的距離，像是登上了高山，回顧時更能欣賞他的境界。

如果將他列入十八世紀末其他文人的行列，那近乎可笑，我不會這麼做的，其他人都是自負、囉嗦、枯燥的小人物！至於其他浪漫派文人，比起布雷克非常真誠、充滿靈性的火花，他們的靈感太微弱、太歇斯底里了；甚至柯立芝（Samuel Taylor Coleridge）也只有偶爾幾次想像力達到真實創作力的頂點，但他仍只是個藝匠，是個想像家，不是預言家；是詩人，但不是先知。

也許所有偉大浪漫派文人都有本事將文字堆砌得較布雷克順暢，但是就算布雷克拼錯那麼多字，他仍然是更了不起的詩人，因為他擁有更深奧紮實的靈感。他在十二歲時所寫的詩就比雪萊（Percy Bysshe Shelley）寫了一輩子的詩都好，我猜，大概在他十二歲時就已經看到厄里亞站在倫敦南方廣場的樹下了。

布雷克的問題出在他嘗試適應那個不了解他本人、亦不了解他信仰和愛心的社會，有些自以為是的卑下之人不只一次以為他們有責任逮住布雷克這個人，控制他、鑄造他，將他們在布雷克身上發現的「才華」歸順到一般傳統的路線中，這意味著布雷克在藝術與信仰中認為最不可或缺、最真切的部分總是遭到冷酷而無情的貶抑。多年來，他受盡來自各方的各種低級指控，後來終於完全離開原先可能贊助他的人，不再在這個將他當成瘋子的世界中尋找同伴，從此單獨行動、我行我素。

於是他以雕刻銅版畫終老，因此也不再需要「預言書」了。在後來這段日子中，他開始閱讀但丁，透過但丁接觸到天主教教義，認為天主教是唯一真正傳授天主之愛的宗教。他的晚年過得較為平靜，但他似乎從未想要找個神父談談，當時天主教在英國幾乎還是被查禁的宗教；不過，他逝世時面色熾紅，心中也迸出快樂的歌聲。

布雷克逐漸打進我的內心，我愈來愈覺得必須有個有活力的信仰，也發現過去七年來那種死氣沉沉、自私的理性主義是多麼不真切、不實在，完全把我的心智和意志凍結了。過了暑假之後，我察覺到唯一的生活方式就是活在天主真實臨在的世界中。

這句話有很深遠的含意，而我只願說出事實，那就是對我而言，這仍然只是智能上的理解，這個念頭尚未在我意志中生根。但是靈魂的生命並不是知識，而是愛，因為愛才是最高官能的行為。靈魂的生命又是一種願望，藉著這份心志，人可以和奮鬥的最終目標結合——藉此與天主合而為一。

III

賴克斯和費禮德古德同住的宿舍寢室門口掛了一幅灰色的石版畫，主題是一個印度教徒，眼睛張得大大的，好像很吃驚的樣子，穿著白衣盤腿而坐。我探問過究竟，但是仍弄不清楚他們的回答是嘲笑或是帶著敬意。賴克斯說，有人對著畫投擲了一把刀，而刀反彈回來幾乎把大家的腦袋都砍了；換句話說，他讓我了解到這幅畫有內在神聖的意義，這也就是我這些朋友對此畫嘲笑及尊重的原因，這兩者的混合體也證明了他們對超性界的承認。至於那幅畫怎麼會貼到宿舍房間的門口，那又是一樁奇怪的故事。

那幅畫呈現的是當代一位印度教救世主，名叫加革達—邦都（Jagad-Bondhu）[6]，其使命與普世和平及友愛有關。他剛過世不久，在印度有許多追隨者。他的身分相當於一位創立了新修會的聖人，但是地位高於聖人：印度教相信上主有多重化身，而他即是最近的一個化身。

一九三二年，這個新「修會」位於加爾各答（Calcutta）城外的一間寺院收到一封像是官方文件的信，這封信來自芝加哥世界博覽會的主辦單位，博覽會預定在下一年度舉行。我不知道他們怎麼會發現這間新寺院，總之，信中正式宣布「世界宗教大會」即將召開。雖然我是全憑記憶講述這段事，但這是千真萬確的事，信中邀請該寺院派遣一名代表參加大會。

我可以想像這間寺院的模樣。這間寺院名叫稅安干（Sri Angan），意思就是「神的活動場

6 譯註：意為宇宙之友。

所」。圍牆內有許多小茅屋，用我們西方人的術語來說，就是有許多隱修士單身居住的「小屋」。他們都是很簡樸的人，過著我們所謂的「透過禮儀敬拜上主的生活」，完全與自然季節配合；其實，他們信仰的主要特色就是與所有生物深沉、和諧地認同，藉此讚頌神。他們的讚頌就是以歌唱配合鼓聲、笛子、管籥等原始樂器，還有許多儀式性的舞蹈；此外還更加強調的是「心靈的祈禱」，主要是沉思默觀。他們必須自己修鍊，起先是輕聲唱頌對神的詩意之渴慕，然後就平靜地沉浸在絕對者（the Absolute）[7]之中。

此外，他們的生活是相當原始節儉的，但也不是我們所謂的苦行，我猜他們不做嚴厲的補贖，也不禁欲；不過，印度社會原本就較貧困，他們的生活水準恐怕大部分西方宗教人士都會吃不消。衣著方面包括了一件包頭巾和一塊裹身的布及袍子，沒有鞋子，而袍子也只在旅行時穿；他們的食物是一點米飯、一點點蔬菜及一小塊水果。

在他們一整天所做的事情當中，最重要的就是祈禱和讚美神。他們非常了解祈禱的效力，因為他們深切認識神的仁慈善良，其靈修生活誠如天真無邪的兒童，簡樸、原始，或者可以說，接近自然、純真、樂觀又快活。重點是，雖然他們僅僅在信仰和其他方面修成了屬於本性界的美德（包括自然的愛德），但是這些異教僧侶在本性界中的生活是如此純真、神聖、和平，足以讓西方許多經常有機會接觸聖寵的基督徒感到羞恥。

因此，在這種情況下，這封信的到來如同一塊碩大的石頭從天而降。寺院的院長很高興受到邀請，他不知道芝加哥的世界博覽會是怎麼一回事，不知道一切都是為了賺錢。在院長心目中，「世界宗教大會」是相當有誠意的聚會，他不會想到這可能只是幾個雖具誠意卻毛毛躁躁的人所做出的愚昧計畫而已，因此他把這次聚會視為達到救世主加革達—邦都希望的第一步，可以促進世界和平，達到四海一家的理想。也許，現在的宗教應該聯合成一個世界性的宗教，所有人類都該像兄弟一樣一同讚頌神，不再互相殘殺。

所以，院長就選定了寺院中一位僧侶，要他到芝加哥參加這個世界宗教大會。

這是個艱鉅的使命，比新接受聖職的嘉布遣會（Capuchin）修士被派去印度傳教更可怕，後者只要接受訓練，到一個替他打點好的地方做傳教工作即可。然而，這位小僧侶原是生長在叢林邊緣的人，突然要他從一個沉思默禱的寺院走出來，不僅是進入普通社會，而且是走向暴力、唯物的文明中心，他可能做夢也想不出如何衡量那個社會，那個社會可能會讓他害怕到全身每一吋肌膚都起雞皮疙瘩。此外，他還必須在沒錢的狀況下旅行；並不是不准帶錢，而是他們根本沒有錢。他的院長幫他籌到剛過旅程一半的車票，在那之後就只靠老天保佑了。

我見到這個身無分文的小僧侶時，他已在美國住了大約五年，獲得不少收穫，包括在芝加哥大學得到的哲學博士學位，所以人們都稱他為巴拉瑪卡瑞（Bramachari）博士。不過，據我所知，「巴拉瑪卡瑞」這個字是印度文中對僧侶的通稱，如果要翻譯的話，差不多可稱之為「沒有博士學位的小兄弟」。

我始終不明白他是如何以身無分文的旅客身分通過官方的繁瑣手續進入美國的，看來，海關人員詢問過他之後都被他的純潔感動，於是就以不合法的手法通融，或是教他幾招避免遇到阻攔

7 譯註：絕對者是一切存有物的第一因，不從他處得到祂自己的存有。

的技巧。有些人還借他一大筆錢，總之他進入美國了！

唯一的問題是，待他到達芝加哥時，世界宗教大會早已結束了。到那時候，只要看到那已被撤掉的世界博覽會會址，就足以讓他明白世界宗教大會是怎麼一回事了；一旦到達目的地，他就沒有什麼問題了。人們看到他站在車站靜候上主上智安排他度過窘境，而且看他頭上的纏巾、身上的白袍（入冬時總是包在深褐色的大罩袍內）、腳上的球鞋，就已經對他非常好奇。他經常受邀到宗教及社交團體、各級學校的集會中演講，也不只一次到新教教堂演講。他靠演講維生，經常受到邀請他之人的友善款待。他毫不做作地在離開前的夜晚將自己的空錢包放在客廳桌上，藉以籌集經費繼續旅行。

這個開著口的空錢包很有說服力，總能打動邀請他的主人的善心。那個空錢包說明了「你看到了，我身無分文」或「你看看，我只剩最後十五分錢了」，到第二天早上，錢包總會裝滿經費，讓他繼續生活下去。

他是怎麼遇到費禮德古德的？費禮德古德的太太在芝加哥念書，在那兒遇到巴拉瑪卡瑞，然後費禮德古德再認識巴拉瑪卡瑞。巴拉瑪卡瑞來到長堤一兩次，乘坐了費禮德古德的帆船，寫了一首詩送給費禮德古德夫婦。他很喜歡和費禮德古德在一塊，至少不必回答一些愚蠢的問題。許多和他打交道的都是古怪的人，半瘋狂，或是通靈論者，自以為有什麼特權可以從他那兒得到些新鮮事情似的；雖然他是個很溫和、很有耐性、很謙虛的人，那些怪人還是把他搞得很煩。在長堤，他可以得到清靜，雖然費禮德古德的老祖母一直無法相信他不是猶太人的宿敵，總是在隔壁房間轉來轉去，點上敬神的小燈來對抗這個侵入者。

一九三八年六月學期結束時，賴克斯和費禮德古德在他們寢室中央放了一個大箱子，準備打包他們的書籍，這時我們聽說巴拉瑪卡瑞又來到紐約了。

我和費禮德古德到中央車站接他。我相當興奮，因為費禮德古德早就以精選的謊言為我洗腦了，我還以為巴拉瑪卡瑞真的會飄在空中或行走在水面上呢！你或許會以為頭戴纏巾、穿著大白袍子及一雙卡茲牌球鞋的印度教徒是很醒目的，但是我們詢問了很多人，大家都沒發現有這麼一個人，我們花了好一番功夫才在人群中發現他。

記得我們找了他十到十五分鐘時，有隻貓小心翼翼地走出人群，很奇特地看看我們，然後又不見蹤影。

「那就是他！」費禮德古德說：「他把自己變成一隻貓。他不喜歡招人注意，我們再往那邊找一找，他已經找過我們了，知道我們已經到了車站。」

幾乎是在同一時刻，當費禮德古德問一個搬伕是否見到像巴拉瑪卡瑞這樣的人、而那搬伕回答沒有時，巴拉瑪卡瑞從我們身後來到。

我看到費禮德古德轉身回頭，以他少有的溫和態度說：「啊，巴拉瑪卡瑞，您好！」

那裡站著一個羞澀的矮個兒，快快樂樂地綻放著大大的笑容，面色棕黃，露出滿口牙齒。他頭上戴著黃裹巾，上面密密麻麻寫著紅色的印度文祈禱詞，腳上當真穿著一雙球鞋。

我和他握手時還真的擔心他會發電傷到我呢！當然，他沒用電傷人。我們搭乘地鐵到哥大時，車上的乘客都瞪著我們。我不停地探問他拜訪的各地大學，問他喜不喜歡斯密茲大學？喜不喜歡哈佛大學？待我們到達第一一六街出站時，我問他最喜歡那一所學校，他說所有學校對他都一樣，他從來不曾想到有人對這種事情會有特別的偏好。

我肅然起敬，沉默地仔細思考這種看法。

那時我已經二十三歲了，在某些方面有超齡的成熟，理當明白任何「地方」、「所在」都無關緊要。但事實不然，我還是很依戀我生活的地方，而且有明確的好惡，尤其是大學，因為我一直想找個最適合生活和任教的大學安居。

認識巴拉瑪卡瑞之後，我們十分投緣，成了好朋友，尤其是因為他發現我正在探尋道路深入宗教，走向和他一樣以神為中心的生活。

我也發覺很特殊的一點，他從不向我解釋他信奉的宗教，過了一陣子之後才談到一些外在的宗教禮儀，但也僅此而已。其實，只要我想知道什麼，他一定會告訴我，只是當時我沒那麼好奇。最有價值的是聽到他根據親身經驗分析美國各地的社會和宗教，如果要詳細記載下來，足夠寫滿另一本書。

他從來不做譏諷、嘲笑或兇狠的批評，事實上，他根本沒做太多評判，尤其是反對的評論。他只做事實的陳述，然後會笑了起來。他的笑是平靜而天真的，那只代表他見到四周的人居然採取那種生活方式而覺得不可思議。

讓他發笑的事情並非美國城市生活中的噪音和暴力，諸如收音機節目和大廣告牌等等；讓他覺得好笑的是用意良善的理想主義，其中最有趣的是新教牧師老是懇切地問他，印度人是否大都已經皈依基督了。他經常對我們說，印度人距離皈依基督教或天主教是很遙遠的，其解釋是，任何基督宗教傳教士不能深入廣大亞洲人心中，主要是因為傳教士總將自己的社會地位維持得較當地人要高出一大截；英國國教還當真以為他們可以靠嚴格的分離政策促使印度人皈依——白種人上白種人的教堂，當地人上當地人的教堂，而大家聽的都是倡導友愛和統一的道理。

據他所說，所有的傳教士都遭受到挫折，就是因為他們自己生活得太好、太舒服了。他們太為自己的生活著想，所以印度教徒不可能視他們為神聖；尤其傳教士是肉食的，更引起當地人的反感。

我完全不了解傳教士的生活，但是我相信和我們的生活水準相較，他們過得辛苦艱難，絕對稱不上舒適；以歐美的生活來衡量，他們是做了相當的犧牲。我猜如果要傳教士過當地一般人的生活，可能會要他們的命，不可能要求他們也打赤腳，睡在草席上，住在小茅屋裡。不過有一點很明顯，異教徒有他們自己對「神聖」的看法，其中最重要的一點就是克己苦修；根據巴拉瑪卡瑞的說法，印度教徒普遍認為基督徒根本不明白克己苦修的道理。當然，他的本意主要是指新教傳教士，但我猜可以泛指一切從外地所謂文明地區來到這個熱帶地區的人。

對我而言，並無失望的理由，巴拉瑪卡瑞只是指出讀過四福音書的人都熟知的事情：一粒麥子如果不落在地上死去，仍然只是一粒；如果死去了，才會結出許多子粒來[8]。印度人並不希罕我們送許多人去為他們建立學校及醫院——也許那些創設也是印度急需的，但是他們想要知道我們有沒有聖人可以送到他們那兒去。

我深信我們的傳教士當中一定有許多聖人，而且他們也可能成為更偉大的聖人，這就夠了，

8 譯註：參見〈若望福音〉（John）第十二章第二十節。

畢竟十六世紀時，聖方濟．沙勿略（St. Francis Xavier）就曾引導好幾百名印度教徒皈依天主教，創建牢固的亞洲公教社團，歷數世紀而不衰，而且他並沒有從外面的天主教世界得到任何物質援助。

巴拉瑪卡瑞談及他接觸到的英國國教和其他新教派別時，並沒有說出任何我沒聽過的事，我倒是對他關於天主教的意見頗有興趣。當然，天主教不曾邀請他上聖壇傳道，他倒是很好奇地拜訪過幾個天主教堂。他告訴我，他在那幾個教堂中真正感覺到人們是在祈禱。

就他所見，只有在天主教堂內，只有在天主教徒視敬愛天主為真正重要之事的時候，宗教才真正在我們的生活中產生了生命力，那是深入人們天性中的，而不僅僅是虔誠的表面行為及情感表露而已。

不過，他提到拜訪中西部一間很大的本篤會（Benedictine）修院時又齜牙笑了。他說他們帶領他參觀了許多工作室、機械裝置、印刷機，把整間「工廠」都看遍了，好像他們滿腦子想的都是這些建築和事業。他感到他們太專注於印刷、寫作及教育，忽略了祈禱的功課。

巴拉瑪卡瑞並不是會被這些話感動的人：「這座教堂鑲嵌的彩色玻璃價值二十五萬元……風琴有六組鍵盤，能發出鼓聲、鈴聲和夜鶯的聲音……還有這聖壇背後的屏風淺浮雕是當代義大利藝術家的真蹟。」

他較不推崇的是那些曖昧、奇特、古怪的支派，如基督科學教派、牛津集團等。如此聽來讓我非常安心，倒不是支派令我困擾，而是他的態度讓我肯定了我對他的尊敬。

他不常把話說得像是諫言，但是他曾經給我的一項建議是我不會忘記的：「基督徒寫了不少美好的神秘主義書籍，你應該閱讀聖奧斯定的《懺悔錄》（*Confessions*）和《師主篇》（*The Imitation of Christ*）。」

我當然聽說過這兩本書，當他提到這兩本書時，他的口氣好像美國人都不知道有這一類書籍存在。他好像以為自己擁有一項真理，而這真理對大多數美國人都是新聞——也好像是美國人早已將自己的文化遺產忘得一乾二淨，該由他來提醒大家。他重複他的話，而且鄭重其事地說：「的確，你應該讀讀這些書。」

他並不常用如此強調的語氣說話。

現在回想起來，我覺得天主讓他大老遠跑到美國來的原因之一，很可能就是來說那句話。多麼諷刺啊，我竟然曾經轉向東方，研讀神秘主義，好像基督宗教傳統沒有或很少有神秘主義可研究似的。我記得我苦讀威格神父翻譯的大冊書本時，以為那代表著世間宗教的最高發展。也許赫胥黎的《目的與手段》讓我以為基督宗教信仰是較不夠純然的宗教，因為它太過於形式化，沒有取消聖事禮儀，而禮儀是應用一些有形事物對感官的吸引力來提升人的靈魂到達更高境界的，因此有時被批評為太物質化。

如今提醒我應該回歸基督信仰傳統、研讀聖奧斯定的，竟然是一位印度僧侶！

不過，就算他沒有給我這個建議，我可能還是會研讀教會初期聖德卓越的作家和士林哲學，因為在撰寫碩士論文的過程中有一項很幸運的發現，使我終於明確地走上這條軌道。

這個發現就是，我找到一本書解決了我的論文中想要解答的所有難題，那就是馬里旦的《藝術與士林哲學》（*Art and Scholasticism*）。

IV

在哥大的最後一週過得相當混亂。賴克斯和費禮德古德都在徒勞無功地整理行李，準備回家；巴拉瑪卡瑞住在他們房內，睡在一堆書上。賴克斯正在寫一本長篇小說，準備繳交諾比教授的小說寫作作業，他的朋友都自告奮勇要替他的小說各寫一個章節，而且是大家同時寫！不過，到最後大致是由賴克斯、我和多娜三人完成的。待小說交到諾比教授手中時，他根本看不懂，不過他還是給了賴克斯一個乙下，真是讓我們喜出望外。

賴克斯的母親特別搬到附近居住，萬一賴克斯畢業前幾週過得昏天黑地、體力不濟，她可以就近照顧。他必須經常到母親租賃的巴特勒公寓吃飯，我也常常和他一起去，幫他一起吃營養食品。

同時，我們計畫要搭乘油輪沿著哈德遜河北上，經過伊利運河（Erie Canal）到水牛城（Buffalo），因為賴克斯的姊夫從事石油事業。然後我們要到紐約上州一角的奧利安（Olean）玩玩，那兒是賴克斯的老家。

畢業典禮那天，我們待在賴克斯寢室內，將身子探出窗外喝香檳酒，看到太陽曬在南操場上，人們已經開始聚集在漢彌爾敦樓前的樹蔭下，我們也即將去那兒聽一連串講演，和校長巴特勒握手。

那年六月的畢業典禮原本與我全無關係，我早在二月即從註冊組領到了文憑；不過，我向多娜借了她去年從巴納學院畢業時穿戴的帽子和袍子，和其他畢業生一塊坐著，一起譏笑講演人的講詞。我的頭腦已經有點不清醒了，因為方才我們在佛諾德大樓自行慶祝，已經喝了一些香檳。

最後，我們全體起立，慢慢列隊走上臨時搭建、不甚牢固的木架台上，去和校方的重要領導人物握手。巴特勒校長比我想像中矮小得多，他看來很痛苦的樣子，握手時對每個學生喃喃說幾句話，輕微得根本聽不見。我聽說六、七年來很多人在這個時刻都對他說侮辱的話，作為道別之禮。

我沒作聲，只和他握了握手就走過去了。我碰上的第二個人是豪克斯院長，他從白色濃眉下瞪著我，吃驚地吼了一句：

「你跑上來做什麼？」

我只是笑笑，然後走過去。

我們並未如願搭上油輪，而是搭乘火車到奧利安。有生以來我第一次看到世界上有個地方將讓我學到如何快樂地生活——這一天不會太遙遠了。

正是這份與快樂有關的聯想，使紐約上州在我的記憶中無比美麗；然而，客觀地說，紐約上州的美也是不容置疑的，那兒有深谷，有好幾哩連綿不絕的山林，也有寬廣的田野、高大聳立的紅穀倉、白色農莊房舍與寧靜的小城鎮。這些景致在西下的斜陽中，尤其是在我們過了艾邁拉（Elmira）之後，愈來愈深刻地映入眼簾中。

這一切讓人漸漸感到美國的遼闊，領悟到大陸型景觀的特色，晴空萬里，火車一小時又一小時、一哩又一哩地不斷前進。這塊土地多麼色彩豐富、清新遼闊、富足充裕啊！一切是這麼整潔、這麼健康！這是個新生又陳舊的國家，是個圓熟的地方，已被拓墾出來供人居住了一百多年。

我們在奧利安下車，呼吸那新鮮空氣，聆聽那片寧靜。

我在那兒待了不過一週多就開始感到不安，急著趕回紐約，主要原因是那時我一如往常正在談戀愛。

留在那兒時，我們曾到郊外的小路上轉了一下。在通往印第安保留區的路上，我們看到方濟會（Franciscan）辦的一所大學，磚瓦建築平實無華。

那所大學叫聖文德學院，賴克斯對這所學校很有好感，他的母親經常在那兒修習夜間課程，都是方濟小兄弟教授的文學課。他也是管理圖書館的神父的好朋友，特別喜歡那間圖書館。我們駕車進入校園，停在一棟大樓門口。

賴克斯叫我下車，我不肯。

「我們離開吧！」我說。

「為什麼？這地方很好呀！」

「還可以，不過我們還是走吧，快到印第安保留區。」

「你不想看看圖書館嗎？」

「從這裡看看就夠了，走吧。」

我也不明白自己為何這麼不耐煩，也許是想到那麼多修女和神父在我四周就讓我害怕。地獄臣民一接觸到修會生活、修道誓言、正式透過基督獻身於天主的人，就會產生原始的恐懼。太多十字架、太多聖像、太寧靜快樂、太多虔誠的樂觀主義，使我感到全身不安，我非得逃開不可。

我回到紐約的第一件事就是從道格拉斯頓的家中搬出來。說實在的，自從外祖父母過世之後，整個家庭就等於瓦解了；同時，我想省下搭乘地鐵及長島線火車的時間，多做點事。

六月的一個雨天，我和道格拉斯頓一個黑人出租汽車司機赫伯商量好，他開車替我將行李、書籍、隨身手搖留聲機和我所有的熱門唱片、照片、壁上掛的圖畫、甚至從來沒用過的網球拍，一起送到城北第一一四街哥倫比亞圖書館後面我租賃的房間。

一路上我們討論著一度著名的電影明星范倫鐵諾（Rudolph Valentino）神秘死亡的原因，其實那根本不是當時的新聞話題，范倫鐵諾至少死去十年了。

「你找到這地方真不錯！」赫伯這麼說，很讚賞我用一週七塊五租下的房間。這兒明亮乾淨，家具是新的，透過大窗可看到學校網球場邊的煤炭堆，再過去看到的是校園中的南操場和圓頂老圖書館的後台階，廣角度的窗景甚至還容納了幾棵樹。

「我猜這下你有痛快日子好過了，不是嗎，家人都不在身邊了。」赫伯離開時還撂下這麼一句話。

在那間屋子內發生的事件之一，就是我又開始較有規律地祈禱了；也就是在那兒，我遵照巴拉瑪卡瑞的建議將《師主篇》一書納入我的藏書之列，到後來終於像真的被人推了一把似地出門找神父去了。

到了七月，奇熱無比，霧氣瀰漫，哥倫比亞校園內充斥著訪客，有成千名從中西部來的戴眼鏡、穿粉紅衣裳的胖女士，也有穿著灰色泡泡沙西裝的男士，他們都是來自印第安那州、堪薩斯州、愛荷華州或田納西州的高中校長。他們思考著在酷熱大廳裡學習得來的真理，實證主義使他們血管皺縮，行為主義者所說的反應在他們眼鏡後面閃動著。

我書桌上的書愈堆愈高，在學校研究室或我自己的住處都一樣。我深陷論文寫作之中，但是因為程度有限，製造出無數錯誤的見解，許多年後才有能力偵測出來。幸好沒有其他人發現我的錯誤，但是當時我相當快樂，學到不少知識。有紀律的工作對我極有幫助，尤其有助於糾正我自以為健康有問題的幻想。

在這過程中，我發現了士林哲學。

我的論文題目最後是定為〈威廉．布雷克的自然與藝術〉，那時我不知道這個題目實在是天主上智的安排！這個題目引導我研究布雷克對藝術方面各種徹底寫實主義、自然主義、狹隘的古典現實主義之抗拒，因為他自己的理想主要是神秘與超自然的；換句話說，只要我能明智地處理這個題目，絕對會消除我的自然主義及唯物主義哲學思想，並且可以解決盤踞我心中多年、自己都解釋不清的不協調想法與自我矛盾。

畢竟，我從小就明白，藝術經驗的頂點其實就是神秘經驗的自然類似物。藝術經驗是對現實的直覺感知，是透過對默觀對象的感情認同而產生的。多瑪斯學派稱這種知覺為「原始存有的」（Connatural），簡單地說，就是一種宛如認同各種本性而產生的知識；譬如一個貞潔的人能明白貞潔的本意，因為他自己的靈魂就充滿了貞潔——那是他本性的一部分，而習慣是人的第二本性。「非原始存有的」（Non-connatural）知識則是哲學家的知識，借用《師主篇》的說法，哲學家有能力定義貞潔，卻不一定擁有貞潔的本質。

很早我就由父親那兒明白，如果將藝術的功能僅僅視為複製感官的愉悅，或者最好也不過是鼓動情感，造成短暫的興奮，那簡直是對藝術的褻瀆。我一向了解藝術是默觀的，需要人類最高境界的能力來表達。

一旦我發現研究布雷克的秘訣在於了解他對藝術中徹底寫實主義與自然主義的反叛，就可看出他的「預言書」和其他詩篇也都在反叛道德規律中的自然主義。

這是多麼偉大的啟示！從十六歲起，我一直以為布雷克和其他浪漫派文人一樣，都是為自己歌頌激情和自然力。太離譜了！他讚美的是在神秘經驗煉火中已轉化的人類本性之愛、本性的能力，這也表示他藉著信仰、愛和意願努力徹底地淨化自己，遠離他那些理性主義朋友們的瑣碎物質主義、平庸世俗的理想。

布雷克的理念一以貫之，發展出道德上的洞察力，能夠辨別出世俗而包含私心的道德律之虛偽特色，因此他認出在立法時有些邪惡被訂為正當的標準，用來譴責其他的邪惡。例如，驕傲與貪婪佔據了審判席，嚴厲不仁地控訴人性中正常健康的努力；愛被判為淫亂，憐憫被殘忍吞噬。

所以，布雷克知道為何：

娼妓在大街小巷的嚎啕
將織成老英倫的裹屍布

我聽過那哭喊聲和回音，也看過那條裹屍布，卻什麼也不了解。我曾經試著將它解釋成社會法律或經濟力的問題，如果以前能明白布雷克的意思，他大概會告訴我，一旦社會和經濟脫離了信仰與愛德，就會變成他筆下那年老、冰冷的魔鬼尤力申（Urizen）的鐵鍊了！但是現在我將馬里旦與布雷克對照著讀，發現所有的疑難矛盾都消失了。

我在藝術上一向反對自然主義，卻在道德觀念上一直奉行純粹的自然主義，難怪我的靈魂是有病、撕裂的。不過，此刻那道淌血的傷痕已經被基督信仰的德性觀縫合了！靈魂註定要與上主結合。

至於「德性」這個名詞，在過去三百年它的命運也實在坎坷！它在拉丁國家遭受到的輕視與譏諷，遠比不上在喀爾文教派和清教徒手中所受的蹂躪。在我們這個時代，玩世不恭的中學生輕佻地使用這個字眼，在戲劇中亦被濫用成低級諷刺的意思，每個人都拿「德性」開玩笑，現在它的主要意思被當成偽君子的假道學或無能者的托詞。

馬里旦一點也不在乎這些淺薄之見，他單刀直入採用士林哲學對「德性」一詞的見解，而且用它來談論藝術，說藝術是「一種實踐智慧的德性」。這新鮮的解釋足以清除世俗性偏見在我心中製造的毒素，若有人因此偏見而受害，我必是受害最深者。我從來就不喜歡清教徒的教義，此時我終於對德性有了明智的觀念——沒有德性就不可能快樂，因為德性的力量就是為我們帶來幸福快樂；沒有德性就不可能喜悅，因為德性整合我們的自然能力，使我們趨向和諧、完善與平穩，使我們與自己的本性相融合，進而與天主結合，最後必能為我們建構永恆的和平。

大約是一九三八年九月初，我正式從事論文的寫作，皈依的準備工作也大約完成了。在仁慈天主上智的安排下，一路走來，我接受了各種外在的恩寵，諸事都順利美好地完成。從我讀吉爾松的《中世紀哲學精神》、把我由以「無神論者」自居轉變到接受宗教經驗的所有可能性（包括絕頂光榮的宗教經驗），總共花了一年半的時間。

我不只在心智上接受了這一切，更開始渴望這一切；不僅渴望，更開始採取有效的行動：我開始想要採取必要的方法來獲得這項結合、這份平靜，開始渴望獻身為天主服務。這個念頭仍是模糊含混的、甚至虛浮得可笑，我尚未遵守最基本的道德律法就夢想著與天主神秘結合了。不過，我相信這個目標是實在的，而且有信心達到；不論我的信心多麼自以為是，我確信天主都已慈悲為懷地原諒我了，因為我是如此愚蠢無助，而且我也真正走上了正路，決心履行我認為祂要我做的事，俾能將自己帶到祂的身邊。

雖然我自認已看到該走的道路，也可以認清大致的方向，但我是多麼盲目、懦弱、病態啊！書中清晰的觀念常使我們受到矇騙，以為自己當真明白了書中的道理，其實並未得到實踐的知識。我記得我可以連續數個小時引經據典地談論神秘主義和對天主的經驗性知識，但在此同時卻喝著威士忌與蘇打水助興，讓辯論的氣氛更熱烈。

例如，那年勞工節的情況就是如此。我和住同一棟屋子的約瑟夫到費城，四年來他參與了約翰·傑伊大樓「第四層樓」的大小戰役，畢業後在一家介紹女帽的貿易雜誌工作。我們整夜和他的一位朋友坐在費城城外的黑暗旅館內不斷地爭論神秘主義，不停地抽著菸，也漸漸喝醉，最後我滿懷熱情，渴望擁有能看到天主的純潔心靈。就在這種心境下，我和他們一起進城，那時酒店都打烊了，於是我們轉入一家非法營業的大酒吧酩酊大醉。

我內在的矛盾確實逐漸化解了，但是還停留在理論的層面上，沒有進入實踐階段。並不是我缺乏意願，而是我仍舊被自己的罪孽和牽絆銬著。

我想，世人——尤其是現代人——最需要認清的真理就是，理智只有在理論上可以和實際生活中的欲望各行其是。由於理智總是被熱情的目標蒙蔽或歪曲，它給我們的證據表面上看來如此公正客觀，其實卻受到利益及宣傳的影響。我們都自欺得很高明，而且越演越烈，會花很大功夫說服自己，證明自己絕不會有謬誤。肉體上的欲望——不只是指有罪的欲望，一般喜好舒適安逸、希望受人尊敬等欲望也包括在內——是一切過錯與錯誤判斷的源頭，因為我們有這些渴望，理智（如果在真空中單獨運作，可以真的把所見事物不偏不倚地登錄下來）呈現給我們的一切事物，就會因為遷就我們的願望而有所偏差。

因此，即使我們的行為可能是出於最好的心意，以為自己行了大善，實際上卻可能造成具體的大害，與原來的好心完全抵觸；看來，美好的手段往往通向地獄的深淵。

唯一的解決方法就是聖寵，聖寵，服從聖寵！我當時仍在危險境界，因為我是自己的嚮導，是自己對聖寵的翻譯員。我能安全上岸實在是奇蹟！

大約在八月，我終於回應了內心醞釀許久的衝動。之前有好一陣子，每逢週日我都會到長島和那個令我匆匆由賴克斯的奧利安家中跑回來的女孩混上一天；不過，如今每到接近週日時，我想要留在城裡上教堂的願望越來越強。

一開始，我隱約覺得可以找個貴格派聚會所和他們一起靜坐一下。我自小對貴格派的那份親切感仍然存在，讀完潘恩的書之後，對貴格派的好感仍然沒有多大改變。

然而，在圖書館寫作論文很自然地讓我產生一個更強烈的意願，更有力地驅使我到天主教堂，最後這份驅策力變得強烈到使我無法抗拒。我打電話給我的女友，告訴她週末不去看她了，我下定決心，有生以來第一次正式去望彌撒。

這是千真萬確的，我生命中的第一次！我在歐洲大陸住過幾年，去過羅馬，進出天主教大小教堂上千次，卻從來沒有望過彌撒；如果教堂內正在舉行什麼活動，每次我都會懷著新教徒的恐懼心情逃離出來。

我不會輕易忘記那一天的感觸。首先，我心裡有一股甜美、強烈、溫柔又潔淨的推動力告訴我：「去望彌撒，去望彌撒！」這是一件很新奇的事，這個聲音，這個堅定而漸增的內在信念似乎在驅使我去做該做的事，我想不出這份貼心又簡明的力量是從哪裡來的！當我屈服時，這份征服我的力量並未耀武揚威或餓虎撲羊般地踐踏我，反倒平靜地領我前進，走向一個有意義的方向。

這並不是說我屈服時感情全無波動、一片祥和，我仍舊有點害怕特意走入天主教堂，和那麼多人在一起，將自己安置在教堂長椅上，暴露於那奇特有力、人們稱為「彌撒」的神秘危險事物之前。

天主將這個週日安排得那麼美好，我第一次真正清醒地在紐約城內度過週日。我感到很驚奇，城北空盪盪的街上氣氛竟如此潔淨安寧。太陽光亮照耀著，我走出大門，從街道盡頭可以看到勃發的綠意和藍色的河流，以及對岸新澤西州的山丘。

百老匯大道非常空曠，只有一輛電車匆匆開過巴納學院及新聞系大樓。然後，洛克斐勒教堂那高大昂貴的灰色大鐘隆隆響起，正好替第一二一街教育學院後那小磚房裡的基督聖體教堂出聲提醒大家，十一點鐘的彌撒開始了。

那小小教堂看起來很亮麗，真的，它算是很新的一座教堂。陽光照耀著整潔的牆磚，人們從敞開的大門進入，內部很陰涼。突然間，所有義大利及法國教堂的形影都出現在我的腦海中，我自幼就逃不開天主教那富麗豐足的氣氛，對此頗有體會，也頗為喜愛這一切，但是這一次我將首度深入這個環境，在此之前我都未能一窺堂奧。

這座教堂給人的感覺聖潔歡快，有大而平實的窗戶、白色圓柱和半露方柱，以及一個簡單明亮的至聖所。教堂的風格兼容並蓄，不拘於一種形式，但還沒有美國一般的天主教堂那麼不協調。它有一點十七世紀司鐸祈禱會的味道，卻又帶點美國殖民時期的簡樸風格；這種混合倒也相當動人，頗有創意，我雖然沒有多想，卻感受到了這一切。不過，令我印象最深的是整座教堂都坐滿了人，完全沒有空位，坐在那兒的不只是老婦人或一條腿已踏入墳墓的衰頹男子，而是男男女女、大大小小的孩子都有，小的居多；同時，也包括各個階層的人，中堅份子是有工作的男女及其家人。

我在後排邊上找了一個我希望不太顯眼的位置，沒行單膝跪拜禮就走過去跪下了。剛剛跪下，我就注意到一個很漂亮的年輕女孩，大約十五、六歲，直挺挺地跪著，而且很嚴肅地祈禱。我非常感動，見到這麼年輕漂亮的女孩會這麼單純地祈禱，使得祈禱成為上教堂最真、最重要的原因。她那麼跪著顯然是因為有那份心意，並不是要炫耀；她專心一致地祈禱也許比不上聖人的沉思默想那般深沈，但是認真的程度已顯示出她根本沒注意到四周的人。

這是個啟示：發現這麼多平凡的人聚在一起，心中想著天主，而不是想著四周的人；無意炫耀他們的帽子或衣服，只是來祈禱，至少是盡其對宗教的義務，而不是履行為人處世的責任，因為即使有些人僅僅是為了盡義務而來，至少也不必像新教徒在教堂中那樣，自覺身處人群中而感到不自在。在新教教堂中，人們是以群體成員、街坊鄰居的身分聚在一起的，就算不是全心注意四周的人，至少也要用一隻眼睛注意旁人。

因為正值暑假，所以十一點的彌撒也是一台簡禮彌撒，反正我也不是來聽音樂的。沒多久，我就注意到一位神父與兩名輔祭已經站在至聖所前，我看不清他們在忙些什麼，人們仍然繼續自己的祈禱。我完全融入了整座教堂的氣氛：祭台前的活動和教堂裡的人。然而，我並沒有完全擺脫我的恐懼感，看到幾個遲到的人匆匆行過單膝跪拜禮才走進座席，我才想到自己沒有行禮，不禁擔心人們已發現我不是教徒，正等著我再犯幾次失禮的錯誤就把我攆出教堂，或至少用譴責的眼光瞪我幾眼呢！

不久，我們都站了起來，我並不知道為什麼。神父站在至聖所的另一端，我後來才知道他是在唸福音，然後我發現已經有人站在講道台上了。

那是一位年輕神父，大約三十三、四歲左右，面孔瘦削，有克修之風，配上角質鏡框的眼鏡更增添了一份儒雅的氣質。雖然他只是個助理神父，無論是他自己或是旁人都沒將他視為多麼了不起的智者，但是當時他確實給我一個智者的印象；他的講道雖然簡單，卻也沒有否定我的想法。

他的講詞不長，我卻很感興趣。他這麼年輕，靜靜地用平實中夾雜著學院語彙的語言向大家講解天主教教義中的一項重點。那教義多麼清晰紮實啊，因為你不僅在言語背後感覺到聖經的深厚力量，還感覺到千百年來統一、持續、一貫的傳統之深厚力量；更重要的是，這是個有生命的傳統，一點也不做作或過時。這些言語、術語、教義與信念由這位年輕神父口中傾吐而出，就像其生命中最密切的一部分。我也感覺到聽眾都很熟悉這一切，這多少也是他們生命中的一部分，已經融入其精神本質中，就像他們呼吸的空氣或享用的食物融入血肉中。

他說了些什麼？基督是天主之子，是三位一體天主的第二位。天主在祂之內取了人的本性、人的身體與靈魂，以肉身之軀與我們一起生活，充滿了聖寵與真理；而這個「人」，人們所稱的基督，也就是天主。祂同時是人也是天主，神性與人性結合，共存於一個位格內，一個神聖的個體，也同時承受人性。祂的工作就是天主的工作，祂的行動就是天主的行動。祂愛我們，和天主一樣，與我們一同行走；和天主一樣，為我們死在十字架上。祂是天主的天主，光明的光明，真天主的天主。

耶穌基督不單是一個人，一個好人，了不起的人，最偉大的先知，神奇的醫生，聖者，這些平凡的字眼在祂跟前黯然失色，任何文字都無法描述祂。祂就是天主，但是祂不只是無形體的精神體，不僅是隱藏在幻身之後的上主，同時也是一個真正的人。祂是至聖童貞聖母的肉身所生，聖神使她的血肉形成耶穌。祂藉由肉身在人世間所做的事不只是以人的身分、也是以天主的身分所做的，祂以天主的身分愛我們，承受痛苦，為我們而死。

我們是如何知道這些的呢？因為聖經都已經顯示給我們了，再由教會的教導以及自最早的宗徒、教宗、教父傳下的強大一貫天主教傳統教誨加以證實，其間歷經眾多聖師與學者的傳承，延續到我們這個時代。如果你相信這神聖的信德，就會得到光照，達到一定程度的了解；如果你不相信，就永遠不會了解，只會將神聖的信德視為無聊荒謬之談。

同時，也沒有人只憑自己的意願就能相信這些道理，除非他得到聖寵——來自天主的真光與天主賦予心靈和意志的鼓勵——否則根本不可能做出擁有鮮活信仰的行為。是天主給我們信德，除了天父吸引的人，誰也不能到耶穌那裡去。

早年我在羅馬的教堂觀賞古代鑲嵌畫時，差一點就發現耶穌的神性；如果那時就能得到天主的聖寵，我的生活會變成什麼樣呢？我可以避免多少自我毀滅及謀殺耶穌的罪惡呢？過去五年來，我曾使我靈魂中的耶穌聖像遭到無數污染，天王在我心中屢屢受到鞭笞，被釘上十字架處死。

這是很容易解釋的。或許天主早已預見我的不忠，在那段時期從未賜我聖寵，因為祂知道我會藐視、浪費聖寵；萬一我拒絕了聖寵，可能就萬劫不復了。無疑地，有些人未獲聖寵的原因之一是他們的意志因貪婪、殘忍、自私而變得冷硬，拒絕聖寵只會使其意志更加冷硬……但是現在我已飽受不幸、混亂、困惑、內在秘密恐懼的折磨，變得有點謙卑了；我的靈魂猶如犁過的田，較適於接受好種子了。

那天我最需要的就是那篇講道。當奉獻禮前的慕道者彌撒結束時，我這個連慕道者都還稱不上的傢伙——像一名剛從黑暗的羅馬帝國、格林多（Corinth）或厄弗所（Ephesus）走出來的異教徒，又瞎又聾又啞，軟弱不潔——除了那篇講道根本沒有能力了解其他事情。

待注意力又回到祭台，一切都變得神秘莫測。教堂內越來越安靜，小鈴鐺響了起來，我又開始緊張害怕，終於匆匆屈左膝行了跪拜禮，然後在彌撒最重要的部分進行時衝出教堂。也許理當如此，我猜是對教會禮儀的直覺反應告訴了我，我還不夠資格和大家一同慶祝這些奧蹟。我根本不明白到底發生了什麼事，事實上基督——天主——即將以餅、酒的形象臨現在祭台上了。雖然祂在那兒，是的，祂為了愛我而在那兒，但是祂有能有權，我是什麼呢？我的靈魂是什麼樣子？我在祂的眼裡又算什麼？

就教會禮儀來說，我是該在慕道者彌撒告終時把自己踢出去的，該有個被祝聖的司門在那兒把我攆出來，反正這「驅逐」的行動是完成了。

我輕鬆地在太陽下走上百老匯大道，眼前所見的是一個新世界。我不明白到底是什麼事使我那麼開心、那麼平靜、對生活那麼滿意，因為我還不習慣品嘗聖寵帶來的清潔感——的確，一個人聽到這樣的講道，相信了它的道理，獲得赦免成為義人，靈魂慣於領受使人聖化的恩寵，從此過著神聖及超性的生活，也並非不可能之事；不過，在此不必繼續推論這一點了。

我發現我走入了新世界，連哥大那些醜陋的建築也變得美好了，那些原來為暴亂嘈雜而設的街道也處處顯得安靜。坐在第一一一街狹窄的恰爾滋餐廳的露天餐座裡，在骯髒侷促的矮樹叢後吃早餐，竟也像是到了天堂境界！

V

從此我的閱讀材料愈來愈是天主教方面的，也更深入研究霍普金斯的詩及其筆記；六年前，他的詩只引起我一點興趣，現在我特別喜歡探討他身為耶穌會士的生活。那是什麼樣的生活呢？耶穌會士又做些什麼呢？神父到底做些什麼事？他如何生活？我不知道從何著手尋找答案，但是這些問題開始在我心中神秘地吸引著我。

有件事非常奇怪。這時，我已經閱讀過兩三次喬伊斯的《尤利西斯》。六年前，在史特拉斯堡度寒假時，我試著閱讀《青年藝術家的畫像》（*Portrait of the Artist as a Young Man*），但是中斷於描述其精神危機的那一部分。裡頭有些東西令我氣餒、厭煩和沮喪，我不想讀到那些事，最後在「使命」那一段讀到一半時終於擱下那本書。然而，說來奇怪，這一年夏天——我想是在我首次去基督聖體教堂之前——我重讀了《青年藝術家的畫像》，這次偏偏對「使命」那一段深深著迷，尤其是神父講道的那一部分。讓我印象深刻的不是對地獄的恐懼，而是他講道講得如此純熟精妙，此時神父宣講的思想非但不再讓我反感（也許那是作者的本意），反而令我深受激勵及啟發。我喜歡書中神父說話風格中顯現的效率及勁道，而且再一次令我感到滿足的是，這些天主教徒知道他們的信仰，明白他們傳授的道理；大家都傳授同樣的道理，而他們傳授的都是經過整理、有目的、有效用的，這一點就比他們教義中的實際主題更打動我。待我聽到基督聖體教堂的講道之後，教義的主題才開始對我發生影響。

因此，我又繼續閱讀喬伊斯的作品，愈來愈對書中各處描述的神父及天主教生活著迷，很多人也許會對此感到奇怪。我猜喬伊斯自己的興趣只是盡可能客觀、生動地重建他認識的都柏林（Dublin），他的確將愛爾蘭天主教社會的錯誤之處描述得非常真切，也對他放棄的教會毫不留情；然而，他放棄教會是因為忠心耿耿於成為藝術家的召喚（這兩項召喚並非一定無法和諧共存，只是在喬伊斯主觀的特殊情況下有所衝突），想要盡可能精確地重建他的世界。

因此，重讀喬伊斯讓我搬到了他的都柏林，呼吸那物質與精神的貧民窟空氣。他描繪的都柏林並不是最富天主教色彩的一面，但是背景中仍然有教堂、神父、教堂的敬禮，以及天主教生活的各個層面，從耶穌會士到只和教堂沾點邊的人的生活都包含在內。現在是這些背景使我著迷了，而喬伊斯一度具備的多瑪斯學派色彩也使我著迷；就算他摒棄了聖多瑪斯，也比亞里斯多德更接近聖多瑪斯。

此外，我也在重讀形上詩人的作品，尤其是克拉簫（Richard Crashaw），並研究他的生平和皈依；那也是另外一條道路，多少也指向耶穌會。在一九三八年的八月及九月，我的內在生活都是圍繞著耶穌會，他們象徵著天主教使徒工作中有活力、有組織的一面，是我最近才懂得尊崇的。或許在我腦海深處還有我最敬佩的耶穌會英雄的影子：那了不起的羅斯查爾德（Rothschild）神父，是瓦渥寫的《卑劣的肉體》（*Vile Bodies*）中的人物；他和所有外交人員一起策畫，當夜裡大家都累倒後，他卻騎著摩托車消失在黑夜中。

儘管如此，我還沒有做好站到領洗池旁的準備，甚至還未在心裡和自己爭辯過是否該成為天主教徒，我滿足於站在一旁羨慕別人。另外，我記得某日下午，我的女友進城來看我，我們一同在紐約北城街上散步，我要她和我一起到協和神學院去取課程表。這當然不算是娛樂性的活動，而且我們一邊在河邊大道上散步，我就一邊看起課程表來了。她是個很善良、很有耐心的女孩，並沒有正式表示不高興，但是你仍然看得出跟一個不確定是否該進入神學院的人一起散步，讓她覺得有點沒趣。

那份課程表沒有什麼吸引人之處，《天主教百科全書》（*Catholic Encyclopaedia*）中關於耶穌會的文章才真正讓我興奮；想到有那麼多初學院[9]、卒試[10]等等——有那麼嚴謹的審核、那麼長的訓練——我興奮得喘不過氣來。我一遍遍地讀這段文章，心想這些耶穌會士一定都是極度有效率的人。有時，我似乎也假想著自己的面容因修行變得嚴峻了，黑色道袍使我面色格外蒼白，臉上的每一線條都表明這個人是耶穌會聖人，是耶穌會的大才子。我想，模糊誘因中最撼動我的便是做個大才子的美夢。

除了胡思亂想之外，我並沒有更進一步接近教會，在實際行動上只不過在夜禱中加唸了聖母經（Hail Mary）而已，我甚至沒有繼續望彌撒。第二個週末我又去會見女友，並且到費城旅行了一趟。我心中模糊不清、飄浮不定的念頭和願望，需要經歷一些歷史性事件才能受到激勵，做成決定。

一個夏末炎熱的夜晚，城裡的氣氛突然變得非常緊張，因為收音機報告了一些特殊消息，我還沒聽到新聞內容就已經感覺到四周的緊張情緒。突然間，我注意到那份寂靜，只有四鄰各處的收音機嗡嗡作響，各家各戶不同收音機的聲音漸漸匯聚成一個巨大、不祥的聲音從各個方向朝你撲來，跟著你在街上行走；若是逃避任何一個聲音來源，馬上又會從其他角度聽到。

我聽到：「德國——希特勒——今天清晨六點德國軍隊……納粹……。」他們做了什麼事？然後約瑟夫進來說戰爭很快就要開打了，德軍進佔捷克，戰爭一定免不了。

紐約城讓人覺得地獄之門似乎被打開了一半，冒出的氣焰讓人垂頭喪氣，人們帶著愁容在新

9 審訂者註：耶穌會士對於會士培育的第一個階段，為期二年，稱為「初學期」（noviceship），接受陶成的會士稱為「初學生」（novice），他們所居住的耶穌會團體，為「初學院」（novitiate）。

10 審訂者註：這是耶穌會士對於會士培育的最後一個陶成階段，為期六個月至一年不等，又稱為「第三年初學」。

聞報攤邊溜達。

約瑟夫和我坐在我房間內，一直到夜半。我那兒沒有收音機，我們喝罐裝啤酒、抽菸、開一些無聊興奮的玩笑。但是沒兩天，英國首相火速飛去會見希特勒，在慕尼黑簽訂了令人欣慰的新聯合公報，取消一切可能引發大戰的行動，然後飛回倫敦。他降落在克洛敦機場、跌跌撞撞地走下飛機後說：「我們擁有和平了！」

我非常沮喪，不願推想在這團混亂下的複雜骯髒政治糾紛；在此之前，我已對政治感到絕望、完全放棄它了。我對任何運動或各種勢力的互動已不想置評，反正各方都一樣不公正、一樣腐敗，只有程度之別，要從各方政客矯揉造作的大聲疾呼中找出些許真理正義實在太費力、太靠不住了。

我看到的是世上人人都宣稱憎恨戰爭，卻又被迫加入戰爭，衝力之強使人目眩，終於令我反胃；社會中一切內部矛盾最後也匯集起來，離解體之日實在也不遠了。然而，我們這個社會將終結於何處呢？在那段日子，未來是很不清晰的，未來被戰爭抹成空白，就像被一道死巷的牆隔住。沒有人知道能否活著脫身，平民與戰士的處境何者較糟？在很多國家，由於有空戰，有各式新型飛機和了不起的新型炸彈，平民與戰士的命運區別已經消除了。這樣下去結果會是怎樣呢？

我知道自己痛恨戰爭，討厭引發戰爭及潛藏在戰爭背後的各種動機，但是我看得出來，我個人的好惡、我的信與不信，對這個外在的政治世界是毫無作用的。我只是一個人，一個單獨的個體，在這種情況下已經不算數了。我對這個世界毫無意義，唯一的意義是很可能在不久後成為徵兵名單上的一個號碼。我會得到一個上面刻了號碼的金屬牌子，套在我的頸子上，以利處理我的遺體時必須要有的公文往返，那就是為我所盡的最後心力——覆蓋我失去的身分。

這一切完全難以想像，我和同一處境的人大都停止思考如何面對這件事，只是專心一致應付眼前的生活。

我要將論文打字完畢，還有一大堆書要看，也打算寫一篇有關克拉籥的論文，希望能寄給艾略特的《評論準則》（*Criterion*）發表。我不知道《評論準則》已在印出最後一期後停刊了，也不知道艾略特在面對使我如此沮喪的處境時，他的反應是結束他的雜誌。

日子就這樣繼續下去，收音機也恢復各自嗡嗡發聲的局面，要再過一年才會再度聯合發出恐怖的呼叫。我想，此時一定已過了九月半。

我從圖書館借了一本霍普金斯的傳記。那是一個陰雨的日子，我一早就在圖書館做研究，然後花了三十五分鐘在百老匯大道上的小餐館吃午餐，法文研究所的傑瑞格教授每天都和他年邁多病的母親到那兒去，靜坐在小餐桌邊吃包心菜。下午大約四點鐘，我到中央公園西邊為一個臥病在床的孩子補習拉丁文，他平常是到我房東主持的補習學校上課的，課堂設在我們住的屋子一樓。

我走回我的房間，雨仍然輕柔地落在對街空盪的網球場上，那棟有圓頂的巨大老舊圖書館陷在本身的陰鬱灰色建築中，老圓頂拱得像獨眼巨人的眉毛，瞪著南操場。

我拿起那本霍普金斯的傳記，那一章提到霍普金斯在牛津巴伊奧學院的生活，那時他正考慮是否成為天主教徒。他寫了幾封信給紐曼樞機主教（那時他尚未晉升為樞機主教），說他想成為天主教徒。

突然間，我心情激動，像是有一股力量推動我、促使我，這股力量像是發出了聲音對我講話。

「你在等待什麼？」那聲音說：「你為什麼光坐在那兒不動？為什麼還猶疑不決？你知道該做什麼吧！為什麼不做呢？」

我在椅子上坐立不安，點了一支菸，看著窗外的雨，想抑止那個聲音。「不該一時衝動，」我心想：「這是瘋狂的，不是理智之舉，快專心看你的書。」

霍普金斯正寫信到伯明罕給紐曼，說自己多麼三心二意。

「你還在等待什麼？」內在的聲音又說了：「你為什麼坐在那兒？拖延再久也沒有用，為什麼不馬上站起來行動？」

我站了起來，在房間內不安地來回踱步。「真是荒唐。」我想：「反正這個時候福特神父也不在，我去了也只是浪費時間。」

霍普金斯寫信給紐曼，紐曼也回信給他，叫他到伯明罕來見面。

突然，我不能再忍耐了。我放下書，穿了雨衣，走下樓梯，走到街上，過了街，走過灰色木柵欄，在細雨中走向百老匯大道。

然後，我內在一切都唱起歌來！非常和諧平靜地唱著，有力地唱著，也很有信心地唱著。

我走過九條街，轉彎走到第一二一街，石磚教堂和神父的住屋就在我面前。我站到門口按了門鈴。

女僕開了門，我問：

「我能見見福特神父嗎?」

「福特神父出去了。」

我想:好吧!也不算浪費時間。我又問她神父何時會回來,我一定會再來。

女僕關上門,我走下台階,還沒走上路就看到福特神父從百老匯大道轉角回來了。他低著頭走過來,走得很急促,好像在想什麼事情,我迎上前說:

「神父,我可以向您說一件事嗎?」

「好的,」他摸著頭很驚訝地看著我,又說:「當然可以,到屋裡來吧!」

我們坐在門邊的小客廳,我說:「神父,我想成為天主教徒!」

VI

從神父那兒出來時,我手上抱了三本書。原本我想馬上接受教理訓練,但是他要我先看看這些書、祈禱、再做思考,看看一週或十天之後會怎麼想。我沒有異議,但是我在一小時前的遲疑不決已經完全消失了,使我對自己的拖延感到驚訝和羞恥。他安排我每週兩個晚上去會見另一位神父。

「摩爾神父會做你的導師。」這位本堂神父告訴我。

基督聖體教堂內有四位助理,但我猜到了,摩爾神父一定就是那位我聽過他宣講耶穌神性的神父;事實上,他就是在天主安排下受命為我的救贖而工作的人。

如果人們能較深刻地領會到皈依的意義，知道從粗鄙野蠻的異教徒，從食人族或古羅馬人的精神水準，皈依到有生命的信仰，皈依到教會的意義，就不會以為學習教理問答是不重要的瑣碎小事了。通常「教理問答」讓人聯想到孩童初領聖體和堅振聖事之前的必要訓練，但是這項基本、必要的訓練是世間最重要的事項之一，因為它所做的事是將天主聖言栽入人的靈魂，必須依靠皈依才能充分完成這項任務。

我聽教理時從未感到枯燥無味，也從不缺課，就算要犧牲一些原先沉迷的消遣和興趣也在所不惜。自從我突然決定要成為天主教徒以來，就無法忍受拖延，如今更熱烈期望接受洗禮，不斷拋出暗示的言詞，探問究竟何時可以被接受進入教堂。

到了十月底，我的欲望更加強烈，因為我和堂區的人一起辦傳教節，每天有兩次聽兩位保祿會神父講道，望一次彌撒，聖體降福時跪在基督前，祂逐漸將自己顯示給我。

當神父開始談到地獄時，我很自然地拿來和喬伊斯《青年藝術家的畫像》中神父論地獄的講道相較，而且以一種客觀的態度反思，好像自己是第三者，正在觀察自己聽這段道理時的反應。事實上，這段講道應該對我最有益，而且的確是如此。

我認為，如果有人因為這個題目而不安，那是很奇特的事。為什麼有人會因地獄的念頭而害怕呢？並不是每一個人都會被強制下地獄的，會下地獄的人是因為他們選擇了那條路，那並非天主的意願；他們會入地獄只因他們蔑視和抗拒天主的照顧與恩寵，是他們自己的意願使他們入地獄，不是天主的意思。天主懲罰他們也只是認可他們自己的決定，這個決定是祂完全交由人類自行選擇的。祂也不想僅以我們的軟弱為永遠懲罰我們的理由，我們的軟弱不該使自己害怕，因為這也是我們力量的來源。「所以我心甘情願誇耀我的軟弱，好叫基督的德能常在我身上。」[11] 力量在軟弱中才會全部顯現出來，我們的無助使我們對天主仁慈的要求更為有力，因為天主召喚可憐、弱小、負重荷的人來到祂面前。

我對討論地獄道理的反應實在是靈修作家所稱的「混亂」，但是這混亂並非激情或自私所引起的亢奮、情緒性混亂，而是當我想到自己目前的情況時，知道活該受到巨大可怕的苦難，心中興起了沉靜的悲傷與很有耐性的憂慮，同時懲罰的強度也讓我特別了解到罪的邪惡有多麼巨大。但是，最終的結果是我的靈魂覺醒了，我的靈性更有深度，信德、愛德和對天主的信心更增進了，也知道唯有依靠天主才能尋得救贖，因此我更急切地盼望接受洗禮。

聽完地獄的道理之後，我去找摩爾神父，希望他能早點讓我受洗。他笑著說不會太久了，此刻是十一月初。

同時，另一個念頭也在我腦海中隱約成形——我隱隱希望成為神父。我有意將這個念頭與我的皈依分開，盡力使它隱而不現。我並未向福特神父或摩爾神父提起過，主要的原因就是：要當神父是必須申請許可的，我必須仔細好好考慮這個念頭，不能只是想到就做，這幾乎就像是向神學院申請入學許可的第一步。

不過，很奇怪，我心裡還有另一個半成形的念頭，就是我必須先和一個人商量我想當神父的事，然後才能告訴本堂神父這件事。這個人是個在俗教友，我還沒和他見過面；實在很奇怪，我

11 編註：參見〈格林多後書〉第十二章第九節。

竟然如此自然地想和他討論這件事，好像他是給我建議的唯一、當然人選。最後，他確實成了我最先求教的人——我的意思是，我很認真地請教他的意見。在前去找他之前，我很早就跟朋友說過想成為神父的事，不過那只是隨口說說而已。

這個人就是渥爾許（Daniel Walsh），賴克斯和戈迪經常提起他。戈迪選修過他在哲學研究所開的聖多瑪斯課程，現在新學期開始，我的注意力也全部放在這門課，這與我一月間的碩士考試沒有直接關聯；這時候，比起佔據我心靈與願望的唯一大事，學位和任何與學院生涯有關的事都變得不重要了！

我選了那門課，渥爾許終於成了另一個由天主安排註定要引導、鑄造我的聖召的人，就是他指點我到達我今日的所在之處。

我之前提到哥大及其教授時，並沒有想到渥爾許，他也真的不屬於哥大。他是曼哈坦村（Manhattanville）聖心學院的教授，只在哥大教授一週兩次的聖多瑪斯和董斯高的課。他的班級很小，以哥大的標準來看，就像學院裡的羊腸小徑一般，但也可以說這是一項額外的優點——它脫離了寬敞嘈雜的幹道，不追隨蔚為主流的實用主義走上人造花夾道的大路，直奔絕望之門。

渥爾許一點也沒有一般教授傲慢、自以為是的態度，他不需要用脆弱而造作的武裝來掩飾自己的欠缺；和范多倫一樣，他不需要躲在花招或瑣碎事物之後，甚至不需要展現出特別的才華。由他單純微笑的面容就證明他不想引人注目，只想全心沉浸在聖多瑪斯堅實有力的精神中。他在講課時只允許自己在一種狀況下展現才華，但隨即又將榮耀歸還給啟發其才華的靈思泉源：士林天使[12]。

渥爾許曾經是吉爾松的學生，亦曾一起合作研究過，很了解吉爾松和馬里旦。就是他後來在天主教讀書會中介紹我和馬里旦見面的，當時這位聖人般的哲學家在公教進行會（Catholic Action）講演。我只和馬里旦說了兩句應酬話，這位傴僂的法國人滿頭灰髮、神態儒雅，你會感覺到他是那麼仁厚、單純、聖潔。光是有那種感受就足夠了，你用不著對他說話，知道世界上有這樣的人就覺得很欣慰了。而且我相信他會在某方面將我含括進他的祈禱中。

不過，渥爾許也擁有同樣的單純、文雅、聖潔，也許他給人的印象還更強烈，因為他有一個四方形的下巴，給人一種有時可以非常強硬的感覺。且慢，這矮小結實的人坐在那兒，外表看來像個好脾氣的職業拳擊手，總是微笑著，像赤子一樣快樂，像天使般單純地談論《神學大全》。

他的聲音相當低沈，說話時總是非常謙和地在聽眾面孔上找尋聽懂的記號；如果找到了，他就好像既驚奇又歡欣。

我很快就和他成為朋友了，並且告訴他我的論文和我想運用的觀念，他很高興，而且很快察覺到一件我自己都很不明白的事。他說我的心智主要是傾向「奧斯定學派」。我尚未遵照巴拉馬卡瑞的勸告閱讀聖奧斯定的書，也沒有將渥爾許對我的觀念的評斷當成可能有指導性的事，因為他的話表面聽來一點都不像建議或指示。

當然，被一位多瑪斯學派的學者指認為「奧斯定派」並不一定是恭維的話，但是因為此話出自渥爾許，他是一位真正的天主教哲學家，那才是真正的恭維。

12 譯註：意指聖多瑪斯，士林哲學之集大成者。

因為他像吉爾松一樣具有最罕見、最令人欽佩的美德，能超越各派系制度的心胸狹窄、意見分歧，能看到天主教哲學的完整性，在相異中求統一，發揮天主教教義的真諦。換言之，他能將聖多瑪斯、聖文德和董斯高並列討論，各家理論相輔相成，他也能指出各人採取何種不同的觀點，如何以多樣各異的方式解釋同一個真理，因此能避免陷入將天主教哲學和神學局限於單一學派、單一立場、單一系統的窠臼。

我祈求天主遣送更多像他這樣的學者到教會和大學來，因為現代的教科書令人窒息，幾乎置理性發展於死地，只運用多瑪斯理論對哲學做了粗淺的審查，其他理論則一律列為具有爭議性的反對意見而淘汰。其實我認為這是極為可恥、危險的，訓練出來的天主教哲學家不該立派系、相互格鬥，彼此不應進行激烈、卑劣的爭論，因為這一定會讓他們的見地變得狹窄，熱情喪失殆盡，人們靈性中的哲學生命將得不到滋養。

因此，雖然在傳統觀念中多瑪斯學派和奧斯定學派是分歧對立的，但是被渥爾許稱為「奧斯定學派」也該算是恭維了。奧斯定學派不被視為只限制於該修道會的哲學，它包容了所有研究聖奧斯定理論的子弟，因此被列入與聖安瑟姆、聖伯納德、聖文德、董斯高等人同一的靈修傳統實在是一大榮譽。由渥爾許的課程主旨看來，我了解他指出我偏向的不是多瑪斯學派的知性、辯證或推論作風，而是更偏重奧斯定及其後繼者的靈修、神秘主義、意志學與實際方法。

上他的課及與他為友，為我即將邁出的下一步做了最有價值的準備，但是隨著時日進展，我決定將想要成為神父的念頭暫擱一旁，所以那時從未向渥爾許提起。

到了十一月，我腦海中就只存在著一個念頭：我要接受洗禮，要真正進入教會的超性生命。

雖然一直在做研究、看書、與人談論，我仍然貧瘠得可憐，一點都不知道自己內在將進入什麼境界。我即將到達煉獄的七重山山腳下的水邊，此山較我能夠想像得到的還要險峻、艱鉅，我仍然一點都不知道自己面臨攀登的必然性。

首要之務便是開始攀登，洗禮是第一步，也是天主最大方的舉動。雖然我領受的是有條件性的洗禮，我仍希望天主的仁慈和聖洗池的水可以吞噬我過去黑色有罪的二十三年所有的罪孽，允許我重新開始，只是我的人性、懦弱和罪惡習慣仍然等著我去挑戰與征服。

十一月的第一週將盡時，摩爾神父告訴我，我可以在十六日受洗。那天晚上離開神父那兒時，我感到有生以來第一次如此快活和滿足。我查了一下日曆，看看那天是哪一位聖人的瞻禮日，原來是紀念聖潔如（St. Gertrude）的日子。

在我從死亡奴役下解放出來的最後幾天，我才得到感覺自己懦弱、無助的聖寵。雖然沒有鮮明的啟示，但是我終於發現自己曾是多麼可憐、可悲的傢伙。十一月十五日夜裡，是我領洗及初領聖體的前夕，我躺在床上睡不著，擔心第二天不知會發生什麼差錯；躺在那兒又想到次日也許無法堅持領聖體前的齋戒[13]，更是覺得羞恥。其實，禁食只限於子夜到上午十點之前不可喝水或吃東西，這微小的克己行為只是個抽象的象徵罷了，代表的無非是自覺的意願，但突然間它卻在想像中增長，變得完全超出我的能力範圍——好像不吃不喝不是十個小時，而是要禁食十天。

13 審訂者註：梵蒂岡第二屆大會會議（1962-65）以後，天主教會從事禮儀的改革，已把聖體齋的規定改為領聖體前的一個小時。

幸好自己尚有點意識，知道這是一種奇怪的心理反應，當然也不能說魔鬼完全沒有作祟；魔鬼總是故意讓我們變得糊塗，讓我們不能用理智和意志思考。我這才決定放下那些憂慮，因而得以入睡。

早上起床後，因為忘了問摩爾神父用水刷牙會不會違反聖體齋，結果就沒有刷牙；對抽菸也產生同樣的疑問，我也堅持不屈服於香菸的誘惑。

我走下樓，衝到街上，邁向我的喜樂之果，邁向我的再生。

天空晴朗冷冽，河流像鋼鐵般閃爍，街上迎面吹來清新的風，那是個充滿活力與勝利的秋天。看來一切都是很好的開始，只是我並非全然興奮，因為我對教堂內即將進行的外在一切仍懷有些許模糊、半動物性的恐懼感——我的嘴會不會太乾，嚥不下聖體？如果吞不下，我該怎麼辦？我真的不知道。

我轉彎到百老匯大道時遇到戈迪。我不記得瑞斯是否在百老匯大道趕上我們的行列，賴克斯和費禮德古德是我們到了教堂後才加入我們的。

瑞斯是我的代父[14]，他是我們當中唯一的天主教徒，是我所有好朋友中唯一的天主教徒。賴克斯、費禮德古德和戈迪都是猶太人，他們都很沉默，我自己也是如此，只有瑞斯不會膽怯、困窘或害羞。

整個過程十分簡單。一開始，我跪在聖母祭壇前，摩爾神父接受了我棄絕異端和宗教分裂的宣誓，然後我們走到教堂大門一個偏僻角落的聖洗池前。

我站在關鍵點上。

「你向天主的教會求什麼？」摩爾神父問道。

「信德！」

「信德給你什麼？」

「永生。」

然後這位年輕的神父又以拉丁文祈禱，很虔誠、很平靜地透過眼鏡讀著禮儀典範；而我，這個祈求得到永生的人，站在那兒望著他，只是偶爾聽懂幾個拉丁字眼而已。

他轉身對我說：

「你棄絕魔鬼嗎？」

我三次宣誓棄絕魔鬼，棄絕他的誇耀和他的一切作為。

「你信全能者天主聖父創造天地嗎？」

「我信。」

「你信耶穌基督，天主的獨生子，降生成人並為我們受難嗎？」

「我信。」

「你信聖神、聖而公教會，諸聖的相通、罪過的赦免、肉身的復活和永生嗎？」

「我信。」

14 審訂者註：天主教會的傳統，不論是成人或兒童接受洗禮，每一位候洗者都必須有一位代父或代母。代父母的選立並非為了滿全入門聖事儀式的要求，而是教會團體的代表。他們以祈禱和德表，在信仰路上陪伴和指導候洗者。

如山的重荷從我肩上消失，覆蓋在我心智上如黑夜的鱗甲也層層被掀開了，我可以見到天主和祂的真理。不過，我仍然沉醉在禮儀中，期待著下一步儀式，那就是我一直最害怕的事情之一，是我二十三年生命中居住在我體內的眾魔最害怕的一件事。

神父對著我的面孔吹了一口氣，他說：「所有不潔的精靈，離開他，讓位給聖神，也就是護慰者。」

這就是驅魔禮儀，我並沒有看到逃走的魔鬼，但一定不只七個，我從來無法計算有多少。他們會再回到我身上來嗎？還有基督那句恐怖的預言會不會應驗？他說原來的魔鬼會重新進駐整理得潔淨美觀的住家，而且還會有較第一個魔鬼更糟的眾多魔鬼進駐。

神父再次朝我臉上吹氣——其實是基督透過神父有形的職責，真正執行這項淨化我的聖事的是基督。

「多瑪斯，藉這口氣，領受聖神，接受天主的降福，願平安與你同在。」

然後他再次開始祈禱，對我畫了幾次十字聖號，馬上又在舌上放一點鹽——這是智慧之鹽，讓我能夠品嘗神性事物的味道。最後，他在我的頭上倒水，為我命名為多瑪斯，「如果小時候你沒有受過洗禮。」

儀式結束後，我走到告解亭，另一位助理神父已經在那兒等著我了。我跪在暗影中，通過我們之間那扇很暗、有密網狀空格的小窗，我看見馬克高神父低著頭用一手撐著，一隻耳朵向著我。我心想：「可憐的人。」他看來那麼年輕，我總覺得他是那麼天真無邪，真懷疑他如何鑑別、了解我向他告解的事。

不過，一件一件，不，一類一類，我盡全力將所有罪孽像拔牙般連根拔掉；有些很困難，但是我速戰速決，盡力將我的惡劣行為以大略的數字數了出來——我從未記錄過，所以只是個猜測的數字。

我還沒有時間去感受解脫的輕鬆就跌跌撞撞地走了出來，又必須走到教堂前方，摩爾神父等著見我，再開始他的——也是我的——彌撒；不過，自那天起我就很喜歡告解室了。

此刻他穿著白色祭衣站在祭壇前，經書敞開著。我正對著聖體欄杆跪著，那光亮的聖所全是我的！我能聽到神父低聲呢喃，還有輔祭的答辭。四周沒有人為我示範，我不知道什麼時候該站，什麼時候該跪，但是無妨，我仍不太確知這些常規。然而，小鈴鐺一響，我知道什麼事發生了，我看到那高高舉起的聖體；在靜默純樸的氣氛中，基督再次勝利，祂被高舉，吸引萬物歸向祂——也吸引我皈依了祂。

此時，神父的音量增大，朗誦著「我們的天父」經文，輔祭也很快地背誦悔罪經（Confiteor），那是為我唸的。摩爾神父轉身畫了一個很大的赦罪十字聖號，然後舉起小塊聖體。

「請看，天主的羔羊，請看，赦免世罪者。」

我即將初領的聖體下了台階，開始向我接近，我是唯一跪在聖體欄杆前的人。天堂好像全是我的——天堂不會因為眾人的分享而分隔、縮減——但是給我的這個單獨機會代表著一種獨一性，提醒我那隱藏在小麵餅中的基督為了我將祂自己給了我，和祂在一起，連同完整的神，三位一體的天主——這是一股新生的力量，祂內在的領會在幾分鐘前的聖洗池旁發生了。

我離開了聖體欄杆，回到其他朋友所在的長椅上，他們跪在那兒，像四個影子，四個不實在的人物。我用雙手摀著臉。

我剛剛成了天主的聖殿，奉獻給天主一件永恆純潔的祭品，獻給居存在我內心的天主：這是獻給天主的天主之祭品，我和天主都是祭祀品，和祂的降生成人一同奉獻了。基督在我內心誕生，我是新的伯利恆（Bethlehem）[15]；祂也在我內心犧牲了，我是祂的新的加爾瓦略山（Calvary）[16]。祂也在我內心再次復活了：我被奉獻給天父，基督自己祈求天主，祂是我的天父，也是祂的天父，接納我進入祂無窮的特殊之愛中——這愛不是祂對萬物眾生的關愛——存在只是天主之愛的象徵，受造物受祂吸引、歸向祂的愛即具備了祂對自身愛的權能。

從此我進入這永恆傾向的運行中，這原本是天主的生命與精神，是天主對祂無窮本性深處的引力。天主，那無所不在的中心，那無邊無際的祂，尋到了我，我和基督合一，和這浩瀚偉大的引力運作合一，這就是愛，這就是聖神，祂愛我。

祂從祂自己的深淵呼喚了我。

15 譯註：耶穌誕生地。
16 譯註：基督被釘十字架之地。

2 矛盾的浪濤

I

天主對受祂召喚而來的人們所說的話是多麼美、多麼令人害怕，祂召喚人們到祂身邊，到福地，也就是參與天主的生命——那可愛、豐美的地方，那聖寵及光榮的生活，那內在的生命，那奧秘的生活。對柔順服從的人，這些話是動聽的；但是對那些聽到卻不了解或無回應的人，這些話又有什麼作用呢？

因為你要去佔領的地方，不像你們出來的埃及地，在那裡你撒了種，還要用水灌溉，像灌溉菜園一樣；但你們去佔領的地方，卻是一個有山有谷、有天上的雨水所滋潤的地方。是上主你的天主自己照管的地方，是上主你的天主自年首至年尾、時常注目眷視的地方。如果你們真聽從我今日吩咐你們的誡命，愛上主你們的天主，全心全靈事奉他：他必按時給你們的土地降下時雨、秋雨和春雨；必使你豐收五穀、新酒和新油；必使田野給你的牲畜生出青草；如此你必能吃飽。

你們應謹慎，免得你們的心受迷惑，離棄正道，去事奉敬拜其他的神，教上主對你們發怒，使蒼天封閉，雨下不降，地不生產，你們必由上主賜給你們的肥美土地上迅速滅亡。[17]

我自己和猶太人一樣，領受了出紅海的洗禮。我也進入了一片沙漠——但是這片沙漠太便宜我了，因為我的軟弱，所受的考驗也不嚴酷——只要我信任服從天主，不任性、不自以為是，就可以榮耀天主。這條路引導我到一個我無法想像、不能了解的地方，那個地方不是我那像埃及的出發地，不是那因邪惡、罪行而讓人性受蒙蔽、束縛的地方。在這兒，人的雙手、才智都不算數，是零；在這兒，天主指導一切，期望我貢獻自己，密切接受祂的指導，就好像祂是用我的腦子在思考，我的意願也和祂的吻合相同了。

就為了這個原因，我領受到召喚。為此，我的生命才被創造；為此，基督死在十字架上；為此，我領受了洗禮。從此基督活在我之內，在祂熾熱的愛火中，將我熔入祂之內。

從領洗得到召喚的那天開始，如果我不能勝任加諸在我身上的責任，後果之駭人真不敢想像。但是那責任也不是我一聽就能響應的，也許我需要的是奇蹟式的聖寵，讓我能即時自動、忠信地回應——如果當時我能做到這一點，該有多好啊！

的確，領洗那天，一道通往深遠境界的大門為我敞開了，儘管含糊不清楚，我心裡還是明白，這一點領悟只是一種渺茫、負面的感受，只有在和人們所經驗的瑣碎及陳腐對比時才看得到——譬如朋友之間的談天、城市的景觀、在百老匯大道上每走一步，都把我帶進愈來愈深的漸降深淵。

摩爾神父在大門口追上我們，催促我們一同到神父住屋用早餐，這真是好事；這就是我慈母教會的一貫作風，因為找回她失落的不值錢小東西而歡天喜地。我們圍坐一桌，喜氣洋洋的氣氛中，我覺得事事順心，因為愛德本身絕不會不和諧：每個人確實都對已成之事感到高興，最高興的當然是我自己和摩爾神父，其次是賴克斯、戈迪、費禮德古德和瑞斯，每個人的歡喜自有不同層次。

從教堂出來後，我們發現沒有地方可去，這個突然入侵的超性力量擾亂了整個正常自然生活的程序。剛過了十一點，接近午餐時間，我們才剛吃完早點怎麼吃得下午餐呢？但如果到了十二點不吃午餐，大家又該做什麼呢？

最後，我內在的聲音再度對我說話了。我再一次望向那扇令我費解的大門，看進那個毫無意義的國度，那裡因為充滿了太多意義，反而讓我無法領會。「因為你將要去擁有的地方，不像你們出來的埃及地……天主說，因為我的思想不是你們的思想，你們走的路不是我走的路……在天主會被尋獲時，去找尋天主……當天主就在附近時，去拜望天主……你為什麼要花費金錢去買不是麵包的食物，為什麼要花費勞力去做不能使你滿足的事呢？」

所有的話我都聽到了，卻似乎抓不住要領，也不能明白。也許我無法在精神上做到我應做的，是因為我還不清楚祈禱是什麼，犧牲又是什麼，該如何摒棄塵俗世界，該如何度過超性生

17 審訂者註：參見〈申命紀〉（Deuteronomy）第十一章第十至十七節。

活。我應該做些什麼呢？還有該做什麼到目前為止我還沒有想到的事呢？

或許首先，我應該立刻開始每天領聖體。我的確想到過，但我並不以為那是一般的做法，我還以為每次領聖體前都該告解。當然，最直接的解惑方式是持續去找摩爾神父，向他提出問題。

其次，我應該追尋常規的完整靈修指導，僅僅六週的教理學習畢竟不夠充實，學到的僅是幾項最基本的天主教徒實際生活的知識。如果當年我沒做出那個絕對悲慘的假定，以為自己成為一個天主教徒的訓練已經全部結束、也全部學成，我領洗後的那一年，日子就不會過得那麼雜亂了。更糟的是，每逢疑難，我不但不立刻發問，反而只是為自己的弱點感到羞愧，不敢接近摩爾神父，為自己靈魂上真正基本的需要向他求教。

我最需要的就是方向和指導，這卻是我最不關心、最不在行的。記得當時我只向摩爾神父問些瑣碎、無關緊要的問題——例如什麼是聖衣，什麼是大日課和彌撒經書，還有該到哪裡要一份彌撒經書？

目前我已將想成為神父的念頭暫擱一邊，我也有很好的理由這麼做：想成為神父的時機也許尚未成熟。不過，一旦不把自己當成得到教會那高尚、艱辛、特選召喚的候選人，我的意志自然而然不再堅定，警戒心也鬆弛了，又過著普通的生活。我最需要的是一個崇高的理想，一個艱難的目標；對我來說，成為神父就是最好的理想及目標。這當中還有很多具體因素，如果有一天我想進入神學院或隱修院，現在就應該開始培養良好的會士或修生的生活習慣——生活得很平靜、放棄娛樂、遠離世俗，並小心避免激起舊日狂亂的熱情。

然而，一旦喪失了那份理想，就會面臨變得草率、漠不關心的危機。事實上，自從接受了洗禮的無上聖寵，經過信仰的掙扎，經過皈依，經歷了那麼漫長的道路，經歷了那麼多地獄四周空無一人的幽禁，我不但沒有變成一個堅強、熱心、慷慨的天主教徒，反而淪為千百萬不熱心、懶散、遲鈍的基督徒中的一份子，過著半人半獸的生活，即使只是舉手之勞，也不願稍稍努力，以保存靈魂的聖寵。

我實在應該開始祈禱，真切地祈禱。我讀過各種神秘主義的書籍，尤其在領洗時，我更體驗到真正神秘的生命——聖化聖寵、灌注的神學德行與聖神恩賜的生命——這些都充分顯示給我了，只要我進去，便可享用；若果真如此，我的祈禱生活一定會日進千里。不過，那時我並沒有這麼做，我甚至還不清楚什麼是一般的默禱就開始祈禱了。更糟糕的是，過了四、五個月後我才知道如何妥當地唸玫瑰經（Rosary），雖然我有一串念珠，偶爾也唸唸天主經、聖母經，但是並不知道還有什麼其他的要求。

在第一年的靈修生活中，最大的缺點便是忽略了對聖母的敬禮。雖然我相信教會所教誨的有關聖母的真理，也在祈禱時唸「萬福瑪利亞」，但是這還不夠。一般人不盡了解童貞聖母的宏大力量，不知道她是什麼人；事實上，我們都是經由她的手才得到一切聖寵，那就是天主的意志，天主願意讓她參與祂的救贖世人工程。

那時我雖然相信聖母，但是她在我的生活中卻只佔據極微小的一部分，只不過是個很美的神話——事實上，她對我的重要性頂多就像看到一個象徵性的符號或詩境。童貞聖母是站在許多中世紀教堂門口的一座雕像，是我在克倫尼博物館看到的眾多雕像之一，我在奧康念書時就貼了滿牆那些雕像的照片。

但這並不是瑪利亞在人們生活中該有的地位，她是基督的母親，我們靈魂中的耶穌之母。她是我們超性生命的母親，經過她從中求情、代禱，我們得到聖德。這就是天主的意願，沒有其他的途徑。

我那時沒有想依靠她或她有大能的感受，也沒想到自己有多需要特別信任她，必須親身經驗後才能體會。

如果沒有聖母之愛，我能做什麼呢？沒有明確、崇高的精神目標，沒有靈性上的指導，不能每日領聖體，沒有祈禱生活，我能做什麼呢？我最需要的是擁有超性生命的意識，按部就班地矯正我的熱情和瘋狂的個性。

我犯的一個大錯，便是以為基督徒的生活方式僅是藉由聖寵，將本性生活加上一點超性的形式便大功告成。我以為可以恢復以前的生活，思想行為完全照舊，只要不犯違反道德的大罪即可。

我也從未想到，自己若是一成不變地過以前的日子，就免不了做出違反道德的惡行。領洗之前，我只為自己而活，只為滿足自己的欲望及野心而活，只求痛快、舒服、為名為利而已。洗禮為我帶來義務感，我有義務克制本性的欲念，應當服從天主的意志。「因為隨肉性的切望，是與天主為敵，絕不服從，也絕不能服從天主的法律；凡隨從肉性的人，絕不能得天主的歡心……如果你們隨從肉性生活，必要死亡；然而，如果你們依賴聖神，去致死肉性的妄動，必能生活，因為凡受天主聖神引導的，都是天主的子女。」[18]

聖多瑪斯很簡明地闡釋了〈羅馬書〉中的幾句話。肉身的智慧是一種判斷標準，我們天生喜好的存在目的，就是成為人們在安排自己一輩子生活時的依據，於是肉身必然會驅使意向，做出違反天主律法的行為。

一般人都是寧願順從自己的意願，而不是天主的意願，可以說一般人是恨天主的；當然他們不是忌恨天主本身，而是因為自己違犯了天主的誡命而恨天主。然而，天主是我們的生命，天主的意志是我們的糧食，我們的肉食，我們生活所需的麵包；憎恨我們的生命就是進入死亡，對肉身過分掛慮就是死亡。

唯一救了我的是我的無知。事實上，我的生活在領洗前後都大同小異，我和那些輕視天主的人一樣，只愛這個世界及自己的肉體，不愛天主。因為我的心全繫於現世及自己的肉身，我肯定會陷入大罪中；因為我專注的每一件事都是習慣性地只以滿足自己為先，其他一切都是次要，這都妨礙並阻止了聖寵在我靈魂內的工作。

當時我並未完全想通這一點。因為在知性上我很完全地皈依了天主，我以為這就是完整的皈依；我相信天主，相信教會的訓誡，我可以通宵與人辯論，還自以為已經是很熱忱的基督徒了。其實不然，智性的皈依[19]是不夠的。只要是意志，那自動的意志不能完全依照天主的意思，

18 譯註：參見〈羅馬書〉（Roman）第八章第七至十四節。

19 審訂者註：依據當代多納．偕此（Donald Louis Gelpi, 1934-2011）的皈依理論，可分為五種皈依：感性皈依（Affective Conversion）、智性皈依（Intellectual Conversion）、倫理皈依（Moral Conversion）、社會政治皈依（Sociopolitical Conversion）和宗教皈依（Religious Conversion）。參照Donald Louis Gelpi, *Committed Worship: A Sacramental Theology for Converting Christions*, vol. 1 (Collegeville Minnesota: The Liturgical Press, 1993）

即使智性上已經皈依，意志仍是含糊不穩定；即使個人的意志無法讓智性看不出一件事物的真相，意志仍可迫使智性完全不去觀察某件事物，阻止智性思考。

那麼，我自己的意志又是什麼？「你的財寶在哪裡，你的心也必在那裡。」[20]

我那時並沒有將我的財寶擺在天堂，它們都在世上。我想成為作家、詩人、評論家、教授，要享用所有知性、感情可以得到的快樂；就是為了享樂，我毫不遲疑地將自己拋進明知會傷害靈性的境況——即使我常被自己的嗜好蒙蔽，盲目到不知自己處境的危險，直到事情出了差錯已來不及糾正了。

就我的志向而言，其目標也沒錯，成為作家或詩人都沒什麼不好——至少我希望如此——錯誤出在我的目的是內在的自我崇拜心理作祟，為了達到那個標準，目的是要滿足個人的野心。只要我是為自己、為這個世界寫作，所寫的就不免出於激情，出於自私自利和罪惡；邪惡不良的樹即使能長出果子，也只會結出邪惡不良的果子。

當然我不只在週日才會去望彌撒，有時也會在其他日子。我總是隔不久便去領聖體——如果不是每週，至少每兩週會做一次告解和再領聖體。我也持續讀了不少靈性書籍，但是並沒有很有靈性地閱讀，只是囫圇吞棗、做做筆記，記下自認可在辯論時派上用場的感想——我只想利用這些知識抬高自己身價，沾這些知識的光彩，炫耀自己。偶爾，我也會在下午進教堂祈禱或拜苦路。

對一般天主教徒而言，這些行動或許就足夠了，因為他一輩子忠實履行他在宗教上的義務，但是對我卻是不可能足夠的。一個剛在手術台上被支解、大難不死、剛剛出院的病人不能馬上過平常人的生活，我經歷了靈性的斲傷蹂躪，不但每天要領受聖事的輔助，還必須加強祈禱、做補贖、默想及苦修。

我花了很長的時間才想通這些事情，如今我寫出我的發現，好讓與我同病相憐的人知道如何為自己省下許多不必要的危難及痛苦。對於這種人，我會說：不論你是誰，天主帶你進入的新地方和你之前生活的埃及迥然不同。你再也不能在此地過你從前在彼地的生活，你的過去和舊生活已經釘死在十字架上了，再也不可只求自己的安樂而生活，應該放棄己見，接受智者的指導，為了愛天主犧牲自己的歡樂與舒適，並且將你因而省下的金錢送給貧窮的人。

最重要的是，要接受你的日用糧，沒有祂，你的生活將不保。因為基督的生命藉著聖體麵餅餵養你，祂會讓你感到從未感受過的幸福快樂，領聖體會讓你非常輕易地得到這份轉變。

II

一九三九年的第一個早晨是個灰暗的早晨，帶來一整年黯淡的日子——非常灰暗。我走過一排白色空盪盪的屋子，來到矗立著殉道者聖依納爵（St. Ignatius Martyr）教堂的空廣場。一路上吹著冷峻的海風，那陣涼意使我清醒，但是對我的心情無甚裨益，這個新年真是開始得很糟糕。

那年除夕我們在長島費禮德古德當醫生的岳母家慶祝。那場聚會有點雜亂無章、莫名其妙，我們聚坐在權充候診室的地板上，敲擊不同種類的鼓樂器，喝著我記不得名字的飲料；不論我喝

20 審訂者註：參見〈瑪竇福音〉第六章第二十一節。

的是什麼，反正那種飲料使我情緒變得很壞。

唯一沒有對這場聚會表示不滿意的就是巴拉瑪卡瑞，他只是取下纏在頭上的布，坐在椅子上，也不在乎那場喧鬧。後來，先前拔了一顆牙的斯雷特也因為這樣在鬧情緒，還試著用巴拉瑪卡瑞的纏頭布把我綁起來，所以這個僧侶就悄悄地先回家，回到費禮德古德家睡了。

不久，我又對著街燈丟擲一罐鳳梨汁，然後也回去睡了。我和巴拉瑪卡瑞同睡一間房，天剛亮他就坐起來喃喃地唸起他的早禱，我也醒來；他誦唸經文完畢，隨著就做默觀，但我已經睡不著，就去望比我計畫中還早的彌撒。這件事我倒做對了，一如往常，我發現在那些日子或任何日子裡，望彌撒通常是一天中最好的時光。

這是多麼奇怪的事，我一直不清楚其重要性，最後終於真相大白；實在是因為我的生命只是為了天主而活，天主才應該是我的生命，是我一切所作所為的中心。

我花了近一整年的功夫，才由雜亂、沒有目標的欲望中理出一個頭緒、找到真相，有時我覺得我在宿醉中掙扎找尋自己的生命目標，與當時世局的進展有點關係。

那時正是一九三九年。那年，人人擔心的世界大戰終於開始教訓我們了，並且告訴我們一個冷酷而毫不留情的邏輯，就是僅僅擔心大戰爆發已經無濟於事了。如果不要這個後果，就應該去除原因；如果仍然貪圖原因，只是畏懼後果，卻又為了跟隨原因而來的後果而感到驚訝，那是毫無益處的。

那時我應該已經足夠意識到戰爭的原因就是罪惡。一九三八年十一月，我站在教堂聖洗池前，假如那時我接受了放入我手中的聖化恩典，我對這個世界會有什麼貢獻呢？人們對一個聖人能做到的事情是多麼無知，而聖德的勢力是遠超過整個地獄的。所有聖人都像基督一樣，有君王般的全權與神聖的能力：聖人自知有超人的能力，他們將自己交付給祂，祂則藉著聖人弱小或看起來最不重要的行為來救贖這個世界。

不過，這個世界並沒有從我這兒得到什麼！

我記得，一月底我考了碩士學位鑑定考試，連接兩天都去領了聖體，那兩天我很快活，考得也很不錯。因此我想，不妨到百慕達度個一週的假，去曬曬太陽、游泳，在空曠的白色馬路上騎單車，重溫我孩提那一年的見聞舊夢。我遇到許多人都喜歡夜間乘坐馬車，一邊高唱著民謠：「在廚房和黛娜在一起的人——漫不經心地彈著斑鳩琴。」

那兒天氣真好，我回到紐約時曬得又黑又健康，口袋裝滿了許多和我一同跳舞、泛舟的陌生人的相片。回去後正好趕上替巴拉瑪卡瑞送行，他終於搭乘瑞克斯號回印度了，同行的是一群天主教紅衣主教，他們去羅馬選舉教宗。

後來，我在格林威治村（Greenwich Village）簽約租了一間單房公寓，開始攻讀博士學位，我以為這間位於培瑞街的公寓較適合像我這樣的知識份子居住。這間大房間有自己的洗手間、壁爐、法國式窗戶，連接一個搖搖欲墜的陽台，但是和那約十呎寬、位於哥倫比亞圖書館後面的小房間一比，我現在更感到自己的重要性了。此外，這時我也擁有一具完全屬於自己的發亮新電話，鈴聲深厚、清晰、低沉，非常親切地邀我進行一些又奢華又世故的事。

事實上，我並不記得有任何重大事情是和那具電話有關的，只記得經常用那具電話和一位護士約會，她那年在法拉盛草原開幕的世界博覽會中的醫藥站工作。還有，因為機件上或帳單上的麻煩層出不窮，我曾怒氣衝天地寄了一批譏諷信件給電話公司。

我最常用這具電話和賴克斯談話，他有一具不花他一分錢的電話，因為那時他住在塔夫特旅館，當旅館經理孩子的家教老師，還可隨時使用一個裝滿冷凍雞肉的冰櫃。他仗著優越的地位傳來兩件大消息：第一，喬伊斯的《費尼根守靈》（*Finnegans Wake*）出版了；第二，教宗碧岳十二世（Pius XII）選出來了。

那是個春光明媚的初春早晨，我聽到新教宗的消息。那時我經常坐在陽台上，身穿藍色粗布土裝褲，喝著可口可樂，一邊曬太陽。坐在陽台上時，我總是坐在穩固的一邊，我的腳則懸在不穩有斷落木板的另一邊。那個春天我經常那樣度過我的上午：向東可以勘察培瑞街，那一段街道很短，被一排磚樓公寓切斷；向西則直通河邊，還可以看到那些停泊大客輪的黑色大煙囱。

如果不坐在陽台上發呆，我就在房間內埋身於安樂椅中，研讀霍普金斯的書信及筆記，希望能找到有關詩體韻律的不同原則，同時用白色小目錄卡寫滿筆記，因為我計畫以霍普金斯為題撰寫博士論文。

桌上的打字機一直都敞開在那兒，有時我會很忙碌地在打字機上打書評，那時我偶爾為《時報》（*Times*）和《先鋒論壇報》（*Herald Tribune*）的星期日讀書版寫評論。更美妙的是偶爾我也可以辛苦磨練半天，寫出一首類似詩的作品。

成為天主教徒之前，我一直無法寫詩，曾經試過幾次卻從未真正成功過，所以一直沒有足夠的勇氣繼續嘗試。在奧康時曾寫過一兩次，在劍橋時也寫過兩三篇不甚高明的詩；到了哥大，自命赤色份子的我曾寫過一篇主題差勁的詩，詩裡有碼頭工人，有從頭上飛越而過的轟炸機——你知道，那真是個不祥的預兆。最後寫成的詩簡直可笑，連我們那「第四層樓」的各雜誌都拒絕刊登。在我接受洗禮之前，唯一被刊登過的詩作只限於《小丑》上偶然出現的一行詩。

一九三八年十一月，我突發靈感寫了幾首不甚精練的斯克爾頓式（Skeltonic）詩，但是只持續一個月就中斷了；其中還有一篇獲獎，但那只是過獎。不過，現在我腦海中盤旋著各種聲音，經常迫切地想要寫出來，如果韻律及音調是仿照馬維爾（Andrew Marvell）的，結果最好。我一向較偏好馬維爾，他對我的重要性雖然不如多恩或克拉簫（當然是指克拉簫寫得好時的詩），但是馬維爾的氣質對我個人有特殊的吸引力，他的詩境也較多恩和克拉簫和我更接近些。

我住在培瑞街時作詩也很困難，字句來得很慢，就算作出來量也很少。我作的多半是四音步抑揚格的押韻詩，因為太俗氣的押韻我受不了，作詩要押韻對我特別難，有時韻腳顯得笨拙而古怪。

一有靈感我就到街上溜達，走過幾間倉庫，來到第十二街底的家禽市場。我會走去雞禽碼頭，坐在太陽下，在自己腦中籌畫四句詩文；一邊望著那些救火的船隻、幾艘老舊的空駁船、幾個閒晃的人們，還有對岸荷波肯（Hoboken）峭壁上的斯蒂文斯學院。我在草稿紙上寫下幾句詩文，回到家再用打字機完稿。

我經常立即投稿到雜誌社，不知投了多少封到那個接近第七大道的培瑞街角的郵筒中！幾乎在那兒投寄的每一封都被退了回來，除了幾篇書評。

退稿愈多，愈讓我覺得有將自己作品發表在雜誌上的重要性，尤其是《南方評論》（*Southern Review*）、《黨派評論》（*Partisan Review*）或《紐約客》（*New Yorker*）等雜誌。我最在意的就是要看到自己的作品發表，似乎除了以這種瑣碎的虛榮餵飽自己的野心之外，我就不能真正滿意自己的實體。我舊日的自私自利日臻成熟，只求在外得到公眾、出版界的正式認識，也可以非常自在地顧影自憐；我真正的信仰是沽名釣譽，希望自己活在人們的眼裡、嘴裡與心裡。其實這種願望並不算太過粗俗，我並沒有希求全世界的認識與讚美，只要能得到少數特殊人士的賞識就滿意了。不過，一旦我的心思被這種念頭把持，怎能繼續追求超性生活——被天主召喚的生活——呢？若我所做的一切不是為了天主，只是為我自己；若我沒有信託天主的幫助，以為可以全靠自己的智慧與才能，我如何能愛天主呢？

賴克斯為這一切指責我。他的寫作態度完全不受此類愚蠢念頭的騷擾，完全沉浸在神聖之境，具愛心、超脫、公正不偏。他以獨到的見解將作家分成兩類，一種是知道如何寫作的人，另一種是有話要說、以拯救社會為己任的人。他內心的美國畫面（他在這個畫面前已袖手旁觀、無所事事地過了十二年）充滿了有心為善、悅人、快樂、向善、為天主服務的人，但是他們不知如何達成心願，也不知向誰求教；各種資料來源雖然不少，但是眾多的資料只是更增添人們的迷茫慌亂罷了。他的理想是，有朝一日人們一打開收音機，便有人報告他們想聽的或需要聽到的事；不用陳腔濫調，而是以具權威、具信念的語言告訴他們天主之愛：那份信念就是因聖德而生。

我不清楚他這個觀念是不是一種特殊聖召，是不是一個確定又特殊的使命；無論如何，他以為我、吉卜尼、費禮德古德、范多倫和他欣賞的作家都應該明白這類事情，甚至不太懂得如何說話的喇叭手、鋼琴師之流也該明白。他自己是明白的，但是對他而言，他總是等著被「派遣」。

我雖然較他先走到聖神的泉池之前，但是他遠比我聰明，擁有更明確的遠見。事實上他比我更能真切地配合天主所賜的聖神，他看準了什麼是唯一最重要的事情，我猜他告訴我的正如同他向其他人所說的，我很肯定，藉由他的聲音，天主的聖神堅定地指引我該走的路。

因此，至少對我自己的靈魂而言，又一次歷史性事件發生了。一個春天晚上，賴克斯和我走在第六街，街上到處都是翻起的泥巴堆，堆得很高，有些地方挖成溝渠，有紅色燈籠為標記，提醒大家正在建造地鐵。我們沿著那些小店鋪前黑暗的路邊走向格林威治村，我忘了我們爭論的題目，結果賴克斯突然轉身問了我一句：

「你究竟想要成為什麼樣的人？」

我不能回答：「我要做多瑪斯．牟敦，是在《時報》末幾頁寫書評的名作家。」或者：「多瑪斯．牟敦，大一英文副講師，服務於新生命社會進化與文化學院。」所以我將整個問題放到靈性的境界。我想，這應該很恰當，就說：

「我不知道。我猜我想要成為好的天主教徒。」

「你這是什麼意思，你想成為好的天主教徒？」

我的回答理由不夠充足，只顯露出自己的混亂，表示自己根本沒有仔細考慮過。賴克斯聽不進去。

「你應該說的是，」他告訴我：「你應該說的是你想成為聖人。」

聖人！這個念頭給了我很大的震撼，我說：

「你怎麼會期待我成為聖人呢？」

「想做就行了！」賴克斯說得那麼簡單。

「我不能成為聖人，」我說：「我不能成為聖人。」我的頭腦變得混淆不清，虛假真實都混在一起。我知道自己的罪孽，還有那虛偽的謙卑使人們說他們不能做某些他們該做的事，或不能達到他們必須達到的境界。懦弱的人會說：「能救自己的靈魂，使之不犯大罪，我就滿足了。」然而這等於說：「我不願放棄我的罪過與依戀。」

但是賴克斯說：「不對，成為聖人所需的條件就是你想成為聖人。只要你願意讓天主引導你，難道你不相信天主會幫助你達到祂創造你的原意嗎？你唯一需要做的，就是要有那份渴望。」很久以前聖多瑪斯曾經說過同樣的話，這原是所有了解福音者都很明白的事。賴克斯離開之後，我想到了，也開始明白。

第二天我就告訴范多倫：

「賴克斯到處說，想要成為聖人，只要有心就成。」

「當然如此！」范多倫說。

這些人比起我都要算是好得多的基督徒，他們較了解天主。我到底在做什麼？為什麼這麼遲緩、糊塗，這麼不確定自己的方向，這麼沒有安全感？

我高價買了聖十字若望作品集的第一冊，坐在培瑞街的房間內打開第一頁，用鉛筆在書中各處標畫重點。其實成聖不能只靠此書：因為我畫線的那些文字雖然非常精彩、用意深重，但是太過簡明，反而使我無法領會；字句都太沒有掩飾，赤裸到完全找不到口是心非的痕跡，不能滿足我受太多雜念歪曲的複雜心性。但是，我很高興至少尚能隱約察覺玄機，了解其中的重要性。

III

暑假一到，我就將培瑞街的公寓轉租給費禮德古德的太太，自己到紐約北部奧利安城外的山上。賴克斯的姐夫在山頂上有一間小屋，放眼望去，紐約州、賓州盡收眼底——青色的山峰及蔥蘢的山脊連綿數哩，氣候乾燥時，林子裡零星升起的煙霧在附近山谷中被伐木的工人劃開了。山林的沉靜總是被日以繼夜的油泵聲破壞，穿越樹林時，可以看到林間空地的陰影下有長長的金屬柄臂笨拙地前後拉動，因為這一帶山地盛產石油。

賴克斯的姐夫班吉讓我們住在這個地方，他實在不該那麼信任我們，因為他不知道只要我們待到一週以上，就會鬧得雞犬不寧。

賴克斯、瑞斯和我搬去那間小屋，到處找地方安置我們的打字機。那是一個大房間，有一個石頭壁爐、成套的法國幽默作家拉伯雷（Fran ois Rabelais）的作品和一張大桌子。現在這張桌子已經面目全非了，我們在桌上吃漢堡餅、罐頭豆子、大筒大筒的牛奶。屋外有陽台可瞭望山嶺，我們後來在那兒架起鞦韆架；坐在陽台台階上觀看靜夜的山谷，一邊擊著鼓，倒真是快樂時光。我們有一對小手鼓、一個古巴雙鼓，可以用雙手在不同部位以不同方式擊出不同的音調。

為了保證有足夠的書可閱讀，我們下山到聖文德學院圖書館。這一次因為我已經領洗，看到方濟小兄弟已不再心慮了。那兒的圖書館員依雷內神父從眼鏡後面看著我們，他認出賴克斯，滿臉驚奇，他總是心懷驚喜地接待每一個人。賴克斯將我們一個個介紹給他：「這位是艾德．瑞斯，這位是多瑪斯．牟敦。」

「啊！瑞斯先生……毛敦先生。」依雷內神父引我們進去，他的眼神就像個愛看書的小孩，很開朗地伸出手與我們相握。

「牟敦。」賴克斯糾正他：「多瑪斯．牟敦。」

「是的，幸會，幸會，毛敦先生。」依雷內神父說。

「他們都是哥倫比亞大學的學生。」賴克斯說。

「啊！哥倫比亞。」依雷內神父說：「我也是哥大的，讀圖書館學系。」然後他帶領我們到他自己的圖書館，信而不疑地把我們三人留在書庫裡。他從沒想到對愛書人借書要加以限制，你想借多少，他就借你多少；只要人們要看書，圖書館是為他們而設的。他收藏了許多書，收藏書就是要給人閱讀的，你想借多少就借多少，看完再還：他的不拘形式真是驚人，這位方濟會士真是個快樂的人。待我和這些方濟小兄弟更加熟悉之後，發現這就是他們的一貫作風；凡是愛好嚴格紀律生活的人，一入方濟會便會察覺修會生活就是他們做補贖的大好機會，尤其適合以後做長上的人。不過，據我所知，依雷內神父從未較其他圖書館遺失過更多的書，那小小的聖文德圖書館是我所見的圖書館中最齊整、最安寧的。

此刻我們每個人都抱著滿懷的書走出書庫。

「神父，能借這麼多嗎？」

「當然，當然。很好，請便。」

我們填寫了一些簡單的單子，又和他握手告辭。

「再會，毛敦先生。」神父說著，他站在敞開的門口，重疊雙手，讓我們帶著戰利品揚長下台階離去。

我還不知道已經發現了一個可以探尋快樂真諦的地方。

整個暑假我們幾乎沒有打開過那些帶回小屋的書，但總是放在手邊，只要想找書看，總有書可讀。事實上，有書也是多餘的，因為我們終於找到可以放自己的打字機之處，大家開始寫小說。瑞斯寫了一部名叫「藍馬」的小說，花了他大約十天的時間，共一百五十頁長，還有插圖。賴克斯寫了一些小說的片段，不久就綜合成一部名叫「閃亮的宮殿」的小說。我開始寫的東西愈變愈長，最後發展到五百頁，起先名叫「多福海峽」，繼而改為「大戰前夕」，後來又換成「迷宮」。定稿時是短多了，而且大半重寫過，我寄到好幾個出版社，很令我失望，這本書從來沒有被出版——至少那一陣子我很難過，現在我倒很慶幸那些篇幅躲過了印刷機。

那原本是半自傳式的寫作，所以有不少地方也涉及了目前這本書的內容，但是有更多材料是我不打算寫在目前這本書裡的。當時我覺得摻雜一些假想人物更容易書寫，作品也會更生動。那是很暢快的寫作方式，如果事實顯得枯燥，我可以節外生枝，加上一個名叫特倫斯．牟拙通的可笑人物。我讓舅舅讀了我的初稿，他令我非常困窘，因為他指出特倫斯．牟拙通就是用我自己的名字拼湊出來的，後來我把這個名字改成了特倫斯．派克。那的確是件令人難堪的事，因為我把那個角色寫得太愚蠢了。

那真是快活的時光，坐在樹木茂密的峰頂，原野一望無際，晴空萬里，整天聆聽鳥雀鳴唱，坐在樹下，面對車庫，從事一頁接一頁撰寫小說的健康活動。那幾週過得真痛快，一切渾然天成。

我們應該可以更豐收的。我猜我們都想過在山頂隱居的可能性，問題是不知如何真正安排。涉及日常行為與是非善惡之分時，我在這夥人中要算是最能言善道卻也最顧頭不顧尾的，經常衝動想要到山谷的鎮上看看有什麼電影、玩玩吃角子老虎，或是喝喝啤酒。

這種想要離群過獻身生活的模糊欲望，充其量不過表現在開始蓄鬚這件事上，但是鬍子長得很慢。結果賴克斯的鬍子最好，烏黑而莊嚴；瑞斯的鬍子較不整齊，笑起來卻滿像樣的，因為他的牙齒大，眼睛上斜，像愛斯基摩人；我則自以為像莎士比亞而暗喜，後來回到紐約還一直留著鬍子。在世界博覽會中，留著鬍子的我站在一個非洲秀舞台附近，有個並非探險家卻身穿白色探險裝的年輕人就因為我的鬍子而錯認我是探險者；最起碼，他也問了我一大堆關於中非的自作聰明的問題。我猜我們只是交換從《黑色驚魂》（*Dark Rapture*）那部好片子中得到的知識。

在那林間小屋可以過好的隱居生活，現在我真後悔當時沒能多利用那個好機會。賴克斯最聰明，有時日出便起床。我自己總要睡到將近八點，煎兩個蛋，吞一碗玉米片泡牛奶，然後開始寫作。我最接近默想的獨處時刻是幾個下午坐在一棵小桃樹下，四周的草坪雜草叢生，我在那兒終於讀了聖奧斯定的《懺悔錄》和聖多瑪斯《神學大全》的某些部分。

我接受了賴克斯的原則，他認為只要有志願便能成聖，但是我卻將這個原則和其他大道理束諸高閣——我仍然裹足不前，未能付諸實現。我到底是中了什麼邪？為何總是不能化信仰為行動，不能將對唯一至善天主的認識轉變成具體擁有祂的努力？不，只要能思索、辯論，我就自滿了，原因是我的知識只限於本性及智性的思慮，畢竟異教徒的亞里斯多德將最高的本性幸福歸在他能想到的對神的知識中。我猜他也許沒錯，形上學的推理能將人提升到最高的純粹、微妙的快樂，那個境界幾乎就是你在本性界中唯一能達到的永恆快樂；若你能更上一層樓，並將你的推論建立在已經顯露的假設上，那份快樂就會更深刻、更完善。但是，即使其主題可能是基督徒信仰奧秘所採取的推論、客觀的默觀方式，仍未能離開本性領域，至少在實際結果方面是如此。

在這種情況下，你做到的就不是默觀，而只是智性、美學上的暴飲暴食——那是相當高、精緻、甚至有修養的一種自私。如果我們不能引領意志歸向天主，不能有效地敬愛天主，則一切都是徒勞無功，就是死亡，這種默想很可能在某種情況下意外變成一種罪惡——至少，是一項不完美。

經驗教了我一項重要的道德原則。如果你是依據列成兩欄的大量「可能發生的事」來行動，一欄是必須避免的大罪，另一欄是無須詳述便可接受的「非大罪」，你的行動計畫必然完全不切實際。

這種將各種可能發生的事做出區分的觀念，已經誤導了很多天主教徒，他們都將它當成道德神學理論的完整內容。人們忙於工作糊口並非壞事，因為可能發生的事或多或少會減少、受限，但是，當人們去度假或週六夜晚來到時，那就要靠老天保佑了。為什麼週六夜晚醉酒的愛爾蘭人數目會增加，這就是原因——而且這絕對是真的——因為沒有完全喝醉「本身」只是小罪，這就是根據兩欄原則行事的結果。你用手指在大罪那一欄的條件下尋找，看場幾百呎影片中盡是男女互毆鏡頭的電影不算大罪，微醺、賭博等等也不算真正大罪；這些行為既然不算違法，就該算是合法。所以，不論多麼有資格的人說你不該做這件事，那他就是個異端者。只要你一不小心，就很可能讓自己涉入這種爭辯中，說看電影、賭博、喝得半醉都是善良正直的行為……。

我很明白我在說什麼，因為那就是我當時仍想採取的生活方式。你想聽聽在兩項原則下生活的狀況嗎？下面就是一個例子，其中許多事本身不算大罪，但附加其上的是什麼就不敢說了，讓天主的慈悲來仲裁吧！但是這些行為都是被天主召喚去過全德生活的人所做的，他們應該都過著以愛天主、服務天主為榮耀的生活⋯⋯。

嘉年華慶典來到了布拉福（Bradford），對我們來說，那就意味著可以乘坐觀景車、碰碰車，玩賓果遊戲，看大炮將一個穿白制服、戴防震鋼盔的人射到對面的網子裡。我們坐進車子沿著岩城路出發，穿過黑色森林，聽到隆隆作響的油泵聲。

那場嘉年華會規模很大，佔滿了狹窄的山谷，布拉福就隱蔽在彎彎曲曲的山谷地中，整片地被燈光照得通明。煉油廠的煙囪聳立在燈光外，像地獄的守門衛士。我們走進白色的亮光裡，聽到吵雜瘋狂的電子樂，還聞到糖果濃厚膩人的甜味。

「嘿，朋友們，請到這邊來！」

蓄著鬍子的我們不好意思地把臉轉向這個穿襯衫、戴呢帽的人，他由攤位探出身來對我們說話。我們也看到那些彩色板和數字牌，當我們走近他的攤位，他一副善心老好人的樣子開始解釋給我們聽，他主持的這項碰運氣遊戲太容易贏了，簡直是為公眾謀福利，好讓我們這種聰明、老實的年輕人賺一筆可觀的外快。

我們聽了他的解說，顯然這個遊戲不容小覷，獎品可不只一包爆米花。事實上，雖然玩第一次只花兩毛五，但是每玩一次賭注就加倍，獎品當然也同樣加倍，所謂的獎品就是現金。

「只要將小球滾進那些洞裡，然後⋯⋯。」

他指明小球該進哪些洞，每次都要形成一組全新而不同組合的數字。

「每放下一個兩毛五錢幣，」我們這位大恩人如此說：「你就可贏二塊五毛錢。如果你那一次碰巧沒丟中，對你反而更好，因為再丟五毛錢你就可贏五塊錢——等於放一塊錢就可贏十塊錢——用兩塊錢就可得二十元。」

我們放下兩毛五，再滾小球，卻滾進錯誤的洞。

「對你們有利啦，」這個人說：「現在你們可以贏雙倍了。」我們每人都再丟進五毛錢。

「好極了，再來，你們快要愈贏愈多了，不會輸的，沒——問——題——啦！」

他又向我們每人都收了一塊錢，放進口袋。

「就這樣，夥伴們，就這麼做沒錯。」他興高采烈地說，而我們一個個又把球滾到錯誤的洞裡去了。

我停下要他再解釋一遍遊戲規則，他照做了，我也仔細聽。正如我所想的，我根本不明白他講解些什麼。你丟進的洞一定要是某幾個數字的組合，而我完全不知道如何找出這些組合，他只告訴我們該丟到什麼地方，接著就迅速地將數字加起來，然後宣布：

「你只差了一點點，再來一次，已經很接近了，不會輸的。」那數字的總和又變了。

不到兩分半鐘，他已經把我們全部的現金搜刮一空，只剩下我特意保留的一塊錢，是用來玩其他遊戲和買啤酒的。他問我們怎麼忍心現在就罷手，此刻正是大撈一筆的時機，不但可以贏回所有的損失，還可獲得一份會令我們頭昏眼花的大獎金——三百五十元。

「夥伴們，」他說：「你們不該就此停手，一停手就等於白白丟了錢呀！哪有這種道理！你們老遠到這兒來不是扔錢的，對不對？用點頭腦，小伙子，你們難道不明白該把錢贏回去嗎？」

瑞斯咧嘴笑了，那就是表示：「我們快離開這兒吧！」

「我們沒有現金了！」不知是誰說了這麼一句話。

「難道你們沒有旅行支票嗎？」這位慈善家又問。

「沒有。」

我從沒見過任何人像賴克斯此時一般如此專注而嚴肅，他滿臉黑鬍子，低頭觀察那些像天書的數字。他看看我，我也看看他。那人又說：

「如果你們要回家再拿一點錢，我為你們保留這場遊戲，怎麼樣？」

我們說：「保留這場遊戲，我們馬上就回來。」

上了車，一路上大家都保持緘默，到我們住的小屋要開十五哩，再加上十五哩回程。我們拿了三十五元和我們所有的其他現金，那三十五元是要拿去賭的。

那位窮人的大恩人看到我們三人再走進大門真的非常吃驚，也有點心虛了。我們臉上的表情一定很可怕，他大概以為我們回家不只是拿錢，還帶了槍來。

我們走到他的攤位。

「你保留了我們的遊戲吧，嗯？」

「是的，夥伴們，還保留著。」

「再解釋一次。」

他又解釋了一遍，告訴我們如何做就一定會贏，看來必勝無疑。我們把錢放在櫃台上，賴克斯丟出去的小球——又掉進那些錯誤的洞裡。

「這就完了，孩子們？」這位慈善王子說。

「到此為止。」我們轉身離去。

我們用我留在口袋裡的錢玩了其他不值得一去的攤位，逛了整個遊樂場，然後到布拉福的酒吧喝啤酒，心情逐漸好轉。我們舔著自己的創傷，和酒吧裡一些女孩聊些荒唐謊言——她們多半是岩峰肺病療養院的服務人員，在距離我們住的小屋大約一哩半路程的山上。

我記得後來那天晚上我們在酒吧裡吹牛，大談我們經營的遊樂場，桌邊漸漸聚集了一大批各路好漢。我們稱這家遊樂場為「巴拿馬—美國娛樂公司」，它精彩得令布拉福的嘉年華會黯然失色。不過，結果很掃興，一、兩名布拉福的大漢對我們的故事毫無興趣，對我們說：

「如果再看到你們這幾個傢伙留著大鬍子到這兒來，我們會打掉你們的頭！」

瑞斯站了起來，說道：「是嗎？你想打架？」

大家都走到外面的巷子裡，雙方對罵了好一陣子，幸好沒有打起來，否則他們真能教我們吃掉自己的鬍子！

我們終於打道回府了，但是瑞斯不敢把車開進車庫，因為他怕自己對不準車庫的門。他把車子停在就快到車庫的通道上，我們推開車門，翻滾到草地上躺著，呆望著滿天星斗，大地在我們身子底下翻滾，像一艘要沉沒到水底的船。我記得那天晚上瑞斯和我終於爬起來進屋時，看見賴克斯坐在客廳的椅子上，振振有辭地大聲宣布經過深思的言論。他說話的對象是一包準備送洗衣店的髒衣服，不知是誰將它放在房間另一端的安樂椅上。

IV

八月中，我們回到紐約，這個我參與締造的世界終於準備破殼探出它邪惡的腦袋，吞噬另一代人。

在奧利安時，我們從不讀報，原則上也遠離收音機，我全心惦念著要出版新完成的小說。我在班吉的地盤上找到一本舊的《財星》（*Fortune*）雜誌，讀到一篇有關出版業務的文章；根據那篇文章，我選了一家可能已經爛到無以復加的出版公司，那家公司是會欣然將《星期六晚郵報》（*Saturday Evening Post*）上一切內容以鑽石體活字重印在金色紙上的，他們絕對不會欣賞我在山上完成的那種狂妄、沒完沒了的故事。

不過，他們花了很長一段時間才告訴我實情。

對我自己而言，我走在紐約街頭時體驗到一個初出茅廬的作家等候第一本書的命運信息時的痛苦心情，這份痛苦只有青少年初戀時的煎熬可比擬。很自然地，由於我憂慮過度，我的祈禱熱烈且有私心。不過，天主並不在乎我們的祈禱是否自私，對祂那是正中下懷，凡是祈求的，就必得到；如果堅持不替自己祈求，那其實是一種虛榮驕傲的念頭，等於隱隱將自己放在和天主相同的地位——好像我們沒有需要，好像我們不是受造物，不用依靠祂，也不用遵照祂的旨意依靠其他受造物。

於是，我來到第十四街一座墨西哥人的瓜達盧佩聖母（Our Lady of Guadalupe）教堂。這座教堂不大，有時我會來這兒領聖體，現在我在祭壇前跪下祈禱，相當急切地祈求我的書能夠出版，如果那本書能使天主受到榮耀。

我居然可以安然認為那本書或許能榮耀天主，真是愚蠢到了極點，也是靈性的極度盲目，但是我畢竟提出了要求。現在我明白了，那時我的祈禱其實是件好事。

天主教徒一般相信，天主回答我們的祈禱時，給我們的不一定剛好是我們要求的，但是我們很確定，如果祂沒有給我們想要的，是因為祂有更好的事物要給我們；我們以祂的名字所求的，就必會得到，這就是基督的應許的真正涵義。

我想我已經盡己所能地祈禱了，而且對天主和聖母都有相當的信心。我知道我的祈禱會有所回應，現在我才漸漸明白天主如何完全承諾了我所祈求的。首先，那本書在當時始終沒有出版實在是件好事；其次，天主答應了我的祈禱，祂將曾經被我拒絕、而且沒有繼續追求的恩惠又給了我，還給了我在半清醒狀況下放棄的聖召。祂再次為我敞開了那些被關上的門，因為我不知該如何利用領洗及初領聖體的聖寵。

但是，在祂如此做之前，我必須經歷一些黑暗與苦難。

我認為一九三九年八月底那段日子對任何人都是痛苦的，那些灰色、高溫、悶熱的日子對人體的肆虐已經夠厲害了，再加上歐洲傳來日益不祥的新聞，讓人更覺沉重。

看來，一場正式的戰爭終究要爆發了。有些人感到怯懦，有些人產生變態美感的興奮，納粹等著用這種恐怖景象的刺激造成負面的感受，再加上百倍的勢力，其他國家預期這項巨大的死亡凶器將會帶來令人厭惡、噁心的命運。這項危險還加上了無法衡量的不名譽、侮辱、墮落及羞辱，世界不但面臨毀滅，而且面臨嚴重無比的褻瀆，這種褻瀆是針對完善的人性、人的理智、意志與永生的靈魂。

這種命運對大多數人而言仍然晦暗不明，大家只是感到厭惡、絕望、害怕、百感交集。他們不了解現在的世界只是大多數人個體靈魂總和的寫照，昔日我們任憑心靈意志遭受罪惡及地獄的褻瀆、姦污，如今在我們眼前、身體上和精神上，在整個社會秩序中，舊事又要重演，這正是對我們的無情教訓與報應，如此一來，我們當中才會有人領會到我們是罪有應得的。

那時，我自己倒很明白這一點。記得八月底一晚我搭乘地鐵時，突然發現車廂裡沒有一個人在看晚報，但是當時正是電報來往的新聞特別多的時刻。大家都緊張萬分，甚至在這個暴力橫行的城市中都必須為了自衛迴避一邊，避免受到如此痛苦的刺激。現在每一個人對報紙、新聞的態度好像都和賴克斯、我、吉卜尼、瑞斯兩年來的感覺一樣了。

我的腦海中還出現了另一種觀點。我發現：「我自己對世界的一切負有責任，我的罪過是造成這種現狀的原因。希特勒不是唯一引起這場戰爭的人，我也有一份責任……。」這是非常發人深省的念頭，真理發出了深入探索的光照，讓我的靈魂稍稍感到安慰。我下定決心要在九月的第一個星期五辦告解、領聖體。

每個夜晚就如此勉強挨過了。一次，我在吉卜尼於華盛頓港的家中吃過晚飯，從長島駕車回來。與我同車的一名男子有部收音機，我們經過空無一人的公園大道，一邊聽著收音機裡發自柏林（Berlin）的一個平靜而疲倦的聲音。評論者的口氣已經不再抖擻振奮，完全沒有新聞播報員一貫活潑、空談、得意洋洋的韻味，不再讓人覺得播報員總是無所不知。現在你知道沒有人知道會發生什麼事，他們也承認了這一點。的確，他們都同意戰爭是一定會爆發的，但是什麼時候呢？在哪兒呢？他們也說不出來。

所有前往德國前線的火車都已停開，航空服務也都停止。街道都空了，你會感覺到所有的人、物清除一空，為的是要準備面臨人人懸念中的第一場大規模空襲；那也是威爾斯（H. G. Wells）和其他人曾經描寫過的，一夜之中便要毀滅倫敦全城的空襲……。

九月第一個星期五的前夜，星期四的晚上，我到聖博第（St. Patrick）大教堂辦告解。然後，真是故態復萌，我走進迪倫斯店，這是中央戲院舞台邊門對街處我們經常去的一家酒吧，吉卜尼和我經常坐在那兒等待戲院散場，經常待到清晨一兩點鐘，和幾個我們認識的在戲中軋一角的女孩子鬼混半天。這天晚上散場之前，我碰到珍妮，她不在那齣戲中演出，卻有資格演更好的戲。她說勞動節就要回里奇蒙（Richmond）老家去了，邀我一同前往，我們安排第二天在賓夕法尼亞車站會面。

第二天一大早醒來，聽到收音機廣播，我聽不清他們說些什麼，但是那聲音不再疲憊，而是刺耳的叫喊，表示的確有事情發生了。

在我前去望彌撒的路上發現了事情的真相，華沙（Warsaw）遭到轟炸，大戰真正開始了。

聖方濟天主堂離賓夕法尼亞車站很近，正進行著大禮彌撒。神父站在有鑲嵌圖案的半圓型屋頂下的祭壇前，以高昂的聲音莊重而一板一眼地朗誦彌撒的序幕，那是神聖教會古老、雋永、神聖的句子：主，聖父，全能永生的天主！我們時時處處感謝你實在是理所當然的，並能使人得救……。

這是教會—基督淨配（Bride of Christ）的聲音，基督在這個世界中，卻不屬於這世界，祂的生命超越戰爭、死亡、迫害、改革、邪惡、殘酷，也超越人們的貪婪與不公正的事件。在萬物中時時向祢表示感謝實在是再適合、公平也不過。神聖的主，萬能的天父，永恆的天主，這宏大有力的祈禱在永恆面前，所有的戰爭化約到微不足道的地步。這祈禱開啟了通往永恆的大門，它來自永恆，也回歸永恆。這祈禱帶領我們的心靈進入深奧、安寧的智慧之境，我們應該永遠偕同萬物向祢，全能的天父，致謝。這個已經開始承受痛苦、為另一場戰爭再次流血的教會，這個奧體，是不是就在吟唱著我們對全能天父致謝的詞句呢？

她在戰爭、痛苦中感謝祂，並非為了戰爭、為了痛苦，而是為了天主的愛；在這新的危機中，她知道天主會用愛保護她，保護我們。她抬眼朝向天主，在萬物中見到的是永恆的主；她注意天主的作為，不注意第二因的笨拙殘酷之行，只注意天主的愛和天主的智慧。教會，祂的淨配，透過基督讚美祂；藉著基督，九品天使皆讚美祂……。

我跪在祭壇柵欄前，在第二次世界大戰的第一天從神父手中領受了祭餅中的基督，祂為我的罪，為所有自私、愚蠢、愚昧的世人之罪再度被釘死在十字架上！

在維吉尼亞州的週末過得沒什麼特別快樂可言。週六下午，我們由里奇蒙出發到烏班納（Urbanna），珍妮家有一艘船，他們要參加當地的賽船會。我們也聽到阿森尼號（Athenia）被擊沈的消息。那天晚上，我有一顆長不出來的智齒忽然痛了起來，整晚都痛得要命。第二天我蹣跚走去參加賽船會，一直捧著劇痛的臉頰，又整夜無眠，真是精疲力竭。

在船塢給汽艇加油的油站有一大紅罐裝滿加冰的可口可樂，我們站在大棚子入口的陰涼處，聞到繩索及瀝青氣味，正好聽到從倫敦播音的男人聲音。

他的聲音穩健，倫敦沒有遭到轟炸。

我們從小灣出發，經過河口來到拉帕罕諾河（Rappahannock River）的出海處，在火烈的太陽下，每個人都拿布來梅號（Bremen）開玩笑。那艘巨型德國輪船毫無預兆地駛出紐約港後就不見蹤影，不時有女人拖著南方長尾音尖聲叫道：

「布來梅號在那兒！」

我口袋中有瓶藥，我用火柴棒及一點棉花將藥塗在那顆劇痛的阻生牙上。

不過，我回到紐約後，戰爭並沒有轉變得太慘無人道——至少表面上看不出來。在波蘭的戰爭很激烈，但是西線無戰事，目前緊張的可怕局面鬆緩下來，人們變得較平靜，也較開戰前篤定些。

我找了牙醫，他在我的下顎又捶又敲，將那顆智齒挖出。然後我回到培瑞街，躺在床上聽舊唱片，是保羅．懷特門（Paul Whiteman）的喇叭手貝德白克（Bix Beiderbecke）的，同時用紫色消毒藥水擦洗還流著血的口腔，很快整個房間就充滿了難聞的藥味。

我的下顎被縫了五針。

日子一天天過去。城裡還很安寧穩定，甚至有點恢復快樂昇平的樣子。不論發生了什麼事，顯然美國不會馬上捲入戰爭。很多人以為這種情況會延續多年，隨時處於武裝備戰和狙擊狀態，有強大的軍隊駐守在國防鞏固之處。這個世界似乎進入一個奇特的新境界，國際間假裝維持和平，大家處在永恆的敵對立場，卻又尚未完全做好戰爭的準備，有人以為我們至少可以維持現狀二十年。

我個人並沒有什麼特別意見，只是蘇聯在戰爭中的猙獰態度讓我震驚。去年蘇聯才大聲咆哮，流了大量假慈悲的鱷魚淚，指責張伯倫（Arthur Neville Chamberlain）出賣捷克；現在紅軍竟坦然與德軍聯盟，帶著親切的微笑分割了波蘭，也將他們自己侵佔芬蘭的詭計付諸實現。

自從一九三五年的和平罷工、牛津誓約以來，黨的路線確實演化出許多難題。以前我們受到誤導，以為所有戰爭都是侵略行為，而侵略戰爭是資本主義的直接後果，只是躲在法西斯主義和其他運動的假面具後面，因此誰都不該參戰。現在又變成應該支持蘇聯進佔芬蘭的侵略戰爭，應該贊助蘇聯支持德國佔領波蘭了。

九月過去了，秋意在明朗光亮的天空中初現。酷熱的日子完結了，新開始的季節又來臨了，我準備回歸我的博士班研究，也希望能在哥大本部或推廣部謀得講師職位。

我考慮的就是這些事。有一天晚上，瑞斯、戈迪和我到席瑞敦廣場的尼克酒館，我們坐在一個弧形的吧台邊，爵士樂震耳欲聾。這時吉卜尼和蓓姬走了進來，她也是在中央戲院演出的女孩之一，那齣戲的名字我已記不得了。大家坐在同一桌談天喝酒，就像往日一樣總是泡在那種地方，我們都沒有太大的興致，又想不出其他花樣，卻還不想回家睡覺。

後來瑞斯和戈迪先回家，吉卜尼、蓓姬和我仍然坐在那兒，最後捱到早上四點鐘。吉卜尼不想回長島，蓓姬住在城北八十多街，結果他們都到培瑞街來，只要轉個彎就到了。

睡在地板或椅子上對我都不是稀奇的事，我也不怕沙發太短太窄不舒服——那時我們經常這麼過日子，像我們這樣的人也不知凡幾。有時通宵不眠，最後睏了，隨便找個可以容納疲倦軀體之處就入睡。

很奇怪，我們竟然將此事視為平常，但是若有人建議我們為了愛天主、做補贖而睡地板，我們一定會認為那個人在侮辱我們身為人類的智慧與尊嚴。多麼野蠻的念頭啊！把自己弄得不舒服來做補贖！然而，我們似乎認為整夜荒唐作樂之後睡地板是合乎邏輯的，這就證明世俗的智慧會發展到多麼矛盾的地步。「那沒有的，連他所有的，也要由他手中奪去。」21

我猜我斷斷續續睡了五、六個小時，到了十一點，我們都醒了，衣冠不整地坐了一會，半清醒地談天、抽菸、聽唱片，屋裡飄揚著去世多年的貝德白克的歌聲，曲調清淡、古老，帶點輓詩韻味。從我坐的地板上還可看到連綿屋頂的盡頭有一塊晴朗的秋空。

下午一點左右，我到外面買早點，抱回一大堆用大小形狀各異的硬紙盒盛裝的炒蛋、吐司、咖啡，口袋裡裝滿香菸，但是我並不想抽菸。我們邊吃邊談，最後一起清理。有人提議到雞禽碼頭走走，我們就一同出發。

就在這一連串活動之際，我腦海中冒出一個念頭，這個念頭本身非常驚人、意義重大，而且就前因後果而言更是令人驚訝，也許很多人不會相信我以下的陳述。

坐在地板上聽唱片、吃早餐時，我心裡浮現出這個念頭：「我要成為神父。」

我說不出為何會產生這個念頭：並不是因為我對目前人生的疲倦和無趣感到極度厭煩而產生反動——儘管眼下的生命確實徒勞、毫無指望；也不是因為那音樂，不是因為秋景，因為這個念頭是突然間非常完整、成熟地被種植到我心裡，不像是那種病態而強烈的感情衝擊。這也不是一

21 審訂者註：參見〈瑪竇福音〉第二十五章第二十九節。

份熱情或空幻的想法，而是突然感覺到非常強烈、甜美、深沉又堅持的牽引力量，卻又不像感官上的口味，讓人想找尋感覺的舒暢。那是一種良心，一種深奧、明確的新感受，讓我覺得我的確應該這麼做。

這個念頭在我心裡留了多久才提出來？我也說不出來，但是這會兒我不經心地說：

「你們知道嗎？我應該進隱修院當神父。」

吉卜尼以前聽我提過，所以他以為我在開玩笑。我的宣告並未引起任何辯論或批評，反正這也不是吉卜尼完全不起共鳴的言語；對他而言，除了做生意之外，任何生活方式都是有意義的。

我們走出房屋大門時，我心裡想著：

「我要成為神父。」

我們走到雞禽碼頭時，這個念頭仍舊縈繞不去。下午三、四點，吉卜尼啟程回他在華盛頓港的家，蓓姬和我坐下，又望了那骯髒的河水老半天，然後我送她到地鐵車站。站在跨越第十大道的通道陰影下，我說：

「蓓姬，說真的，我要進隱修院當神父。」

她和我並不太熟，也不太明白當神父有什麼特別的意義，所以沒什麼話好說；不過，我又期望她說些什麼呢？

最後，我很高興終於有獨處的機會了。在銜接第八大道的大街上，大卡車飛快怒吼地駛過，那兒有一間小小的天主教圖書館——我已經忘了叫什麼名字——還有一間德國糕餅店，我常去那兒吃飯。在我到糕餅店吃午餐前，我走到名叫聖維洛尼卡（St. Veronica）的天主教圖書館，那兒唯一介紹修會的書籍是一本有關耶穌會士的綠皮小書。我借了這本書，然後在糕餅店邊吃邊讀。現在我一人獨處，這個念頭以不同的形式出現，而且更具說服力。很好，當神父的確是可能的，也很適合我，接下來就看我如何做更明確的決定了。

這到底有什麼意義？需要的條件是什麼？我心裡摸索著答案，此時此刻應該做些什麼呢？我花了很長一段時間讀這本小書，思索這些問題。待我走到街上，暮色已濃，附近的小巷都很暗了，我猜大約是七點左右。

由於本能上的驅使，我走到第十六街的聖方濟．沙勿略耶穌會教堂。以前我從來沒去過那兒，也不知道該尋找什麼，也許我想要找那兒的神父談談——我到現在還不明就裡。

走到第十六街時，整幢樓看來黑暗又無人居住，實際上教堂所有的門都是鎖住的，連那條街都空無一人。我差一點就要失望地離開，突然注意到有一扇門通往教堂地下室。

通常我絕不會注意到那麼一扇門，你必須走下幾步台階才能看到一扇被階梯遮住一半的門，那樓梯上通教堂的正門。那兒也沒有標記，門看起來也是鎖著、牢牢栓住的。

不過，有某種特殊感覺促使我去試試那扇門。

我走下兩個台階，握住沉重的鐵把手，那扇門竟然被推開了，我也進入底下一層的教堂。教堂內燈火輝煌，坐滿了人，聖體陳列在祭台上的聖體光裡。我終於明白我該怎麼做了，也明白為何會被引到這兒來。

那兒正在舉行九日敬禮，也許正值聖時，我並不清楚，但是正好要結束了。我剛找到一個空位跪了下來，他們就開始唱起〈皇皇聖體歌〉（Tantum Ergo），包括工人、貧婦、學生、店員在內，所有人都唱起聖多瑪斯所寫的拉丁文聖詩。

我專心注視著聖體光，看著那白色聖體。

突然間，我很清楚我的整個生命面臨轉機，遠遠超過我的想像、理解或構想，目前一切全懸在一個字上——看我如何做決定。

我並沒有準備好走上這條路，一切尚未按部就班地安排好。過去我根本從未留意這件事，因此被驟然召來此地，回答一個並非出自我心、而是永恆上智在其無窮奧境中準備的問題，就更顯得莊嚴了。

當時我並未看清這一點，現在回想起來，那可能是稍縱即逝的最後一次機會了。如果那時遲疑不前或拒絕接受，我會變成什麼樣子呢？

通往新境界和天主預許之福地——與我從前眷戀的埃及不同之地——的大道又展開在我眼前，我本能地察覺到時機稍縱即逝。

這是個緊急關頭，是個疑問；這是個探索的時刻，也是個喜慶的時刻。一分鐘內，我集中精神思索這突然種到我靈魂中的聖寵，調整我昏暗的心靈之眼，俾能適應這陌生的聖寵之光。這時我整個生命都懸在深淵邊緣，但是這一次這個深淵是愛與和平的深淵，這個深淵就是天主。

拋棄自己是盲目、無法挽回的行為，但如果我不這麼做……我簡直不必回顧自己往日的所作所為，難道我對自己的過去還不夠厭煩嗎？

現在我面臨的問題是：

「你真的願意成為神父嗎？如果你願意，說出來吧……。」

聖歌唱完了，神父以披肩尾端覆蓋雙手，托著聖體光的底部緩緩地在祭台上舉起，並轉身祝福大家。

我筆直地注視著聖體，現在我知道我注視的是誰了。我說：

「是的，我想要成為神父，打從心底想要成為神父。如果您願意，請讓我成為神父——讓我成為神父吧！」

一說出這些話，我就明白最後那幾個字產生了多大的功效。我啟動了多麼大的力量啊，那和因我的決定而生的能力已牢牢連在一起了。

第三部

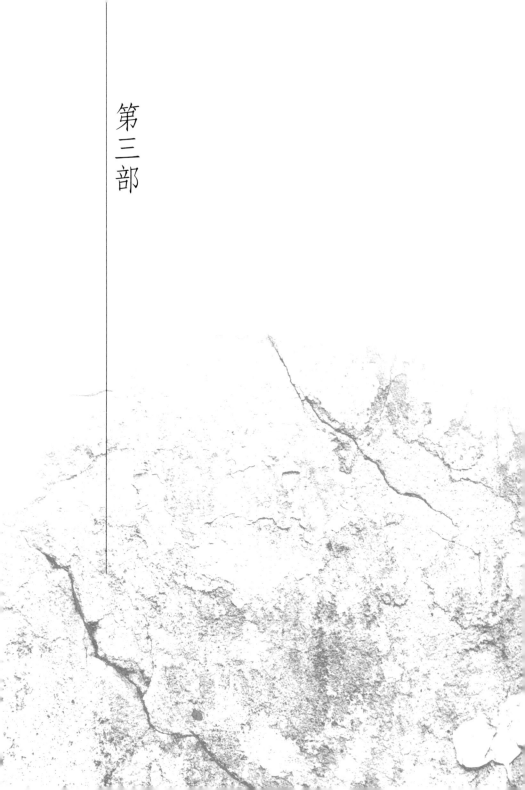

1 磁北

I

大學的課程又開始了。大學宿舍前，白楊樹的葉片漸漸轉黃，在秋風中舞動。年輕人從地鐵車站出來，急切快速地走在校園內，腋下夾著藍色課目表，想著要買的新書，心情熱烘烘的。在此一季之始，我倒真有新工作要開始進行！

一年前我心裡就醞釀著一個信念：即將給我最好的忠告、指導我在何處、如何進行方可成為神父的人，必定就是渥爾許。遠在我見到他之前，我就有了這個結論，那時我尚未聽過他講授聖多瑪斯，後來上了他的課，總覺得又愉快、又踏實。在一九三九年九月天，我的信念終於有了結果。

渥爾許那天並不在哥大校園內，我到林文斯頓大樓電話亭打電話給他。

他這個人有不少闊朋友，那天晚上他準是到公園大道赴宴。他為人簡樸，絕對沒有沾染上公園大道的氣息。我們安排在城裡見面，晚間大約十點鐘，我站在寬廣、光亮卻沉悶的公寓會客大廳內等待他從電梯下來。

我們剛走到涼爽的室外，他就轉頭對我說：「你知道嗎？第一次見到你的時候，我就覺得你有當神父的聖召。」

我既驚喜又慚愧。我的確給人那種印象嗎？這真使我感到自己像是用石灰刷白的墳墓[1]，因為我有自知之明，知道自己的內在是什麼德性；整體說來，如果他感到意外，我反而心裡踏實些。

他一點也不覺得奇怪，倒是十分欣喜。他非常高興和我討論我的聖召，談論神父生活及各個修會派別，這些題目他都曾經仔細思考過。大致上，我選擇導師是選對了，這真是一種靈感，實在遠遠超出我最初的想像。

據我們所知，附近最安靜可談心的地方是比爾地摩（Biltmore）的一間男子酒吧，大房間內擺著許多舒服的椅子，很安靜，而且店內總是半空著。我們坐在偏遠的角落，就在那兒，我們在基督的聖名與愛中相聚，基督對我的聖召首次給予明確的形式與指示。

事情進行得很單純，我們討論了幾個不同的修會，渥爾許建議我該向某些神父請教，後來又答應替我寫一封介紹信，去找其中的一位。

我曾經零星讀過一些關於耶穌會、方濟會、道明會、本篤會的書籍，也在南方大樓的參考圖書館翻閱過《天主教百科全書》，又在書庫裡四處搜尋其他相關書籍。我也鑽研過聖本篤（St.

1 譯註：參見〈瑪竇福音〉第二十三章二十七節。

Benedict）會規，但是並沒有從這些粗淺的研究中得到什麼助益——只記得這位聖人因為無法勸服當時的會士不喝酒而有點不滿意。我也唸過一本以法文書寫的道明會小書，其中一項資訊使我卻步不前：道明會士都睡在同一間宿舍裡。我想到：「誰會習慣睡大通鋪的公共宿舍呢？」腦海中呈現的圖片是我中學時睡的房間，那位於樓上的綠色房間又長又冷，陳列著一排排鐵床，睡著許多瘦骨嶙峋、穿著睡衣的人。

我和渥爾許談到耶穌會，但是他說他不認識任何耶穌會士；就憑他對耶穌會不置可否、既無正面亦無負面的反應，我心裡已經有數，也就消除了自己心裡曾有的一點微弱偏好。一開始我是比較本能地偏愛該會，因為我讀了霍普金斯的生平，又研讀了他的詩篇；然而，我從未真正受到吸引去過那種生活，那是一種強烈入世、軍事化的生活方式，與我的個性非常不合。我懷疑他們是否會留我在初學院裡，就算留下了我，終究也會發現我不適合成為耶穌會士。我需要的是在孤獨中有深度、有廣度地發展，在天父注視下過著單純的生活，就像植物在太陽底下舒展枝葉。我需要一種能夠使我全然脫離俗世、使我與天父合一的會規，而不是一個需要我在這世界上為天主打仗的修會。我無法很快找到心目中的修會。

渥爾許提到本篤會，這種聖召很吸引我，尤其是能在窮鄉僻壤的大修道院過禮儀生活；但事實上，也許我會一輩子困在新罕布夏州某所昂貴的大學先修中學的書桌前——如果情況更糟，說不定會成為附屬於該中學的教區神父，那就多少和最初吸引我的遁世及禮儀生活中心永遠隔離了。

「你對方濟會有什麼看法？」渥爾許問。

我提到聖文德學院，原來那地方他熟悉極了，有好幾位朋友在那兒，那年夏天他們還曾頒給他某種榮譽學位。是的，我喜歡方濟會，他們生活簡樸、不拘形式，聖文德的氣氛非常宜人、快樂、安寧。吸引我的一個特點是那種不束縛靈性的自由，不受任何制度與常規的限制；無論聖方濟制定的會規到現在有了多少改變，我猜方濟會士遵守的基本生活規範仍應本著他原本的精神和啟示。他的啟示扎根於喜樂，只顯示給小人物，常識與智慧是導航明燈——有了歡愉的智慧，那些有聖寵的瘋子才會毫不妥協地匆匆拋棄一切，願意赤足行走，單純有信心地面臨一切困難，知道屆時天主會將他們拯救出來。

這並不只限於方濟會，它是每一個修會聖召的核心，不然這份召喚亦不足以稱道。不過，方濟會，至少聖方濟本人，將這個觀點縮減到邏輯的極限，同時更賦予它純樸的十三世紀抒情詩情，讓我加倍地欣賞。

不過，我們必須非常謹慎地將這抒情詩情與方濟會的聖召做實質的區分，此聖召特別講求徹底、英勇的貧窮，身體與精神上的貧乏讓某些會士簡直就像流浪漢；畢竟「托缽僧」只是流浪漢的一個美名罷了，如果方濟會士不能全然完整地在神秘意義上做個流浪漢，一定會有點不開心、不滿意。當他得到許多特別物件供他享用、日子安逸、受人尊敬之餘，靈性生活則陷於懶散；雖然日子過得安然舒服，心裡卻免不了懷念那艱難貧困的時刻，唯有在匱乏中才能得到快樂，因為匱乏會將他猛然投入天主的懷抱。

如果沒有貧窮，方濟會的抒情詩情就顯得沒有價值，只會陷於多愁善感、粗俗且虛假。抒情詩情走調之後，就會和諧得非常牽強。

可惜那時吸引我的主要是該修會的抒情作風，而不是它的貧窮。其實那時我也不可能有更深切的了解，時間太短讓我不可能辨明兩者之間的區別。無論如何，我承認該會會規最明顯的優點之一便是：對我來說它十分容易實行。

說到底，我對所有的修會會規還是懷有懼心。進入隱修院是新的一步，但那對我而言絕非一蹴可幾；相對地，對於禁食、隔離、長時間祈禱、團體生活和隱修士的服從、貧窮，我心中充滿了不安。在我的想像之門內，仍有許多古怪幽靈等在那兒，如果我願意，他們會一擁而上、登堂入室。如果我打開了那扇想像之門，我會以為隱修院的生活會將我變成瘋子，毀了我的健康，使我心跳停止、全盤崩潰、被趕回俗世，變成一個精神無可救藥、健康完全敗壞的人。

當然，這一切都是基於我身體虛弱的假定。我一直以為自己身體很差，不知是否屬實。不過，害怕自己身體垮下來並沒有阻止我經常熬夜在城裡四處遊蕩，找尋不正當的娛樂；只是一想到要略行齋戒或是生活在隱修院的圍牆內，我就立刻開始害怕死亡。

我後來真正發現到的是，一旦我開始禁食節欲、奉獻時間祈禱與默想、進行修會生活的各項操練，很快地身體就不再羸弱，反而變得健康、強壯且非常快樂。

那晚，我深信自己只可能遵行最簡易的修會會規。

渥爾許開始滿腔熱忱地講述一個修會，雖然我能分享他的激賞，卻沒有加入該會的願望，那就是熙篤會，嚴規熙篤會。僅僅這個修會的名稱就足已使我戰慄；他們的俗名「啞巴會士」（The Trappists）也同樣令我害怕。

有一次，六年以前——感覺上好像更久些——我在羅馬城郊曾看過三噴泉的熙篤會隱修院圍牆一眼，在我年輕的心頭也閃過成為熙篤會士的念頭，但那不過是個白日夢而已，並沒有在我腦海中留下什麼印象。此刻我是真正在考慮進隱修院，成為一名熙篤會士的念頭幾乎讓我戰慄。

「去年夏天，」渥爾許說：「我到肯塔基州的嚴規熙篤會做過避靜，那個地方叫做革責瑪尼聖母院（Our Lady of Gethsemani）。你聽過這個地方嗎？」

他開始描述那個地方——他去拜訪的幾個朋友駕車帶他去那間隱修院，他的朋友也是第一次去。雖然他們住在肯塔基州，但也不知道附近有嚴規熙篤會。朋友家的女主人很生氣，因為隱修院門口掛了「修院禁區內女賓止步，違者逐出教會」的牌子。她很擔憂地望著厚重的大門在他身後關上，將他吞入那棟可怕、無聲的建築物內。

（從我目前寫作的地方往窗外望，可以看到賓客屋內安靜的花園彼端有四棵香蕉樹以及紅黃相間的花朵環繞著聖母雕像。我可以看到渥爾許以前進來的大門，也是我進來的大門。門房的住屋後是一片綠色小丘陵，今年種植了小麥；再過去一點可以聽到柴油牽引機的聲音，不知道他們在耕種什麼。）

渥爾許在嚴規熙篤會住了一週，他對我解說了一些隱修士生活的概況。他提到他們的緘默，他們從不談天，我得到的印象是他們從不對任何人說話。

「難道他們不做告解嗎？」我問道。

「當然，他們可以對隱修院院牧說話，避靜導師也對客人說話，他是傑姆斯神父。他說，隱修士不必說話是好事，因為各種不同的人在一起如不交談，反而可以相處得更融洽。律師、農夫、士兵或學生住在一起，一起行動，一起工作，一同站在唱經樓裡，一同到室外工作，坐在同一房間看書或做研究，不說話對他們實在是件好事。」

「哦，他們一同在唱經樓唱聖歌？」

「當然。」渥爾許說：「他們都是在法定時辰祈禱及大禮彌撒時唱經的，每天要共同唱經七次。」

我這才放心，隱修士至少可以在唱經樓運用聲帶。我擔心的是，他們一輩子保持緘默，聲帶豈不是要萎縮了。

「而且他們也到田裡工作。」渥爾許說：「他們要以耕種及畜養牲畜維持生活，種植自己所需的糧食，烤自己的麵包，做自己的鞋子……。」

「我猜他們經常要禁食。」我說。

「哦，是的！他們大半年守齋，除非生病，否則從不吃肉或魚，連蛋也不吃，只吃蔬菜和乳酪之類的東西。他們還送了我一塊乳酪，我帶回朋友家，朋友把乳酪交給一個黑人管家，並問道：『你知道這是什麼嗎？這是隱修士的乳酪。』管家弄不清隱修士是什麼東西，看了半天，然後像是想通了般眉開眼笑地說：『啊，我知道你們在說什麼了：隱修士就是山羊的意思。』」

但是我一直想著禁食的事，那種生活令我嘆為觀止，但是並不能吸引我，聽起來太冷酷無情了。當時隱修院在我腦中就像是間灰色的大監獄，窗子裝有鐵條，住滿了冷峻、憔悴的人，帽子拉下，遮著臉孔。

「他們都很健康，」渥爾許說：「都是高大強壯的人，有些看來像巨人。」

（自從我進入隱修院後，我一直試著辨認渥爾許所指的「巨人」。指出一兩名還算容易，但是我猜渥爾許一定是在昏暗處看到其他巨人——或者是因渥爾許自己並不高。）

我無言地坐在那兒。我心裡沮喪與興奮夾雜，為那份慷慨付出而興奮，又為這種生活似乎太過嚴苛地排斥本性權利而覺得沮喪。

渥爾許說：「你想你會喜歡那樣的生活嗎？」

「哦，不。」我說：「絕無可能！那不適合我！我絕對不能忍受，不出一週就會死掉。而且，我一定要吃肉，沒有肉吃我會活不下去的，我需要靠肉類維持我的健康。」

「那麼，」渥爾許說：「很不錯，你對自己很有自知之明。」

最初我以為他在取笑我，但是他的語氣中一點也不帶諷刺的意味。他從不出言諷刺別人，因為他太善良、仁慈、簡樸了；他以為我知道自己在說什麼，於是信以為真。

所以，那天晚上的結論是，我決定去和方濟會神父談談，渥爾許和我都認為方濟會似乎最適合我。

他給了我一封介紹短箋，到第三十一街的方濟會會院找艾德曼神父。

II

紐約市第三十一街的方濟會會院是個灰色、不討人喜歡的地方，它擠在許多大建築物之間，而且居住著許多忙碌的神父。渥爾許的朋友艾德曼神父並非其中最閒的一員，但是每次我找他時，他都會找時間與我談話。他是個高大可親的人，充滿了方濟會士的愉快神采，非常仁慈，辛勤工作讓他很有紀律，卻不因此冷酷無情。神父生活讓他與耶穌及眾人的靈魂相當親近，使他更溫和且通人性。

見到他的第一瞬間，我就感到艾德曼神父會與我成為好朋友。他針對我的聖召問了些問題，問我多久前領洗，問我為何對方濟會有興趣，又問我在哥倫比亞大學做些什麼。我們談了一陣子，他開始鼓勵我堅持做方濟小兄弟的念頭。

他說：「我找不出任何理由反對你申請明年八月進入初學院。」

明年八月！那還要等好久。既然我已下定決心，就沒有耐心再等待，很想馬上開始。我並未盼望有哪個修會會立刻接受我，但我還是問：

「神父，有沒有機會讓我早一點進入初學院？」

「我們同時招收一組初學生入會。」他說：「他們八月時在帕特遜（Paterson）開始，然後一直在一起，直到接受神品。我們只能這樣處理，如果你從中插入，就會失去連貫性。你在哲學方面的訓練如何？」

我告訴他我上過渥爾許的幾門課，他思考了一陣子。

「也許有個機會可以讓你在明年二月進入初學院。」他說，但是他不像很有把握的樣子。他一定是在思索我可以不上頭半年的哲學課程，直接送我到紐約州北部的書院，在那兒銜接上其他初學生。

「你和父母一起住嗎？」他問我。

我告訴他，他們早就辭世了，除了一個舅舅和一個弟弟，沒有其他親人。

「你弟弟也是天主教徒？」

「他不是，神父。」

「他在哪兒？在做什麼？」

「他在康乃爾大學，明年六月就該畢業了。」

「那麼，」艾德曼神父說：「你自己呢？你能自力維生嗎？你現在不是挨餓吧？」

「哦，不，神父，我可以過活的。今年我有機會在哥大推廣部教英文；此外，他們發給我研究補助金，供我進修博士班。」

「你該接受那份工作。」神父說：「對你會有好處的！而且也要努力進修博士班的課業。盡全力工作，也選修一些哲學課，念書對你絕無害處。而且你知道，一旦進入修會，你最後大概也是要到聖文德學院或謝納學院教書。你會喜歡的，對吧？」

「啊，當然。」我回答，而且那是非常誠心誠意的回答。

我滿懷欣喜平安地步下會院的台階，走入喧鬧的城市街道。

這是我生命中的一個大轉折，現在天主終於成為我生命存在的中心；正因為做了這個決定，祂變得如此重要。顯然，對我個人來說，這的確是唯一的途徑。

我依舊無法得到正式的靈修指導，但是我經常告解，尤其常去聖方濟教堂，那兒的神父比教區神父更願意替我指點迷津。有一次在告解時，一位善良的神父很堅定地告訴我：

「你應該每天去領聖體，每天！」

那時我已經是個每天領聖體的人，但是他的話更增強了我的信心，他強調的語氣尤其令我快樂。的確，我也有理由如此開心，由於每天領聖體，我的生活已經每天都有顯著的改進。

在那些美好的清晨我不曾有此體會，簡直沒感覺到自己是那麼快活；一直等到別人指出，我才注意到。

一天早上，我走到第七大道，那時一定是十二月或一月了。我剛從瓜達盧佩聖母教堂領完聖體出來，要去勞斯謝瑞頓戲院附近的餐車買早點。我心不在焉地走著，差點碰到要去地鐵車站的范多倫，他正要趕去哥大上課。

「你上哪兒去？」他問。我覺得這個問題很奇怪，好像誰也不該問我這麼容易的問題，我能回答的就只是：「吃早點。」

後來范多倫再次提到我們那天早上碰到的事：

「那天在街上什麼事讓你那麼快樂？」

原來那是令他感到意外的印象，所以他會問我上哪兒去。我快樂的原因並不是我要到哪兒，而是我從哪兒出來。的確，我自己也覺得很奇怪，因為我根本沒有留意到我是那麼快樂——而我的確快樂。

那陣子我已經每天望彌撒、領聖體，若不是到瓜達盧佩聖母教堂，就是到聖方濟教堂。然後我便回到培瑞街，著手重寫一本小說，那是被出版社中戴著牛角框眼鏡、瘦瘦高高的毛頭小子之一禮貌地退回來的（他還問我是否正在實驗新的寫作風格，問完便躲到書桌後面，生怕我會因為他的莽撞而捅他一刀）。

中午十二點左右，我會到附近小店吃個三明治，看看報上報導的蘇聯與芬蘭之間的糾紛，或者法國人如何坐鎮馬其諾防線（Maginot Line），派出六人小組到洛林（Loraine）地區某處，去向想像中的某德國人放了三響來福槍。

下午我多半到哥大，坐在教室裡聽幾堂英國文學，然後到圖書館唸聖多瑪斯對亞里斯多德《形上學》（*Metaphycics*）的評論。我將這本書從參考室借出來，保留在研究生閱讀室中我的書桌上供我研讀，這件事讓鄰座幾位聖若瑟會修女相當驚愕。後來她們得知我即將在暑假進入方濟會，就怯生生地對我友善起來。

下午三點左右，我常到基督聖體教堂或更近的露德聖母（Our Lady of Lourdes）教堂拜苦路，這種默想、簡單的方式提供另一種較我了解的更有價值的祈禱方式。拜苦路使我能參與基督受難的功績，每天早上領聖體則讓我燃燒發亮的內在生命藉此再次更新。

在那些日子裡，我必須費點力氣才能去教堂和拜十四站苦路做有聲的祈禱，因為那時我對祈禱還不是很內行。因此，拜苦路還不完全是慰藉，多少有點苦役的成分，需要一點犧牲的精神才行；其他的各種敬禮也是一樣，絕非得來容易或自然而然的，也很少帶來強烈的滿足感。無論如何，這麼做最後的收穫是得到深刻、堅強的平安感，這份平安感幾乎是察覺不到的；但是在我熱情消退之後，這份平安感愈來愈真實、確實，最後永遠留在我身上。

也就在此同時，我開始嘗試各種默禱。好幾個月前我買了一本聖依納爵的《神操》（*Spiritual Exercises*），那本書擱在書架上許久，直到我從奧利安回來向費禮德古德的太太收回我轉租給她的公寓時，才發現書上有兩處用鉛筆做的小記號可解釋為惡意或譏諷耶穌會；其中之一有關死亡，另外一段是說默想時要將窗簾全部放下。

我自己一向有點害怕涉及神操，不知那裡得來的錯誤印象，以為一不小心就可能不知不覺地栽入神秘主義的境界。如果我用心默想，如何才能確定自己的心智不會飛躍上天呢？不過，後來我發現，默禱時心智飛出這個前提的可能根本微乎其微。神操非常平凡、實際，其主要目的是讓忙碌的耶穌會士盡量不浪費時間，從心裡超脫他們的日常工作，回歸天主。

我希望能在耶穌會的庇蔭下接受其修會神父的直接傳授，但是我只能照著自己的方式研讀書中記載的操練規則，然後盡可能按照我能領會的步驟做。我從未向任何一位神父吐露自己的所作所為。

我記得大約花了整整一個月的時間，每天做一小時神操。我每天下午花一個小時在培瑞街的房間內保持靜默，因為我住在後面，不受喧嘩的街道聲影響，實在相當安靜。正好是冬天，窗子都關著，我也聽不到鄰居成千上萬收音機的聲音。

書上說房間應該陰暗，我將窗簾拉下，只剩足夠的光線辨認書上字句及觀看床頭牆上的基督受難像。書上也建議我該採取何種姿勢默想，而且給了我好幾種選擇，只要能保持同一姿勢、坐得安穩、不在房裡轉來轉去、不抓自己的腦袋或對自己說話就成了。

我想了一會兒，為這極為重要的關鍵祈禱了一陣子，最後決定盤腿坐在地板上默想。我猜，若是耶穌會士進來見到我做神操的坐姿竟和甘地一樣，一定會大吃一驚。但是它的成效很好，多半時候如果不需看著書本，我就凝視牆上的基督受難像，或是盯著地板。

如此坐在地板上祈禱，我開始思考天父把我帶進這個世界的原因：

人受造的目的是為了讚美、崇敬、事奉我們的天主，因而拯救自己的靈魂。世界上的一切事物都是為人而造的，為幫助人追求他所以受造的目的……人取用世物，當看自己受造的目的：它們能幫助多少就取用多少，能妨礙多少便放棄多少……因此，他們在取用世物時，內心力求保持不偏不倚：不重視健康甚於疾病，不重視財富甚於貧窮，不重視尊榮甚於屈辱，也不重視長壽甚於短命，只選擇那更能幫助他們達到受造目的的事物。2

我認為「神操之原則與基礎」當中，那偉大、簡明、激進的真理對我而言實在太偉大、太前進了，單靠我自己只能觸及皮毛。我依稀記得自己死守著「對世物要力求保持不偏不倚，不重視健康甚於疾病」的信念，這個觀念有點令人吃驚，我是何許人，怎能了解這些呢？我一傷風感冒就猛吃阿斯匹靈，猛喝熱檸檬汁，差點把自己嗆死，倒在床上緊張得死去活來；現在這本書可能是在教我，即使面對暴死，仍應像冰箱一樣冷靜。如果沒有人指導我，我該如何了解「不偏不倚」的意義與其中的層次呢？我無法看出「意願上的不偏不倚」和「感覺上的不偏不倚」有何差別，後者是根本無法知道的，就算探討聖人的經驗也無法得知。因為我一直擔心自己因何受造的大疑難，以致無法獲得這基礎默想的效果；原本可以將基礎默想應用到和我有關聯的一切事物上，但我總是庸人自擾，替自己製造了許多問題。

不過，做了神操之後，我真正的得益便是有機會做各種默觀，尤其是默觀基督生命的神秘。

2 審訂者註：參見《神操》二十三號「原則與基礎」。

我很順從地依據聖依納爵所有有關「設定地點」的規矩，將自己安置在納匝肋（Nazareth）的聖家裡，和耶穌、瑪利亞、若瑟坐在一起，思考他們的所作所為，傾聽他們的交談等等。然後我動心立志以和耶穌對話做結束，最後再做一個檢討整個默觀過程的簡短回想。這是非常新鮮有趣的，這種勞苦的學習使我全神貫注、無暇分心，每次默想最主要的方法就是依靠感官（譬如聽到被打入地獄的人慘叫，聞到他們焦爛的腐肉味，看到魔鬼向你衝來要拉你和其他人一起淪落等等）。

記憶所及，其中有一項神學論點讓我留下非常深刻的印象。在第一個星期，剛默想過大罪的罪孽，我就轉而默想小罪的邪惡。大罪的可怕對我還是很抽象的，因為可以從很多不同的方面和角度討論；突然間，我反倒能很清楚地看出小罪的惡毒是因為違背了天主的善良與仁愛，和懲罰無關。我的默想結論是：人們順從自己的意願，貪圖滿足自己，因而沒有選擇遵照天主的意願，遺忘了祂的慈愛，遺忘祂為了愛創造了我們，後果只是混亂與邪惡。

在那項關於「兩個陣營」的大默想中，你必須在戰場的一邊列出基督的軍隊，另一邊則是敵對的魔鬼軍隊，然後試問自己要選擇那一個陣營。我太沉迷於地密爾（Cecil B. De Mille）[3]式的氣氛，後來在默想為往後生活做選擇時，竟然發生了一件怪事，令我受了點驚；在此避靜中，這便是唯一可謂受到外來超性干預的事件了。

我原已選擇了自己的生活方式，即將去做方濟會士，形成這些想法時並未做太多個人的考慮。我常盤算著該如何處置俗世擁有的一切——這個默想其實對那些有財產要分配給別人的人更合用——這時門鈴響了，我按鈴打開樓下靠街的門，走到樓梯口，以為是吉卜尼還是誰來了。

來人是個穿鼠灰色大衣的小個子，我從來沒見過他。

「你是多瑪斯．牟敦嗎？」他對我說，然後逕自走到我這層樓的走廊上來。

我沒有否認，他就進屋來坐到我的床上。

「上星期日在《時報》書評專欄中評論有關勞倫斯那本書的人就是你吧？」他問我。

我想我是被逮住了。我是給亭德爾評論勞倫斯的書捧場，亭德爾是我在哥大的論文指導教授，他的書讓許多將勞倫斯當成救世主的人痛苦、憤怒得快要發狂。我已收到一封很生氣的信，說我根本不該為這樣的書寫書評，我猜此刻這個人一定會要我改變主張，否則就打死我。

「是啊，」我說：「是我寫的，你不喜歡嗎？」

「啊，我根本沒看。」這小個子說：「但是理查森先生看了，他把一切都告訴了我。」

「理查森先生是誰？」

「你不認識？他住在諾瓦克（Norwalk），昨天我才和他談到你的書評。」

「我根本不認識任何住在諾瓦克的人。」我說。我弄不清這位理查森先生喜不喜歡我的書評，也不在乎他怎麼想，看來和此人的造訪也沒有多大的關係。

「我奔波了一整天。」他若有所思地說：「先到新澤西州的伊利薩白（Elizabeth），然後到新澤西州的貝雲（Bayonne），再去紐瓦克（Newark），搭乘哈德遜地鐵回來時，突然想到理查森先生不斷提到你，所以想到應該來見你。」

3 譯註：以壯觀電影手法表現聖經故事而著稱的導演。

因此，他出現在這兒。他到過伊利薩白、貝雲、紐瓦克，現在坐在我的床上，穿著鼠灰色大衣，手上拿著帽子。

「你住在新澤西州？」我完全出自禮貌才這麼問。

「哦，不，當然不是。我住在康乃狄格州。」他回答得很快，我好像走入另一道迷陣。他以一連串曲折的地理名稱細節解釋他曾住過哪裡，以及他怎麼湊巧認識諾瓦克的理查森先生，然後他說：

「我看到報上的廣告，所以就決定去新澤西州。」

「廣告？」

「是的，我是去伊利薩白應徵一份工作，但是沒得到那份工作。現在我已經不夠錢回康乃狄格州了。」

我終於有點頭緒了。

這位訪客結結巴巴地做了一長串認真、複雜的解釋，說自己在新澤西州找工作如何連連失敗，而我既惶恐又興奮地開始盤算著兩件事：「我該給他多少錢？」以及「怎麼這麼巧，他會在我正默想著如何將自己所有一切送給窮人時進門？」他甚至可能是個以鼠灰色大衣偽裝自己的天使。就因為事情太荒謬了，這個可能性更令我震撼，但是我愈想愈覺得天父應該會派遣一位天使來試探我，說起話來就像《紐約客》中那些複雜短篇小說中的人物。

於是我伸進口袋掏錢，把兩毛五、一分、五分的零錢都放在桌上。當然，如果這個人是天使，這件事就很簡單，我該把所有錢給他，自己不吃晚餐，但是有兩件事使我持保留態度：第一，我很想吃晚餐；第二，這位陌生客似乎也看出我因有所思而心情起伏，他顯然認定我是在嫌他煩了，所以怕我生氣，故意顯得匆忙地把我拿出的一點錢取走，就好像那是很多錢似的。

他把一張一元紙幣和零錢塞進口袋，匆匆離開，我心頭一片迷茫。當然，我也不能再恢復盤腿而坐、繼續默想了；我還在想，我是否該衝下樓追上他，將剩下的一塊錢給他。

不過，根據聖依納爵的標準，我做得還算相當得體，我將全部動產的五分之三給了他。也許我沒把錢全給他而使自己沒飯吃反而更好，否則我必定因此沾沾自喜，令人討厭的虛榮心將一發不可收拾——為了沒被嚇得半死而驕傲，或者還會打電話找朋友借錢——那豈不是更毫無益處。雖然這陌生人的故事既散漫又荒唐，就算他不是天使，但如以基督的標準來衡量，他也是你幫助過的最弱小者之一。

總之，這次默想也因此更有意義了。

III

這個學期我也在哥大商學院教一門英文作文課，一週三次。就像其他的推廣課程班一樣，這班學生真是三教九流。有一位個性強、脾氣壞的化學系學生總是對立的中心人物，因為他是被迫選修這門課的——不論是哪一個學程的學生都必須選修這門課。有一個很認真敏感的年輕黑人總是坐在第一排，穿著一套整潔的灰西裝，整堂課都從他的眼鏡後方注意著我。還有一名從羅馬大學來的交換學生。另有一位中年婦人經年累月地選修這種夜間課，繳交的作業總是主題簡潔、一絲不苟；她總是很平靜又特意很謙虛地保持她在班上的明星地位，這也給了她特權，她在班上發言最多，常提出一些教人意想不到的問題。

有一次，我堅持要求他們在描述一個地方或事物時，盡量列出具體及有形的實例，一個迷迷糊糊、坐在後排、平時不太惹人注目、名叫芬尼根的愛爾蘭人突然口若懸河地說出許多細微卻離題的細節，教人無法制止。他開始敘述一間製鞋廠，讓你感到好像被那兒的五十噸器械壓得透不過氣。因此，我既驚奇又擔憂地發現，當教師的人有一種奇妙超凡的力量，可以釋放年輕人腦中的心理能力；他們對暗示和建議立即興起的快樂、熱烈反應——如果反應的方向錯誤——足以讓人逃到森林離群索居。

不過，我很喜歡教書，尤其是這一類班級，多半的學生都要自己工作謀生；他們很重視這門課，因為他們要從儲蓄中拿錢來付學費。教這種學生真是一份榮譽，全班都會很熱切地從你這兒得到一點知識；就因為他們如此好學，會讓你自以為有能力供應他們想要的一切。

我算是相當自由，可以依照我的意思來教學。如果人們想要寫作，首先必須要有題材可寫；如果某人要教英文作文，絕對要教學生如何對書寫的事物產生興趣。同時，想要學習寫作的人絕不能不閱讀，所以教一門作文課應該附加一門文學課，也應該花點時間教人如何閱讀，或者至少如何對書本發生興趣。

因此，我花大部分時間拋出概念，讓他們辯論何者可能或不可能對生命或文學有重要性。辯論漸漸涵蓋了對學生偏好觀念的討論，在紙上表達出來後，辯論就漸入佳境了。不久我看出，雖然不是每個人都有見解，他們卻都渴望有新的觀念與信念。一個年輕人寫了一篇作文提及暑假時在教堂從事粉刷的工作，他感到十分愉快；一個安靜的家庭主婦是天主教徒，她坐在教室中排，每逢討論涉及宗教邊緣，總是微笑、信任地望著我，非常友善，好像和我是同夥。我從他們身上看到渴望觀念與信念的共同特質，大致說來，這真是生氣蓬勃的一班。

不過，這門課只有一個學期。到一月時，辦公室的人告訴我，春季班要派給我一門純粹加強文法的課程。

文法這玩意我是一竅不通，我經常小心警惕自己作文課絕不教文法。另外，我將在暑假入修道院，所以答應自己要度個最後的假期。我已經翻閱過有關墨西哥及古巴的書籍，想選擇一個地方花掉以後在這世上不再需要用來養活自己的錢。

我告訴系主任我無法教春季文法課，因為我要準備終生進入修道院。他們問我是什麼事讓我做出這種決定，而且悲傷地搖著頭，卻也沒有試圖勸阻我。他們還告訴我，如果我改變主意，還是可以回來——聽起來他們似乎在說：「當你從夢幻中醒悟過來、認清那幻夢原是差勁的工作時，我們會再收容你。」

因為我仍有大學給我的研究補助金，我選了兩門春季班的課，其中之一是跟著渥爾許上聖多瑪斯的討論課，結果只有渥爾許和我兩人一同坐在他的房裡研讀《存有與本質論》（*De Ente et Essentia*）。房東是位老婦人，給自己找了不錯的營生，她的屋子在棒球季節專門收容紐約巨人隊的球員。

我還在考慮有沒有足夠的經費到墨西哥或古巴時，封齋期已即將來臨，因此我將假期延到封齋期後。有一天，我在圖書館工作時突然肚子痛，感到十分虛弱、難受。我收拾好書本去看醫生，他把我平放在一張檯子上，觸碰我的肚子，毫不猶疑地說：

「對，你出了大問題。」

「盲腸發炎？」

「對，最好把那東西割除掉。」

「馬上？」

「那最好不過。有什麼好等的？麻煩只會越惹越大。」

他立刻打了電話給醫院。

我從醫生房子考究的褐色台階走下，心想，這也好，在醫院會有修女照顧我。不過，我也同時想像了不幸的結果，或許會發生致命的意外事件，手術刀一失手便把我送進墳墓……。我向露德聖母做了許多祈禱，然後回培瑞街的家，拿了牙刷和但丁的《神曲》〈天堂篇〉（Paradiso）。

我又往城北走去。在第十四街地鐵車站有個醉漢，他真是酩酊大醉，伸長四肢俯臥在十字轉門的中央，擋了大家的路。好幾個人推他，要他起來離開那兒，但是他自己無法起身站立。

我告訴自己：「如果我抬他離開這兒，我的盲腸也許會爆開，自己或許也會和他一起躺在十字轉門口。」我的緊張被溫暖美好的自滿之情沖淡了一點，於是我抓著醉漢的肩膀，艱難地將他倒拖到轉門口外，讓他靠牆挺住，他微弱地呻吟抗議著。

我在心中慶幸自己對醉漢付出如此關愛，然後回到十字轉門，下去搭乘地鐵到位於華盛頓高地的醫院。回頭時，從階梯最低層看到那醉漢掙扎著慢慢爬回轉門，再次俯臥在地上，像方才一樣擋住來往的通路。

我出地鐵車站到城北時天已經黑了，走上好幾十步巨大的台階，上方就是聖依莉莎白醫院。冰雪在樹上發亮，處處垂冰，斷裂落下撞碎在街道上。我爬上醫院的台階，進入整潔光亮的大廳，看到一個基督受難像和一位全身穿著白色衣服的方濟會修女，還看到一座耶穌聖心的雕像。

剛從乙醚麻藥中醒來時，我覺得很不舒服，又偷偷在不該喝水時喝了很多水，搞得自己痛苦不堪。一位夜班修女給我一小杯飲料，味道很像茴香酒，後來發現原來是真的，這才振作起來。後來，我可以吃東西，就開始坐起來，在床上閱讀但丁，其餘的十天過得實在是天堂生活。

每天早上我很早就漱洗完畢，護士整理我的床，我可以安靜地躺著，快樂地期待走廊那邊傳來小鈴鐺的聲音，表示可以領聖體了。神父沿著不同病房及醫護科別走來時，我數得出他進了幾個門。修女們終於來到我的病房門口跪下，神父捧著聖體盒走到我床邊。

「願基督的聖體護祐你得到永生。」

然後他又離開，你可以聽到小鈴鐺聲消失在走廊的那一邊。我在被單下靜靜地握著雙手，指間夾著念珠，那是約翰保羅在聖誕節時送我的。因為他並不知道念珠有不同的種類，竟然被一間宗教商店欺騙了；這串念珠雖然好看，但是六個月內就會散掉，是一串美觀卻不經用的念珠。不過，這串念珠代表的感情強度恰與珠子本身的脆弱成正比，所以在這串念珠斷散之前，我特意經常用它，而不用另一串堅韌、價錢便宜的黑色木質念珠，那是一位愛爾蘭洗衣婦替工人做的，只花了我兩毛五，在某次傳教會時於基督聖體教堂地下室買的。

「你每天都領聖體嗎？」鄰床一個義大利病人這麼問，他因為整夜替工程振興署鏟雪而染上了肺炎。

「是的，」我說：「我要當神父。」

「你看這本書，」那天後來我對他說：「這是但丁的〈天堂篇〉。」

「但丁，」他說：「義大利人。」然後他躺回床上，睜著雙眼望向天花板，不再說話。

這樣躺著被人餵食——可說是被人一匙匙地餵著——這種生活真是太奢侈了，但是也非常富有涵義，那時我還不能了解——我也不需要了解。一兩年後，我看出當時經歷的一切都是我靈性生命的寫照。

在那時，我終於誕生了，但仍是個初生兒。我有生命，有個內在的生命，真實卻很脆弱、不穩固。我仍需要受到照顧，以靈性的奶水餵養我。

聖寵的生命看來終於變成持續及永恆的了。以前的我是那樣虛弱無力，卻還是步上了自由與生命之路。我找到了靈性的自由，眼睛也開始對著有威力、持續不變的天堂之光睜開，我的意志終於學到要屈服於那隱密、溫柔、慈愛的開導，那來自永恆生命的愛。從此，有生以來第一次，我遠離罪惡的時間不僅僅是幾天、幾週，而是幾個月，這樣的健康對我是新鮮事，我太有福了。

所以我得到的不僅是所有神慰的理性奶水，而且只要我祈求，任何好處、慰藉、純真的快樂、甚至物質條件，都不會被拒絕。

我完全受到保護，不受困難、殘暴、苦痛的騷擾。當然，住院時肉體不免受了點疼痛之苦，但那真是微不足道，凡是經歷過普通盲腸切除手術的人都知道那有多輕鬆，這也正是我的感受。

我唸完了用義大利文書寫的〈天堂篇〉之後，也讀了一部分馬里旦的《形上學序論》（*Preface to Metaphysics*）。

十天後我出院了，回到道格拉斯頓，舅舅、舅媽仍住在那兒，他們邀我住到身體復元能走動為止；這也就是說，我又多了兩週安靜、不受打擾的閱讀時間。我可以把自己關在外祖父以前的「私人小窩」裡默想和祈禱，譬如在耶穌受難日的下午，我就做了祈禱；其餘的時間，舅媽談著贖世主會（Redemptorists），她小時候住在布魯克林，附近就有一間贖世主會的會院。

到了復活節的那個星期，某日我回去見醫生，他揭開紗布，說我可以到古巴去了。

我想，就是在那座燦爛的海島上，每當我邁出虛弱的步伐時，周圍的仁慈與關心達到了極致，簡直不能想像會有人比我更受照拂，沒有人見過俗世的孩子能像我在那段時日中，受到如此密切有效的關注、珍惜與引導。我走過火堆，把自己的頭顱送進獅子口中，所冒的險足以使任何道德神學家頭髮變白。而我懷著新生的簡樸心性，根本不明白狀況，我四周的護守天使都牽掛著我，一路替我將腳邊的醜行掃除；一看到我可能跌倒，便立即將枕墊放到我膝下。

我不相信那曾被提升到與基督神秘結合狀態的聖人，可以走過危難重重的街道或哈瓦納（Havana）的低級酒館，卻像我一樣不受污染；然而，我把那份能夠全身而退、不受激情與意外影響的福分看得太理所當然了。天主讓我嘗到一點掌權的感覺，那是恩寵加諸祂每個孩子心中的特權，因為萬物都是他們的，他們都是基督的，基督就是天主的。他們擁有全世界，因為他們放棄了世上一切事物，放棄了自己的肉體，不再聽從來自激情的不公正要求。

當然，我是不可能真正超脫的。如果我能不再聽從自己的激情，那是因為天主憐憫我，給我特赦，因此我的激情暫時不發出噪音。但是，激情的確會甦醒，不過那時我已遠離真正危險的地帶，到達一個單調而催人欲睡的城市卡馬瓜（Camagüey），那兒的人晚上九點不到就上床就寢了。在那兒，我坐在高大的大王椰子樹下，開始閱讀西班牙文版聖女大德蘭的自傳，整座大花園只有我獨享。

我告訴自己來古巴的原因是向科百瑞聖母（Our Lady of Cobre）朝聖的。我的確如願了，不過那是中世紀風的朝聖，十分之九是度假，十分之一是朝聖。天主容忍這一切，萬分寬容地接受了這樣的朝聖，祂在我的古巴之行中確實給我各種聖寵，連靈修不深的人都能感受到，而我就是那種人，以前是，現在也是。

我每跨出一步就進入新的喜悅境界，有靈性上的喜悅，也有本性界中心靈、想像、感官的喜樂，但是這份喜樂不失純真，是受到聖寵督導的。

此點可做部分自然的解釋。我正在學習一件事，而且非得在一個至少具備天主教表象的文化環境裡才能學習透徹，需要法國、西班牙或義大利的天主教氛圍才能徹底經驗到由聖事生活散發出的自然、合理的喜樂。

在這兒，繞來繞去都找得到宏大陰涼的教堂，有些教堂有華麗的祭台，有亮閃閃的木雕屏風、華美的桃花心木或銀質雕飾，聖人像前或聖體櫃一片火紅花海。

在這兒，每個壁龕裡都擺設著美麗盛裝的雕像，那些小型聖母雕像顯現過許多奇蹟，充滿感人的情操；她們穿著絲質或黑絲絨的服裝，位居大禮祭台之上。在小聖堂裡有聖母緊抱基督屍體的痛苦之母雕像，充滿了強烈的西班牙式戲劇感，看得到荊棘與釘子，真是令人觸目驚心。教堂四周有許多為白人或黑人聖人所設的小祭台，到處可見古巴人在祈禱。古巴人並未忽略宗教，起碼和美國人自以為是的想法不同；美國人只看到那些生活富裕、面帶病容的年輕人從海島北來，整天在耶穌會大學宿舍裡賭博，就做出了古巴人輕忽宗教的判斷。

然而，我在那海島上生活得像個王子，也像個精神上的百萬富翁。每天早上七時許起身，走到陽光和煦的街道上，我可以從一打教堂中輕鬆地任選其一，有新教堂，也有十七世紀的古老教堂。一踏進教堂大門，只要我願意，就可以領聖體，因為不論是在彌撒前、彌撒進行中或彌撒後，都有神父拿著裝滿聖體的聖體盒出來，而每十五至二十分鐘都有新的彌撒在不同祭台前舉行。這些天主教堂屬於不同的修會——如加爾默羅會（Carmelites）、方濟會、艾爾聖克利斯托的美洲奧斯定會（American Augustinians at El Santo Cristo），以及仁慈會（Mercy）的神父等等——無論走到那裡，總是有人願意以愛我的基督之無限能力餵養我，祂已經開始顯示祂是如何寬宏、隱密又慷慨地愛護我。

有成千的事情可做，也有成千的簡易方式表達感恩。每件事都引領我去領聖體，我可以再多望一台彌撒，可以唸一串玫瑰經，再拜一次苦路，或是乾脆跪在那兒，一轉頭就可以看到木製或石膏聖像，看到像血肉之軀般的聖人——即使那些或許不是聖人，看來也新鮮如畫，足以在我心裡激起更多的聯想，讓我更想做祈禱。待我離開天主教堂時，總不會缺少乞丐給我機會施捨，那是去除罪過的簡易法門。

我經常從一座教堂出來再走進另一座教堂望彌撒，遇到星期日的話，這種情形格外頻繁。西班牙神父的講道聽來悅耳，那種語言的文法本身充滿莊嚴、奧秘、彬彬有禮的氣質。我認為，除了拉丁文之外，沒有任何語言較西班牙文更適合做祈禱或是用來談論天主，因為這種語言又堅定又柔順，文字鋒利，有鋼鐵的性質，能提供神秘主義所需的準確性，又有各種敬禮所需的柔和、文雅、婉轉，也有禮貌、懇求、典雅的氣質，絕少流於濫情。它既有法文的知性，又不像法文過分知性而陷於冷酷；它絕不像義大利文那樣流於女性聲調，就算是由女性口中說出也絕不是虛弱、懶散的語文。

當在講道台上講道時，外面街上搖鈴叫賣獎券的聲音完全不起作用。古巴人給人的印象是容易激動，其實他們有驚人的耐心，可以忍受會讓美國人煩躁或令人發狂的事，例如持續、尖銳的噪音；至於我，也和當地人一樣無動於衷。

待我做夠了祈禱，便可走回街頭，在陽光或陰影下漫步，偶爾停下在小店裡喝一大杯冰果汁，然後回家研讀馬里旦或聖女大德蘭，直到吃中飯時才休息。

我也到馬坦薩斯（Matanzas）、卡馬瓜及聖地牙哥（Santiago）走了一遭——搭乘一輛橫衝直撞的公車經過橄欖灰色的古巴鄉村，到處是甘蔗田。一路上我唸著玫瑰經，望著那頂天孤立的大絲棉樹，一邊盼望聖母能在它們當中對我顯靈。我找不出她不顯現的理由，每件天堂的事物似乎都是舉手可及，所以我繼續望著，望著，期待著；不過，我沒看到美麗的聖母在任何一棵絲棉樹中出現。

在馬坦薩斯，我參加了「散步」的行列。在涼爽的夜晚，全城的人在大廣場中一圈圈轉了又轉，男的朝一個方向走，女的朝另一個方向走，我很快就和五十一位不同年紀的人成了朋友。最後，那天晚上我竟然用破西班牙語對大眾做了場公開演說，四周是各式各樣的男子及男孩，包括赤色份子、知識份子、聖母昆仲會學校的畢業生，以及哈瓦納大學法律系的學生。主題是信仰與道德，似乎很讓大家感動，而他們接受了我的談話也讓我很感動。許多人很高興有人，尤其是外國人，和他們談論這些問題，我聽到一個剛剛到達我們集會的人問：「他是天主教徒嗎？美國人嗎？」

「老兄，」有人說：「他是天主教徒，而且是個很好的天主教徒。」他的口氣讓我很開心，直到上了床還睡不著。我躺在床上，在蚊帳頂上看到亮晶晶的星辰，它們由洞開的窗子照耀到我身上；窗子沒有玻璃，也沒有框架，但是有一塊厚厚的窗板可關閉擋雨。

在卡馬瓜，我找到一間敬拜孤獨之母（Our Lady of Solitude）的天主教堂，在隱晦的神龕中豎立著一個衣著美好的小雕像，你簡直看不到她，孤獨之母，是我最熱心做敬禮的對象之一。她在美國沒沒無聞，永遠找不到她，也聽不到她的名字，只有加州一個古老的傳教點供奉著她。

接下來，我搭乘的公車一路怒吼著經過乾燥的平原，朝著群山翠嶂駛去，到達奧瑞安提（Oriente），我朝聖之旅的終點。

我們過了分水嶺，穿過朝向加勒比海（Caribbean Sea）的綠色山谷，我看到那黃色長方形的科百瑞聖母大堂矗立在礦工村單薄的錫皮屋頂上方，這座村莊在綠色盆地的底部，背靠著山崖和叢林密布的陡峭山坡。

「妳好，科百瑞的仁愛之母！我特別為了妳來到這兒，請妳向基督祈求，讓我成為祂的神父。聖母，我把我的心奉獻給妳，假如妳讓我獲得神品，我會將第一台彌撒獻給妳，經過妳的手，這台彌撒要向聖三（Holy Trinity）謝恩，祂經由妳的慈愛賜給我這宏偉的聖寵。」

公車從山嶺急駛進入聖地牙哥，一位礦冶工程師由分水嶺上車，一路上他用在紐約學到的英語告訴我古巴及奧瑞安提的政客如何貪污發財。

在聖地牙哥，我在教堂對面的大飯店陽台上吃了晚餐，廣場對面一棟五層樓建築只剩外殼，像是被炸彈挖去內臟似的，不過其實是被不久前的地震毀掉的。貼在廢墟前的廣告已經破破爛爛有一段時間了，我心想，也許時候已到，另一次地震就要來臨。抬頭看看教堂的兩座高塔，搖搖欲墜，似乎就要崩塌在我頭上。

次晨，載我到科百瑞的公車行程是一路以來最危險的。在古巴搭公車實在讓人提心吊膽，我猜大部分旅程是以時速八十哩行駛，只靠兩個輪子在路上跑，好幾次我都以為公車即將爆炸。我到教堂的一路上都唸著玫瑰經，車外樹木匆匆刷過，又青又黃，模糊一片；就算聖母想要顯現給我，我可能連一眼都看不到。

我走上那條圍繞在山崗上長方形大教堂四周的小徑。走進大門，我大吃一驚，地板那麼亮、那麼整潔。我站在教堂後部，走廊頂端，在高高的祭台後面，像是一個講演台。正對著我有一個小神龕，仁慈之母就供奉在那兒，這愉悅、黑色的小小童貞聖母戴著皇冠，穿著皇家的服裝，這就是古巴之后。

那兒沒有人，只有一個穿黑衣裳的虔誠女管理員，她熱心地想賣給我許多徽章。我跪在仁慈之母前祈禱，許下我的心願。之後，我又悄悄走進大教堂，跪在一個既能看到仁慈之母又可獨自祈禱的地方；不過，那位熱心的女士急切地要完成交易，或是擔心我會在教堂內耍什麼鬼計，於是走下來從門縫中偷偷看著我。

我有點失望，想說算了。我站起來走出教堂，買了一個徽章，換了一些可分給乞丐的零錢就離開了。我很遺憾沒有機會把我所有想向仁慈之母說的話說出，也沒有聽到她對我說的話。

下到小村莊內，我買了一瓶汽水，站在鄉村小店露台的錫皮屋頂下，不知哪個小木屋中有人彈著小風琴，是「上主，求祢垂憐；上主，求祢垂憐；上主，求祢垂憐」的調子。

然後我回到聖地牙哥。

不過，當我坐在旅館陽台上吃午餐時，仁慈之母有話對我說了。她傳授我一首詩的概念，詩在我腦中成形，那麼簡單、平穩、自然。我只要把飯吃完、走回房間用打字機打出來，幾乎不需要任何修改。

因此，這首詩同時就是她要對我說的話，也是我想要對她說的話。那是為仁慈之母做的一首詩，就我來說，這是件新鮮事，是我寫的第一首真正的詩，至少是我最鍾愛的。這首詩替我指出寫詩的途徑，開啟了大門，讓我踏上捷徑，讓我可以持續前進許多年。

這首詩的內容是：

白女孩揚著頭，像樹木；
黑女孩在街上行走；
沈思默想像紅鶴；

白女孩銳聲唱著，像流水；
黑女孩安詳說話，像泥土；
白女孩展開手臂，像雲朵；

黑女孩閉著眼，像翅膀；
天使屈身像鐘鈴；
天使仰望像玩具；
只因天上的星辰
圍成圈圈；
大地，片片鑲嵌細工；
奮起飛翔，鳥兒飛走了。

回到哈瓦納之後我又有另外的領悟，而且那是極度重要的領悟。突然間，我不只在知性上明白、更親身體會到，之前我半刻意地在絲棉樹中尋找聖母顯現，是多麼徒勞、無意義的事！這份經驗為我打開了另一扇門，不是通往寫作的方法，而是一條通往無垠新世界的道路；這個新世界完全超越了我們的現世，超脫到無窮之境，它不是一個地方，而是天主自己。

星期天我到哈瓦納的聖方濟教堂。我已在另一教堂領過聖體，大概是在基督堂吧，此刻我是來聽另一台彌撒的。教堂內非常擁擠，前方面對祭台的地方有好幾排兒童擠在一起，我不太記得那天他們是否初領聖體，不過他們看來就是那個年紀。我坐在很後面，但是仍然可以看到孩子們的腦袋。

到了成聖體的時刻，神父舉起麵餅，再舉起聖爵。他剛把聖爵放回祭台上，突然一位穿著褐色袍子、繫著白索的僧侶在孩子前起立，孩子的聲音立刻爆了出來：

「我信全能的天主父，天地萬物的創造者……。」

這是「信經」，但是那聲大吼的「我信全能者天主聖父化成天地」真是響亮，突然又充滿喜悅與凱旋感。那是美好的大聲吶喊，發自那群古巴孩子，是對信仰歡樂的肯定。

然後，我內心覺醒了，了解、明白了。這種領悟正如那聲吶喊一樣突然又肯定，而且明澈千百倍以上。我明白方才在祭台成聖體時發生的事，原來是天主出現在那份成聖體經文中，使得祂真正屬於我。

但是這項醒覺究竟是什麼？如此不可捉摸，卻像雷劈一般擊中了我。這道光亮無任何可見之光可以相比，如此深奧、如此親密，似乎使所有次要經驗都中和、抵銷掉了。

然而，這件事對我最大的衝擊是這道光亮在某方面是極其「普通」的——這道光（同時也是最讓我驚詫的）是送給所有人的，絕不誇張、絕不神奇，是信仰的光芒在深化、縮減到極端之後，突然變得極其明確。

好像天主顯示自己的存在使我目眩，我因為突來的失明而頓悟了。

為何這道光芒令人目眩、令一切事物中和消失呢？那是因為（而且可能）其中根本不包括感覺或想像。我稱之為光亮，也是事隔許久後所用的一種隱喻說法，當時這個醒覺勢不可擋，瓦解了所有形象、隱喻，切入我們原本賴以思考的整串種屬與幻象。這種方法忽略所有感覺經驗，直通真理的中心，好像驟然間我的智性即刻與真理連結了，而這真理在此時此刻是實體般實實在在地在我面前的祭台上。不過，這類接觸並不是推測或抽象的事件，它是具體而經驗性的，雖然屬於智識性的範圍，卻更屬於愛的範疇。

其他有關這道光芒的是：它遠遠超越我曾感覺過的任何渴望或嗜好，濾淨了所有感情，清除了一切帶有感官渴求意味的東西。它是如靈視般純潔、直接的愛，直接飛向所喜愛的真理之所在。

來到我腦海中的第一個清晰念頭就是：

「天堂就在我眼前，天堂，天堂！」

這個念頭只停留了一會兒，卻留下讓人屏息的喜悅與清新、和平、快樂之感，持續了好幾個鐘頭，這種感受也是我永遠無法忘懷的。

很奇怪的是，這道光雖然如我上面所說是「平凡」的、很容易感受，卻無法再次捉摸到；事實上，即使我很想這麼做，也不知道如何重建這種經驗，更不知要如何再將它找回來，只能繼續以信心和愛德來行動。然而，顯而易見的是，我絕對無法以任何信心的行為來達到那種頓悟的境界，那應該是一種恩賜，來自他處，超越我自己的能力。

無論如何，諸位不要以為由於那天在哈瓦納聖方濟教堂望彌撒時受過那道光的光照，此後我就慣於通達情理，或是在祈禱方面有了一日千里的進展。不，我的祈禱仍然大多是口禱，仍無法系統化地默禱，只是或多或少能自然地進入默想境界與感性祈禱，這種情況和我當時研讀的書籍有關。在多半時間裡，與其說是祈禱，我的祈禱毋寧說是一種期望。我渴望進入聖方濟初學院，祈禱時經常在推想往後的生活會是怎樣，所以我常常是在做白日夢，而不是在祈禱。

IV

幾個月很快就過去了，但是對我好像還不夠快。已經是一九四〇年六月，仍有兩個月才到八月，那時初學院的大門才會大開，接收三十或四十名新的望會生，那個日子真是遙遙無期。

我從古巴回來後只在紐約待了幾天，在那幾天內，我到第三十一街的修院，艾德曼神父告訴我，我的入會申請已經被接受了，必備的文件也寄到了。這很不簡單，因為申請入修會的人需要所有住過的教區之文件證明，從十四歲起，只要實際持續住過一年的地方都算，同時還要出生證明及其他證件。

那時正值德國軍隊大批湧入法國，我剛回到紐約時，德軍首次突破法國防線。事態終於明顯了，那所謂攻不破的馬其諾防線只是浪得虛名。事實上，只有短短幾天的功夫，由納粹的空軍開路，凶猛的納粹裝甲部隊衝入士氣已經瓦解的法國軍隊陣營，以堅強的軍備包圍這個被出賣的國家，兩週內納粹就佔領了巴黎，然後又進展到羅亞爾河流域。後來報紙上滿載著模糊不清的有線電傳真照片，圖中是位於康皮恩（Compiègne）公園內那節愚蠢、孤立的餐車，希特勒在此強迫法國人接受一九一八年大戰休戰協定的文件。

因此，如果我父母在倫敦蘇荷區聖亞納（St. Anne）教堂的結婚證書在那年沒有寄到，可能就永遠收不到了。我不知道堂區記錄有沒有逃過戰火，那時陸軍聯合閃電戰即將降臨那個巨大而晦暗、充滿罪惡與辛酸的城市，我也曾在那多霧的城市中沾沾自喜地漫步消遙過。

每件事好像都很乾淨俐落。一個月過去了，另一個月也將過去，不久我就會提著箱子到新澤西州的帕特遜，走在某條無趣、難以想像的街道上，進入一個我尚未能清晰想像的磚砌小修道院。我想，那無趣的城市會被關在門外。雖然我也沒有特別想像聖安東尼初學院會是什麼樣子，但我知道可以在那裡找到平安。我將開始避靜，約一個月後即可穿上會士的褐袍和白索；我會穿涼鞋、理光頭，緘默地走向不甚華麗的聖堂。無論如何，我會有天主，擁有祂，也屬於祂。

此刻，我要先到紐約上州。我最盼望的就是和賴克斯、瑞斯、戈迪、吉卜尼與紅髮的南方人耐特碰面，他們都住在奧利安山上的避暑小屋內；不過，途中我先經過綺色佳，去看看在康乃爾大學讀書的弟弟。

我想，這也許是我進初學院前最後一次有機會見約翰保羅了，但也說不準。

這一年他原該從康乃爾畢業，結果卻出了點差錯，無法畢業。他那份無聊、失落、彷徨全都表現在緊皺的額頭、不安的步伐和沒有喜氣的笑聲上，我馬上對他的大學生涯一清二楚。我完全認出他精神空虛的跡象，當年我從劍橋到哥倫比亞時就深受其苦。

他有一輛二手的大型別克車，整天來回行駛在校園的濃蔭下，生活就是橫衝直撞、在大學及谷中小城間來回奔波。他從課室跑去偉勒德．斯崔特大樓，坐在平台上和女生一起曬太陽、喝可樂、看風景，那廣大、明亮的山野就像《國家地理雜誌》（*National Geographic Magazine*）上顏色特別鮮明的圖片。他從大學圖書館逛到城裡居住的地方，有時去看電影，有時去逛逛街上簡陋的小鋪，店名我全忘了，或根本就不知道。康乃爾的大學生經常在昏黃的小店裡圍桌而坐，室內充滿了他們的噪音、菸味，以及無知小聰明製造出的喧嘩。

我只和他在綺色佳待了幾天，早起去望彌撒、領聖體，他下來和我跪在一起望彌撒，看我領聖體。他告訴我，他也曾和主管天主教學生的校牧談過，但是我弄不清真正吸引他的是信仰還是那位校牧對飛行的興趣，原來約翰保羅自己也經常去綺色佳機場學駕駛飛機。

我們用過早餐後，他回到校園，參加東方歷史、俄國文學之類課程的考試，我則搭上公共汽車，先到艾邁拉，再從那兒搭火車到奧利安。

避暑小屋非常擁擠，可想而知，吃過那些危險、可疑的煎炸肉食後，廚房的髒碗更會堆積如山。不過，大家各忙各的，山林很安靜，太陽總是那麼明亮，照耀著我們面前那廣闊空曠、山丘起伏的原野。

不久，費禮德古德和他的太太海倫還有蓓姬從紐約來到小屋，後來南茜也來了。南茜在斯密茲學院念書，賴克斯還在《紐約客》上為她寫過一首詩。吉卜尼與費禮德古德爬到三十多呎高的樹上，在樹間搭了一個十呎長的平台，樹邊有個梯子可以爬上去，這個高度是賴克斯連試都不想試爬看看的。

同時，大清早在女孩住的房門外，你可以看到蓓姬坐在那兒大聲朗讀精裝本聖經，將它當成文學作品看待；而南茜則梳著她金得發紅的美麗長髮，但願她永遠不要剪短，因為那頭秀髮也是天主的榮耀。那時我以為蓓姬大聲讀聖經是要給南茜聽的，也許吧，我不知道。後來，蓓姬獨自漫步到森林中，苦苦揣摩亞里斯多德的《範疇論》（*Categories*）去了。

瑞斯、耐特與戈迪分開坐著，他們多半在車庫裡或車庫附近，不是在打字，就是在討論小說或商業性短篇故事。賴克斯還是留著一臉鬍子，經常在思考，在紙上寫下他的故事概念，或是和南茜談天。

我呢？我找到一個好地方，可以坐在石子路邊圍欄欄杆上望著遠遠的山丘唸玫瑰經。那是安靜、陽光充足的地方，其他人很少到那兒去，也聽不到屋子內的聲音。六月的那幾週，這兒就是我的樂土。

這兒離城太遠，不能每天早上領聖體，要去就得搭別人的便車下山。因此，我向從紐約到聖文德學院來教暑期班的朋友若瑟神父提出要求，問他是否可以讓我在他們那兒借住一兩週。

知道我將在八月進入修會，就不難說服院長讓我搬下山、留宿在體育館內破爛的大房間裡，那兒已經住了三、四名貧苦學生及修道學生，大家都在附近打點雜工，當電話接線生、停車場員工等暑假臨時工。

那時候，該大主教轄區的許多神職人員從各個會院來到聖文德進修一個暑假，現在已經停戰，他們應該又恢復這個習慣了。所以，那幾週我真正開始過方濟會的生活，也領略到一點方濟會在美國的生活方式，認識到他們悅人、活潑、平易近人、毫不拘束的態度。

暑期班尚未開始，神職人員有足夠的時間坐在圖書館、體育館的台階上，和我談談他們在初學院的往事。我也可以開始揣摩那種生活方式，他們認為修道生活有嚴厲的一面，也有非常輕鬆的一面。

他們說聖安東尼修道院是他們見過夏天中最熱的地方，聖堂內空氣很悶，充滿了使人不快的蠟燭燃燒味。那兒總有固定份量的工作要完成，你必須刷地板、洗碗碟、在庭院裡工作，但是也有自己的時間和娛樂時間。我還得到一點不好的暗示，必須隨時期待多少有些受屈辱的時候，但是他們一致同意初學導師是個好人，他們都喜歡他。他們告訴我，我也會喜歡他的。

我大致得來的印象是，所有的不快與困苦都集中在教會法定的初學期那一年間，之後一切便明朗化、凡事如意，這就是他們的現狀。確實，就我看來，無論想像力多麼豐富，這些神職人員的生活都很難扯到生活艱苦。他們住在學院裡，坐落於美麗綠色山丘中，四周森林田野圍繞，位於夏天從不炎熱的美國一角，在寒冬來臨前他們老早就離開了。他們有整個早上及下午可以念書做研究，也有好幾個小時可以打棒球、網球或是到樹林裡散步；也可以進城去，兩兩成群走著，穿著黑色服裝，戴著羅馬式領圈。

他們津津樂道地告訴我一些故事，關於他們如何規避一些不算嚴格的條文。他們是不准與在俗者太親近的。當然，鎮上一些善良的天主教家庭還是煞費苦心地想要邀請年輕的方濟會士來家裡坐坐，吃吃餅乾汽水。

至於我自己呢？我已在心裡做了決定，要利用所有機會避開大家，自己閱讀、祈禱、寫作，穿著褐色袍子，穿著他們那種涼鞋。

此刻，我和神職人員一同起身——可能還不到早上六點——和他們一起望彌撒，在他們之後領聖體，然後和在農舍打工的人一起吃早點。一位穿著白藍色會服的小修女送來玉米片及炒蛋，修女負責烹飪，她們來自數不清的小方濟會修院。

早餐後，我走到圖書館呼吸涼爽的晨間空氣，露水剛在草地上化掉。依雷內神父給了我哲學討論室的鑰匙，我可以整個早上獨自盡興地閱讀聖多瑪斯。屋子彼端有個大而平實的木製十字架，每當我從書本中抬眼就可以看到。

我想，我一生中從沒有像此刻如此幸福，一個人坐在這麼安靜的圖書館翻閱《神學大全》第一部的幾頁，隨處寫下筆記，記下天主的善良、無所不在、上智、全能和愛。

下午，或是到林子裡散步，或是沿著亞利加尼河（Alleghany River）行走，河流穿過樹林，繞過遼闊的草原底部。

我翻閱巴特勒的《聖人傳》（*Lives of the Saints*），想為自己找個入會的名字，結果浪費了許多不必要的時間。這個大主教轄區範圍很大，會士很多，所有名字都用盡了——你不能採用別人已經用過的名字。我早就知道不能用若望洗者、奧斯定、熱羅尼莫或國瑞等名，也許不得不用一些古怪的名字，例如巴夫努修斯（那是依雷內神父的建議）。最後，我看到一個方濟會士名叫「若望·西班牙人」，聽起來相當不錯。

我想像自己穿著褐色袍子和涼鞋跑來跑去，想像聽到初學導師說：「若望·西班牙人神父，你到那邊刷地板。」或者從房裡探身對另外的初學生說：「去叫若望·西班牙人神父，帶他到這兒來。」於是，我穿著我的涼鞋——該說我們的涼鞋——走在走廊上，目光低垂，步伐快速而有禮，這位胸有成竹的年輕神父就是若望·西班牙人神父，多麼美好的一幅畫面。

我回到山上小屋，怯生生地表示我會採用「若望·西班牙人神父」之名。費禮德古德同意這是個好名字，他對任何衝撞的事物都無法抗拒，也許他暗中想到了托爾刻馬達（Torquemada）[4]和宗教裁判，但是我認為「若望·西班牙人」與此沒什麼關聯，不過我也忘了這位聖人究竟是哪個時代的人物了。

在一般人看來，為了替自己取個標新立異的名字而大費周章，只是無傷大雅的胡鬧罷了，我想也是；不過，我現在了解，在一九四〇年夏天，這件事反映出我的聖召中有很深、很根本的缺陷，嚴重干擾了我的想法。

的確，我是受了進修院的召喚，這已經很明顯了，但是我準備進入方濟會初學院的心態並不完善，只是當時我還不能了解這一點。我選擇方濟會是被看來完全合理的理由吸引，那吸引力很可能象徵的就是天主的意願，卻不一定如我想像的那麼超性。之所以選擇這個修會，是因為我認為該會會規不難遵守，也喜歡它能讓我教書、寫作，更喜歡日後可能的生活環境。天主經常接納這種態度，在祂自己的時代，祂甚至接納過遠遜於此的意願，卻終能將之提升到真正的聖召。

但是我的遭遇並非如此，我必須被導入我無法明白的道路，必須走上非我所選的途徑。天主不要我天生的嗜好、幻想、選擇，祂要自行操作，讓它們完全離開以前的軌道、陋習而導向祂自己；根據我本性所做的選擇，根據我的嗜好所選擇的生活方式，是完全不可靠的。我的自私之心擅自做主，以為這個聖召全是自己的功勞，將未來寄託在各種本性的歡樂和滿足中，用來加強保護我的自我，抵抗世上生活的困難與憂慮。

此外，我幾乎完全依靠自己的能力與美德（如果我真的有半點美德的話）來做個好修士，在修道院裡盡我的責任。天主不要這些，祂並沒有要求我們將離開俗世當成給祂的恩惠。

天主召叫人做「地上的鹽」——不只是召叫修道者，而是所有基督徒；不過，聖奧斯定說鹽的味道是超性的生命，如果不依靠天主，我們會失去鹽味，我們的行動會被現這些事事物的欲念牽引，或者因害怕失去世上之物而受制。「你們不要憂慮說：我們吃什麼、喝什麼、穿什麼？因為

4 譯註：十五世紀末西班牙宗教裁判所總審判官。

這一切都是外邦人尋求的，你們的天父原曉得你們需要這一切。」[5]、「於是，耶穌對門徒說：『誰若願意跟隨我，該棄絕自己，背著自己的十字架來跟隨我，因為誰若願意救自己的性命，必要喪失性命；但誰若為我的緣故喪失自己的性命，必要獲得性命。』」[6]

不論你選擇加入哪一個修會，不論會規是鬆是嚴，都沒什麼關係；聖召要真正有收穫，就一定要付點代價，一定要真正犧牲。聖召必須是個十字架，是真正放棄本性的事物，連最高等的本性事物也要棄絕。

我生來就是如此，深深依戀物質，沉溺於我自己。我和天主之間有這麼大的隔閡，這麼不仰仗他，這麼仰仗自己及自己想像的能力，因此我不該懷著我對方濟會的那種感覺進入修院。

真相就是這麼簡單：對我來說，要做方濟會士，尤其在那個歷史時刻，絕對不算任何犧牲；就連放棄肉身合理的歡樂，實際上也沒有花費我太多代價。我曾為了肉身的享受飽受折磨，想到平安的遠景，我唯有慶幸。發貞潔聖願可以保護我不受激情燒灼與煎熬，因此這是福惠，不是痛苦——尤其是我還愚蠢無知地想像，自己已經戰勝了這場抗拒情欲之役，靈魂不受牽絆，不再有任何憂慮了。

不，我唯一要做的事就是進入初學院，度過一年稍稍有點不方便（輕微到幾乎察覺不到）的生活，接著每件事就都是賞心樂事了——有充分的自由，有許多時間閱讀、研究及默想，在心智靈魂各方面隨心所欲。真的，我的生活將充滿最高等的本性愉悅，連祈禱也可以算是一種本性的愉悅。

但是最重要的是，應該記得世界仍在大戰中。晚上在度假小屋中，我們圍坐壁爐旁，討論著華盛頓即將通過的徵兵法，猜測其內容及我們的因應之道。

對賴克斯和吉卜尼來說，這道法律涉及了複雜的良心問題，他們甚至還問自己這場戰爭是不是合法的？如果合法，他們從軍是否正當？至於我呢，不會有問題的，因為我就要進入修院，這個問題應該會自動消失⋯⋯。

我想這很明顯，這種聖召需要更多的考驗。天主不會讓我步出俗世的災難，逃入一個自選的避難所，祂已為我準備好另一條路。有關我的聖召，祂有好幾個問題要問我，而我卻不能回答。當我無法回答時，祂會給我答案，我將發現問題已經解決。

這真是件奇怪的事，當時我並未想到這是個警告：某晚我正讀到〈約伯傳〉第九章，眼前出現令我震驚的字句，令我難以忘懷：

約伯答覆說：「我確實知道事情是這樣，但人怎能同天主講理？人若願意同天主辯論，千個問題中，誰也回答不出一個⋯⋯雖心中明智，力量強大，但誰能對抗天主，而保平安？⋯⋯祂振搖大地，使之脫離原處，地柱隨之搖撼震動；祂一下令，太陽即不升起，星辰即封閉不動。」[7]

這是個涼爽的夏夜，我坐在敞開車庫外的通道上。這間車庫已經變成公共宿舍，因為我們無

5 審訂者註：參見〈瑪竇福音〉第六章第三十一至三十二節。
6 審訂者註：參見〈瑪竇福音〉第六章第二十四至二十五節。
7 審訂者註：參見〈約伯傳〉第九章第一至七節。

車可停，瑞斯、賴克斯、費禮德古德和我都把床搬到那兒，露天而睡。我把書擱在腿上，望著從山谷向上爬行的車燈，望著那多樹山丘的黑色輪廓，望著東方冒出的星辰。

聖經的文字在我心中回響：「他創造了北斗和參宿，昴星及南極星辰……。」[8]文句深奧而令人不安，我還以為是字句像詩感動了我，卻也隱約感到其中有些東西與我個人有關。天主常在聖經中直接對我們說話，那就是說，在我們研讀聖經時，祂設置了富含寵祐的話語；如果我們留心，用祈禱的心態去讀，那些未被發現的意外涵義就會植入我們心中。

我那時還沒有這種研讀聖經的涵養，但是這幾句話產生了一股燃燒的暗流，我覺得自己被燃燒、被灼傷了。

他由我身旁經過，我卻沒有看見；他走過去，我仍沒有發覺。他若搶奪，誰能阻擋？誰能問他說：「你作什麼？」[9]

這些文字對我數月以來所感受的平安產生了很大的威脅，像是預先警告即將發出指控，警告我那被隱瞞的真相即將被揭開；而我沉睡在甜美的安全感中，好像天主的存在只是為了賜給我暫時的福惠……。

天主一憤怒，決不收回。為老虎作倀的，必屈伏在他以下。

如此我怎敢回答，我怎敢措辭與他抗辯？

我向他呼求，縱然他答應我，我仍不相信他會聽我的呼聲。
他用暴風來折磨我，無故增加我的創傷……。[10]

「無故！」我不安的精神已經開始保護自己，抗拒這位不公平的天主，祂怎可能不正直、不公平！

我雖自以為正義，他的口卻判定我有罪；我雖自覺無辜，他卻證明我有偏差。[11]

……無故增加我的創傷。

我闔上書。這幾句話給我很深的震撼，箇中涵義遠超過我所能了解的，但是它們留下的印象應該是某種警告，我就快要了解其中涵義了。

打擊來得很突然。

距我入初學院只有幾週了，我也從初學導師那兒收到最後的信件，附有一份一覽表，寫明我應攜帶到修院的物件。那份清單夠短了，只有一項頗令人費解，那便是「一把雨傘」。

8 審訂者註：參見〈約伯傳〉第九章第九節。
9 審訂者註：參見〈約伯傳〉第九章第十一至十二節。
10 審訂者註：參見〈約伯傳〉第九章第十三至十七節。
11 審訂者註：參見〈約伯傳〉第九章第二十節。

這份清單讓我很開心，我讀了一遍又一遍，就像從前要去參加夏令營或上一所新學校前，內心深處洋溢的興奮之情。

這時天主問了我一個問題，祂問的是我的聖召。

其實天主並不需要問我任何問題。關於我的聖召，祂已經知道所有祂想要知道的了。我猜祂允許魔鬼來問我，並非想讓魔鬼得到任何信息，只是要我受點教訓。

在地獄裡有某種謙遜，那是地獄裡最不堪的事，和聖人的謙遜有天壤之別。聖人的謙遜是平安，地獄裡的假謙遜是對我們難逃的罪孽烙印永遠感到羞愧難當，被判下地獄者覺得自己的罪是穿在身上的恥辱，難以忍受、無法躲避，就像希臘神話中納塞斯（Nessus）的襯衫，永遠貼著他們燃燒，永遠脫不下。

只要我們仍存有一點私愛之心，這份自知的痛苦就算在人世間也躲不掉，因為驕傲讓人感到激烈的羞恥感。當所有的驕傲與私愛完全被對天主的愛消融殆盡時，我們才能從這些折磨中解脫；只有當我們不再自私地愛自己時，過去的罪惡才不再使自己痛苦，使自己羞愧難當。

聖人想起自己的罪惡時，記住的不是罪惡，而是天父的慈悲，因此連過去的邪惡都被他們轉變成目前快樂的緣由，用來榮耀天主。

驕傲的人應該被地獄中可怕的謙遜燒灼吞噬，但只要我們仍在世間，就連那烈火燒身的苦痛也可能變成聖寵，變成快樂的緣由。

有一天我醒來時，發現六個多月來心中享有的平安已經突然消失。

我生活中美好的伊甸園消失了。我到了牆外，不知道是哪些冒著火焰的銳劍阻擋我進入大門，要再找到那扇大門也變得不可能了。我再次流落在外，受凍、赤裸又孤獨。

然後，一切都瓦解了，尤其是我入修院的聖召。

我並未懷疑自己想做方濟會士、想入修院、想當神父。我被拋在這冷酷孤單的黑暗中，想成為會士的願望反而較以往更強烈，那是我剩下的唯一事物了，唯一可以覆蓋我、帶給我溫暖的事物。但是這又不算什麼安慰，因為有這份願望存在，相較於從內心暗處沛然湧出的突兀無力感，我就更受折磨。

我想進入修院的願望不能真正安慰我，因為我突然面對讓我痛苦的疑慮，那沒有答案的問題。我真的有聖召嗎？

我突然想起自己是什麼人，以前又是什麼德性。我吃了一驚：自從去年九月以來，我好像忘了自己曾經犯過罪。

我也突然明白，和我討論過我的聖召的人，包括渥爾許或艾德曼神父，都不知道我的真面目；他們一點都不知道我的過去，不知道皈依前的我如何過日子。他們接受我，只因為我表面上很像樣，面容相當開朗，看起來很真誠、通情達理，心地也不錯。其實，那是不夠的。

現在我面臨一個可怕的問題：「我必須讓艾德曼神父知道這一切，這也許會造成很大的轉變。」畢竟，僅僅只是想要入會是不夠的。

受修院的吸引不是有聖召的先決條件，你必須要有正確的道德、體能、知性上的能力，又必須被修會接納——基於某些條件被接納。

當我以這種質疑的態度審視自己時，便知道稍有頭腦的人絕不會認為我是適合過神父生活的材料。

我立刻收拾行李向紐約出發。

那真是一段漫長的旅程，火車沿著綠色山谷爬行，先經過德拉瓦州，進入卡利昆（Callicoon），那兒有一所方濟會的小修院。天空雲層密布，我們開始減速，軌道旁的道路出現幾間村中的房屋，一個男孩剛從河裡游泳回來，正在飛快奔跑，穿過長得很高的野草地，想躲過即將來臨的暴風雨，他的母親站在後門的陽台上呼喚他。

我隱約感覺到自己的無家可歸。

待我們繞過轉彎處，我看到山頂樹叢中神學院的石磚塔樓，我想：「我永遠不會住在那裡，一切都結束了。」

那天晚上我到達紐約，打了電話找艾德曼神父，但是他太忙，無法見我。

所以我回到道格拉斯頓的家。

「你什麼時候去初學院？」舅媽問我。

「也許不去了。」我說。

他們沒有再問任何問題。

我去領了聖體，熱切地祈求遵行天主的旨意——後來果然如此。但是當時我根本無法明白這一點。

艾德曼神父仔細聽著我說，我告訴他我的過去和我經歷過的困難，他很友善，也很仁慈。

然而，如果希望他會微笑著將我的疑問一揮而散，那我就錯了。他說：「嗯，多瑪斯，聽著，你讓我考慮一下，再做一番祈禱，一、兩天之後再來好嗎？」

「過一、兩天？」

「明天再來吧！」

因此我又等了一天，心裡充滿焦慮與不安。我祈禱：「我的天主，請您收我入修院；不過，無論如何還是遵照您的意思，我要承行您的旨意。」

當然，我現在全都了解了。當時我心中充滿了各種怪誕的念頭，像在做惡夢似的，什麼都看不清楚，但是艾德曼神父可看得夠清楚。

他看到我新近才皈依，進入教會還不到兩年，知道我以前生活不安寧，聖召也不十分明確，總因心情焦慮而受苦。而且初學院已經額滿，如果初學院的望會生年年都有人滿之患，也該有人好好審查一下新入門者的聖召品質了；有了這麼一大批人，就必須謹慎，不要讓那些不理想的人還隨波逐流地湧入。

所以，第二天他很仁慈地告訴我，我應該寫一封信給省會長，告訴他我已經重新考慮過我的申請。

我無話可說，只能羞愧地看著自己的聖召崩塌。

我問了幾個怯懦的問題，摸索著想要知道我是否全然無望。當然，神父不會代表他自己或修會做任何保證，我連個模糊的承諾都無法得到。

看來，今後我成為神父的可能性是完全被排除了。

我答應我會立刻寫信，而且藉著這封信發誓我對方濟會永遠效忠。

「就這麼做吧，」神父說：「省會長一定會高興的。」

我走下修院的台階，恍惚得不知所措，只想到可以越過第七大道到車站附近的嘉布遣會教堂。我走入教堂，跪在後排，看到有位神父在聽告解，我馬上起身排入通往告解亭的短短隊伍中。

我跪在黑暗中，直到玻璃板重重地被拉開，看到一位留了鬍子的削瘦神父，有點像喬伊斯。美國的嘉布遣會士幾乎都留那種鬍子，這位神父好像沒心情聽人胡言亂語，而我自己正是又混亂又可憐、語無倫次，結果他把我的故事全弄亂了。顯然，他認為我只是在抱怨某個修會把我逐出初學院門牆的決定（或許有很好的理由），希望他們收回成命。

整件事情如此無可救藥，我終於不能自主，開始哽咽哭泣，再也說不下去了。那位神父大概以為我是個情緒不穩定的蠢蛋，開始以強硬的措辭說我絕對不適合那間修院，更不要想成為神父。我從他的話語中了解到，我在他的告解亭裡自怨自艾只是白白浪費他的時間，還侮辱了告解聖事。

我經歷了這場嚴酷的考驗，真有粉身碎骨之感。我無法止住淚水，眼淚從我掩著臉的手指間流下。我跪在聖體櫃前祈禱，面前的祭壇上方是一座耶穌被釘在十字架上的巨大石雕。

我只知道自己悽慘無比，還有，我不該再認為自己有入修院的聖召了。

2 正北

I

天氣真熱，教堂街正在翻修，陽光下金粉似的灰塵圍繞著蠕行的巴士、卡車、計程車直打轉，人行道上熙來攘往。

站在新郵局陰涼的白牆下，忽見弟弟約翰保羅從人群中走來，他不是該待在綺色佳的嗎？他從那棟大樓出來，大搖大擺，一副煞有介事的樣子，幾乎一頭撞到我身上來。

「嗨，」他說：「哈囉，你要回道格拉斯頓嗎？我可以載你，車就在轉角。」

「你在這兒做什麼？」我說。

那棟大樓的拱門下張貼著徵召入海軍、陸軍、海軍陸戰隊的海報，我暗中納悶他到底要參加哪一個兵種。

「你讀了海軍後備隊的新方案嗎？」他說。我對此略知一二，原來那就是他想要加入的兵種，一切大致安排就緒了。

「只要在海上巡航受訓，」他說：「之後就會領到一份任命書。」

「就那麼簡單？」

「對，我猜他們急著要人。當然，他們只收大學生。」

他一聽到我不入初學院了，就說：「你何不也來參加海軍後備隊？」

「不，」我說：「謝了。」

他緊接著問：「你挾著的那一大包東西是什麼？買了書？」

「是的。」

他打開車門，我拆開包裹將紙盒拿出來，裡面裝有一套四本黑皮燙金字的書。我遞給他其中一本，書皮閃閃發光，書頁鑲有金邊，附有紅紅綠綠的書籤，散發著新書的氣味。

「這是什麼書？」約翰保羅問道。

「大日課（Breviaries）。」

這四本書象徵我的抉擇。他們說，如果我不能住進修道院，就該在俗世試著過隱修士的生活，俾能接近我所嚮往卻未能獲准進入的生活方式。雖然我穿不上會服，至少可以入「第三會」（Third Order）[12]，勉力在某天主教大學謀一份教職，和聖體同住一屋簷下，這樣我就絕對不會和眾人一樣過世俗的日子了。我無須再和這種一有機會就想要致我於死地的生活妥協，我必須遠離這些誘惑。

天主已經不讓我進修道院了，那是祂的計畫，但是祂同時挑選我過類似靜修的生活。我不能成為修道者，不能成為神父——這是天主的意思；然而，祂仍然要我採取一種類似神父或修道者的生活方式。

我曾向艾德曼神父約略提及此事，他同意我的想法，但是我完全沒想到要向他提及大日課的事，只說：「我要努力過和修道者一樣的生活。」

他覺得沒問題。假如我當大學教授，過著類似修道者的生活，倒是滿理想的。他很高興我要加入第三會，但似乎並不覺得那有什麼大不了。

我本人也不確定第三會在現代的美國到底佔有何種地位，但是當我想到中古時期方濟第三會的諸位偉大聖人，就隱約感覺到加入第三會會有很多成聖的機會。

我確實有點懷疑此會在大多數成員的心目中，充其量不過是一個以獲取赦罪為目的的組織。其實，我並不藐視大赦，也不恥笑那些穿著繩帶、布塊[13]的第三會會友所得的其他神恩，還要等上好久才輪得到我呢！目前我必須揣摩天主對我的要求，義無反顧地塑造我的新生活。

前途茫茫，險阻重重，我重整旗鼓，獨自從深淵起步，辛勤地攀登漫長的上坡路。

假如我曾以為自己已能清心寡欲、不需再為自由奮鬥，現在也該覺醒了，因為我邁出的每一步都痛苦地背負著各種渴望，那威脅之單調、那永遠存在的厭惡感太熟悉了，幾乎把我壓垮。

我對在俗默觀的聖召並沒有任何崇高的理論，其實我已不再將我的心願美其名為聖召，只希求聖寵。我需要祈禱，沒有天主便一事無成，我想要效法別人的所作所為來接近祂。

12 譯註：在俗修道團體。

13 譯註：部分修會的第三會會友（即贊助會員）佩帶長方形布塊代替會士制服，以便分享該修會的一些神恩。

我已不能抽象地假想自己處於某種「生活狀態」，以為我的「生活狀態」和其他「生活狀態」會有任何特殊形式的關聯。如今我關心的迫切實際問題，就是如何背負重擔一步步攀登我的山，乞求天主拉拔我遠離那些想要毀滅我的敵人。

我甚至沒有反省為何我會挑中大日課為祈禱書。這套教會法定日課是最強勁有效的祈禱，因為它是整個教會的祈禱，集結了教會發出懇求的全部力量，其中心點是無限大能的彌撒祭獻，至為寶貴——彌撒禮儀的其餘部分只是其背景。彌撒祭獻是整本祈禱書和所有聖儀的生命和靈魂，這一切我都似懂非懂，無法完全領會；我只知道我必須讀大日課，必須每天誦讀。

那一天在便日格天主教出版社購買這幾本書真是我這輩子罕有的神來之筆，有這種靈感就是極大的恩寵，也是畢生罕有的樂事。

我第一次試唸大日課，是在紀念亞耳斯本堂（Cur of Ars）——聖若望．維雅納（John Vianney）——的瞻禮日（八月四日），當時是在搭乘火車回奧利安的途中，那兒的小屋是我當時待得最安心的地方，同時我最有希望找到工作的地點說不定就在聖文德學院。

火車已經上路了，正開始攀登往瑟份（Suffern）的山路，我打開大日課，從精修聖人通用經文中的誦讀晨經部分開始。「請大家前來，我們要向上主歌舞，齊向救助我們者高歌歡呼……。」這真是一種愉快的經驗，可惜書中禮儀規程的說明密密麻麻，我左顧右盼、不知所措，令那歡騰的體驗打了折扣。只怪自己不知道可以先查看冬季專用經文起始處的一般禮規解說，不過待我終於找到時，那些蠅頭小字的教會法定拉丁文解說還是太多，也太不清楚，越看越是一頭霧水。

當火車緩緩攀登卡茲奇山區（Catskills）時，我一篇接一篇地唸著〈聖詠集〉，還算平順。直到進入第二夜課經，我才搞清楚那天慶祝的是誰的瞻禮日。

未來的一年中，每當火車穿越德拉瓦河谷往上游行走時，我就唸大日課；日久成習之後，自然就能掌握書中常規，前一天晚上就能預知次日晨經和讚美經的內容。從紐約到奧利安途中，火車通常在上午十時許已駛過哲維斯港（Port Jervis），沿著陡峻多樹的山腳行駛，河流兩岸群山矗立，此時我唸的正是日間祈禱的部分。只要從書頁中一抬眼，就可看到豔陽照耀著樹木與潮濕的岩石，閃爍在淺水面上，在路邊森林的枝葉中嬉戲，這一切景色就像我詠唱的書中境界，萬物引領我舉心朝向天主。

你使山泉成為溪川，蜿蜒長流於群山間……天上飛鳥，在水邊宿臥，在枝葉叢中不斷鳴叫。你從高樓宮殿上灌溉山地，以你出產的果實飽飫普世……上主的喬木飽餐水澤，黎巴嫩香柏主手所植。鳥類在那裡壘窩築巢，鶴群以樹梢為家安臥；高山峻嶺做羚羊的洞府，絕壁岩石做野兔的居處……這一切生物都瞻仰著你，希望你按時給牠們飲食。你一賜給牠們，牠們便會收集，你一伸你的手，牠們便得飽食……你一噓氣，萬物創成，你使地面更新復興。[14]

是的，就是在那些日子裡，天主開始從祂神秘臨在的居處賜給我靈魂充沛的恩寵。恩寵自我內心深處湧出，來去無蹤、捉摸不定；但是不出幾個月，我心中已經明白，我內心的平安勇氣日

14 編註：參見〈聖詠集〉第一〇四章第十至三十節。

有增進，是因為我持續沉浸於偉大、永無休止、周而復始的祈禱中，一小時一小時地，一季一季地，活力常新，湧出甜美的能量，取用不盡。我被捲入這股氣勢，這種賦予人們生機、深沉廣闊的宇宙性祈禱，也就是基督在人之內向祂的父所做的祈禱。受到這種祈禱的驅使，我別無退路，終於開始生活，知道自己真正活了。我禁不住在心中吶喊：「只要我活著，我要歌頌上主；只要我存在，我要詠讚上主。願我的頌辭使祂樂意：我要常常在上主內歡喜。」[15]

祂真的派遣了祂的聖神到我心內宣講聖言，使我和天主結合，時日久了我豈能不察覺到！之後，當我結束誦唸日間祈禱尾聲的午後經部分、闔上大日課經本時，從窗口仰望遠山的山頂，在漫長河流的盡頭，卡立昆神學院赫然在望，但我已經不再為不能入隱修院而飽受煎熬了。

那是後來的事了，一九四〇年那些夏末的日子情形並非如此，我仍然覺得大日課難懂，舉步維艱，犯了無數錯誤而不知所措。幸好有依雷內神父在旁指點迷津，指出瞻禮日之間如何配合，每個瞻禮的第一個晚禱應該是什麼，還有其他應該注意的細節。除了他，我沒有向其他神父提及大日課的事；之所以保持沈默，原因之一是怕別人取笑，生怕別人認為我孤僻古怪，甚至找藉口搶走我的大日課書。如果有神師指導該多好，只是當時我對這類事情一無所知。

那天，我穿上最體面的藍色西裝，搭便車到聖文德學院，和多瑪斯．帕拉斯曼神父談話，他是該校校長，又是位典型的仁者。他和藹冷靜地聽我回答他提出的問題，龐大的身軀將整張椅子都填滿了。他透過眼鏡注視著我，表情極仁慈，臉上的線條頗有教長的氣概，慈父般的笑容足以懷抱整個總主教管轄區，真可以做一位絕佳的修道院院長，其實全體學生和修生都非常敬畏他的博學和虔誠。

他在奧利安更是鼎鼎有名。有一次，有人悄悄告訴我多瑪斯神父的學問在全美排名第三，我無法找出領先他的兩位是誰，也不知道怎麼可能判定誰最有學問，更不懂這種說法究竟有什麼意義。

反正他給了我一份在聖文德學院教英文的工作，因為在英國文學方面著述甚多的華倫泰．龍神父被調去華盛頓的聖名學院教書，他原先教授的大二英國文學課程需要有人接掌。

九月的第二個星期，我帶著一箱書、打字機、一架在奧康買的輕便型唱機，搬進宿舍兼隱修院的大紅磚建築，住在他們給我的二樓小房間。從窗戶看到的是聖堂前遠處的花園、田野、森林，溫室後面有一座小小的天文台，更遠的牧場盡頭有一排樹，看得出那就是河岸了。再過去就是樹木茂密的高山，我的視線隨著五哩谷延伸，越過農場望向馬丁尼巨岩。我經常以目光到那兒遨遊，休憩在平和的景色裡。我的祈禱得以和景致配合，因為我經常一邊祈禱、一邊注視著窗外；就算在晚上，漆黑夜裡唯一可見的是五哩谷中遠處一間農舍的微光，我仍然目不轉睛地跪在地板上向聖母誦唸我一日最後的禱辭。

隨著歲月的流轉，我開始從山間景致中啜飲詩之泉源。

我的房間說不上安靜，就在樓梯口角落，住在同一層樓的人一有電話找，就會有人跑上樓梯站在我門外探頭向那有回音的走廊喊叫。整天聽到「喂，喂，卡西迪，卡西迪！」的吼聲，我倒不在意，照樣在房裡工作，那一年我完成的事足足較往後這一輩子的總和多一倍。

15 編註：參見〈聖詠集〉第一〇四章第三十三至三十四節。

讓我驚訝的是，一和這些方濟小兄弟同住在這間奉獻給天主的屋子裡，我的生活轉瞬間就改變了，變得豐收歡樂、井井有條。這當然應該歸功於和我同住一屋簷下的天主，祂隱藏在祂的聖體聖事中，那是此屋的中心，祂的生命經過聖事從聖體櫃中擴散出去；另外，就要歸功於我每天誦唸的大日課了，還有我的隱居生活方式也功不可沒。

此時，我終於能夠摒棄世人認為舒適享樂時不能或缺的奢侈品與生活習慣了。嘴裡不再有乾黃的菸草殘留物，眼裡因看電影所受的污染也已滌淨，我的味覺、視覺乾淨了，那些污染心智的書被我扔了，耳裡狂野凶猛的噪音也被注入的和平取代——除了那無傷大雅的「喂，卡西迪」的喊叫聲。

最棒的是，我的意志已經步上軌道，我的靈魂能與它自身、與天主和諧相處；雖然並非沒有掙扎，也不是沒有代價，但那是應該的，否則我必定會全然失去我的生命。我別無選擇，只有耐心等待，讓我心中相互作對的法律像石磨的上層和下層般將我磨勻——我無法領略這其實是可貴的殉道精神，是天主所喜愛的。我仍然被十足殘酷的難關所困，無時無刻不受到屈辱感的壓迫與糾纏。我的罪惡常出現在我的眼前。

儘管如此，我心中自有一種對自由的深厚信念，對恩寵、對與天主的結合有必然的把握，此種心情孕育和平，這種和平不會因為需要配備武裝、準備面臨衝突而粉碎或失色。它非常值得，是無價之寶，因此我每天不斷返回基督的祭台，領取我的每日糧食；那無限神聖、萬能、隱密的滋養徹底滌淨了我病態的存在，使我堅強，祂用無限的生命餵養我這個道德掃地的可憐蟲。

我正在寫一本書——不算什麼了不起的書——同時還必須準備教材，這種準備工作讓我覺得自己健康、滿足、有用。我有三大班大二學生，共九十人，他們在一年內要涉獵從古英文時代的史詩《貝爾沃夫》（*Beowulf*）到浪漫復興時代的英國文學。許多學生簡直連拼字都不會，但是我並不氣餒，教到《農夫皮爾斯》（*Piers Plowman*）、《女修道院神父的故事》、《高文爵士和綠騎士》（*Sir Gawain and the the Green Knight*）時，我仍然興致勃勃，重溫了童年時代為這些作品著迷的心情。這些作品中的中古時代是寧靜、單純和幽默的，而不是丁尼生（Alfred Lord Tennyson）筆下那種充滿了魯特琴、小妖精和樟腦丸氣味的中古時代；讓我著迷的是真正的中古時代，就像十二、三、四世紀，空氣新鮮，事物簡樸，和麥子麵包、葡萄酒、水車、牛車一樣實在：那是熙篤隱修會和最早期方濟會士的時代。

所以呢，我很天真地站在擠滿足球隊員的教室裡，面對他們侃侃發言。球員的名字又長又不好唸，他們看在我對自己所教課程充滿熱忱的份上容忍了我，甚至肯為我做些功課，不發太多怨言。

這些班級的成員組合真奇怪，其中最優秀的是足球隊員和修生。足球隊員多半靠獎學金度日，自己沒有多少錢，晚上多半不外出；整體說來，他們天性善良、脾氣最好，和修生一樣用功，也最喜歡發言。當我鼓勵他們辯論時，他們喜歡談論課堂上閱讀的書；他們措辭粗直、熱烈，有時會以嘲笑的語氣分析文學作品中的角色。

球員中也有虔誠堅定的天主教徒，他們的靈魂充滿信仰，單純誠信，絕不吻合暴戾酗酒的刻板印象。哥倫比亞大學素有藐視足球隊員的風氣，認為他們都是蠢材；我當然也不認為他們都是天才，但是聖文德這批足球隊員傳授給我的人性方面知識遠多於我教給他們的書本知識，我學到如何敬愛這些粗魯、誠摯、脾氣好、有耐性的球員。為了娛樂足球場上觀球的校友，為了替學校宣傳，他們任勞任怨，不在乎皮膚擦傷、受人咒罵，只顧替學校賣命。

我對他們的下落相當好奇：他們當中有哪幾位在非洲或在菲律賓中槍陣亡了？黑髮的阿寇默老是笑臉迎人，曾經和我談心，他的野心是成為樂隊領班；還有那個身材瘦高、臉長得像貓的傢伙查普曼，某夜舞會結束後，我看到他走來走去，啃著一整塊火腿。他們如何解決了那高大安靜的愛爾蘭人奎殷，還有那長鼻子像球莖、眉宇間充滿困惑、粗率警語脫口而出的馬加塞？再來就是那位非天主教徒的黑格曼，他看起來就像一九二〇年代大家信任的足球員，高大、樂天、因運動過度而肌肉僵硬，他在那年年底私奔結婚去了。另外一位綽號叫紅仔的麥克東勞在班上功課最好，人也再好不過了，是個正經的愛爾蘭人，寬臉、非常真誠、工作努力。最後，當然還有那位我忘了名字的高大圓臉波蘭人，記得該學年結束的大二啤酒宴會中，他抓住一隻母牛尾巴被拖著在牧場上滿場轉。

最聰明的學生是已入或將入修院的學生，他們最安靜、最守本分，作業寫得非常工整，較可確定是自己做的，不是抄襲來的。我想他們現在都該當神父了。

班上其他人五花八門，有人愛發牢騷，有人一文不名，卻很用功；有又蠢又太愛喝啤酒的紈褲子弟，有喜歡打鼓的內行人、外行人，有經常跳舞的舞棍，也有人喜歡到上城玩吃角子老虎，總是到子夜前最後一分鐘才氣急敗壞地在宵禁前趕回學校。納斯垂就是其中一位，他以共產黨員自居，我卻不認為他對共產黨員有明確的認識；有一天他在教室睡覺，一位足球隊員惡作劇地把火柴放進他的鞋子裡。

整體而言，他們和我認識的其他大學生差異不太大，除了少數幾個例外，他們並不比其他學生更聖潔。他們照樣會喝醉，只是他們更會小題大做，而且較窮，又因為一定要在指定時間內回到宿舍而處於劣勢。每週有兩天他們必須早起望彌撒，多數學生認為這是一大負擔，每天望彌撒領聖體的人佔極少數——修生例外。

然而，多數學生仍然堅守天主教信仰，他們忠心耿耿，卻不善於用言語解釋清楚。難於區分的是：這種忠心到底有多少是出自有意識的信仰，又有多少是因他們對階級和社會環境的歸屬感促成的？他們相當肯定自己是天主教徒，但是就整體而言，他們的生活習慣不見得超越普通基督徒的水準。言談間我發現其中最有腦筋的幾人對天主教義的理解也很膚淺，不能真正領略箇中精髓，令我大吃一驚。例如有一位不同意謙遜是美德，他認為謙遜使人鬥志全無，失去主動性；另一位則認為魔鬼這種東西是不存在的。

他們心裡都很篤定，認為現代社會已達到人類發展過程的最高峰，當前的文明幾乎已無可挑剔。不知一九四三年和其後兩年發生的事是否改變了他們的看法。

那年冬天，當我正好教到英國的朗蘭、喬叟、莎士比亞的作品之際，德國極權主義的戰爭機器吞噬了英倫島。每逢上午教課的間歇時間，我必到圖書館瀏覽《紐約時報》（*New York Times*）頭條新聞，看看又是哪些城市被炸得遍地瓦礫。倫敦這塊黑暗大地每夜火焰四起，建築物轉眼成為荒廢的彈坑，還有一望無際的災民區。聖保祿主教堂附近的老城中心區災情慘重，西敏寺（Westminster）、布隆伯利（Bloomsbury）、康登（Camden）、帕丁頓（Paddington）都滿目瘡痍，科芬特里（Coventry）夷為平地，布里斯托（Bristol）、伯明罕、雪菲耳（Sheffield）、紐塞

（Newcastle）都受到襲擊，滿地血腥，烽火連天。

那種鞭笞大地的恐怖噪音正是現代文明的果實，聖文德學院中卻罕有幾人真正聽到、感覺到。方濟小兄弟對當前時局略有所聞，但言談間即使涉及政治，多半也只是空談，漫無方向。學生更關心的是電影、啤酒，以及就算地面堆著深雪、仍然穿著短襪在奧利安亂跑的女孩。

約莫十一月，非神職教師和學生在德拉若其大廳排隊，報上名字，準備應徵入伍。整個過程鴉雀無聲，沒有事關緊要的氣氛，房間裡一點都不擁擠，連等得不耐煩的情況都沒有發生。

我報出我的姓名、年齡等資料，他們給我一張小白卡。事情很快就結束了，我們並沒有因此被捲入戰爭。

但是我已經有了警覺，目前的生活愉快安定，好景卻不會持久。真的，也許就在我剛剛嘗到安全感的滋味之際，安全感就又要被剝奪了；我會被擲回暴力、無常與褻瀆中，受憤怒、仇恨、各種激情的操縱影響，淪落到比以前更不堪的環境裡。這就是我活了二十五年的報酬：這場戰爭是我替自己和世界找來的報應，怨不得這場戰爭連累了我。

II

我們都逐漸被捲入戰鬥的漩渦，但那段過程是緩慢漸進的。弟弟又被擲回和平的世界——相對的和平——頗令我感到意外。那是個下著秋雨的夜晚，他駕著簇新的單排座位敞篷別克汽車在奧利安出現。這輛車的黑色車蓋很長，底盤極低，駕駛起來又快又沒有聲音，但很耗錢。車上備有搜索燈，弟弟並未著軍裝。

「加入海軍進行得如何了？」我問他。

事情並不如他所想像，海軍後備部隊並不是那麼隨便發放委任狀，況且他和指揮官意見又不一致。在前往西印度群島巡航終點、參加考試之後，弟弟和海軍後備部隊兩相情願地中斷了彼此的關係。

我倒不替弟弟覺得遺憾。

「你現在計畫做什麼，等著被徵召入伍？」

「也許吧！」他說。

「那麼目前呢？」

「也許去一趟墨西哥。」他說：「我要去馬雅的廟宇一趟，拍些照片。」

天氣轉寒時他就上路了：他去了猶加敦（Yucatan），到叢林中尋找消失的城市，用了一大堆柯達膠卷拍攝那些邪惡的石頭。這些石頭曾經浸在血水裡，那些被遺忘的印地安人曾經代代相傳用血水來祭獻魔鬼。他在墨西哥和猶加敦時，坐立不安的情緒並未消除；在那些藍色火山中，他反而更靜不下來了。

聖文德學院這邊雪下得早，每逢下雪，我總會往河邊走，踩在森林邊緣未被踐踏的深雪堆裡，邊走邊讀大日課中的日間祈禱，從來不會受人打擾，安靜極了。置身樹下，我和天空之間彷彿坐落著一座非正式的教堂，天晴時那兒真美妙，雖然我捧著打開的大日課本，寒氣直侵指甲根。我只顧朗誦已經會背的部分，不用看書，抬頭望著白雪覆蓋下發亮的小山，白色、金色的樹枝光禿禿的，被炫目的蔚藍天空襯托得特別鮮明。美國啊，我愛上你這個國家了！天主創造了千哩綿延的沉默，為的是讓我們默觀！人們若能懂得天主在此創造山脈和森林的用心，該有多好！

新年度開始了——一九四一年。這年一月，我過了第二十六個生日，進入我生命中最重要的第二十七個年頭。

約莫一、二月間我忽然得到一個靈感，想在復活節前的聖週和復活節時找個修道院做避靜。去哪兒呢？首先想到的便是渥爾許向我提起過的肯塔基州嚴規熙篤隱修院。一有了這個念頭，我就知道除此無他，非去那兒不可。過去幾個月我開竅了，似乎有一股力量督促著我，要我至少過一週沉默、簡樸的日子，和隱修士在寒冷的唱經樓裡一起祈禱。

我充滿期望，心情愉快開朗。

同時，封齋期快開始時，我突然寫起詩來了。各種靈感從四面八方蜂擁而來，不知源出何處。當時我正在唸西班牙詩人羅卡（F. Garcia Lorca）的詩，詩境和我最起共鳴，但這並不能完全解釋我為何開始寫詩。封齋期開始的幾個星期，我自動禁食守齋——這並不是什麼大不了的事，但至少合乎教會對普通教徒的要求，我沒有使用不該屬於我的特權來推卸義務——守齋不僅沒有束縛我的心靈，反而解放了它，好像鬆開了我舌上的繩，口舌不再受到束縛了。

有時我會一連幾天每天寫一首新的詩，不見得每一首都好，但是有若干首比我以前的作品還好。最後我淘汰了一部分，還剩下半打多，於是到處投稿，其中一、兩首居然被登出來了，我滿高興的。

三月初，我寫信到革責瑪尼（Gethsemani）的嚴規熙篤隱修院，詢問能否在聖週到那兒做避靜。接到他們的歡迎信時，另一封信也到了。

信是從徵兵處發出的，說我的號碼被抽中了，要我準備加入陸軍。

我吃了一驚，服兵役這件事我早已忘了；或者該說，我已經決定過了復活節再談這件事。不過，我已經想清楚自己對戰爭的態度了，也知道憑良心該怎麼做。我心平氣和地回答了那份問卷，至於能否產生作用，我並不抱任何期望。

約莫是八年前，我們那夥人站在哥大體育館內的旗幟下，講台上赤色份子嘶喊跺腳，我們響亮地同聲宣誓不參與任何戰爭。如今美國進入備戰階段，和被納粹侵略的國家同盟；納粹的聯盟國則是共產國家俄羅斯。

在這八年間，我的良心成形了。以前的反戰多半是意氣用事，不分青紅皂白，整體看來相當愚蠢，但是我也沒有犯下從一個感情極端轉變到另一個極端的錯誤。這一次，我覺得自己有某種使命，應竭盡所能表明自己的立場，履行這項道德上的義務。

說得太抽象也太老套了，換個方式說吧。天主光照我，給我恩寵，要我在因自己盲目作惡而遭受重創的世界上面對政府、軍隊和國家採取的行動，表明立場。祂沒有要我判斷普世萬國，闡明各國行動的道德、政治動機，也不要求我做出嚴厲的決定，定義戰爭中何方無辜、何方有罪；祂只要我以個人——祂的奧體的一份子——的身分做抉擇，其實就是為了祂的真理、祂的善良、祂的愛心、祂的福音，做出愛的行動。祂要我盡自己所知揣摩基督的心意，照著去做。

戰爭必須要是防衛性的才合乎公義，是侵略性的就不公義。美國現在參戰是發動侵略性的戰爭嗎？如果要狡辯，總可以找到肯定這種說法的理由。但是我個人認為這場戰爭非是一場合法的自衛戰不可，至於到底合法到哪種程度？要回答這個問題，我必須身兼倫理神學家、外交家、歷史學家、政治家，也許還要具備測心術。即使如此，我的回答也不過是合情合理的推想而已，但是因為有相當可信的證據證明我們的確是在自衛，至少我本人心中就因此釋然了。

我倒是對此戰爭的必要性有較多疑問。我們真的有必要參戰嗎？許多人都捫心自問，聖文德學院的方濟小兄弟亦曾針對這個問題熱烈討論。我的看法是：我們這種小老百姓是沒有辦法回答這個問題的，問題太嚴重了，必須由政府做決定。華府人士理當比我們更了解實況，假如時局如此晦澀不明、危機重重，而他們認為戰爭是免不了的，我們又有什麼法子？如果要抽我們入伍當兵，我無權完全拒絕。

最後、最關鍵的疑問，便是戰爭使用的手段是否合乎道德，例如轟炸不設防的城市，大規模屠殺平民……我認為現代戰爭採用的手段無疑是不合道德的。自衛是好的，有必要的戰爭是正當的，但是一旦降格成不分青紅皂白的野蠻狀態，凶殘、善惡不辨地屠殺手無寸鐵的平民，就真是犯了滔天大罪。這是大家都最難定奪的問題。

幸好兵役法的內容可以讓我不做決定，因為其中有條規定是專替想報效國家卻不願殺人的人設立的。我說過，我看不出那些規定有多少實用價值，書面上看來倒是冠冕堂皇，至少給我可趁之機。於是我正式填寫文件，申請作為非戰鬥性異議者；換言之，此種人願意加入陸軍，入醫療兵團服務，或充當擔架搬運員、醫院護理員等職務，只要不叫我去轟炸不設防的城市或開槍殺人就好。

畢竟，基督曾經說過：「凡你們對我這些最小兄弟中的一個所做的，就是對我做的。」[16] 我知道教會無意一字不變地套用這段話來詮釋戰爭，更恰當地說，人們認為戰爭是痛苦卻必須施行的社會性大手術，殺死敵人的動機不是仇恨，而是為了大眾的好處。理論上，這些說法非常完善，但是就我看來，既然政府提供服役不用殺人的機會，我何不避重就輕、追隨一條似乎更理想的路徑。

到頭來，也許我真能扭轉乾坤，將惡行轉為行善的機會。在醫療兵團裡——假設我被安置在那個兵團——我和其他人一樣必須出生入死，但同時又能幫助他人，做悲天憫人的事情，以善制惡。我得以在芸芸眾生的悲慘世界中讓基督的愛和慈悲產生酵母作用，藉著戰爭的淒苦、醜惡、污穢助長我個人的聖化過程，也替人群謀得幸福。

假如你把那些可能會被提出、卻又得不到答案的合作問題擱置一旁，我覺得基督本人就會採取我這個途徑，這一定也是祂指望我做的。

我列出所有理由，為了教誨兵役處的人，還特別引用了聖多瑪斯的話。整份文件經過公證、蓋上圖章、塞入信封後，就投進奧利安郵局信箱大開的嘴裡。

大功告成，我走在積雪的路上，心中充滿不可言喻的平安。

那天下午很冷，時間已近黃昏，掃過雪的人行道邊、水溝裡和思特街上一棟棟小平房前都堆著冰凍的雪。歐伯林正開車路過，他住在亞利加尼，是我們那群人在奧利安住的小屋的鉛管工，每次小屋的水管出事都是他替我們修理。他停下讓我搭他的車。

16 審訂者註：參見〈瑪竇福音〉第二十六章第四十節。

他長得高頭大馬，頭髮斑白，天性快活，是個戀家的人，有好幾個兒子，都在亞利加尼的聖文德教堂當輔祭。車子開在寬闊的出城街道上，他一路和我閒話家常。

此時鄉野風光盡收眼底，西下的太陽照著小山頭，天空顏色鮮紅似血，山谷、窪地上的白雪在重重陰影下一片藍一片紫的。在道路的左邊，廣播電台天線高聳直入青天，往遠處眺望，這沖積山谷的中間就是大學的紅磚房區，是仿義大利式的建築。更遠處，火車軌道上的高架橋那邊，小山坡上坐落著聖女依撒伯爾（St. Elizabeth）修女院，屋子的紅色更深。

我張目大飽眼福，有生以來首次不再牽掛自己置身何處，在此或在彼對我都已不再重要；不論我留在這兒或去服役都沒有兩樣，我的一切完全掌握在遠比我愛自己更愛我的天主手中，我的心中充滿平和。

這種平和不受房產、職業、地方、時間、外在環境的左右，時間與物質創造出來的條件絕不會產生這種平和。這種平和是俗世不能給予的。

過了好幾週，我繼續寫詩，繼續守齋度封齋期，只祈求天主讓我了解祂的旨意——假如合祂的意，我還想替自己祈求的事只有一件：如果我必須至陸軍服役，那麼入伍前至少讓我和嚴規熙篤會的隱修士一起做一次避靜吧！

然而，沒多久我就收到兵役處寄來的通知，要我在奧利安看醫生做體檢。

事情的進展完全出乎我意料之外，我原本還以為自己要求入非攻擊部隊的事沒有被受理。這時離體檢還有三天，所以我請假去紐約，心想也許順便去兵役處和他們說清楚。但那是不可能的，其實也沒有那種必要。

結果那個週末變成了我和朋友歡聚的機會。我看到賴克斯，他現在進了《紐約客》，辦公室角落有一張他的桌子，他的工作原來是寫信安撫投書的讀者，他們不是抱怨雜誌刊登的幽默專欄作品沒品味，就是抱怨根本欠缺幽默感。我們又一起去長堤找費禮德古德，三人再一起搭車到華盛頓港找吉卜尼。

次日便是聖博第瞻禮日，布魯克林所有的男女孩樂隊都出動了，他們個個都是音盲，有些站在《紐約客》辦公大樓窗口下，有些在哥譚書市外集合。而我，一個英國人，戴著一枝向一個猶太人買來的酢漿草在城裡瞎晃。當我在人群中穿出穿進時，心中還在寫詩，詩名是〈四月〉，雖然這時還是三月。那是一首不著邊際的詩，詩中有標槍、豹，還有穿梭樹間像箭頭的光線，其中一句是：「河流細小的聲音改變了。」這是我在第五和第六大道之間的四十幾街漫步、在光與影間出出入入時得到的靈感。我到《紐約客》的辦公室用賴克斯的打字機打好這首詩，在地鐵車站把詩拿給范多倫讀。

而范多倫只對我配掛的酢漿草發表意見：「沒見過這麼綠的酢漿草。」

聖博第瞻禮日過得真不錯。那晚我搭上火車，心想既然很快就要服役了，無妨多花點錢坐一次臥鋪。除了我，臥鋪車廂裡只有一個乘客，是一名安靜的方濟會修女，原來她是要回聖依撒伯爾修女院的。我們在奧利安出站，共同叫了一部計程車，一起回亞利加尼。

星期一，一切準備就緒，去做入伍體檢。我第一個到，一步步登上奧利安市政府大樓古老的樓梯，來到頂層，找到標明為體檢處的門，開門走入房間，心中仍然充滿領完聖體的平靜。醫生進來了。

「你來得很早。」他邊說邊脫下大衣和帽子。

「我們就開始吧，」他說：「其他人也該來了。」

我把衣服脫光，他聽了我的胸腔，從我手臂抽了一點血放在小瓶裡，用熱水溫著，準備做梅毒細菌反應檢驗。此時其他人也陸續來了，包括另外兩位醫生，他們開始替幾名年輕瘦高的農家男孩做體格檢查。

我張開口。

「來，」我的醫生說：「讓我看看你的牙。」

「瞧，」他說：「你拔掉的牙可真不少！」

他開始數我的牙。

這時主管體檢的醫生進來了，我的醫生立刻過去和他談，我聽到他說：「是否要做完整個體檢？好像沒有這個必要吧。」

這位主管醫生過來檢查我的口腔。

「喔，」他說：「好歹把體檢做完吧。」

他親自要我坐好，檢查了我的反射作用，一絲不苟地做完全部檢查。體檢完畢要穿上衣服時，我問：「醫生，情形如何？」

「噢，回去吧，」他說：「你的牙太少了。」

我再次走上積雪的街道。

他們最終還是沒有要我當兵，我連抬擔架都不夠資格！街道上那麼安靜祥和。

我記起那天原來是聖若瑟瞻禮日。

III

還有三個星期才到復活節，我越來越惦記著嚴規熙篤隱修院，我就要去那兒過聖週了。我到圖書館查閱《天主教百科全書》，尋找有關資料，發現嚴規熙篤會隱修士原來就是熙篤會隱修士；我繼續查閱熙篤會隱修士，無意間又看到嘉都西會隱修士的資料，有一張加默度（Camaldolese）獨修院的大照片。

讀著那些書頁，文章內容像刀劍般刺進我的心。

原來世上真有那種神妙的幸福！在這悲慘、喧囂、冷酷的世上，仍然有人能夠嘗到靜穆孤獨的絕妙喜樂，這些人住在被人遺忘的山間小室裡，在隱修院內離群索居，不再受到世俗欲望、愛好、衝突的騷擾。

他們也不再被肉身奴役。他們的目光清澈，不再被世俗的煙幕與刺痛蒙蔽，只要舉目向天，就能望見天國深處的無限光明，那治癒世人的光明。

就因為他們窮得一無所有，才享有自由，享有萬物，觸碰到的萬物都冒出神性的火花。他們辛勤地默默耕耘著大地，卑微地播種，以微薄的收成糊口，並施捨窮人。他們自己造屋，用雙手製作家具，自己縫製粗布衣裳，周遭的一切皆樸實、簡單、貧乏，因為他們最渺小、最居末位，自願成為棄兒，在世界的牆外尋覓可憐、被棄的基督。

最重要的是，他們已經找到基督，懂得基督之愛的力量、甜美、深度與無窮，祂的愛在他們之內生活與作息。他們在祂之內，隱藏在祂之內，成為「天主的貧苦兄弟」。為了祂的愛，他們拋棄一切，藏匿在祂聖容的隱密中；然而，就因他們一無所有，他們反而擁有萬物，是世上最富裕的人：聖寵將他們充滿受造欲望的心靈掏空了，天主聖神於是登堂入室，佔滿替天主準備的空位。天主的貧苦兄弟獨居於小室中，內心嘗到如此神秘的榮光，那隱密的瑪納（Manna）[17]是天主臨在的無限滋養與力量。他們品嘗到由敬畏天主而滋生的甜美狂喜，敬畏天主就是我們與天主實相的首次親密接觸，是我們在人世間的體驗，也是進入天國的開始。天主整天和他們說話，從平安中發出純淨的聲音，在他們心裡簡單直接地注入真理，就像泉水噴湧而出。他們內心忽然充滿恩寵，越來越豐盛，且不知來自何處，恩寵完全佔據了他們，讓他們心中充滿愛，充滿自由。

恩寵從他們的行為、動作中滿溢出來，每一個舉動都以愛為出發點。他們讚美天主時，不借助腳本、手勢及外在表現，僅以最簡樸的至高全德來榮耀天主，如此登峰造極而完全避開了世人的注意。

外面的世界裡，有聖德的人之所以有聖德，在於他們好像隨身攜帶著描繪各種可能情境的圖畫，其中可以表現他們對天主展示的愛，他們對這些可能性永遠是有意識的；然而，隱修者在隱密中和天主如此接近，以至於除了祂之外，他們對誰都視若無睹。在畫面中，他們已經失去了自己：他們的領受和天主的賦予之間已經沒有區分，因為若能做出區分，表示兩者間必有可測量的距離，但是這個距離已經縮短到零，不復存在，他們已經在祂裡面了；憑藉著純潔、絕對謙遜的心，他們縮減成虛無，與祂融合為一。

從這些純淨心靈滿溢出對基督的愛，使他們成為孩童，使他們不朽。他們是四肢像樹根、眼睛卻像孩童的老人，身穿連著三角形風帽的灰色羊毛修會會衣，過著永恆的日子。他們不分老幼都是天主的小弟兄，永遠不老，天國就是為這些孩童建立的。

一天又一天，教會法定的祈禱時間一到，他們就齊聚一堂，化愛心為歌聲，樸素似花崗岩，甜美似酒。他們或站或躬身誦唱莊嚴漫長的聖詠，他們的祈禱強勁緊繃，放鬆時陷入寂靜，突然又唱起熱情的聖詩，色彩像火焰一般，繼而回歸寧靜，簡直聽不到那微弱古老的聲音在做最後的祈禱。石廊內響起阿門的低語，像是嘆息，隱修士的隊伍解散了，唱經班席位半空，卻仍有人繼續在祈禱。

他們也在夜裡起床，在黑暗中揚起他們向天主懇禱的聲音，充滿了強烈隱忍的痛苦；他們祈禱的力量驚人（基督聖神將祂的力量蘊藏在他們吐露的字句中），能夠阻擋天主揮起的手臂，不讓祂擊爛這個充滿貪欲、嫉妒、謀殺、肉欲與罪惡的邪惡世界。

每次想到那些隱修院、那些遙遠的唱經樓，想到他們獨居的小室、隱居院、修院禁地，以及穿戴連帽修會會衣的貧窮隱修士、那些什麼都沒有的人，我就受到莫大的震撼。

剎那間，對孤獨的渴望在我心裡像傷口般敞開。

我不得不把書本闔上，那一頁正好印著加默度修會的照片，留鬍子的隱士站在小室間的石巷裡。我走出圖書館，想要撲滅心中一度冒出的火焰所留下的餘燼。

17　譯註：古以色列人在荒郊獲得的天降食物。

一切都是枉然：我沒有聖召，不是修道的料子，不配做神父。我還沒聽夠這種種斬釘截鐵的評語嗎？難道要等到再次被教訓得頭破血流後才相信嗎？

我站在餐廳外，在陽光下等著誦讀午時的三鐘經，一位神父正和我談話，我一時衝動便把心底話全盤托出：

「這個聖週我要去嚴規熙篤隱修院做避靜。」神父的眼神為之一變，就像我說了「我要買一艘潛水艇住在海底」似的。

「不要讓他們改造了你！」他說，笑得有點僵硬。這意思是：「不要提醒我們這裡的人，你的刻苦補贖有了代價，你得到嚴規熙篤隱修院的聖召了。」

我回答：「他們若真改造了我，倒是件好事。」

我採取安全、迂迴的方式，承認了我心中所想的事——是的，我想去那個隱修院，去了就不再回來。

聖枝主日前一天，我五點不到就起床，摸黑在聖堂內望彌撒，還沒結束就得趕火車。雨水像塔一般筆直而不間歇地下著，下在無人的火車站。

一路行去，天色始終陰沉，山色黑暗，山谷和谷中沉睡未醒的城市都泡在雨水中。已經過了詹姆斯鎮（Jamestown），我掏出大日課經本，讀了日間祈禱。進入俄亥俄州時，雨停了。

我在加里昂（Galion）換了月台，在往哥倫布（Columbus）的快車上買了點東西吃。俄亥俄州南部的空氣較乾燥，天空幾乎放晴了。傍晚時光，眼看丘陵起伏，一路延展到辛辛那提（Cincinnati），西面地平線上的陽光從雲彩的縫隙間透出，斜斜地照射著大地。

真是典型的美國風景，浩瀚無際、大風泱泱、肥沃富饒，一路連綿下去，進入無窮、空曠的西部，我的心滿盈了。

傍晚抵達辛辛那時，已是萬家燈火，山上豎立著霓虹招牌，車軌兩旁是巨大的貨車調車場，遠處高樓林立。我覺得整個世界似乎都屬於我，原因並不在於我擁有萬物，而是因為我要去的革責瑪尼。正因為穿梭於眼前所見的事物中卻什麼都不渴望、什麼都不想據為己有，我才能在造化中歡騰，萬事萬物不斷對我吶喊：天主，天主，天主！

次晨在辛辛那提望彌撒領聖體後，搭乘火車抵達路易斯維（Louisville），在那兒待了一整天，因為我沒想到可以先搭公車到革責瑪尼附近的城市，然後再雇車前往隱修院。

前往革責瑪尼的火車一直要到入夜才有，有一班前往亞特蘭大的火車會經過那兒。

那是一班慢車，車廂內燈光昏暗，坐滿了人，口音非常難懂。看到黑人擠在隔離的車廂內，你就知道已經身在南方了。火車離城駛向鄉間，月光下，四周還是黑黝黝的，深不可測。附近大概不可能有住家，我的臉貼著窗子，用手擋住光往外看，只見一片多石單調的景色，樹木稀疏。經過的地方都是窮鄉僻壤，那些小鎮在暗處看來帶著幾分凶氣。

火車慢條斯理地在春夜裡行駛，到了巴茲鎮（Bardstown）便叉入支線，再往前開我知道就要到站了。

跨出火車，進入空寂的夜晚，昏暗的車站中停著一部車，但是不見一個人影。眼前有一條路，隱約看到不遠處也許是間工廠，樹下有幾棟房子，其中一家亮著燈。我幾乎還來不及下車，火車就沉重地重新啟動，紅色尾燈在黑暗中閃亮著，一轉彎就消失了，把我獨自拋在肯塔基州山區的孤寂中。

我將行李放在沙礫地上，不曉得下一步該做什麼。他們是否忘了替我安排去隱修院？正想著，一扇門開了，一個人不慌不忙地走出來。

我們一同坐進車裡，上路不到一分鐘，已經來到月光普照的田野。

「隱修士都就寢了嗎？」我問司機，那時大不了才八點過幾分。

「對，都睡了，他們七點就寢。」

「隱修院還遠嗎？」

「有一哩半。」

我望著起伏的田野，一條淺色緞帶般的路面在我們面前展開，月光下呈鉛灰色。忽然間，看到一座銀亮尖塔顯露在圓丘頂端的月色中，車胎哼哼唧唧地壓過空曠的路面，一上斜坡就看到出現在面前的隱修院，讓我呼吸為之停止。那林蔭道路的盡頭是一棟長方塊狀的大建築，全黑，有一座教堂，以鐘塔、尖塔、十字架為其冠冕：那尖塔明亮有如白金，整個地方靜如子夜，隱藏在田野間迷人的靜默與孤寂中。隱修院後有一片似黑色帳幕的樹林，往西是多樹的山谷，再過去就是茂密樹木覆蓋的小山丘，是和世俗之間的界線與屏障。

復活節溫和柔情的月光籠罩著這座山谷，滿月無比仁慈地愛撫這個安靜的所在。

在道路盡頭的樹影下，我讀出低矮拱門上的字：「和平之門」。

司機並未拉扯笨重木門旁的門鈴繩索，而是走過去輕敲一扇窗戶，低聲喚著：

「修士，修士！」

裡頭傳來有人走動的聲音。

門把轉動，我進去了。門安靜地在我身後關上，我已經走出紅塵。

那月光照耀的大庭院，那鑲著黑暗寂靜窗戶的厚重石砌建築，竟散發出如此懾服人心的力量，我幾乎無法回答修士輕如耳語的問題。

我注視著他清澈的眼睛和那把花白的山羊鬍。

他一聽說我是從聖文德學院來的，便淡淡地說：「我以前是方濟會士。」

我們走過天井，上了幾個台階，來到一個高聳黑暗的廳堂，我猶豫地站在打過蠟的光滑地板邊緣，修士摸索著尋找電燈開關。我們來到另一扇笨重的門前，門上有「唯獨天主」的字眼。

「你曾來這裡住過嗎？」修士問。

他的問題讓我嚇了一跳，好像聽到自己良心的私語。

「哦，沒有！」我說：「哦，沒有！」我的低語在廳堂內回響，然後消失在頭上黑暗空盪、神秘不明的樓梯井中。這個地方清潔得咄咄逼人，房子舊了卻很乾淨，相當古老。年復一年地打蠟、磨光、上漆，一遍又一遍。

「怎麼回事？為什麼不能留下來？你成家了，還是怎麼了？」修士說。

「不，」我無精打采地說：「我有一份工作……。」

我們開始攀登那道寬闊的樓梯，腳步聲在空盪的暗處回響。我們爬了一層、兩層，接著是第三、第四層，每一層之間的距離都好遠，每一層的天花板都很高。我們終於來到頂樓，修士打開門，是個寬敞的房間，他放下我的包包就走了。

我聽到他的腳步聲一路響過下面庭院，又回到門房。此時我感受到夜晚的萬籟俱寂，平安、聖潔、愛與安全感籠罩著我。我沉醉在靜寂的擁抱中！我邁入了一座攻不破的孤獨之堡，那環抱我的沉靜對著我宣講，較任何語言更響亮、更流利。在這安靜、空氣清新的房間內，安詳的月光從敞開的窗戶傾洩進來，我沉浸在夜晚暖和的空氣中，真正領悟到這棟房子屬於榮耀的天主之母——非她莫屬！

天上聖后，基督之母，品嘗到妳款待遊子的這份甘甜、仁慈之愛，雖然只有短短幾天，我怎能離開這裡再回到俗世呢？

我知道熙篤修會真是妳的特殊領域，頭戴白色風帽的隱修士都是妳特選的僕人，他們在各地的會院都是妳的——世界各地都有聖母院。就在肯塔基這個山區裡，革責瑪尼的聖母院仍保存了十二世紀勇敢、純樸、清新的奉獻精神，秉持著明谷的聖伯納德（St. Bernard of Clairvaux）、培爾賽涅的亞當（Adam of Perseigne）、依尼的格力克（Guerric of Igny）、利沃的艾瑞德（Ailred of Rievaulx）的鮮活信仰。我的聖母，我認為沙爾德（Chartres）聖母大堂的世紀最屬於妳，它不僅以語言、更以彩色玻璃與石塊清晰地指出妳的用心。妳是最有能力、最榮耀的女中保（Mediatrix of All Grace）[18]，是至尊的天后，在諸天神之上，光榮地坐在妳聖子寶座旁受到尊崇。

在萬有之中，最響亮、最真心宣講妳的尊榮的，要算是那些獻給您的各修會會規了。會士依據會規，因愛您而做出犧牲，間接顯露出妳的權能和偉大，因此「熙篤會士會規」就是讚美您——天神之后——的光榮頌歌，以力行會規來宣講您的偉大特權要較最崇高的講道還來得響亮。穿戴白色風帽的熙篤會士恪守靜默的戒律，反而得到能用各種語言讚頌天主的神賜特恩，灰羊毛袍上的皺褶無聲地為人祝福，較隱修大聖師所說的拉丁文更流利動人。

那麼多人從未見過這種神聖的屋宇，從未見過敬禮聖母的祝聖教堂或熙篤會修院，我該如何向他們解釋那一週當中日夜撼動我心的真理力量呢？

然而，夜課後，次日凌晨四時，我突然被擲入嚴規熙篤隱修會生活的感受，我相信任何人都不難體會。

在深不可測的黑夜裡，鐘塔鈴聲悠揚，我睡眼惺忪地摸黑找到衣服，匆匆跑入廳堂。樓梯很暗，不知該往哪兒走，又沒人可問路，忽見樓梯底有兩個穿在俗服裝的人正穿過一扇門，其中一位是神父，長著一頭好看的銀髮，另一位是個年輕人，滿頭黑髮，一身粗布工作服。我跟著他們穿過那扇門，在一片漆黑的甬道中，只看見他們朝著盡頭大窗戶走去的身影。他們是識途老馬，知道那兒有扇門，門一開，光線就透進了廳堂。

我跟隨他們往那扇門的方向走，門那邊就是修院的內院[19]，又冷又暗，還聞得到潮濕的羊毛味，卻有一種超脫世俗的氣息，讓我吃了一驚。我看到隱修士了，門邊就有一位，他跪在那兒，全身俯伏在迴廊一角的聖母哀子像前，頭埋在寬大的頭巾衣袖裡。他趴在死去的基督腳下，基督躺在聖母臂彎裡，一隻手臂和一隻被釘子穿透的手掌生氣全無地軟軟垂下。這幅畫面如此強勁：衰竭的基督腳下匍匐著一位看來已經崩潰的隱修士，他的落魄、被棄讓我觸目心驚，我踏進修院

18 譯註：「中保」原意為媒介，指聖母在天主，尤其在聖子耶穌前，不斷地為人祈求必要的恩惠。

19 審訂者註：牟敦所在的嚴規熙篤隱修院，修院有內外之別，正式的會士（含初學修士）才能進入內院，其他的訪客或像牟敦還沒進入修院成為初學修士時，只能留在客房，也就是外院的部分。

內院，有如履深淵之感。

房裡有人走動，卻還如此寂靜，和我自己獨處空房時的寂靜相較，更扣人心弦十倍。我現在已經進入教堂，另外兩位在俗的人跪在點著蠟燭的祭台旁，神父已到，在祭台前鋪九折布，並翻開彌撒書。我猜不出那位滿頭白髮的教區神父[20]為何跪在那兒做輔祭，也許他根本不是神父，我無暇猜測。在這陰暗非常的教堂中，周遭有太多事物讓我分心，高祭台後面的迴廊又分出好多小聖堂，像是一個個點著蠟燭的山洞，彌撒在各個祭台上同時進行。

接下來這一個小時到底是怎麼度過的？真像一個謎。各台彌撒和教堂建築都是那麼肅穆、寧靜、莊嚴，祈禱的氣氛那麼熱烈懾人，簡直像是可以觸到祈禱的實體，我心中的愛和尊崇幾乎使我窒息，只能在喘息中呼吸。

噢，我的天主，有時你為了將偉大的教訓教導給人們的靈魂，不吝選擇最有力的方式！現在你採取的只是平凡的渠道，恩寵仍像海嘯般淹沒了我，我在真理的沖擊下被制服了，而這一切僅僅通過簡單平常的禮儀——不過這兒的禮儀是由慣於犧牲的靈魂執行的，非常得體，而且滿懷敬意。

在那些操勞奉獻、生活在困苦屈辱中的人手中，彌撒成了何等偉大的事！「看啊，看！」那些小聖堂裡的光與影說著：「看，誰是天主！看清彌撒是什麼！看，基督在這裡，在十字架上！看祂的傷口，祂撕裂的手，看光榮之主戴的是棘冠！你知道什麼是愛嗎？這裡就是愛，在十字架上的就是愛。祂被釘子、荊棘刺傷，受到灌鉛鞭子的鞭打，被壓搗成碎片，為你們的罪流血至死，為了那些永遠不會認識祂、永遠不會想到祂、永遠不會記得祂的犧牲的人流血至死。向祂學習如何愛天主、愛世人！效法十字架精神，效法這種愛，學習如何為祂放棄自己的生命吧！」

幾乎就在同時，教堂的各個祭壇都響起鈴聲，這些隱修士不在〈聖、聖、聖〉（Sanctus）頌或主祭唸〈上主，懇求祢悅納〉（Hanc igitur）時搖鈴，只在成聖體祭獻時才搖鈴。忽然，整座教堂內，基督在十字架上被神聖莊嚴地舉起，吸引萬物朝向祂；祂就是那隆重非凡的祭品，將人心從身體撕離，受祂引領而歸向祂。

「看，看天主是誰；看，天主的光榮，這奧秘、無限的犧牲祭品領我們走向祂，這犧牲是全部歷史的起點和終點，是所有個人生活的開始和結尾，所有的故事由此展開，由此結束，終止於喜樂或悲傷：這是在天主之外所有真理的唯一依據，其中心、其焦點就是愛。」

我們的祭壇上聖爵高舉，陰暗的側面閃著微弱的金光。

「你知道愛是什麼？你從來沒有了解過愛的真諦，你不會懂的，你一向把萬物引向自己的虛無中心。愛，就在這盛滿聖血、犧牲、血祭的聖爵裡。你豈不知愛的意思就是要為了被愛者的光榮而被殺？你的愛在哪兒？假如你說要追隨我，你假裝愛我，那麼你的十字架現在又在哪裡？」

鈴聲響徹整座教堂，像露水一般溫柔新鮮。

「但是這些人要為我死，這些隱修士要為我犧牲自己，也為你，為世界，為不認識我的人，為了世上千百萬永遠不會認得他們的人而死……。」

領完聖體後，我的心好像要爆炸了。

20 譯註：不加入修會的神父，又稱在俗神父。

第二回合的彌撒禮之後，我從幾乎全空的教堂回房。再回教堂時，我跪在教堂中央遠端的高廂座裡讀午前經、午時經，再唸午後經，繼而望團體彌撒。

此時教堂充滿光明，隱修士站在自己席位上；聖詠結束時，他們齊身鞠躬，像是一片白色海洋。他們歌唱聖詠的音調緩慢嘹亮、憂鬱清澈，在這新的一日之始，他們讚美天主，感謝祂創造世界，感謝祂繼續施與生命。

聽！這些聖詠，聽！隱修士的歌聲，尤其是那些以平日調（ferial tone）[21]唱出的「日間祈禱聖詠」，蘊藏著多少生命之泉、多少力量和恩寵！他們單純美麗的誦經聲帶來喜樂，令整個地球生氣蓬勃、結實纍纍、意義深遠，團體彌撒逐漸達到高潮：美極了。熙篤會的封齋期禮儀其實已縮減到簡樸的極致，反而更因此達到美妙的境界；這種美妙既知性又動人，不必仰賴華麗奪目的祭袍與裝飾。

祭台上別無擺設，只點燃兩根蠟燭，聖體櫃上方放置著一個簡單的木質十字架，帳幕遮蔽著至聖所，白色的布從祭台兩端垂下，幾乎觸地。身穿祭披的神父登上祭台台階，穿白長袍、披聖帶的輔祭隨後，如此而已。

彌撒進行時，間或有一位穿戴風帽的隱修士走出唱經班，緩慢端莊地到祭台前輔祭，不時莊嚴地鞠躬，走路時水袖搖曳，幾乎垂及腳踝……。

這種禮儀更具備令人嘆為觀止的說服力，一言以蔽之，它說的是獨一、簡單、使人信服的偉大真理：這座教堂，這天后之宮，就是我們國家的真正首都，是美國的活力中心，是國家能夠團結一心的緣由。這些人在唱經班中、在白色風帽下隱姓埋名，他們為國家所做的奉獻不是任何軍隊、國會、總統所能及，替國家贏取的是天主的恩寵、庇護和友誼。

IV

我終於明白那位穿粗布衣裳的黑髮年輕人原來是一位望會生，那天是他入修會的日子。唸寢前經時，我們站在教堂後的講壇邊往下看，見到他仍穿著暗色俗世衣服。唱經班的初學生和會士清一色穿白衣，因此我們一眼便能從陰影中將他辨認出來。

以後幾天都是如此，只要朝唱經班望去，第一眼注意到的就是這位穿著在俗服裝、置身會士群之間的年輕人。

有一天我們突然看不到他了，他已獲准穿上獻身修道者的衣服，一穿上白衣就融入人群中，我們再也不能一眼就認出他了。

就像人在水中滅頂，他已經沉浸在團體中消失了；世人不會再聽說他的事，他已經在我們這個社會中滅頂，成為一名熙篤會士。

修院招待所中剛好有人知道他的身世，於是就像報訃聞般告訴我幾件有關他的事，不知是否全部屬實：原來他是改信天主教的。他出身賓州一個相當富裕的家庭，曾就讀於東岸某所有名的大學。他在巴哈馬群島度假時巧遇一位神父，神父和他談信仰，改變了他的宗教觀，遂受洗成為

21 譯註：非主日、節慶時用。

天主教徒。父母在盛怒下和他一刀兩斷，據說分文都不給他。有一陣子他在一家大航空公司當駕駛員，駕駛飛機到南美洲，但那已是過眼煙雲，如今他已離開紅塵了。願他安息！

那位白髮的教區神父倒是更令人費解。他是個愛虛張聲勢的大塊頭，聽他口音我以為他是比利時人。他並不想入會，但是似乎已經在招待所住了一陣子。下午時分他總是換上工作褲，四處油漆板凳等家具，有說有笑的。

聽他談話心中不免納悶，在這種地方每個人說話至少都和宗教沾點邊，但是他對宗教話題反而特別口拙。他唯一在行的話題似乎就是筋骨力氣，不是力氣就是工作。在晚餐桌上只見他袖子一捲、用他特別的口音說：

「嘿！看俺這身肌肉！」

然後他就在所有做避靜的人面前炫耀他巨大的二頭肌，好像要給大家一個好榜樣。

後來我才知道他是因為被教會懲戒才來到隱修院做補贖，這可憐的傢伙因為某種原因無法善度神父的生活，最終還是自食惡果。聽說有些自願脫離天主教會的「老天主教派」人士說動了他，要他離開教會，參加他們的團體；只要他一脫離，他們就任命他為總主教。

我想，剛開始他還很躊躇滿志，覺得新鮮，但最終還是看穿了此舉的荒唐，於是重回天主教會的懷抱。現在他在修道院裡每天早上替一位年輕的嚴規熙篤會士做輔祭，此人剛剛升上神父，領受聖職時敷在手上的聖油幾乎還沒乾呢。

聖週一天天過去，會院漸有人滿之患，聖週四瞻禮日前一天，已經有將近三十個做避靜的人住進隱修院，有老有少，來自全國各地。將近半打的聖母大學學生搭便車來，他們個個戴眼鏡，熱切談論著聖多瑪斯的哲學。一名從芝加哥來的精神科醫師說他每年復活節都來這兒報到，還有三、四名虔誠的男士原來都是隱修院之友或恩人，他們都是安靜、嚴肅的知名人士，對其他客人有某種指揮權；他們確實有此權利，因為他們等於長期住在這間招待所中。其實，這些人有自己獨特的準聖召，屬於天主栽培的一個特殊等級，其職責為捐助孤兒院、修女院與隱修院，興建醫院，分給窮人食物。這是天主使人聖化的一種方法，只是有時過度受到藐視，這些人必須具備不尋常的謙遜，將接受他們幫助的隱修士及修女當成另一個世界的受造物。天主會在近日顯示給我們看，他們當中有很多人較受到資助的隱修士還要善良。

我最常和一位加爾默羅會神父交談，他喜歡雲遊四海，行蹤比我還廣，只要我想知道有關隱修院的事，他就有辦法告訴我。他看過的修道院豈止數百個！

我們在招待所的花園散步，欣賞陽光下蜜蜂在豔黃色鬱金香的花叢裡打鬧，他向我娓娓道來英國帕克敏斯特（Parkminster）的嘉都西隱修會。

世上已經沒有純正的隱士或遁世者了，只有嘉都西會士庶幾近之，他們攀登最高的絕頂，遠離塵世，隱藏在天主之內。

在這裡可以看到一長隊的熙篤會士腋下夾著鏟子出去工作，模樣古怪有趣又很正經；嘉都西會士卻是單獨工作，獨處小室，或是在自己的花園、工作室裡，與他人隔離。熙篤會士住在一般宿舍裡，嘉都西會士則睡在隱蔽的小房間裡。這裡的會士一起在餐廳用餐，吃飯時間有人朗聲讀書給他們聽；嘉都西會士卻單獨用餐，坐在自己密室的窗戶凹洞中，除了天主沒有人可以交談。熙篤會士日夜與兄弟們在一起，嘉都西會士除了在誦經班唸日課和其他間歇時間之外，日日夜夜都只和天主在一起，多麼有福的孤獨啊（O beata solitudo）！

這些拉丁文字句在嚴規熙篤修道會的招待所屋牆上也可以看到：「O beata solitudo, o sola beatitudo!」（多麼有福的孤獨啊，全靠這至高無上的真福！）熙篤會士有一點是佔優勢的。嘉都西會士有一種堪稱娛樂的活動，就是他們出去散步時可以彼此交談，免得太過嚴苛的獨居生活和太多「至高無上的真福」可能使人緊張。真有可能太多、太過分嗎？我懷疑。但是嚴規熙篤會士的靜默是不中斷的——至少是針對交談而言——這是一項優勢！

然而，何必追究哪一個修會最完美呢？反正我一個也進不了！難道一年前他們還沒把話說得一清二楚嗎？我根本沒有入任何修會的聖召，做這些比較無非是火上加油，使我的內心更加痛苦，欲望更無法滿足，想要的東西更遙不可及。

其實，問題並不在於哪個修會最吸引我，而是哪個修會具有永遠不會屬於我的獨居、靜默、默觀，因而讓我最痛苦。

我根本沒有資格去想是否有聖召入這兩個修會之一，也不能對這兩個修會進行比較；我根本連就這個議題做推測的奢侈都不許享有，連想都不必想。

然而，至少嘉都西隱修會遠在天邊，眼不見心不煩，折磨我最甚的是眼前的修會。嘉都西隱修會或許更完美、更值得渴慕，但是因為戰爭，因為我認為自己缺乏聖召，進嘉都西隱修會顯得難上加難。

假如當時我有些許超性方面的常識，就會知道避靜是一鼓作氣解決這個問題的大好良機。我該依靠的不是自己的努力和做默想的功夫，而是祈禱和求助於有經驗的神父，還有哪裡比這默觀的隱修院更容易找到有經驗的神父呢？

但我自己到底是怎麼回事？我想，去年我向那位嘉布遣會神父告解時，受到的誤解給我很大的打擊，我實在懼怕重新挑起舊話題。我心裡明白，我應該搞清楚我渴望入修道院生活究竟是否純屬幻想，但是舊傷未癒，一想到會再受刺激鞭笞，便徹底畏縮了。

那就是我的聖週，這種無言、無望、內心的掙扎是我在分擔基督的苦難。那年在聖週星期四前夕守夜祈禱，我第一次聽到這種壓抑的呼喊聲。

這真是個了不起的經驗，能聽到耶勒米亞（Jeremias）先知的哀歌聲在僻處鄉間的黑暗教堂牆間迴盪：「……請你們細細觀察，看看有沒有痛苦能像我所受的痛苦……祂從上降下火來，深入我的骨骸；祂譴責我：祂在我腳下設下羅網，祂阻止我前進，祂使我終日孤寂，惆悵不已。」[22]

在祂的教會禮儀中，不難了解這些話是誰說的，也不難察覺出基督的聲音，祂在受難的悲痛中發出呼喊，祂的受難在信仰基督的教堂內每年重演，現在正開始。

日課結束了，一位隱修士莊嚴地走出來，熄滅了至聖所的燈火，這突如其來的舉動讓大家的心神被黑暗和不祥的預感凍結。這一天過得非常莊嚴肅穆，誦讀日間祈禱的音調奇特、強勁、憂傷無比，不變的三個音符重複出現，極盡樸素，是一首像石頭般粗礪乾淨的輓歌。團體彌撒的〈光榮頌〉（Gloria in Excelsis）奏完之後，風琴終於完全靜止：靜默正足以襯托出唱經班詠唱歌曲

22 譯註：出自〈哀歌〉，教會每年在聖週內吟唱，做為人類認罪的懺悔辭。

的簡樸有力。神父、隱修士、修士和賓客列成一長隊，全體緩緩領完聖體，隨後聖體遊行來到存放基督聖體的祭台——行動緩慢而憂傷，在燈光中唱著〈信友齊來〉（Pange Lingua）。接下來便是洗足禮，隱修士在迴廊內替七、八十位窮人洗腳，他們吻窮人的腳，將錢塞進他們手中。

在整個過程中，尤其是在洗足禮時，我有機會就近端詳這些隱修士。令我驚奇的是，一看就知道他們只是平凡的美國年輕人，有從各州工廠來的，也有大學生、農家子弟或高中畢業生；他們在禮儀進行過程中如此全神貫注，以至於整個人的樣子都變了。最令我感動的是，他們極端純樸，只關心一件事：做該做的，唱該唱的，或躬身或下跪都完全照規矩來，盡心盡力、不小題大做、不炫耀、不誇張。一切都極為簡單，沒有文飾，直截了當，我承認從未見過較這些隱修士更率真、更自然的人了，從他們身上找不到一點炫示、顯耀的蛛絲馬跡。他們似乎不知道有人正在看著他們——其實依我自己的經驗，我知道他們對別人的眼光毫無所知。在唱經班裡根本不會注意到這會院裡有沒有會外人士，即使知道了，也沒有什麼分別，外人在場對這些祈禱中的隱修士根本沒有影響，就像空氣那般空無、自然。外在的一切隱退到遠處，他們隱約能感覺到那種存在，但是不會引起他們注意，只會無知無覺、視而不見，好像沒有對好焦距、看不見視線範圍內的東西。

確實有一件事是隱修士不懂也不能懂的，那就是這類團體奉行禮儀時對觀禮者產生的作用，他們表現出來的教訓、真理、事件與價值實在太動人心弦了。

要產生這種效果，必備條件是每一名身為演員的隱修士絕對要失去個別演出者的身分，徹底被忽視。

然而，這是多麼奇怪的條件啊！此人是否值得欽佩、值得尊崇，完全取決於此人在人群中消失得有多徹底，他的完美程度又取決於是否完全不察覺自己的存在。卓越和默默無聞是成正比的：最優秀的是最不受注意、最不傑出的，只有犯了過失錯誤才會吸引旁人的注意力。

熙篤會士的生活邏輯和世俗邏輯全面相反，世俗的人永遠將自己放在最前面，因此最傑出的就是特別出眾的，是所有人當中最顯赫也最引人注目的。

該如何解釋這種矛盾呢？隱修士從世俗中隱退，並不是削減自己、削減個體，而是增強個體，變成更真、更完滿的自己：因為他的人格與個性真正合乎天理順序，也就是靈性與內在秩序達到和天主合一的完美，天人合一具備所有完美的要素。「天主的全部榮耀就在這裡面。」

世俗成功的邏輯是建立在謬論之上的，這種奇怪的錯誤觀念就是一個人完美與否完全取決於別人的想法，取決於他人的意見和贏得的掌聲！這真是一種古怪的生活——永遠活在別人的想像中，好像真我只能存在於別人的想像中！

這些念頭在我心中日夜縈繞。兩天後，聖週星期五的下午終於來臨了。

整個上午過得非常充實，連續十個小時隱修士幾乎不停地唱誦聖詠，最後精疲力竭地退出內部裝置撤空的教堂——祭台裝飾撤除了，聖體櫃空了，櫃門敞開。隱修院內非常安靜，一切停頓，我再也不能祈禱，也讀不下書了。

我以要為隱修院照張相片為藉口，說服了瑪竇修士讓我從前門溜出去，趁機沿著圍牆散步，先經過磨坊，再繞過幾棟樓房的後面，跨過小溪就是峽谷，峽谷的一邊有樹林、棚舍，另一邊就是坐落在絕崖上的隱修院，我在那兒漫步了一陣子。

陽光很暖和，四周靜悄悄的，有隻鳥在唱歌。能夠遠離過去兩天瀰漫屋內的那種熱烈祈禱氣氛，的確讓我鬆了一口氣。實在太吃不消那種壓力了，我的心已經太過滿盈了。

此時我緩緩地走過一條石頭路，在矮小香柏下，石縫間的紫羅蘭四處蔓延。

來到這兒，我在又可以思索了，但是仍得不到任何結論，腦海中只有一個念頭：「做個隱修士……做個隱修士……。」

我注視著我認為應該是初學院的磚房，它坐落在護壁的高土堤上，像監獄又像城堡。我看到那道圍牆和緊鎖的門，又想到房舍內的隱修士負荷著千百磅擠壓濃縮的精神壓力，心想：「我會活不下去的。」

我再轉眼看著那些樹、那些林子，看看來時見到的山谷，樹木茂密的小山擋住了視線。我心想：「我屬於方濟會，那才是我的靈修，在林子裡，在樹下……。」

我懷著自以為是的新錯誤想法踏上棧橋，走過豔陽下的窄細小溪。真是的，我又不是沒見過方濟會士，怎麼會以為他們在林子裡過日子？許多方濟會士長期住在城鎮學校中，相反地，此地的隱修士倒是每天出來工作，就在我眼前的田野林間。

人性有本領提出似是而非的辯解，替自己的懦弱和吝嗇找藉口，就像我現在試圖說服自己，默觀隱居的生活不適合我，因為呼吸不到新鮮空氣……。

我還是回到隱修院，讀了聖伯納德的《論愛上主》和一位嚴規熙篤會士加薩特（Joseph Cassant）神父的傳記。他死在法國的修院裡，竟然就在我的老家土魯斯附近，多麼諷刺啊！

避靜導師在討論會中說了一個很長的故事給我們聽：從前有一個人來到革責瑪尼，他無法決定要不要當隱修士，掙扎祈禱了好幾天。最後他去拜十字架苦路，到達最後一處時，他熱心祈求得到在會院內死去的恩寵。

「你們知道嗎，」避靜導師說：「在拜苦路第十四處時提出請求，聽說是有求必應。」

無論如何，此人結束祈禱後回房約一個小時就病倒了。臨終前，他們及時接受了他入修會的請求。

他埋葬在隱修士的墓地，身上穿的是望會生的會服。

所以，在離開革責瑪尼之前，我做的最後一件事便是拜苦路。在第十四處前祈求天主時，我的心怦怦地跳著：如果天主樂意，請賜我恩寵，讓我得到入嚴規熙篤隱修會的聖召吧！

V

重回塵世，感覺好像才從空氣稀薄的高山下來。抵達路易斯維時，我已經起床四個小時左右了，對我而言一天已經進入中午，而人們才剛剛起床，進早餐，準備上班。看到人們來去匆匆，煞有介事，趕公車、讀報紙、點燃香菸，真有恍如隔世之感。

他們勞勞碌碌、憂心忡忡，看來多麼無謂啊！

我心情沉重，心想：「我要進入什麼樣的生活啊？這不就是我一向過的日子嗎？」

在街道的轉角處，一抬頭，剛好看到一棟二層樓的屋頂上亮著「皇冠牌香菸」的霓虹招牌。

我轉身逃脫這陌生瘋狂的街道，找到前往附近教堂的路，入內跪下祈禱、拜苦路。

我害怕隱修院的靈性壓力？那是我當天說的話嗎？現在我多麼盼望能回到那兒去！離開了修院，外面的一切味同嚼蠟，還有點瘋狂，我知道只有一個地方可以找到真正的條理秩序。

但是我怎麼回得去呢？我還不知道自己沒有聖召嗎？……這豈不是舊調重彈。

我搭上前往辛辛那提的火車，再轉往紐約。

我已經在肯塔基州邂逅了春天，回到聖文德學院幾週後又與春天重逢了。我在陽光下樹林裡野櫻樹淺淺的花影下散步。

我心中繼續掙扎著。

現在我的問題已經變得很實際了：為什麼我不拿這些問題去請教別人呢？為何我不寫信給革責瑪尼的院長，將我的情形告訴他，徵求他的意見呢？

更實際可行的做法是去找聖文德學院的斐羅修斯神父，去年我和他結識，他是個明智的哲學家，我們一起研讀過聖文德和董斯高的著作。我知道可以相信他，可以向他請教我最關心的靈性問題，但我為何從未徵求過他的意見呢？

因為有一種荒謬瘋狂的想法束縛著我，那是一股盲目的衝動，混亂、晦澀、無理性。我很難指明那到底是什麼，因為無法捉摸到它的真正性質，只覺得這個想法隱蔽不明、無法抵擋；總而言之，在潛意識中，我隱約害怕終將遭到拒絕，害怕得到我確確實實沒有聖召的宣判書。我怕的就是遭到最後通牒式的拒絕，寧願模稜兩可、立場不明，才能盡情做夢，夢見自己入隱修會，又不必負真正責任，也不用接受熙篤會艱苦的生活方式。假如求教別人，知道沒有聖召，我的夢便做不成了；然而，如果別人告訴我，我有聖召，那麼我就只有上路，面對現實。

這一切又因為另一個夢想而更形複雜，那就是我想成為嘉都西會士。假如美國有這個修會，那該多省事，但是這半邊地球都沒有嘉都西隱修會，想要越過大西洋又沒機會，因為法國境內都是德國人，英國索塞克斯的嘉都西隱修院又已經被炸平了。因此，我仍然逍遙於樹林裡，優柔寡斷，不斷祈求光照。

正在矛盾掙扎之際，突然來了一個靈感，此事正好證明我的靈修生活不怎麼精進。我想到何不求天主從聖經中為我指出答案，讓我知道該做什麼，或解決之道會是什麼。要玩這種老把戲，只要翻開書本隨便一指，指到的字句便是問題的答案。有時聖人也這麼做，但是迷信的老太太更常做這種事；我既不是聖人，也知道這種行動可能帶有迷信色彩，但是管不了這麼多了。我先祈禱，然後翻開書，手指穩穩地落到書頁上，對自己說：「不管是什麼，就是它了。」

我看到的答案幾乎讓我跌坐地上，那幾個字是：「Ecce eris tacens.」（看啊，你必成為啞巴，不能說話。）

這是〈路加福音〉（Luke）第一章第二十節中天使對若翰洗者（John the Baptist）的父親匝加利亞（Zachary）說的話。

「Tacens」[23]：整本聖經不可能找到較這個更接近「嚴規熙篤」（Trappist）的字了。就我所知，「嚴規熙篤」的涵義便是「沉默無語」，大多數人也是這麼認為。

但是我立刻發覺自己身處困境，想要從書中找到神諭實在太愚昧無知了。我讀了上下文，立

23 譯註：拉丁文，字義為緘默。

刻知道匝加利亞其實是因為太好問而受到責備，難道這整篇經文都可以應用在我身上嗎？我也受到責罵了嗎？那麼，這該算是凶兆，是件壞事？略作思索後就知道是自己完全昏了頭。我繼續反省，發現自己之前問得語焉不詳，所以現在已經忘了自己祈求的是什麼。我不知道自己究竟是祈求天主告訴我祂的聖意，還是只要祂告訴我未來會發生什麼事，這些困惑讓我束手無策。我祈求得來的答案不但未能幫助我下定決心，反而更加妨礙我思考；我因無知而舉棋不定，求來的答案又使我更加三心二意。

事實上，此時我仍像往昔一樣愚昧無知，只有一事例外。

儘管有這麼多的困惑，我內心深處卻依稀相信得到的答案是真確的，相信有朝一日問題會這樣解決，我會成為嚴規熙篤會士。

但是在當時當地，這個答案卻產生不了什麼實際作用，對我毫無幫助。

我繼續在林間、原野、樹林邊的老水塔附近漫步，漸漸朝著廣播站而去。當我獨自在那兒時，心中時時充滿對嚴規熙篤隱修會的懷念，一遍又一遍地用平日調唱〈黎明曙光〉（Fam lucis orto sidere）。

最遺憾的是我未能記得〈聖哉天后〉（Salve Regina）怎麼唱，隱修士每天以這首歌做為一日的終結，他們在黑暗中向天主之母誦唱這首長輪唱詩，那真是人世間創作及詠唱的曲調中最莊嚴美麗、扣人心弦的了。我在兩哩谷村、四哩谷村裡，在斜陽、薄暮、初晚時分，沿著靜靜的河邊四處行走，一心希望自己能唱好〈聖哉天后〉。但是我只記得開頭兩、三句，接下去就必須瞎編了，而我的編曲又不甚高明，再加上自己的破嗓門，真是令人難以忍受，只得放棄，心裡覺得窩囊難過，不禁向天主聖母稍稍發了點怨言。

一週一週的日子過得很快，轉眼已有暑意，約翰保羅從墨西哥路過，突然駕臨聖文德。他的別克後座堆滿了墨西哥唱片、照片及稀奇古怪的東西，還有一把左輪手槍，幾個五顏六色的大籃子，看來氣色還算不壞，滿快樂的。有幾個下午，我們開車在山間兜風、聊天，有時只是駕車而不交談。他照原定計畫到過猶加敦，又去培布拉（Puebla），僥倖逃過墨西哥市的地震。他曾經借一大筆錢給聖路易斯波特西（St. Luis Potosi）的某紳士，那人有一座農場，弟弟在那座農場用左輪槍殺死了一條六呎長的毒蛇。

「你想，那筆錢能拿得回來嗎？」

「哦，假如他不還，那個農場的一部分就屬於我了。」約翰保羅毫不在意地說。

他返回綺色佳時，我無法確定他要先上綺色佳的暑期學校拿到學位，還是繼續上飛行課程，或另有打算。

我問他，他是否還和在那兒認識的神父保持聯絡。

「喔，有啊，」他說：「當然有。」

我問他當個天主教徒如何。

「是啊，」他說：「我也曾經想過這個問題。」

「你為何不去找神父，請他為你講授教理？」

「我會的。」

但是，聽他的語調就知道他的猶疑與誠意旗鼓相當。他有良好的意向，但也許不會採取任何行動。我說我會給他一本教理課本，回房後卻遍尋不著。

約翰保羅就這麼駕著發亮、底盤很低的大別克，載著那把左輪槍，還有一車墨西哥籃子，飛快地駛向綺色佳。

六月上旬的日子過得很快樂，學校正在舉行大考，我動筆寫一本新書，書名是《我的日記：逃離納粹紀實》（*The Journal of My Escape from the Nazis*）。我就是喜歡寫這一類文章，滿紙含糊其詞的話語和異想天開的念頭，頗有卡夫卡（Franz Kafka）之風。此書之所以讓我滿意，是因為它滿足了我在戰爭末期長期鬱積的心理需求——因為內疚，我對英國正在發生的事情有一種榮辱與共的感覺。

所以，我設身處地將自己的過去投射在正遭受轟炸的地點，就這麼寫了這本日記。我說過這是我當時無法不寫的文章，雖然時常分神去做其他事情，寫作時也不只一次進入死胡同，但是終究沒有停筆。

我的心神被寫作、期末考及準備近在眉睫的暑期課程佔據，嚴規熙篤隱修會聖召的事便被拋諸腦後，但是仍無法完全忘懷。

我對自己說：暑期課程一結束，我一定要到加拿大蒙特利爾（Montreal）郊外的湖濱聖母院和嚴規熙篤會士一起做避靜。

3 睡火山

I

每逢涼爽的夏日夜晚，發電廠、洗衣房、車庫後的道路幽暗無人，靠著星光，小山的輪廓才勉強可見，我經常到那兒散步，沐浴在原野的氣息裡，朝黑暗的牛棚走去。足球場西邊的小樹林中有兩個朝聖地，一個是小白花（Little Flower）[24]的，另一個是露德聖母的岩窟，岩窟還沒有繁複到難看的地步，不像一般人造岩窟那麼糟。能在露天祈禱真好，四周漆黑，風兒吹拂高聳的松枝，發出颯颯的松濤聲。

有時可以聽到另一種聲音：是笑聲，來自修女、神職人員、方濟小兄弟及暑期班的學生，他們都在小樹林盡頭的校友大樓看電影，那是每週四晚上的慣例。

那些晚上校園內空無一人，校友大樓卻擠得水洩不通，我可能是唯一沒去看電影的人——還有在宿舍電話總機房工作的男孩，他不得不留在那兒，因為他有工資可拿。

---

24 譯註：指聖女小德蘭。

連我的朋友斐羅修斯神父也去看電影了！他正在編輯十四世紀的哲學文稿，也指導我讀過聖文德的《心靈朝向天主之旅》，讓我了解聖文德尋找天主的途徑。我還向他求教過董斯高的《論第一原則》（*De Primo Principio*）的部分內容，連這樣的人也因為想看米老鼠而去看電影了！不過，卡通片一結束，他拔腿就走，其他那些戲劇性、冒險性的電影他都不怎麼關心。

聽，從那棟易失火的古老紅磚建築裡傳出一陣陣修女、神職人員的歡笑聲！他們稍稍享樂一番是應該的——至少那些修女夠資格。我知道有些修女選修了我開的「編寫參考書目與研究方法學」，感到非常頭痛。教授「研究方法學」的傳統方式就是在班上提出許許多多古怪的名稱與事件，卻絕不提供來源線索，次日上課必須帶一份完整的鑑別清單到課堂上。我提出的問題包括：誰是斯帕柔（Philip Sparrow）？牛津大學哪個學院的紋章上有隻讓自己流血的鵜鶘？我提出這些問題是因為我已經知道答案，他們不得不拼命蒐羅各式各樣的參考書，從中實際學到做研究的方法。通常修女的答案都對，但有時難免會看到她們的黑眼圈；神職人員的答案也對，但他們卻沒有黑眼圈，因為那些作業都是向修女借來抄的。有一位來自加拿大某教職修會[25]的神父坐在後排，他很少找到答案，也不向修女借，只是坐在那兒狠狠地盯著我。

因此，能夠鬆弛歡笑總是好的。他們坐在不甚舒服的老舊椅子上，純樸天真地享受細心挑選過的影片。

我在曠野上行走，思索他們的生活方式——那是一種受到保護、無邪而安全的生活。他們當中有許多人在很多方面都還是孩子，尤其是修女，在各式各樣的帽子、頭巾、護目罩下的眼睛張得圓圓的，熱切地望著你，眼神像小女孩一樣清醒明澈。然而，你知道她們有責任在身，有些修女經歷的種種苦楚是外人難以想像的，但是一切心酸都無言地隱藏在簡樸與認命中。最受打擾的人看起來也頂多是有點倦容而已：還有那些較年長的，略微太嚴厲、太不苟言笑了些，但是有些老修女仍保持著小女孩的眼神，稚氣未泯。

她們的日子過得很安定，在社交和宗教範疇內受到秩序禮法的壁壘保護，但是必須辛勤工作——比她們俗世裡的親戚要勞碌多了。大部分修女長時間在課堂上，還兼做其他工作，我想她們在修會中總是要燒飯、洗衣、刷地板；然而相形之下，她們的日子過得還算舒適，是否因為如此，才讓她們能不為某些人性經驗和悲劇所動？

不知她們是否察覺到了在貧民窟、戰區、本世紀道德叢林中的種種苦難與墮落，是否知道受難者向教會呼救，祈求上天讓不義遭到報應？這個問題的答案可能是：她們當中有人知道，也有人不知道，但是她們一致誠心希望在能力範圍內能對這些事有所貢獻；然而，她們一向深受庇護和保障，與可怕的現實隔離，假如她們愛基督，那可怕的現實是有權要求她們注意的。

但是我憑什麼自外於她們？我自己也半斤八兩，只是較她們稍稍自覺一點罷了，但是我們都有機會注意到這直指我們過錯的矛盾：為了愛基督而自甘貧窮者，通常只在純粹抽象的意義上是貧窮的，這種貧窮原是為了讓我們投身於真正的窮人中、產生拯救靈魂的目的，但由於我們過著安全、封閉的經濟穩定生活，既舒適又滿足，結果反而和窮人隔離了。

某夜天主遣送一位貴賓來到修女與神職人員之間，那人蒞臨聖文德學院，對我意義特別深

25 譯註：以從事教育為目標的修會。

刻。此人特意來喚醒我們，為我們這群隱居於紐約上州山區、在鄉間堡壘中安居、與世隔離的人指出我們都易於遺忘的方向。

當然，我的內心生活首應關心自身的得救；若是贏得了全世界，卻賠上自己的靈魂，那是徒勞無益的。而且，喪失了自己靈魂的人也無法拯救別人的靈魂，除非他執行了有效的聖事，即所謂具有「事效性」的聖事，其效果和執行者是否有聖德沒有任何實質關聯。然而，現在的我必須更關心我對別人的義務，因為我是人群中的一份子，他們的罪與罰、悲痛與希望我都有份，沒有任何人是單槍匹馬上天堂的。

我和往常一樣在黑暗中繞著足球場走，校友大廳燈火通明，那晚有人來演講，沒有上演電影。我並未細讀演講日程表上受邀前來對神職人員和修女演講的講者，只知道會有一位《天主教工人報》（*The Catholic Worker*）的成員前來，還有一位改信天主教的猶太人哥史泰因，他主持一個由平信徒（laymen）[26]負責做街頭傳道工作的組織，我還知道在哈林區替黑人工作的胡宜克男爵夫人也會來。

據我所知，這天晚上安排的演講者就是哥史泰因，我躊躇了片刻，不知是否要去聽。我先想著：「不去。」於是往小樹林走去，轉念又想：「還是進去瞄一眼吧！」

一走上校友大樓二樓劇院的樓梯，就聽到演講者正在激烈發言，卻不是男人的聲音。

我走進屋內，看到舞台上站著一個女人。一個女人獨自站在舞台上，面對燈火通明的大廳，沒有任何舞台裝飾，也沒有戲服和特殊的燈光效果，就這麼暴露在刺眼的劇院燈光下，這對她是不利的，也不太可能讓人留下什麼深刻的印象；尤其這位女性的穿著平凡而沒有特色，甚至有點寒酸。她的台風平平，沒什麼討好觀眾的花招，但是我一走進門口就發現滿座的修女、神職人員和平教友深深受到震懾，那威力差點把我震回樓梯上。

她的聲音響亮，信念堅定，主題強而有力；而她的用辭極為簡單、毫無虛飾、直截了當、毫不妥協，聽了讓人目瞪口呆。你可以直覺到大多數聽眾都聚精會神，有些人被嚇住了，有一、兩個人在發怒，但是每個人都很專地聆注聽。

我發現她就是男爵夫人。

我聽過這個人，也聽過她在哈林區從事的工作，因為她在我領洗的基督聖體教區很有名，大家都很佩服她。福特神父常將她工作上需要的東西送到她那兒去，就在第一三五街和勒那克斯大道交叉處。

她演講的精華如下：

天主教徒一向對共產主義存有戒心是有道理的，因為共產主義的革命目標之一就是消滅教會。然而，沒有幾位天主教徒靜靜反省過，只要天主教徒真正盡責、真正遵行基督來到世間的教誨——也就是天主教徒真正彼此相愛，在彼此中見到基督，在生活中效法聖人，以行為替窮人爭取正義——則共產主義在世上就不會有多少進展，甚至毫無進展。

她說，假如天主教徒能用有信仰的眼睛看看原本就該注意到的哈林區，就離不開那個地方了，千百位神父、教友就會放棄一切，到那兒出點力，設法減輕整個種族的大苦難，讓這個種族

26 譯註：指非聖職的教友。

不再貧窮、疾苦、沉淪、被棄，擺脫在經濟不義的重擔下精神、物質皆遭受壓榨扭曲的處境。我們沒有看見基督在祂的肢體內受苦，也不拔刀相助，祂說：「凡你們對我這些最小兄弟中的一個所做的，就是對我做的。」[27]我們只貪圖自己的享樂，將目光轉移，逃避這種景象，因為看了讓我們不自在：如此污穢，讓我們想到就要吐——我們從未停下來想想也許應該負起一部分責任。因此，住在充滿罪惡酷行的邪惡廉價公寓中的人仍然死於飢餓與疾病，而屈尊考慮這些問題的人在下城的豪華旅館中設宴討論「種族處境」全是空談、唱高調。

她說，如果天主教徒能以應有的態度面對哈林區的問題，以信仰的眼光看待，就當成是愛基督的一種挑戰，考驗自己是否有基督精神，那麼共產黨在那兒是無能為力的。

但是，相反地，哈林區裡共產黨陣容強大。他們勢力大是理所當然的，因為他們做的救濟工作都是基督徒應該做的；每當黑人勞工失去工作要挨餓時，共產黨員總是和他們分享自己那份食物，並在一旁替他們打抱不平。

當瀕臨死亡的黑人遭醫院拒收時，共產黨員便會出面找人照料，甚至進一步在大街小巷公開宣講這種不義之事。如果黑人家庭因無力繳交房租被驅逐，共產黨員也一定會親自替他們找到蔽身之處，甚至願意和他們分享自己的住處，大家看到都有口皆碑：「看啊，共產黨員才是真正愛窮人的！他們真正替我們做事！他們的話一定可信！沒有別人關心我們的利益，除了參加他們的陣容、他們的革命，我們沒有其他更好的路好走了……。」

天主教有勞工政策嗎？教宗在通諭中談過上述問題嗎？共產黨員較普通天主教徒更了解這些通諭，這些赤色份子在公共集會時公開討論分析《新事通諭》（*Rerum Novarum*）[28]和《四十年通諭》（*Quadrigesimo Anno*）[29]，並向他們的聽眾呼籲：「現在讓我們問問你們，天主教徒都遵照通諭行事嗎？你們曾見過這兒哪個天主教徒替你們做了什麼？當這間和那間公司停工、千百名黑人勞工無法工作時，這些天主教文件是替誰撐腰？你們知道天主教會只是資本主義的幌子嗎？他們關於窮人的言論都只是偽善。他們關心窮人什麼？什麼時候替你們盡力了？哈林區神父甚至到外區雇用白人來油漆他們的教堂！你們難道不知道天主教徒躲在你們背後嘲笑你們，同時把你們住廉價公寓繳交的房租放入自己的腰包？」

男爵夫人是俄羅斯人，十月革命時她還年輕，親眼見到自己半家子人被槍殺，看到神父中了紅軍的子彈倒下，不得不逃出俄羅斯，就如電影描繪的一樣，但是其間的辛酸是影片不會顯示的，也沒有電影特別擅長呈現的魅力。

她身無分文地飄流到紐約，先在洗衣房工作。由於自小接受天主教的教養，這些遭遇不但沒有摧毀她的信仰，反而讓她的信仰更強烈、更深刻，最後聖神在她的靈魂中植入如磐石般堅定的精神。她對天主有絕對的信心，我從未見過像她這樣在信心中流露鎮靜、有把握、安詳氣質的人。

男爵夫人在各方面都可用「大」來形容。她不但體型龐大，更因為聖神一直居住在她之內、在她所做的每件事中推動她，所以顯得偉大。

27 審訂者註：參見〈瑪竇福音〉第二十五章第四十節。
28 譯註：教宗良十三世於一八九一年頒布的勞工問題通諭。
29 譯註：教宗碧岳十一世為紀念教宗良十三世頒布《新事通諭》四十週年頒布的紀念性通諭。

在第十四街附近的洗衣房工作期間，當她和一起工作的女孩坐在路邊磚石上吃午餐時，突然醒悟到自己獨特的聖召，得到成為宗徒的召喚；這召喚並不新，而是和最早期基督徒得到的傳統召喚一樣：要她成為在俗的女宗徒，生活在工人當中，自己就是個窮工人。她是和大家親身接觸的宗徒，是以言語、尤其以身教傳教的宗徒。她應該沒有任何特別之處，不帶修會的色彩，沒有特別的會規，從不穿顯眼的會服，只要貧窮就可加入她的陣容——這件事倒不是自己挑選的，因為他們本來就窮——但是不管如何悲慘動盪、生活如何呆板枯澀，他們仍欣然接受自己的貧苦，過著無產階級的生活，在貧民區居住、工作，消失在被遺忘忽略的無名群眾中，唯一的目的是要在那環境中度過完整統一的基督徒生活：愛他們周遭的人，替周遭的人犧牲自己；最主要是藉著修成聖德，藉生活上和祂合一，藉充滿祂的聖神、祂的愛德，去傳播福音與基督的真理。

她在大廳對著修女和神職人員談論這些話題時，他們無法不深受感動，因為他們聽到的內容——實在太顯而易見了——都是方濟會的理想，是方濟會貧窮使徒工作的純正精神所在，只不過她沒有發小兄弟會的聖願罷了。同時，大多數在場聆聽者都心裡有數，也都有勇氣承認這個事實，看得出她在某方面是比他們好得多的方濟會士。其實她是屬於第三會的，這點讓我對自己佩帶的長方形布塊引以為傲；這布塊隱藏在我的襯衫下，它提醒我這個東西並非完全沒有意義，也並非完全無望！

男爵夫人就這麼去了哈林。從地鐵車站出來，拿著打字機，還有幾塊錢，包包裡有幾件衣服。當她到出租大樓找房間住時，那人告訴她：「太太，你不會想住在這兒吧！」

「嗯，沒錯。」她說。她又加了一句解釋：「我是俄羅斯人。」

「俄羅斯人！」那男人說：「那又不同了，請快進來。」

換言之，他以為她是共產黨員……。

那就是「友誼之屋」（Friendship House）的起源，目前他們擁有第一三五街兩邊的四、五家店面，設有圖書館、娛樂室、衣物室。男爵夫人有她自己的公寓，長住下來的助手也在第一三五街有個住處，在哈林區和她一起的女人比男人多。

會議結束時，男爵夫人回答了所有常見的質疑，例如：「如果有個黑人想要娶妳的姊妹、甚至想要娶妳，妳會怎麼做？」我上前和她談，次日在圖書館前又碰到她，我臂彎裡抱了一滿懷書，正要去教授但丁的《神曲》。我只有這兩次機會和她說話，但是我問了她：

「這裡全部結束後，我可以到友誼之屋和妳一起做點事嗎？」

「當然了，」她說：「來呀！」

但是，看到我雙手抱滿了那些書，也許她不敢相信我。

II

八月中一個悶熱的下雨天，一出了地鐵車站，就進入哈林區的暑氣中。路上行人不多，我沿著街道走，途中看到一兩間店鋪標示著「友誼之屋」、「聖瑪爾定．波里斯中心」或這類有巨型藍字的店名，似乎沒人在。

最大的一間店便是圖書館所在地，我看到五、六個年輕黑人，有男孩也有女孩，像是高中學生，圍桌而坐。有幾個人戴著眼鏡，他們好像正有條理地進行學術討論，因為我走進去時他們有點發窘。我問他們男爵夫人在不在，他們說她去了下城，因為那天是她的生日。我問他們我該見誰，他們便告訴我應該見瑪麗．爵賓，她就在附近，如果我願意等待，也許幾分鐘內就會前來。

於是我站在那兒從書架上取出布魯諾神父（Father Bruno）所寫的《聖十字若望傳》（*Life of St. John of the Cross*），看著裡頭的插圖。

那幾個年輕黑人想要繼續討論，但是未能成功，我這個陌生人讓他們緊張，女孩中的其中一位開口說了三、四個抽象字眼就說不下去了，開始格格傻笑。另外一位女孩開口說：「對，難道你不認為……」但是這個嚴肅的問題也急轉成窘迫的竊笑，年輕男孩中的一位說了一段話，用詞艱深，大家更是笑成一團。我轉過身去，也開始一起笑，於是整件事成為一場滑稽戲。

他們開始用誇張的字眼，因為覺得好玩。他們發表最無聊、最呆板的意見，再譏笑這些說法，笑自己口中竟然會說出這種話。但是不久他們就平靜下來了，這時瑪麗．爵賓來到，她做我的導遊，介紹友誼之屋各個不同的部門，並解釋各部門的功能給我聽。

看到那些年輕黑人發窘，我腦海中出現了一幅哈林區的畫面，畫面的細節日後才能填入，但是基本要素已經在那兒了。

在這龐大、黑暗、熱氣騰騰的貧民區，成千上萬的黑人像牛羊般被關在一起，沒得吃，沒事幹。一個情緒鮮明、感情反應深刻的種族，其理性、想像、感性、情感、憂傷、渴望、希望、認知，均被強行推入心底，被鐵環般的挫折感束縛住，被銅牆鐵壁般的偏見團團圍住。在這個大鍋中，無價的天賦、智慧、愛、音樂、科學、詩歌遭受踐踏，落得和腐敗的渣滓一起下鍋煎熬的下場；千萬靈魂被罪惡、苦難、墮落所毀滅，全軍覆沒，他們的名字從活人名單中消失，喪失了人性尊嚴。

哈林，你這黑暗的熔爐還有什麼沒被大麻菸、杜松子酒、神經錯亂、歇斯底里、梅毒吞噬？是那些勉力游到沸鍋頂上、憑藉精神力量或其他因素尚能在鍋子表面停留的人，或是能夠遠離哈林區、有機會讀大學受教育的人；他們幸而免遭淘汰，卻也只得到曖昧不明的特權，活出哈林區僅有的理想。他們只得到一項可悲的任務，就是去思考、模仿白人世界中被稱為文化的玩意兒。

最令人驚心的矛盾問題是：哈林區自身及區裡的每個黑人，都是對我們所謂「文化」的活生生控訴。哈林區是上天對紐約城和居住在下城的賺錢者提出的起訴書，它的妓院、妓女、販毒網和其他各種罪惡就是公園大道那些文明離婚和多種高級通姦的寫照，這就是天主對我們社會整體的詮釋。

哈林區在某方面就像是天主對好萊塢所做的解釋，而好萊塢就是哈林區在絕望中唯一的浮木，天國被好萊塢取代了。

最可怕的是，哈林區的每個黑人在天性深處都知道，白人文化根本連哈林區水溝中的泥巴都還不如。他們察覺到白人文化是腐敗、濫竽充數的，既矯情又空虛，是虛無的寫照；但是他們卻註定要伸手乞求，假裝渴望、喜歡白人文化。整件事就是一個宇宙性的陰謀苦果：他們似乎被迫讓這種悲慘生活的實相在自己的生活中清晰地重演一次，而這種悲慘生活已經敗壞了白人生存的本體論根源。

哈林區的幼童像沙丁魚般住在充滿惡行的廉價公寓裡，隨時可看到發生在眼前的罪惡，躲也躲不掉，六、七歲不到就已經對濫情及變態心理一清二楚：這就是對有錢人文雅、昂貴、鬼祟的感官享受與貪欲所提出的控訴，這可憎的貧民區是富人造孽的結果；這種結果不但貌似原因，甚至更將原因放大了，哈林區就是那些始作俑者的寫照。在有錢、有文化、受過教育的白人家庭臥房或公寓裡，有些事只能私下聽到，但是在哈林區則會被公然宣講，無論多麼可怕的事都如實呈現，就像是從天主眼中看到的那麼赤裸恐怖。

對的，每一個黑人都從骨子裡明白，白人文化連倒入哈林河的廢物都不如。

那晚我又回到哈林區，因為瑪麗．爵竇要我回來和他們一起用餐，順便替男爵夫人慶生，我們觀賞了幾個黑人孩子在「幼獅」團康室的演出。

那晚的經驗真讓我感動心碎。家長全體出席，坐在板凳上看到自己的孩子居然在台上演戲，感情衝動之下，喉嚨真的梗塞住了。但這還不是讓我感動的原因，就如我所說，家長知道這齣戲算不了什麼，白人的戲都沒什麼價值，他們對這齣戲本身並無多大興趣，反而是戲外有些深刻、美好、確切、真實的東西令他們震撼。他們感謝的是這種微小的愛的象徵，因為至少有人做了個姿態，說道：「我知道這種玩意兒不會帶給大家快樂，只是想表示：『我希望你快樂。』」

這種奧妙、溫暖、自然的人們相愛的事實還摻雜著基督的愛德，簡直神聖得誇張，與之成為對比的則是那齣戲的愚蠢性。某位常替業餘演員寫獨幕劇的天才竟然異想天開，讓亞瑟王和他的武士穿著現代時裝出入鄉間俱樂部。

我告訴你，看黑人小孩在貧民區演出這齣機智的短劇，整得我幾乎早生華髮。這位無名氏劇作家以二十世紀中產階級文化的名義說：「這裡頭是令人快活的。」天主則藉那些黑人幼童的口、眼、動作，借重他們對劇中笑話及情節的完全無知，做了答覆：「我對你的小聰明有以下的看法。在我眼裡，你的行為真是可憎。我不認識你，我不認識你的社會；對我而言，你已死了，就像地獄一般死定了。我認識並且愛這些黑人幼童；但是我不認識你們，你們是被詛咒的一群。」

兩、三個夜晚之後，在教區本堂大廳由年紀較大的孩子又演出一齣戲，結果還是那些老套，戲中描繪的是富人享受人生的情節，表演者是可憐不幸的黑人青少年，他們根本無從了解如此空虛、愚蠢或奢侈的好時光。他們那麼熱誠、開心地想從這卑劣的作品中挖掘出一些有價值的東西，卻反而強烈地替劇作者及其靈感定了罪，你會覺得連哈林區的黑人都有資格教訓住在薩頓街的有錢人，教他們如何不需努力便能得到快樂；由此更可見，當他們模仿統治階級時，不啻提出了嚴厲的起訴書。

面對哈林區內部如此嚴重的矛盾，如果男爵夫人別無其他錦囊妙計，我想友誼之屋不到三天必定關門大吉。她夾在這艱鉅問題的利齒隙縫中，生存的秘訣在於她依靠的不是脆弱的人性，不是演戲、聚會、演講、會議，而是天主，是基督，是聖神。

男爵夫人順從聖召的引導親自來到哈林區，為了天主定居下來。天主引領她迅速和別人取得聯絡，那些人就是祂在這敵人大本營中的秘密警察：祂派遣的這些聖人不是用來聖化、潔淨哈林區，而是整個紐約城。

這座高樓林立的美好城市的血管被錢塞得幾乎爆裂，滿腦子都是關於文化與進步的新樂觀哲學，使自己瀕臨崩潰。到世界末日那天，當城裡的公民發現憤怒的天主沒有用硫磺和雷擊將他們從地表一筆勾銷該歸功於誰時，一定會很驚訝。

和友誼之屋的工作人員住在一起的有一個年邁的黑人，消瘦、沉默，看來總是精疲力竭，她得了不治的癌症。我只見過她一、兩次，但是常聽到大家在談論她，人人都說她曾見到聖母顯現。我不懂這種事，不過假如聖母是循她的慣例行事，那麼我推測她應該優先顯現在哈林區，或只是顯現在哈林區，再不然就顯現在阿拉巴馬州佃農的木屋或賓州的礦工棚等地點。

我只和她說過一次話，藉機好好端詳了她一番，原來哈林區的秘密完全掌握在她手中，她知道如何走出迷宮。對她來說，矛盾已經不存在了，她不再在那個大鍋裡浮沉，即使肉身偶然在那兒出現也不算數，因為大鍋的觀念幾乎全屬道德層次。我和她交談時，看到她疲倦、安寧、虔誠的面容蘊藏著殉道者的忍耐和喜樂，流露出清澈難掩的聖潔。她和其他女天主教徒坐在大樓門前階梯旁的椅子上，薄暮中的街道還算陰涼，處在擾攘失落的人群中，她們這群人散發出安詳、凱旋的感覺，讓路人非常驚訝。那些黑人眼裡充滿了信仰，這種和平多麼深沉、奧秘、光明啊！

在圖書館看到那些男孩女孩後，我對哈林區的問題有了進一步認識。現在，就在圖書館對面，我找到解決問題的答案了。解決之道無他，且不勞遠找，就是信仰與聖德。

假如男爵夫人的目的只是在製造機會，那就讓這些孩子演戲，讓他們有個地方去，不至於在街上鬼混，又可遠離路上的貨車卡車。但是她有辦法在周圍召集一群類似這些有聖德的女人，並且在她的組織裡以同樣方式培養有聖德的人，白人黑人不拘，如此不但可以達成宿願，甚至可以藉著天主的恩寵讓整個哈林區因此改觀。她的面前雖然盡是穀物粗粉，手中倒還略有一些酵母。我們都知道基督做事的手法，無論事情從人性觀點看來多麼無望，也許哪天早上起床就會發現麵粉全都發酵了。借重聖人是不會錯的！

至於我自己，我知道到那裡對我有好處，有兩、三個星期我每天晚上都來，在公寓中和這群孩子一起用餐，餐後一起誦唸夜課經——用的是英語，在狹窄的房間內排成兩個唱經班。這是他們唯一和宗教沾上邊的時候，其實並非正式的合唱團，純粹家庭風味。

在此之後有兩、三個小時我盡心工作，美其名為「照顧幼獅」。我留在權充遊戲室的商店裡，彈點鋼琴，一半自娛、一半隨興，試圖以精神感召來維持秩序，防止真正天下大亂；他們要是真的打起來，我自知是應付不來的。幸好大致相安無事，他們打乒乓球、玩大富翁，我替一個小傢伙畫了一張童貞聖母像。

「那是誰？」他說。

「是我們的聖母。」

他的表情立刻改變了，顯露出一種狂熱、強烈的虔誠，如此單純讓我驚訝。他喃喃說著：「聖母……聖母。」然後就抓起圖畫跑到街上去了。

過完八月接著就是勞工節，男爵夫人必須去加拿大，我也離開哈林區第二次到嚴規熙篤隱修院做避靜，這是自從春天離開革責瑪尼後一直答應自己要做的事。然而，時間和財力都不容許我去加拿大，於是我改去羅德島州，在普洛維登斯（Providence）郊外的山谷聖母隱修院做避靜；先前我曾寫信去，已經收到回信，要我在勞工節後的那天就去。

勞工節前的星期六，我和費禮德古德開車經過哈林區，對友誼之屋的懷念油然而生，有點類似我對革責瑪尼的感覺。我再一次被擲回世俗，獨自處於俗世的混亂徒勞中，無緣接觸、目睹在此流放之地由某些人集結而成的天國秘密小聚落。

不，我絕不能接受。還不夠明白嗎？我多麼需要這種支持，需要接近那些真正愛基督、愛祂愛到可以見到祂的人。我需要和那些人在一起，他們的一舉一動都指出那個國度就是我的家；就像流落外鄉者總是喜歡聚集一堂，只想提醒彼此，看著彼此的容顏、表情、衣著、步法，聽到鄉音就能想到自己的家鄉。

我打算在去隱修院之前，和全國老少一樣度個勞工節週末。想要休閒消遙一下，至少這件事本身是相當合情合理的，但是天主為了要我記住自己還處於流放期，不願讓我這個純屬自娛的計畫完全成功。

我依照老方法計畫我的週末：首先，決定要去的地方、要做的事。為了休閒娛樂，我計畫到長島尾端的格林波特（Greenport）找個安靜的地點，花幾天時間讀書、寫作、祈禱、默想、游泳，然後乘坐新倫敦渡輪越過海峽到普洛維登斯和山谷聖母院。賴克斯如能及時在週六下午離開《紐約客》辦公室，也會去格林波特，但是他不太有把握。

我打了電話給費禮德古德，他說：「我開車送你去格林波特。」

得知他確實誠心誠意之後，我去了長堤。

費禮德古德在車站等待，他的好幾位朋友和同事也在。他和長堤那些人曾經展開某種企業計畫，想要把整個鎮變成一個希臘城邦——伯理克利斯（Pericles）。我們坐上車就上路了。才開了三條街就停下來，大家都從車裡出來，他說：「我們在這家餐館吃頓飯。」

我們胡亂扒了幾口難吃的飯菜，又回到車內。

就像我預料的，費禮德古德將車子掉頭，不往格林波特方向，卻朝他家開。

「我忘記帶相機了。」他解釋。他一直都沒有相機。

那天下午搭乘費禮德古德的帆船在海灣裡玩，船在沙洲上擱淺。後來費禮德古德教我幾招柔道，是他在百老匯大道的體育館學到的。他認為，若是被調去服役，在戰場上說不定會派上用場：可以讓日本兵驚奇一下。

次日我們出發前往康乃狄格州，因此會路過哈林區。

費禮德古德原本想在格林威治村找到他太太，送她去新哈芬（New Haven），她當時在那兒的夏日劇場演戲。他並未在格林威治村找到他太太，但是他們倆在七十街某處私下爭執很久後，她決定那天下午不去康乃狄格州了。這時我想溜去火車總站搭火車，隨便去哪兒都行，只要能找個和格林波特那兒類似的安靜房間就好。

（雖然我無從知道，就在那個時刻，賴克斯已經去了格林波特，他四處找我，每家旅館、各個寄宿的地方都去了，還去了天主教堂。）

夜深了，費禮德古德和我在波士頓郵報路上碰到塞車，我們以戰爭為題爭執不休。

他一直載我到老萊畝（Old Lyme），越走越暗，看到什麼都讓我一肚子氣。我的勞工節週末美夢一項都沒有實現。

近子夜時，我才來到新哈芬一家不乾不淨的小旅館，放下箱子，將那天的日課讀完。費禮德古德已經沉默緊張地駕車消失在黑暗中，他到那時還以為他太太會搭乘火車來到新哈芬。

就我所知，原先計畫是她會去夏日劇院拿回一些縫紉、編織的雜物，他們原本準備當天開車回紐約。

「看啊！」上智的天主說：「你看，你生於斯的人世間是何種光景，人的精打細算有何種結局。」

在那明朗的星期二早晨，天色蔚藍，我按了山谷聖母院的門鈴，一踏入那深沉的靜穆中，宛如走入天堂。

跪在講壇上，陽光從窗口透入，傾洩在那不知是否因無血跡而顯得有點怪的大耶穌受難像上；在會士的誦經聲中，我的心又回到天主我的家，那些莊嚴的意念、輕快的旋律讓我內心平安。我依靠自己努力，或毋寧說是被帶進了認真、實在而成功的避靜中，收穫超過我的預料。得到的雖然不是那種偉大、負荷不起的慰藉與光照，也不是那種在革責瑪尼幾乎覆沒我的安慰，但是週末再次出靜時，我覺得已得到了滋養和支援，不知不覺中信仰更加堅定、更有深度了。

因為我從哈林區經驗了另一種聖召的困擾，不是嗎？在以聖母誕生瞻禮日告終的八天裡，我將自己的困擾理出了眉目。假如我打算過世俗的生活，首要之務該是寫作，其次是教書；像友誼之屋這一類事情應該居於這兩項之後，因此在得到進一步明確光照之前，我應該留在聖文德。難道我還擔心或下意識地盼望著入嚴規熙篤隱修院之事在此又會成為炙手的議題？沒這回事。聖召之事仍然處於沒有動靜、模稜兩可的狀態，被拋棄在我的心智無法衡量的角落裡；我在暗中思索，被無底的疑慮蒙蔽。在山谷聖母院裡，唯一確知的就是我對熙篤會士的生活仍然懷抱著不可言喻的敬意，但是並沒有特別想入該會的願望。

於是我再次回到世俗。前往新哈芬的火車飛快地駛過工業城鎮，沿著鐵軌左邊的是偶爾閃過的一片碧水、淺色沙、灰色草。我讀了《紐約客》中的一篇文章，談的是一個男孩沒當成神父、戀愛、結婚或諸如此類的事。世俗的空虛與徒勞再次從四面八方侵來，但是這次並未造成騷擾，也沒有帶來不快。

我心裡還算明白，即使我留在世俗中，也不必勉強自己非參與一份不可。我不必屬於世俗，也不必因為必須和它接觸而有所遺憾，而且不一定就要受其嚴重污染。

III

回到聖文德之後，他們給我樓中朝北的房間，可以看到太陽照耀在綠色山坡上的高爾夫球場。整天聽到的是奧利安貨櫃車場中火車彼此呼應和鈴鐺的聲音：流放之音宣報旅程。不知不覺地，我逐步做更嚴謹的計畫，重整我的生活方式。清晨起身較早，黎明時分讀小日課；如果白晝縮短，則在黎明前就開始，作為望彌撒領聖體的準備。再加上每早騰出三刻鐘做默禱，閱讀許多靈修讀物——聖人傳記——如聖女貞德、聖若望．鮑思高（St. John Bosco）、聖本篤等人的傳記，並重讀聖十字若望的《攀登加爾默羅山》（*Ascent of Mount Carmel*）和《兩種心靈的黑夜》（*Dark Night*）的前面一部分，這次總算真的讀懂了。

那年十月我領受了一項恩寵，這項大禮讓我發現「小白花」的確是一位聖人，而不僅是多愁善感的老女人心中沉默虔誠的小洋娃娃。她不但是一位聖人，還是一位偉大的聖人，是最偉大的之一：偉大極了！忽視她的偉大如是之久，我真的該公開致歉、做補償：需要寫一整本書才能夠發揮，在此只能發表幾行，略表心意。

發現新聖人真是一件賞心樂事，因為天主的奇妙藉著祂的每一位聖人得到顯揚：沒有兩位聖人是相同的，他們又都像天主，各以自己獨特的方式肖似天主。其實亞當若沒有墮落，全人類就會展現一系列各自迥然不同而美妙的天主形象，億萬人中的每個人都將以驚人的新奇方式顯耀祂的光榮與完美，閃耀著自己的聖德光芒；每個人的聖德都是從永恆就註定屬於那人，是本性人格所能達到最完整、最不可思議的完美超性境界。

自從人類違命之後，這個計畫便因此無法在億萬靈魂中實現，億萬人原本光榮的命運受到挫折，人格受到摧毀，萬劫不復，埋沒在敗壞中。儘管如此，天主卻替那些被邪惡混亂扭曲半毀的靈魂重造祂的形象；和周遭的環境條件對比之下，祂的明智和愛的功夫更顯出非凡之美，祂並未不屑在此環境中工作。

不論是以前和以後我都不會失望的是：處處可以找到聖人，在悲慘、可憐、受苦的哈林區，在夏威夷毛洛開島（Molokai）達彌盎（Damian）神父的麻瘋病人區，在聖若望．鮑思高的杜林（Turin）貧民區，在聖方濟時代的恩布里亞（Umbria）路上，或在十二世紀隱密的熙篤會院，在嘉都西大修道院，在底貝德（Thebaid）[30]或在聖熱羅尼莫的山洞（獅子看守他的圖書室），在使徒西滿（Simon）的柱子，到處都可以找到聖人。這個道理顯而易見：在需要大英雄的時代及處境中，就會產生強烈有力的反應。

完全出乎我意料之外的是，在中產階級的乏味、奢靡、粉飾、醜陋、平庸之中，竟然出了一位聖人，她就是加爾默羅會的耶穌聖嬰德蘭（Thérèse of the Child Jesus）；然而，在她進入修會時，她的天性是經過十九世紀末法國中產階級背景和心態塑造、改裝過的，再也沒有較此更自滿、更頑固的天性了。匪夷所思的是，恩寵竟然可以穿透中產階級自鳴得意的堅韌厚皮，在那表層之下，恩寵竟然真的控制了不朽的靈魂。我心想，這種人充其量只能當個無害的自命不凡者，至於有大聖德？絕不可能！

其實，存有這種想法對天主、對我的鄰人都是一種罪過，低估這一類人是對恩寵權能的褻瀆，是極無愛心地對一整個階層下了定論，所根據的是概括、空泛、不清楚的基礎：將理論性的大概念應用在不巧落入那個分類的人身上！

我之所以開始對聖女小德蘭（St. Thérèse of Lisieux）有興趣，是因為讀了葛翁（Ghéon）描寫她的書，那本書寫得非常合情合理——算我運氣好。如果不巧我閱讀的是市面上流行的其他有關小白花的書籍，我靈性中虔誠的微弱火花可能早就熄滅了。

然而，當我稍稍認識了聖女小德蘭的真正個性與靈性修養後，便立刻被強烈吸引——這種吸引就是恩寵的功勞，正如我所說的，帶領我一步登天跨越了千種心理障礙與厭惡。

讓我覺得最非凡的是，她的成聖並非因為她遺棄了中產階級，她並不放棄、藐視、咒罵孕育她成長的中產階級；相反地，她有多盡力做好身為加爾默羅會修女的本分，就有多緊握她的階級身分。她保存了一整套中產階級的教養，卻不會和她的聖召格格不入；例如她眷念一間名叫「百霜籟」的有趣別墅，會買一些非常天真甜美的藝術品，欣賞糖做的天使、聖人和綿羊嬉戲的粉臘

30 譯註：底比斯古都地區。

筆畫，喜歡柔軟、毛茸茸的東西，讓我這種人看了直起雞皮疙瘩。她還寫了許多詩，不論用情多麼可佩，所模仿的詩格卻都是最庸俗的。

她一定無法理解別人竟然會認為這些事物醜陋奇怪，甚至從未想到也許該放棄、憎惡、詛咒它們，或是列為嫌惡之物而埋葬之。她不但成為聖人，而且是教會近三百年來最偉大的聖人；就某些方面而言，她甚至超越了她的修會中其他兩位偉大改革家——聖十字若望和聖女大德蘭。

這個發現無疑是我有生以來遭受到的最大、也最有益的屈辱。對於十九世紀中產階級那種自鳴得意，我的態度並沒有改變：天啊，千萬不能改變！醜得噁心的事物就是醜，沒有別的話可說。我並未讚美那古怪的文化，但是我必須承認的是，涉及聖德時，外在的醜陋可以全然無關；更進一步地說，就像世間其他有形的邪惡一樣，外在的醜陋可以歪打誤撞地成為靈性豐碩進展的條件或次要原因。

找到一位新聖人真是難得，更不凡的是這完全不像影迷迷上一個新影星，有了新偶像又有什麼用？最多只能盯著照片看，看到頭昏為止，如此而已。聖人卻不是靜止的默觀對象，他們可以與我們為友，分享回報我們的友誼；經由他們，我們可以得到恩寵，那就是他們給予我們的不容懷疑的愛之標記。如今我在天上有了這麼一位有力的新朋友，這段友誼無疑將會對我的生命產生作用。

聖女小德蘭替我做的第一件事便是監護我弟弟，我急於將他託付給她，因為他本性難移，迅雷不及掩耳地過境進入加拿大，來信告知我們他已加入加拿大皇家空軍。

此舉並未讓眾人特別吃驚。在他快被徵召入伍時，大家已漸漸明白他並不在乎去哪裡，只要不當陸軍就行了。最後，就在他快被徵召時，他去了加拿大，自願成為空軍的一份子。事實上加拿大已經參戰很久了，英國急需人手，飛行員很快就會有任務，顯而易見地，約翰保羅長期作戰後能活著回來的希望很渺茫，我想他是唯一一個置此不顧的人；就我的了解，他參加空軍是覺得駕駛轟炸機並不比開車危險。

所以，現在他在多倫多附近某處。他在信中含糊表示，希望軍方能因為他是攝影師而指派他做觀察員，到被炸過的城市擔任攝影、製作地圖等任務；不過，他在地面上也有沿著高鐵絲網做哨兵的職責，我派遣小白花守望他，她果然非常盡責。

但是不到兩個月，我自己的生活也顯示出她介入的痕跡。

十月時，我寫了幾封長信給仍在加拿大的男爵夫人，信中問了許多問題——她回答的信件也一樣長，生動活潑、通情達理、自成一格。她的信很有助益，給我的鼓勵明確有力：「繼續吧，你走的路是正確的，繼續寫作。愛天主，多向祂祈禱……你站起來了，在追尋祂的路程上邁出了一步，你已步上會帶領你變賣一切、換取那寶貴珍珠的道路。」

賣掉一切！九月時我並不怎麼在乎這件事，只是擱置一旁，抱著等著瞧的心理看看會如何發展。現在事情似乎有點蠢蠢欲動。

這陣子我常獨自進入聖堂，坐在簡樸的橫樑下，注視著那無言的聖體櫃，感到內心有什麼要對我訴說。這是一種來自內心更深處的衝動，表現出更深層的需要，卻不是伸手擷取外在實利、來自欲求之愛的行動——就算是理智的，來自欲求的舉動仍然和可見、可感覺、可享受的好處有關聯：一種生命的形式，一種宗教性的存在，一種習慣，一種會規。這種渴望和想看到自己穿上這種或那種袍子、罩袍、修士肩衣的渴望不同，也和要用何種方式祈禱、在此處就讀、在彼處講道、入此會或彼會的渴望不同。

我不再需要得到什麼，只需付出；然而，日復一日我越來越覺得自己就像那名有許多財物的年輕人，他來到基督面前詢問永生之道，自稱已遵守十誡的誡命。他問：「你還要我做什麼？」基督是否對我說過：「你去，把你所有的一切變賣了，施捨給窮人，再來跟隨我。」[31]

白晝漸短，天色更黯淡了，雲層呈鐵灰色，就像要下初雪，我覺得那就是祂對我提出的要求。

我倒不是擁有許多產業的人。凡是在聖文德任職者都有教授的頭銜，因為有了這個頭銜多少可以補償我們薪資的不足；我的薪資足夠促使我實踐福音。

我腦海中出現的第一個念頭，便是紐約一家銀行裡還有外祖父留給我的一筆錢，也許那筆錢該送給窮人。

我再也想不出別的了。我決定做一個九日敬禮，祈求知道如何走下一步的恩寵。

做九日敬禮的第三天，方濟小兄弟之一的胡伯特神父說：「男爵夫人要從加拿大來，你要一起開車去水牛城接她嗎？」過中午不久，我們便開車往北前進，駛上斜往亞利加尼方向的眾平行山谷之一。

男爵夫人下了火車，我第一次見到她戴著一頂帽子，但是印象最深刻的是她對那些神父產生的作用。原先我們坐在車站中無所事事地因為世事發牢騷，現在他們卻精神百倍、興致很高地傾聽她說出的每一個字。我們在餐館進餐時，男爵夫人話鋒涉及神父生活、靈修生活和感謝之道，她談到聖經裡十個痲瘋病人的故事，其中只有一個痊癒後回來向基督致謝。我認為她的確一針見血，忽然注意到她的話像晴天霹靂，其中兩位神父吃了一驚。

我這才恍然大悟她正在向他們傳道。她蒞臨聖文德，就是對他們、修生和聽到她說話的人傳道，或是給他們做避靜。以前我還不知道這也是她的天職：神父和修道者間接成為她的傳教對象，就像哈林區一般重要。這多麼了不起，是聖神的效率！當天主的神聖找到一個能在其內工作的靈魂，便會多方應用這個靈魂：在它眼前指出百條新方向，給這位宗徒的多種工作和機會遠遠超過普通人能勝任的範圍，真是令人難以置信。

這名女人最開始不過是想要做些不太起眼的事，想要幫幫哈林區的窮人一點小忙；想不到還沒起步，她就已經從四面八方吸引到許多靈魂朝向她，在神父、神職人員和修道人士中，她是一名非正式的宗徒。

她可以給他們哪些他們欠缺的東西呢？其中之一便是她充滿了天主的愛，而她所做的祈禱與犧牲、完全無條件的貧窮，使得她的靈魂充滿了那兩位方濟小兄弟平日在枯燥、傳統、學術性的避靜中遍尋不著的東西。我看出他們受到發自她內在恩寵的偉大精神感召，這種活力帶來真實持久的激勵；藉著她的鼓勵，他們的靈魂得以和天主——活生生的真實——接觸，那種實體、那種接觸，就是我們大家都需要的：早已被頒布、我們應該藉以到達的那條途徑，便是我們要聽到彼此談論天主。「信仰是出於報道」[32]，天主使不是神父的聖人出現向神父傳道，並不是什麼新奇

31 審訂者註：參見〈馬爾谷福音〉第十章第十七至二十一節。
32 審訂者註：參見〈羅馬書〉第十章第十七節。

的事，和男爵夫人同名的謝納的聖加大利納（Catherine of Siena）可以見證。

但是現在，她也有話對我說。

大家在車裡坐定，在發亮潮濕的公路上往南行駛時就輪到我了。

坐在前座的男爵夫人停止和大家談話，轉頭對著我說：

「那麼，你什麼時候到哈林區住下來？」

這個問題來得如此單刀直入，讓我為之一驚。儘管如此突然，我驚覺這似乎就是我的答案，也許就是我祈禱希望得到的回答。

但是未免太突然了，我招架不及，不知如何作答。我開始扯到寫作，說是否去哈林區必須看我到了那兒能寫多少。

那兩位神父立刻加入談話，告訴我不該開條件、找漏洞。

「你讓她替你全權決定。」胡伯特神父說。

看來我是要去哈林區了，至少目前看來如此。

男爵夫人說：「多瑪斯，你是不是想當神父？寫信問我那些問題的人通常都想當神父⋯⋯。」

她的話觸動了我的舊傷口，但是我說：「噢，不是，我沒有成為司鐸的聖召。」

當談話轉向時，我不再聽了，我繼續思考剛才說了什麼，很快就清楚知道去哈林區就是最合情合理的事。我並未特別覺得那就是我的聖召，但是從另一方面來說，我已確定聖文德對我的靈修生活不再有貢獻，我不再屬於那個地方。那是一個太平淡、太安定、太受到保護的地方，對我不具任何挑戰，沒有提供特定的十字架；在那兒，我自己管自己，意志力完全屬於自己，天主交給我的由我完全控制，再交還天主。無論我多麼貧窮，只要留在那兒，便什麼都沒有放棄；即使放棄，也放棄得很少。

至少我可以去哈林區，和那些人一起住在公寓裡，日復一日，天主給我們什麼，我們就靠它維持生活，將自己的生命獻給生病、挨餓、瀕臨死亡、一向赤貧且以後也不會有產業的人，以及被逐出社會、受到種族歧視的人。假如那個地方是我的歸宿，天主會很快讓我知道，讓我清清楚楚地知道。

抵達聖文德時，我在微弱的光線中看到英文系系主任站在修道院拱門下，我對男爵夫人說：「他就是我老闆，假如我要去哈林區，必須告訴他，好讓他下個學期雇用別人。」

次日我們定下確切的計畫。一月學期結束後，我就到友誼之屋居住，男爵夫人說我每天早上都會有足夠的時間寫作。

我到圖書館，在校長多瑪斯神父的房間裡告訴他我計畫要離校。

他的臉上突然皺紋畢露。

「哈林，」他緩慢地說：「哈林。」

他是個沉默的人，過了好一段時間才再次開口：「你也許太急於任事了。」

我說那似乎是我應該做的。

接著又是一長段沈默，他說：「你想過要成為神父嗎？」

多瑪斯神父是個睿智的人，因為他是修院院長，教過一代代神父，理當略知某人是否有司鐸的聖召。

但是我想：他不知道我的情況，我也沒有心情談論這件事，好不容易下了決心做出確切的決定，再重新挑起這個話題會把事情弄糟的。於是我說：

「喔，是的，我曾經想過，但是我不認為我有那種聖召。」

這些話讓我不快，但是當我聽到多瑪斯神父嘆道：「那麼好吧，你一定要的話，就去哈林區吧！」我立刻忘記了這些不快。

IV

從此，事情進展得很快。

感恩節前一天，我拋下了大一英文作文班的學生，讓他們自理課業，自己搭便車南下紐約。最初我還不能決定該去紐約還是華盛頓，我舅舅和舅媽都在首府，他們的公司正在那兒興建旅館。他們和當地人沒什麼來往，相當寂寞，一定會很高興見到我。

然而，我搭的便車不朝華盛頓去，卻可以將我帶往紐約。那是一部開往威爾斯維（Wellsville）的標準石油公司大型卡車，我們駛入豔陽高照的鄉野，十一月正是明媚的晚秋小陽春時節，田裡的莊稼已經收割，幾棟田間的紅穀倉非常耀眼，林子裡枝葉稀疏，整個世界卻色彩繽紛，白雲前簇後擁地飄過藍天。卡車輪胎轟隆隆地碾過路面，我在搖搖晃晃的駕駛室裡高高坐著，聽司機說沿途人家的故事。

我聽來的材料足以書寫兩打以前我想寫的小說，但此時我已志不在此，覺得這些題材都沒什麼可取之處。

我站在威爾斯維外緣的路邊，剛過了轉角的加油站，離伊利鐵路不遠。一輛滿載鋼軌的大卡車從我身旁駛過，幸好沒停下來讓我搭便車。後來我搭上另一輛車，往前開了五、六哩之後，接上一段很長的下坡路，最後再來個急轉彎，就會進入一個我忘了叫賈斯柏還是玖尼柏的村莊。我搭的車還在下山途中，司機就指著山腳處說：

「天哪，看那車子撞成什麼樣了！」

有一大群人在圍觀，他們正從卡車駕駛座上拖出兩個人。我從未見過壓得這麼扁的車座，整部卡車及車上載的鋼軌都堆疊在兩棟小房子間的空地上，那兩棟房子都有玻璃櫥窗，只要被卡車撞上，必定會倒下來壓在卡車上。

好玩的是，那兩個人都還活著……。

又開了一哩路，讓我搭便車的司機就下了大馬路，放我下來步行。這兒真是一片開闊的天地，山谷中原野綿延，鵪鶉從枯黃的草堆裡飛出，在下風處消失。我從口袋中拿出日課，替那兩位車禍餘生者唸了〈讚美天主〉（Te Deum）。

我已來到另一個可能還是叫賈斯柏或玖尼柏的小村莊。正值午餐時間，孩子們剛剛放學，我坐在一棟整潔白房子前的水泥台階上，抓緊時間開始唸晚禱經文，此時有一部老式大型車經過，車子又老又舊，但是蠟打得很亮。車主停下車讓我搭便車，裡面坐的是一位彬彬有禮的老先生和他的太太，他們正要去接在康乃爾大學讀大一的兒子回來過感恩節。車子開到阿迪森（Addison）鎮外時放慢了速度，他們指點我看一棟很漂亮的殖民時期古屋，並且說他們每次路過都不忘前來欣賞。那的確是一棟美麗的殖民時期古屋。

他們讓我在荷斯黑茲（Horsehead）下車，我胡亂吃了點東西，還吃了幾顆便宜的糖果，結果咬斷一顆牙齒。我一路沿著街道走，腦海中背誦這首歌謠：

貪吃奶糖，
咬斷奶牙。

其實我咬斷的並不是牙齒，而是牙醫裝上去的一塊東西。此時有一個生意人開著閃亮的歐茲摩比爾牌汽車經過，願意載我到奧威哥（Owego）。

到了奧威哥，我站在一座很長的鐵橋一端，對岸房屋的陽台看來都老得搖搖欲墜，讓我不免替住在裡面的人捏一把冷汗。這時開來一輛水箱噴出蒸氣的車子，在我身旁停下，打開車門。

車主說，他在敦克爾克（Dunkirk）的戰時工廠上大夜班，那是一間全天候作業的工廠。他說：「這輛車該報廢了。」

然而，他還要開到很遠的皮克啟（Peekskill）過感恩節。

我記得是在感恩節後一天的星期五看到范多倫的，那天是聖母奉獻日。我和范多倫在哥大教授俱樂部進午餐，他剛剛讀了我那年夏天寫的《我的日記：逃離納粹紀實》，認為可能會有他認識的人想出版此書，為此我特意約他見面，以為那將是當天談話的重點。

但是天意另有安排。

我們在樓下，站在存放衣帽和公事包的鐵架間穿大衣，一邊談著嚴規熙篤隱修院。范多倫問我：

「你想當神父的念頭如何了？還在動那個念頭嗎？」

我不置可否地聳聳肩。

「你知道，」他說：「我曾經和內行人談過你這件事，他說，若是別人說你沒有聖召，你就完全斷念，這可能表示你確實沒有聖召。」

最近幾天，我完全沒有料到這種利箭般的話竟然連續三次向我射來，這次尤其深中我的要害。范多倫此說的思維方式迫使我不得不全盤調整自己的想法，假如他的話屬實，那麼我對整個聖召問題就該採取全新的態度。

我一向非常知足地逢人便說自己沒有聖召，但是心中當然一直在做各種調整，將自己所做的聲明團團圍住。現在忽然有人告訴我：「假如你繼續找尋各式各樣的藉口，也許終將喪失這個你明知自己擁有的恩賜……。」

我明明知道自己擁有恩賜？我怎麼會知道這種事？

一想到我也許根本沒有受到聖召、過修道生活的命，抗拒這種想法的心理就油然而生；由於我強烈反抗，心裡頓時豁然開朗。

最震撼的是這種挑戰竟然來自范多倫，他又不是天主教徒，誰能料到他竟從內行人身上得到了有關聖召的訊息！

我對他說：「我想天意如此，所以你才會在今天這樣告訴我。」范多倫有同感，他也很欣慰。

我在第一一六街街角的法學院旁向他告別時說：

「如果有朝一日我入了修道院，必定會成為嚴規熙篤隱修士。」

我不覺得這應該影響我去哈林區的決定。如果事實證明我不屬於哈林區，到時再考慮入修會也不遲。

到了友誼之屋，我才知道那個星期日他們全體要去河邊大道的聖嬰修道院，做每月一天的避靜。星期日早上，賴克斯和我一起登上通往修道院大門的台階，一位修女讓我們進去。我們算是來得最早的，等了一陣子才有人來，然後彌撒開始。他們的神師佛菲神父在天主教大學教授哲學，在華盛頓黑人區也主辦了類似友誼之屋的團體。記得他在彌撒一開始就對我們說話，我和賴克斯注意傾聽了他的每一句話，印象非常深刻。

當我領完聖體回來時，注意到賴克斯不見了，吃早餐時才又見到他。他說，我們都去領聖體時，他覺得那個場地像是就要倒塌、壓在他身上似的，所以他出去透透氣。先前一名修女曾注意到我們倆將彌撒經本傳來傳去，顯然我在指點他看彌撒的進度，這時見他出去，連忙跟在後面，看到他坐在那兒，頭埋在兩膝之間——就給了他一根菸。

那天晚上離開修道院時，我們倆都說不出話來，在夜色中沿著河邊大道走去，一言不發。我在澤西城（Jersey City）搭上火車，返回奧利安。

又過了三天，沒有什麼動靜。是十一月底了，白晝又短又暗。

週四晚上，我心中突然生出鮮明的信念：

「時機已到，該是去當嚴規熙篤隱修士的時候了。」

這個念頭是從哪兒來的？我只知道是突然冒出來的，來勢洶洶、不可抗拒、非常清晰。

我拾起一本叫做《熙篤會士的生活》（*The Cistercian Life*）的小冊子，是在革責瑪尼買的。我翻閱著，似乎盼望看到言外之意，書中句子好像都是以如焰似火的文字寫的。

我去吃晚餐，回來又盯著書本看，雖然心中信念十足，躊躇不前的老毛病仍然從中作梗。但是我再也不能拖延了，必須果斷地做個決定。我必須找誰談談，以求定案，只要五分鐘就夠了。現在正是時候，對，就是現在。

我該問誰呢？斐羅修斯神父也許在樓下自己的房裡。我下樓走進庭院，是的，斐羅修斯神父房間內的燈還亮著，好吧，走進去，看看他怎麼說。

結果我還是臨陣脫逃了，我逃入暗處，朝樹叢中走去。

這是週四晚上，校友大廳漸漸湧入看電影的人潮，但是我什麼也沒注意，也沒想到斐羅修斯神父或許會去看電影。小樹林裡非常寂靜，踩在碎石路上聲音很響，我邊走邊祈禱，小白花朝聖地附近黑黝黝的，「天啊，救救我吧！」我說。

我往回走向房舍，心想：「好，我這就真的走進去問他。神父，情形是這樣的，你說怎麼辦？我應該入會成為嚴規熙篤隱修士嗎？」

斐羅修斯神父的房間還亮著，我無畏地走進大廳，在離他房門約六呎處似乎有一個人用血肉之手擋住我，阻止我前進。是什麼東西闖入我的意志？我想要舉步，卻寸步難行。我向那可能是魔鬼的障礙物做出一個類似推開的動作，然後再度轉身逃離那個地方。

我又走回那個小樹林，校友大廳已經差不多滿座了，腳步聲在碎石路上非常刺耳。我身處濕漉漉的樹叢裡，周遭一片寂靜。

有生以來我從未如此迫不及待，也從未感受到如此特殊的煎熬。我一直在祈禱，並不是到了聖龕才開始的；但是到了聖龕之後，事態好像較清晰了。

「請幫助我，我該怎麼辦？我不能再這樣下去了。妳是知道的，看看我的處境吧，我該怎麼辦？請指點我一條明路。」我好像還在等待更多信息，等待某種徵兆！

但是，這次我說話的對象是小白花：「請妳為我指點迷津，」我又加了一句：「假如我入會成功，我就做妳的修士，現在請指導我該怎麼做。」

我的祈禱已經危險到快要犯錯的地步了——順口允諾一些我不全懂、不保證應驗的事，同時還要求徵兆。

陡然間，就在做了那樣的祈禱之後，我忽然清晰地感覺到附近的林子、黝黑的小山、潮濕的夜風。然後，在想像中我更清楚地聽到革責瑪尼夜間的鳴鐘聲，其清晰程度又超過我對山林等現實物件的感受。那大灰塔的鐘響了又響，好像就在最近的小山後面，這種感應讓我呼吸為之停止，我必須一再思考才能承認那暗處響著的嚴規熙篤隱修院鐘聲只是我的想像；然而，後來經我核算，那個時刻正是每天夜禱即將結束、唸到〈聖哉天后〉、應該鳴鐘的時候。

那鐘聲似乎在告訴我，我屬於何處——恍如在呼喚我回家。

有了這番奇遇，我充滿決心，立刻走回修道院——我還繞了遠路，經過露德聖母朝聖地和足球場的另一頭。每走一步，我的決心就更加堅定，現在我那些懷疑、躊躇、疑問都能迎刃而解。這件事定案了，去嚴規熙篤隱修會吧，那就是我的歸宿。

我走進庭院，發現斐羅修斯神父房裡的燈沒開。其實所有的燈都熄了，大家都去看電影，我的心在下沉。

但是還有一線希望。我走過一扇門，進入走廊，往方濟小兄弟的公共休息室走去。以前我從來不敢接近那扇門，但是現在我走上前去，敲敲玻璃，打開門往裡面看。

裡面沒有別人，只有一名方濟小兄弟，就是斐羅修斯神父。

我問他可否和他談談，隨後我們就去他的房間。

我所有的焦慮、躊躇就在那裡終結。

我全盤托出自己的躊躇和疑問，斐羅修斯神父說他看不出我不該入隱修院當神父的原因。

說來也許有點荒謬，但是就在這一刻，我眼睛上的鱗片似乎掉落了，回顧以往所有的顧慮和疑問，其空虛和徒勞此刻看得一清二楚。是的，我的確有隱修生活的召喚；我的疑問大多是捕風捉影，那貌似真實的假象究竟從何而來？受到偶發事端和環境因素的影響，我更誇大、歪曲了心中的疑慮。但是現在一切井然有序，心中充滿平安與自信，只覺得萬事就緒，眼前展開了一條康莊大道。

斐羅修斯神父只有一個問題要問我：

「你確定要成為嚴規熙篤隱修士嗎？」

「神父，」我回答：「我要將一切獻給天主。」

我從他的表情看出他很滿意。

我回到樓上，感覺好比再世為人，心中滿溢著從未體驗過的平靜，是一種不受騷擾的和平與篤定。現在只剩下一個疑問：嚴規熙篤隱修院會同意斐羅修斯神父的看法嗎？他們願意接受我的申請嗎？

我不敢耽擱，立刻寫信給革責瑪尼的院長，請求他允許我在聖誕節時去做避靜。我提出要求的語氣暗示著我是要來做望會生的，免得他們根本不讓我試試就拒絕我。我黏上信封，下樓，投入郵筒，接著再一次朝黑暗裡的樹叢中走去。

現在事情進展得真快，但是沒多久就更快速了。我才剛接到革責瑪尼歡迎我去度聖誕節的回信，另一封信也到了，信封看來似曾相識，有點嚇人，上面蓋著徵兵處的圖章。

我拆開信，看到一紙要我立刻再做體格檢查的通知。

信中的意思並不難懂，他們的規定更嚴格了，我也許不能再豁免兵役。有那麼一剎那，我以為天意殘酷，故意整我。難道去年的事要重演了嗎？將我到手的聖召硬是奪走，那時我不是都已經站在初學院的門檻上了嗎？那種經驗要從頭再來一次嗎？

在聖堂中跪著，那張揉皺的紙裝在口袋內，我哽咽得不能成聲，許久才擠出「願意承行祢的旨意」幾個字。但是我也下定決心，絕對不讓我好不容易撿拾回來的聖召在我四周倒塌，變成廢墟。

我立刻寫信給徵兵處，告訴他們我要入隱修院，請求他們給我時間，容我查知什麼時候、在什麼條件下，修會會接受我。

然後我坐下等待，那是一九四一年十二月的第一個星期。

斐羅修斯神父聽到這突然來自陸軍的徵召，笑著說：「我認為這是一個很好的徵兆——我指的是你的聖召。」

那個星期結束了，徵兵處沒來消息。

星期天，十二月七日，將臨期[33]的第二個星期日，大禮彌撒正在進行，修生誦唱著「諸天，請由天上滴下甘露」。我離開教堂，走入暖和得反常的陽光下，悅耳的國瑞悲嘆調在空中迴盪，我到廚房請一位修女替我做了幾個乳酪三明治，放在空鞋盒中，就往兩哩谷出發。

我攀登山谷東邊的山坡，來到茂密的樹林邊緣，褐色的蕨類植物滿地蔓延，我在一個陽光照耀的無風處坐了下來。山腳路邊有一所小小的鄉間學堂，再過去，在這小山谷出口處，靠近亞利加尼之處有幾座小型農場。天氣暖和，四周寂靜，除了遠處樹林深處的油泵發出噗通噗通的乾咳聲外，沒有其他聲音。

誰會想到世界的另一角落有戰爭？這兒如此寧靜，不受干擾，幾隻兔子跑了出來，在蕨草堆中嬉戲。

這可能是我最後一次看到這個地方，一週後會身在何處？那都在天主手中，除了仰賴祂的慈悲，沒有其他能做的事。但是事到如今，我能確定的是祂照顧我們的心，較我們照顧自己的心更殷切，也更有能力照顧我們；只有當我們拒絕祂的幫助、抗拒祂的意願時，才會陷入衝突、煩惱、混亂、難過與毀滅感。

下午我回到學院，那兒距離河上的鐵路棧橋有兩哩多路程，再半哩路便到家了。我沿著鐵軌

33 譯註：耶穌聖誕前四週的準備期。

朝學院的紅磚房子緩緩走去，天空雲層漸厚，夕陽就要西下。進了校園，沿著水泥路走向宿舍，遇見另外兩位在俗的教授，他們不知談什麼談得那麼熱烈，看到我走近便喊了起來：

「你知道發生了什麼事嗎？你聽收音機了嗎？」

美國參戰了。

次日上午是聖母無染原罪瞻禮日（Feast of the Immaculate Conception），所有在廚房和洗衣房工作的修女都在學院聖堂內望彌撒，她們極少在公眾場合出現，這是其中之一。該日是她們的主保瞻禮日，只見前面跪凳上一片藍白修女服，福音宣讀後，臉色紅潤、體格強壯的康拉德神父講道，他是哲學教授，像聖多瑪斯一般矮胖。他半隱在支撐著至聖所橫樑的撐牆一角後方，簡短地做了一段傷感的講道，內容是珍珠港。

我離開聖堂，在郵局看到徵兵處寄來一封信，他們說身體檢查可以延後一個月。

我去找多瑪斯神父，向他解釋我的處境，請求他准許我立刻離開教職，同時請他寫一封推薦信。英文系召開了會議，決議這學期剩餘的課程將由我那些驚訝的同事分擔。

我把大部分衣服收拾妥當放在大盒子裡，準備交給友誼之屋和哈林區的黑人。書架上大部分書籍則留給依雷內神父和他的圖書館，又分了一部分給修院的一個朋友，他和我在斐羅修斯神父的指導下一起研究董斯高；其餘的書籍都放入箱子裡，準備帶去革責瑪尼。其他的物品用一個手提箱就可裝完，其實已經嫌太多了，除非嚴規熙篤隱修會不讓我入會。

我將三本已經寫完的小說和一本完成一半的小說撕毀，丟進焚化爐，筆記則分送給幾個用得上的人，又將自己所有的詩、《我的日記：逃離納粹紀實》的複寫本、另一本日記和宗教詩歌選集的材料都寄給范多倫；其餘的作品都放入資料夾，寄給賴克斯和瑞斯，他們住在紐約市第一一四街。我結清在奧利安的活儲戶頭，向會計領了一張英文系給我的支票，附有獎金，那位會計不懂為何有人在月中領薪水。我寫了三封信——分別給賴克斯、男爵夫人和我的親人——還寫了幾張明信片。次日是星期二，還不到下午我已經整裝待發，心情異樣輕鬆愉快。

是晚班的火車，計程車司機打電話到學院給我時已經天黑了。

我拿著行李走出那棟樓，有人問：「教授，你要去哪兒？」

計程車門砰然關上，將我向大家道別的大手勢關在車內，車子就這麼開走了，我沒有再回頭看簇擁在拱門簷下目送我遠行的人。

到了鎮上還有足夠的時間讓我去天神聖母堂一趟，我在奧利安時經常到那兒告解、拜十字苦路。堂內空無一人，聖若瑟聖像前點燃著兩根即將燒盡的蠟燭，一盞紅色至聖所的燈在寂靜的陰影中閃爍。我靜默地跪了十分鐘左右，內心平安、感恩的感覺洋溢，心神投向聖體櫃中的基督，但是我並未費心捉摸這些感覺。

接替我大部分課程的海斯在車站等著我，他交給我一張條子——英文系要替我奉獻五台彌撒。往水牛城的火車冒著酷寒的霰雨進站了，我上了車，從此就和我熟悉的世俗斬斷最後的關聯。

這絕對不比被終身褫奪公權者面臨的精神性死亡輕鬆。

這段旅程將我從世俗帶往新生，像飛過新而奇特的生存環境——好像到了同溫層，但是我仍然停留在熟悉的地球上。我們在黑暗中穿山越嶺，冬雨不停地刷過火車的窗戶。

過了水牛城，經過一連串在雨中散發著藍色強光的工廠，他們連夜趕工，製造軍備武器，但是我的感覺就像在觀看水族館內陳列的東西。印象中的最後一個城市是伊利，之後我就睡著了，經過克利夫蘭時都毫無所知。

過去幾個月我一向在半夜起身唸玫瑰經，作為夜晚的日課，我請求天主在俄亥俄州的加里昂叫醒我唸玫瑰經。夜半醒來，火車剛駛出加里昂站，我開始唸玫瑰經，鐵路在此地和伊利線交接，接下去就是我春天前往革責瑪尼時第一次行走的路線。在歡樂的車輪樂聲搖晃下，我又入睡了。

接近黎明時，火車抵達辛辛那提，我在旅客服務處問到了幾座天主教堂，雇了計程車前往聖方濟．沙勿略教堂，主祭台正要開始彌撒祭獻。我望了彌撒，領了聖體，回到車站吃了早餐，上車前往路易斯維。

現在太陽出來了，照耀著光禿多石的山谷、貧瘠的農地、稀疏荒廢的原野；溪畔生長著數叢灌木及樹木，其中有些是柳樹，路邊偶然出現幾間灰色村舍。有一個人在村舍外用斧頭劈木柴，我心想，如果是天主的意願，不久砍柴的就是我了。

真是奇怪，距修會越近，我進入修會的渴望就更強烈，實在令人難以置信。我心無旁騖只想著這件事，卻也很矛盾；越接近目的地，我就越不擔心得失，內心享有的平安就更加深沉。要是他們不讓我入會怎麼辦？那麼，我就從軍去，難道那一定是場災禍嗎？不見得。在歷經千辛萬苦之後，假使修會拒絕收留我，必須服兵役，那一定就是天主的旨意；我已經竭盡人事，其他就要聽天命了。儘管我進入隱修院的渴望有增無減，但是必須置身陸軍軍營的想法已經絲毫不能騷擾我了。

我自由了，我已經恢復我的自由。我屬於天主，不再屬於自己：屬於祂就等於尋得自由，不再被世俗的焦慮、困擾、悲傷所束縛，不再因戀慕世物而被束縛。如果你的生命屬於天主，因而將自己完全交到祂手中，那麼置身何處、穿不穿修道會服又有何不同？唯一重要的便是要有犧牲精神，奉獻自己，奉獻自己的意志，其餘的事無關緊要。

這種想法並沒有打斷我的禱告，我越來越熱切地向基督、無染原罪童貞聖母禱告，並向我自選的一系列聖人誦唸呼求天朝諸聖的連續性禱文，包括聖伯納德、聖國瑞（St. Gregory）、聖若瑟、聖十字若望、聖本篤、聖方濟、小白花，還有其他冥冥中領我入隱修院的聖人。

但是我知道，如果天主要我去服兵役，服兵役就會使我受益最多、活得更快樂，因為唯有統合真理、現實與行動，在此基礎上引導萬物在本質與附質上皆臻於完美，快樂才可能存在，這是天主的旨意。快樂只有一種：取悅祂；悲傷也只有一種：讓祂不快。就算只在微不足道的小事上、在思想上、或是在三心二意的心理狀態下拒絕承行祂的意旨，背祂而去，與祂——我們的生命、我們的喜樂之源——分離，或是造成可能與祂分離的徵兆，悲傷便必不可免，同時這些事也是悲傷的唯一成因。因為天主是聖神，遠在萬事萬物之上，和我們的差距是無限的，我們只能在意願的層面上完全與祂結合，藉由意願與智慧在愛與愛德中和祂結為一體。

我登上路易斯維車站的月台，周身被滿自由的光輝，走在街道上，心中充滿勝利的喜悅，回想起上次復活節來此的情景。我樂昏頭了，一不注意便一頭闖入黑人專用的候車室，只見黑影幢幢、氣氛緊張、有點敵意，我滿懷歉意急忙退了出來。

前往巴茲鎮的巴士半滿，我找到一個有點破爛的座位坐下，車子開往寒冬的鄉間，這是我效法古代修士進入沙漠隱修的最後一段旅程。

終於抵達巴茲鎮了，下了車，站在路邊，對面是加油站，街道看來空盪盪的，整個城鎮似乎都已入睡。我看到加油站裡有一個人，便走過去詢問哪裡找得到人開車送我去革責瑪尼。他戴上帽子，發動車子，我們循著一條直路離開城鎮，鄉間地形平坦，四處都是空地，好像和革責瑪尼的景致格格不入。我一直分辨不出方位，直到看見前方左邊長滿樹木的鋸齒形小丘才有了概念。我們轉了一個彎，進入地勢起起伏伏的林區，然後就看到那熟悉的高聳尖塔。

我按了大門門鈴，空曠的庭院響起微弱單調的鈴聲。我的司機已經走了，沒有人來應門，但是我聽到門房裡有人在走動就不再按鈴了。此時窗子開了，瑪竇修士從鐵條縫隙間往外看，他的眼睛清澈，鬍子花白。

「你好，修士。」我說。

他認出是我，看了我的行李一眼，說：「這次你可是來這兒住定了？」

「是的，修士，如果你答應為我祈禱。」我說。

修士點點頭，舉手關上窗子。

「我這陣子做的就是這件事，」他說：「為你祈禱。」

4 自由的滋味

I

修道院就是一所學校——是向天主學習喜樂之道的學校。我們的喜樂來自分享天主的喜樂，分享祂無限的自由與愛的完美。

我們真正需要治癒的是自己的本性，是以天主為肖像受造的本性；我們需要學習的是愛的真諦。治療和學習是相同的事，因為在我們本質的核心，從我們自由的本性就可以看出我們是按照天主的模樣受造的，要獲得自由就要能運用無私的愛——只為祂而愛祂，只因為祂是天主而愛祂。

愛從真理起步，在將愛給我們之前，天主必先滌清我們靈魂中的謊言。超脫自己的捷徑，就是使我們憎惡因犯罪而變得可憎的自我，方能愛反映在我們靈魂上的祂，祂以祂的愛重建了我們的靈魂。

這就是默觀生活的真諦，表面上看來毫無意義的瑣碎規章、宗教儀式、守齋、服從、補贖、屈辱、勞動構成了默觀隱修院日常生活的內容，實則是要提醒我們認識自己是誰、天主是誰——讓我們一看到自己便生厭，因而轉向天主，最終會在自己之內找到祂，已經淨化的天性會像鏡子般反映祂無限的善與永無終止的愛……。

II

瑪竇修士在我背後將大門鎖上，於是我就被關進這個以新自由為四壁的空間裡。自由以這種方式開始是很恰當的，因為我進入的是一個肅殺蕭條的花園，四月間見到的花草已凋謝殆盡。太陽躲在低垂的雲層中，冰冷的風掃過枯灰的草地和水泥走道。

其實我已經進入自由的境界了，因為我不再在乎這些事情，到革責瑪尼並不是因為花兒美、氣候好——雖然我必須承認肯塔基州的冬天相當令人失望。我哪有時間挑剔氣候！光是揣摩天主的聖意為何就讓我忙不過來了，這最具關鍵性的問題仍未完全得到答案。

最後的答案尚未見分曉：他們會讓我入會嗎？我能入初學院成為熙篤會士嗎？

負責會客的若亞敬神父從隱修院門口走出來，穿過花園，雙手插在無袖肩衣裡，兩眼緊盯著水泥走道，直到接近我時才抬頭對我微笑。

「喔，原來是你。」他說，我想他也一直在為我祈禱。

我沒給他機會問我是否來此長住便開口說：「是我，神父，這次我想要當初學生——如果能得到許可。」

他只是笑笑。我們走進房間，裡面空盪盪的，沒人在。我將行李放在指定給我的房間後，便急忙趕去教堂。

如果我期待的是基督和祂的天使給我一場盛大的歡迎，恐怕要大失所望了——我完全沒有這種感覺。這巨大的聖堂就像個墳墓，冷得快要結冰了，這我倒不在意。我在祈禱，但是全無靈感，這我也不在乎。我只是沉默地跪在那兒，靜聽從鋸木廠傳來的聲響，鋸子彷彿發出漫長尖銳的抱怨聲，那是辛勤勞動的聲音。

那天傍晚進餐時，遇見另一位望會生——一名白髮、無牙的老者，躬著背，身穿寬大的毛衣。他是當地農民，一直住在隱修院附近，這次下定決心入會當從事庶務的修士，但是後來並未留下來。次日，我發現還有第三位望會生，他是那天早上抵達的，來自水牛城，人長得胖胖的，有點不知所措的樣子。他和我一樣都是申請成為公頌日課的歌詠修士，若亞敬神父讓我們倆在靜默中一起洗碗打蠟。我們倆都心事重重、各想各的，我敢說他和我一樣不想開口說話。

其實那天的每分每秒我都暗自慶幸該說的話都說過了——只要他們接受我，就無須多言了。

我不確定該等人來通知我和院長神父面談還是自動去找他，但是那天清晨工作快告一段落時問題就自行解決了。

我回到房間，開始推敲若亞敬神父給我的《靈修指南》（*Spiritual Directory*）。我本該靜心閱讀和我直接相關的那一章，以了解望會生在賓客屋等待期間應注意的事項；但是我定不下心，老是在那兩本薄薄的小冊子裡翻來翻去，希望找到有關熙篤會聖召清楚明確的資料。

「嚴規熙篤會士受召過祈禱和補贖生活。」這話說來簡單，因為就某種意義而言，人人都能得到召喚，過這樣的生活。熙篤會士得到召喚、奉獻自己、過完全默觀的生活、不再關懷入世生活，這話說來也容易，卻無法明確表示我們會士的生活目標何在，也無法將嚴規熙篤隱修會和其他所謂「默觀修會」分清楚。於是這個問題一再出現：「你說的默觀到底是什麼意思？」

我從《靈修指南》中知道：「彌撒聖祭、神聖日課、祈禱、虔誠的閱讀就是默觀生活的操練，是我們日常生活的主要內容。」

這句話真是呆板，不能令人滿意。「虔誠的閱讀」一詞就顯得消沉，而默觀生活竟然切分成一課課的「操練」，通常這種事會讓我沮喪。但是我既然進了隱修院，就已經準備一輩子耐心接受那種言語。甘願接受是件好事，因為今日的修會生活原本就有許多煩人的瑣碎細節，其中之一就是所使用的語言，絕大部分靈修材料都是以僵硬生澀的法文音譯術語寫成。

在那個階段，我尚無法道出默觀生活對我的意義，但我覺得應該不只是規定每天要在教堂內待幾個鐘頭，在別處又待幾個鐘頭，還規定不必費心說教講道，不必任教、著書或拜訪病人。《靈修指南》裡再往下幾行有數句關於神秘默觀的警語，告誡我神秘默觀「不是必要的」，而是天主有時「賜予」的，「賜予」一詞聽來就像是恩寵穿著裝有硬襯布的裙子盛裝來見你。其實我的詮釋是，當靈修書籍告訴你「傾注的默觀有時是天主賜予的」時，你應該做如是想法：「傾注的默觀對聖人而言是名正言順的，至於你，請勿觸摸！」法文原文的《靈修指南》不像譯文這般冰冷。此書繼續寫道，隱修士可以向天主祈求這些恩寵，但是必須意向純正，而熙篤會士的日常生活應該就是做神秘默觀的完美準備。其實法文版本還附加了一點，就是熙篤會士有義務過這種讓他傾向神秘祈禱的生活。

然而，我得來的印象卻是：在嚴規熙篤隱修會，默觀有可能相當草率地概括；如果我暗中盼望達到那難懂而虔誠的手冊中所謂的「巔峰」境界，最好還是多多檢討自己表達意願的方式。在其他場合中，這種處境也許會讓我心緒不寧，但是我現在卻絲毫不受干擾。這充其量只是一個抽象的理論問題，我唯一該關心的是力行天主的旨意，如果獲得許可入了修會，我一定會隨遇而安；然而，如果天主願意「賜予」，就讓祂賜予吧，其他的細節自然會迎刃而解。

我將《靈修指南》擱在一旁，拾起另一本用洋涇濱英語寫成的小冊子，此時有人來敲門了。

這是一位我未曾謀面的修士，身材相當魁梧，一頭白髮，下巴線條非常堅定。他介紹自己是初學導師，我又瞥了他堅定的下巴一眼，心想：「我打賭他可是絕對不會讓初學生胡來的。」

但是一開始聽他說話，他的純樸、友善、慈祥就給我很深刻的印象，我們真是一見如故。他不拘禮，也不用昔日讓苦修會惡名昭彰的精心設計伎倆屈辱人；如果依照昔日的標準，他準會長驅直入，砰然一聲關上門，態度惡劣地問我入修會是不是為了逃避警察的追捕。

他並未這麼做，只是坐了下來，說道：「這種安靜把你嚇壞了吧？」

我迫不及待地向他保證，寂靜不但沒嚇壞我，反而令我神魂顛倒，以為自己到了天堂。

「你在這兒不冷嗎？」他問：「為什麼不關窗子？你的毛衣夠暖和嗎？」

我大無畏地向他保證，我暖得像一片剛烤過的吐司似的，但他還是要我關上窗子。

我不關窗是有原因的。那年在賓客屋工作的法彬修士早已告訴我許多這裡有多冷的恐怖故事，例如清晨起床躡手躡腳地走向唱經樓時會抖到雙膝相碰，牙齒打顫的聲音響到蓋過祈禱聲。因此，我要事先做好準備，以對付這種嚴峻的考驗，於是坐在房裡，窗戶大開，不穿大衣。

「你學過拉丁文嗎？」導師神父問。我將自己讀過的羅馬作家普勞圖斯、塔西佗（Tacitus）

等全說了出來，他似乎很滿意。

之後我們又談了許多事：我會不會唱歌？會說法語嗎？為什麼想成為熙篤會士？讀過有關這個修會的書籍嗎？唸過魯迪神父（Dom Ailbe Luddy）的《聖伯納德傳》（*Life of St. Bernard*）嗎？——許多諸如此類的問題。

談話進行得十分愉快，倒讓我越來越不願卸下那仍讓我良心不安的陰暗重擔了。面對這麼好的一位嚴規熙篤會士，我無法啟齒講述我領洗前的生活，那種生活曾使我認為自己不可能有成為神父的聖召；不過，最後我還是用三言兩語將過去的事全說了出來。

「你領洗幾年了？」導師神父問。

「三年了，神父。」

他似乎並不介意我的過去，只說他很高興我將該告訴他的全都說了，他會和院長神父商談。我一直有點懷疑首席院長會把我叫去盤問，但是一直沒有動靜。之後有好幾天，我都和從水牛城來的胖仔一起做地板打蠟的工作；隱修士誦唸日課時，我們就去教堂，跪在聖若瑟祭台前的跪凳上，然後回到賓客屋吃炒蛋、乳酪和牛奶。當我們吃著法彬修士稱之為「最後的晚餐」時，他偷偷給我們一人一塊雀巢巧克力。後來他向我耳語：

「多瑪斯，我想，今晚你到餐廳，餐桌上的菜一定會讓你大失所望⋯⋯。」

是那天晚上嗎？那天是星期六，又是聖璐琪貞女瞻禮日（Feast of St. Lucy）。我回房啃著那塊巧克力，抄下一首剛剛寫好、向賴克斯和范多倫告別的詩。這時若亞敬神父進來了，當我告訴他我正在寫詩時，他以手遮臉笑了。

「寫詩？」他說，然後匆匆走出房間。

他是來找我繼續打蠟的，於是從水牛城來的胖仔和我又跪在廳裡工作。沒多久，導師神父上樓來，要我們帶著東西跟他走。

我們穿上外套，拿了包包下樓，讓若亞敬神父自己繼續打蠟的工作。

我們的腳步在寬敞的樓梯間響起回音，到了樓底，門邊那「唯獨天主」的牌子下方站著半打手裡拿著帽子的鄉下人，正等著告解。他們就像是無名抽象的代表團，代表民間團體向我們告別。其中有一位溫文莊重的老者留著好幾天沒刮的鬍子，我忽然感情氾濫地靠過去向他耳語：

「為我祈禱。」

他很嚴肅地點頭表示願意，我們身後的門隨即關上。我覺得我以在俗者身分所做的最後一件事仍然有點積習難改——多瑪斯．牟敦這小子可是在地球兩大洲都四處炫耀過的。

緊接著，我們就跪在院長桌旁了。他掌管整個隱修院和院內的每一個人，擁有世俗及靈性的絕對權威。這位神父成為嚴規熙篤會士已將近五十年，看起來較實際年齡年輕很多，因為他精力充沛、充滿生命力。五十年來的辛苦工作不但不是折磨，反而使他更有活力、更加生氣蓬勃。

佛來德瑞克院長面前的桌子上擺滿了信件和堆積如山的文件，他雖然日理萬機，卻仍然游刃有餘，一切處理得井井有條。自從我入了修會之後，有許多事讓我心生好奇：他到底憑藉著什麼奇蹟才能把一切處理得如此井井有條、從不失手？

那天院長神父面對著我們的態度就是那麼從容，似乎除了對這兩位即將離開塵世來嚴規熙篤會做望會生的人說幾句最初的忠告之外，沒有其他的事要做。

「兩位，」他說：「我們這個團體會更好或更壞，都操在你們手裡，你們所做的每件事都會影響別人，好壞完全取決於你們。我們的天主是永遠不會拒絕給你們恩寵的……。」

我忘記那天他是否引用了費伯神父（Father Faber）的話。院長神父喜歡引述費伯神父的話，如果那天他竟然沒有引述，就太離奇了。

我們親吻他的戒指，接受他的降福，然後離去。臨別時他不忘給我們一個挑戰，他說我們應該喜樂而不放蕩，而且耶穌和瑪利亞的名字應該經常掛在嘴邊。

我們走進位於黑暗長廊盡頭的房間，有三位隱修士坐在打字機前，我們把鋼筆、手錶、零錢都交給了其中的總務，又簽了文件承諾，如果出了修會，不會因為他們不支付勞動的工資而控告修會。

然後我們就通過一道門，進入修院的內院。

以前我從未見過隱修院的這一部分——內院彼端的長廂房在房舍後部，那是隱修士居住的地方，也是休息時間聚集的場所。

這些廂房和那敞開、呆板拘謹的內院正好成對比。首先，這兒較暖和，牆上有布告欄，可以聞到烘焙屋傳來烤麵包的暖香。隱修士來來去去，臂彎上搭著風帽，待工作結束的鈴聲響起就可戴上。我們在裁縫店停留片刻，測量袍子的尺寸，然後又通過一扇門，進入初學院。

導師神父指出初學院的聖堂所在地，我們就在那質樸的白色房間內的聖體櫃前跪了一會兒。我注意到門的一邊是我的朋友聖女貞德的雕像，另一邊當然就是小白花了。

隨後我們來到地下室，所有初學生都在臉盆碰撞聲中亂轉，眼裡都是肥皂水，摸索著找尋毛巾。導師神父找出一個似乎被肥皂泡沫整得最慘的傢伙，要他在教堂內照顧我。

「他就是你的護守天使，」神父解釋，又加上一句：「他以前是個海軍陸戰隊隊員。」

III

從教會禮儀的角度來看，從將臨期開始入會修道是最好的時節。新生活展開了，你在禮儀年度之始邁入新世界，教會給你的每一句歌詞和你偕同基督在祂奧體內的每句禱辭，都是熱切祈求恩寵助佑、祈求救主彌賽亞降臨的呼喊。

隱修士的靈魂就是基督要蒞臨誕生的伯利恆——其實，基督的降生地就是那些經恩寵改造過的肖似祂的靈魂，祂的神性以特別的方式在那裡生活，藉著愛和祂的聖父與聖神居住在這「新降生的聖子」中，也就是「另一個基督」裡。

將臨期的禮儀藉熱切的歌曲和讚美詩替新的伯利恆做準備。

一旦進入靈修領域，這種熱望就更加強烈了，因為四周的世界死氣沉沉、生命衰頹、萬木凋零、鳥語盡失、草地枯灰。你來到田野，用尖嘴鋤挖掘荊棘，太陽間或發出微光，借用英國詩人多恩在〈聖璐琪貞女瞻禮日之夜曲〉（Nocturnal on St. Lucy's Day）中所用的突兀比喻——這樣的陽光根本稱不上光線，只能算是「小鞭炮細聲細氣地爆火花」……。

但是，隱修院教堂內冰冷的石壁間聖歌聲繚繞，歌聲散發出活潑的火焰，充滿純淨深遠的熱望。那是一種樸實無華的溫暖，是國瑞聖歌的特色，其深刻非一般情感所能及，因此永遠不會生厭。它不用大量的廉價訴求刺激你的感性，讓你精疲力竭；也不會誘你進入感情氾濫的境地，讓你的敵人——魔鬼、幻想、腐敗本性中固有的粗鄙——逮住你，用刀將你切成碎片。它只會將你引入內心，讓你在祥和與回憶中得到安撫，在那兒找到天主。

只要你在祂內休憩，祂就以奧妙的智慧治癒你。

在唱經班的第一個晚上，我試圖唱出國瑞聖歌起頭的幾個音符，但是當時我得了生平最厲害的感冒——那就是我入會之前為了迎戰隱修院的低溫所做實驗的成果。

那是聖璐琪貞女瞻禮日的第二次晚禱，我們誦唱貞女通用的聖詠，但是之後的聖經選讀就是將臨期第二主日的經文了，現在領唱者正在吟唱那可愛的將臨期聖歌〈創造萬物仁愛天主〉（Conditor Alme Siderum）。

這簡樸聖歌的節奏、平衡與氣勢多麼驚人！其結構之完美遠超過世俗音樂的浮華效果——連一個八度音階都未用盡，卻遠較巴哈的音樂更意味深遠。那晚我目睹這種節奏明顯的曲調如何為聖安博（St. Ambrose）古老的話語增色，使原本就溫婉動人、有信念、有意義的字句更為有力，在天主面前綻開美麗火熱的花朵，沿著石壁上升，最後沒入拱形屋頂的黑暗中。回音消逝之際，我們的靈魂充滿平安與恩寵。

當我們開始誦唱聖母讚頌上主的〈我的靈魂讚頌主〉（Magnificat）時，我有一種欲哭的感覺；我是隱修院的新人，我因此充滿感恩，喜極落淚，乾啞的喉嚨發出低沉的聲音，感謝天主賜我聖召。感謝主，我終於來到這裡，真的進入隱修院和天主的修士一起詠唱頌歌了。

從現在起，每天的日課都將揚起古代先知向天主呼求救主的熱情呼聲。「懇求天主速降臨，救贖解放祢子民。」隱修士接下了先知的棒子，以同等雄壯的嗓音繼續呼求，他們仗著對聖寵和天主親臨與他們同在的信心，像很久以前的先知一樣和祂爭辯，質問祂：上主，祢怎麼了？我們的救主在哪兒？祢答應我們的基督在哪兒？祢睡著了嗎？祢忘記我們了嗎？為何我們還埋藏在自己的悲慘中，在戰爭與悲傷的陰影下？

我第一天晚上在唱經班可算是感情激動，但是接下來幾天並沒有什麼機會享受到所謂的「神慰」。那時我患了重感冒，病得半死不活，神慰對我不起作用，況且我還必須熟悉上千種修道生活的重要條文。

現在我能從修院內部觀看修道生活，可以從教堂內而不是在訪客席上觀察了，也可以從初學院的廂房而不是從溫暖體面的客房看修院了。現在我和修士面對面相處，他們不再是夢中人物，也不再是中古小說裡的角色，而是來自冷漠、無法躲避的現實。從前，我眼中的這個團體行動起來就像是一個整體，動人而正式的禮儀使得整團男人隱姓埋名，被耶穌的人格籠罩，個人變得模糊化；現在這個團體在我面前分裂成為各個組成份子，所有細節，不論是好是壞、悅人或不悅人，都呈現在眼前，供我就近審視。

在此之前，天主已經光照了我，讓我了解修道聖召最重要的是：得到召喚過修道生活的人——不論身為耶穌會士、方濟會士或嘉都西會士——最基本的考驗便是必須心甘情願地過團體生活，而團體中每個人多少都是不完美的。

這些不完美和世俗中人的缺陷與惡行相較是微不足道的，但是你反而更容易注意並察覺其存在，因為受到修道生活的責任感和理想的影響，這些不完美變得格外醒目，你會不由自主地注意每個人的缺陷。

有些人甚至因此失去聖召，因為他們看到有人在修道院生活了四、五十年，甚至六十年，脾氣仍然非常暴躁。無論如何，既然我已成為革責瑪尼的一份子，不妨多方觀察真正的情況為何。

我所在的這棟樓外牆又高又厚，有的漆成綠色，有的漆成白色，牆上大都掛著具有教化作用的告示牌，漆著警句，例如：「誰若自以為虔誠，卻不箝制自己的唇舌，此人的虔誠便是虛假的。」至今我仍不甚了解這些告示牌的價值何在，因為就我而言，只要讀過一次，就永遠不會再次看它。早在我來到之前它們就一直在那兒，但就是對我不起作用；也許有人住在這兒多年，卻仍然對這些警句深思不懈。反正這就是嚴規熙篤隱修會的規矩，不管到哪兒都會看到。

那一堵堵沒裝暖氣的厚牆並沒有什麼重要性，有意思的是發生在牆壁後的事。

會院裡到處是人，都藏在白色風帽和棕色肩衣裡，有留鬍子的在俗修士，也有沒留鬍子戴著隱修士帽冠的。有的年輕，有的年老，老的佔少數。粗略估計，院裡連我們初學生在內平均年齡大約三十出頭。

我看得出修會正式成員和初學生之間的區分。初學生還沒有機會領會隱修士和已發過願的修士深切關心的事物，但是初學生看起來似乎更虔誠——感覺得到那份虔誠相當膚淺。

一般說來，最有聖德的人跪下祈禱時，虔誠很少顯露於面部表情；修道院裡最聖潔的人通常不會是在瞻禮日唱經時神色喜悅的人，那些兩眼發亮注視著聖母雕像的人通常脾氣最壞。

初學生的虔誠很容易看出，但那是無邪而自然的，相當合乎他們的身分。事實上，我立刻就喜歡上初學院了，院裡充滿朝氣，瀰漫著熱誠、幽默的氣息。

我很欣賞他們用手語彼此開玩笑的模樣，也喜歡那些不出聲的賞心樂事，有如四方吹襲而來的風驟然震撼了整間「繕寫室」。每個初學生好像都很有悟性，非常盡心修道；他們似乎能夠很快領會會規，自然而然、毫不費力地奉行，卻不會吹毛求疵。生活中不時妙趣橫生，令他們兩眼發亮，就像孩子一般——即使其中有人已經不再年輕。

你會覺得他們當中最優秀的就是最單純、最不擺架子的人。他們循規蹈矩、不挑剔、不炫耀自己、不引入注目，交代他們做什麼就做什麼，但他們經常是最快樂、最心安理得的人。

他們不走極端。走極端的人會誇大每一件事，小心翼翼地死守會規，將原來的精神都曲解了；他們認為只要自己努力、全神貫注，即可成聖——似乎一切全操之於己，甚至天主都無法協助。但是，另一極端的人在聖化自己的方面什麼都不做，或是做得很少、漫不經心——好像天主有一天會來為他們戴上光環，那時便大功告成了。他們附和別人，敷衍了事地遵守會規，一旦認定自己生病了，便企求更多優惠待遇，其他時候不是喜歡作樂、鬧得雞犬不寧，就是氣色惱怒，整個初學院都受到連累，覺得掃興。

會出修會還俗的人通常屬於這兩種極端，留下來的多半是正常、有幽默感、有耐心、肯服從的人，沒什麼特別表現，只是循規蹈矩而已。

星期一清晨，我去告解，這是四季大齋週（Ember week），所有初學生都去向他們的特殊聽告解神父告解，那年的特殊聽告解神父是歐多神父。我跪在那間小小的露天告解室中，抱著深切懺悔的心情，訴說若亞敬神父那天在賓客屋要我轉告水牛城來的胖仔到教堂做日課的午後祈禱，我卻忘記了。卸下我靈魂上這個和其他類似的負擔後，由於不熟悉熙篤會的儀式禮節，我有點昏頭轉向，歐多神父才唸完第一段禱文、尚未赦免我，我已經準備離開告解室了。

其實我已經拔腿要走了，卻發現他又開始對我說起話來，才知道應該繼續留下。

我注意聽他說話，他說得既和藹又簡單，主旨是：

「誰知道有多少靈魂在依靠你，看你在隱修院裡能否不屈不撓？也許天主註定世上許多人只能靠你對聖召忠貞不貳而得救，萬一你受了誘惑要離開修會，一定要想到他們。受誘惑、想離開是有可能的，要記得普天之下的靈魂，有些是你認識的，其他的也許必須上天堂後才會認識；但是無論如何，入會不是只為了你自己一個人……。」

我在整個初學院階段都沒有受到出會的誘惑。其實，我修道以來一直沒有絲毫還俗的想法，成為初學生後甚至未曾受到離開革責瑪尼、入其他修會的念頭騷擾；之所以說未受騷擾，是指我曾經有過這個念頭，但是從未達到讓我不安的地步，因為那只是理論性、思索性的想法而已。

記得有一次導師神父就這個題目問過我。

於是我承認：「我一向喜歡嘉都西隱修會，如果有機會，我會捨此處而入嘉都西修道院，但是戰爭讓我不能如願以償。」

「在那兒你就得不到我們這兒的補贖了。」他說，然後話題就轉向了。

直到我發願之後，問題才出現。

次日清晨工作完畢，導師神父召見我，他將一堆白色羊毛袍子塞到我臂彎，要我穿上。以往望會生在入門幾天後便領到獻身會士的會服——這是偏遠會院形成的破格習俗之一，在革責瑪尼一直沿用，直到最近教會上司視察後才取消。我入初學院不到三天已經脫下在俗的衣服，樂得一輩子再也不穿。不過，我倒是花費了好幾分鐘，才知道如何穿上嚴規熙篤會士穿在會袍下的十五世紀內衣褲，實在很複雜。

不多時，離開小室的我已經穿著白袍和無袖肩衣，腰間裹著一條白布，肩上披的是獻身會士的簡陋白斗篷。接著我去見導師神父，看看我將得到什麼名字。

從前以為自己將入方濟會修道時，曾費了好幾個小時替自己選取名字——現在，他們給什麼，我照單收下便是了。實在是太忙了，誰有時間分神注意這些微不足道的事。結果我被稱為路易（Louis）修士，而那位從水牛城來的胖仔則是斯維修士。我慶幸自己名叫路易，而非斯維，雖然若是由我作主，這兩個名字我都絕不會選用。

天主要我永遠記住我首次出航前往法國的日子——八月二十五日——為的就是要使我終能了解那天是我修道主保聖人的瞻禮日。那次航行就是一個恩寵，也許我的聖召就起源於我在法國的那些日子，如果聖召可以在本性界找到源頭的話。還有，我記得以前經常上紐約的聖博第教堂，在聖路易和聖彌額爾總領天使的祭台前祈禱；在我皈依初期，每當惹出麻煩時，我總是為他們點燃蠟燭。

我立刻走入繕寫室，取出一張紙，用正楷寫上「瑪利亞·路易修士」（FRATER MARIA LUDOVICUS），貼在那個僅存代表我個人隱私權的盒子前方：那只是一個小盒子，藏有一、兩本寫滿詩歌和反省的筆記本、一本聖十字若望的著作，吉爾松的《聖伯納德的神秘神學》（*Mystical Theology of St. Bernard*）、約翰保羅從安大略（Ontario）的皇家空軍軍營寫給我的信，范多倫和賴克斯給我的信件也都放在這裡。

我從窗口眺望初學院矮垣外多岩層的峽谷，還有小山岩上枯林外的柏樹叢。「這就是我的永遠安息之處，我希望的是常在這裡居住。」[34]

IV

一月時，初學生都在森林中的湖邊工作，那是修道士們在集水溝築水壩蓄成的湖泊。森林中很安靜，伐木聲在林間光滑如金屬的藍灰色水面上迴盪。

工作時不可停下祈禱，美國嚴規熙篤隱修會的默觀觀念卻不是如此；相反地，你該發出純淨的意願，然後讓自己投入工作，做得滿身大汗，而且要做得很有成績。為了把工作轉變成默觀，你可以偶爾唸唸有詞：「全心歸向耶穌！全心歸向耶穌！」但重要的是應該不斷工作。

那年一月，凡事對我還是那麼新鮮，我還沒有完全投入這複雜的默想系統，後來才努力照做。偶爾我從樹間仰望，遠處的修道院教堂尖塔聳立在柏樹環繞的黃色山脈後，以重重藍色小丘為背景，讓人看了心曠神怡，令我想到一首應答聖詠：「群山怎樣環繞著耶路撒冷，上主也怎樣保衛祂的百姓，自從現今開始，一直到永恆。」[35]

真的，我隱藏在祂的庇護中，祂以愛所做的功、祂的上智、祂的慈悲呵護著我，無時無刻、日以繼夜、年復一年。有時我被貌似艱鉅的問題影響，心事重重，但是我努力解決問題，所得並不重要，天主其實已默不作聲、不知不覺替我回答了所有問題，將答案交給了我。說得更貼切一點，是祂將答案摻揉在我的生活、實質、存在的最基本結構中，天主神意真是明智，高深莫測。

我開始預做準備，領受初學生的會服，這也就表示，根據教會法我即將成為修會的一份子，邁上正式發願的路途。然而，因為證件並未全部寄達，無人確知我何時可以穿上白色斗篷，我們還在等候諾丁安主教的信，他的教區包括魯特蘭郡和奧康，那是我以前學校的所在地。

想不到竟然有人和我一起領會衣——並不是那個從水牛城來的胖仔。接連好幾個星期，每逢誦經班唱日課，他便酣睡過去，封齋期開始時他就出會了。聽說他回水牛城後不久就入伍了。一起領會衣的人竟然是我的老友。

那天從湖邊回來脫下工作鞋、沖洗完畢後，就迫不及待地從地下室上樓，在轉角處碰到導師神父和一名望會生。

從我行動匆忙到和他人相撞，就可看出我的默觀修行功力遠遠不及自己的想像。

總而言之，這名望會生是一位神父，戴著聖職人員的羅馬衣領。我又看了他一眼，認出他那骨瘦如柴的愛爾蘭容貌，以及那黑框眼鏡、高顴骨、紅潤的皮膚。他就是去年復活節和我同做避靜的加爾默羅會士，我們那時在賓客屋花園中曾談了好多話，還曾經談到熙篤會士和嘉都西會士各有哪些優點。

我們彼此對望，似乎在說：「你……竟然在這兒！」我並沒有說出來，但是他說了。然後他轉向導師神父說：

「神父，此人就是因為讀了喬伊斯而皈依的。」我不認為導師神父曾經聽過喬伊斯這個名字，

34 審訂者註：參見〈聖詠集〉第一三二章第十四節。
35 審訂者註：參見〈聖詠集〉第一二五章第二節。

但我的確告訴過這名加爾默羅會士，閱讀喬伊斯和我的皈依有某種關係。

於是我們在封齋期第一個主日一起領受了會衣，他被命名為薩斯多弟兄。我們穿著在俗的衣服站在聚會廳中央，有一位十八歲的初學生在發初願，後面桌上堆滿就要分發給會士的正式「封齋期閱讀資料」。

院長神父生病了，大家從他晚上唸日課勉強宣讀聖經的模樣就看出來了。他應該在床上休養，因為他得的是嚴重的肺炎。

然而，他沒有躺在床上，而是坐在一塊美其名為「皇座」的硬木製品上主持會議。雖然他幾乎看不到我們，卻發表了一篇充滿感情的規勸，極具信心地告訴我們，如果我們來到革責瑪尼所期盼的，除了十字架、疾病、衝突、困擾、悲傷、屈辱、守齋、受苦和一切普通人性憎恨的事之外還有別的，那就大錯特錯了。

然後我們魚貫走到他的皇座前，他脫下我們的大衣（除去我們固有的生活方式），又在領唱者和導師神父的協助下正式替我們穿上那件已經穿了一陣子的獻身會士白袍，再佩帶上初學生全套正式的肩衣和斗篷。

之後不出兩週，我自己也住進了療養室，得的不是肺炎，而是流行性感冒。那天是聖大國瑞的瞻禮日，我走進指定給我的小室，心中暗自高興，也不管兩天前原先住在這兒的休伊修士被我們抬去墓地後這個房間才空出來。他睡在敞開的棺材裡，臉上掛著嚴規熙篤會士屍首特有的堅強、滿意的微笑。

我之所以暗喜住進療養室是因為想到：「現在終於可以獨居了，我會有很多時間祈禱。」應該再附加一句：「可以隨心所欲，不必四處亂跑、回應鈴聲。」我一廂情願地以為可以沉緬於那些我尚未能辨認出有多麼自私的欲念裡，因為這些欲念披上了新的外衣，看來好像是靈修的一部分。雖然我的所有壞習慣確實除去了正式的罪，卻跟著我偷偷進入隱修院，和我一起領受了修道的衣物。這些壞習慣就是：靈性上的暴食、靈性上的耽於聲色、靈性上的驕傲……。

我跳上床，打開聖經，翻到〈雅歌〉，貪婪地一連讀了三章，不時閉上眼睛等待，懷著卑鄙的期望，盼望得到光照、聲音、和諧、甘甜、安慰，盼望聽到天使唱經的歌聲。

我未能如願，只覺得幻滅，就像昔日付出五毛錢看了一場爛電影……。

整體而言，嚴規熙篤隱修會的療養室是最無法找到樂子的地方，只有物質方面可以略微奢侈一點，不但可以盡情享用牛奶和牛油，某日——也許是那位修士搞錯了——居然還得到一條沙丁魚；假如是兩、三條，那一定是弄錯了，但就是因為只有一條，我想應該是有意給我的。

我每天早上四點起床，做輔祭、領聖體，剩餘時間坐在床上讀書寫字。我誦唸日課，然後去病房聖堂拜苦路。近黃昏時，療養室主任傑若德神父會提醒我別忘了用費伯神父的書做默想，那是我們封齋期的指定讀物。

但是當我病情略微好轉後，傑若德神父便將我從床上叫起，要我收拾病房，做些零工。聖若瑟瞻禮日那天，我很高興能到教堂唸晚上的日課，同時在聖壇上的高廊高歌一曲，以為我已出會的人一定都大吃一驚。我們回到療養室後，傑若德神父說：「你唱起歌來嗓門可夠大的！」

聖本篤瞻禮日那天，我終於捲起鋪蓋回到初學院，非常滿意還不到九天就能走出休伊修士稱為「不是加爾瓦略山、而是大博爾山（Thabor）」的地方。

這就可以看出我和休伊修士之間的差異——一個是初出茅廬的修道人，另一個則已達到爐火純青的境界。

人們在講道時一再提到休伊修士，可見他真是一位成功的熙篤會士。我不曾和他交往，只見過面，但即使僅止於此，對他還是有足夠的認識。我不能忘懷他的微笑——我指的並非他在棺木中臉上掛的那種笑容，而是他健在時的微笑，兩者迥然不同。他是一位老修士，笑容卻充滿兒童的率真，充沛地具有那種無以名之、大家都同意的熙篤會士特徵：簡樸的風度。其涵義非常不容易解釋，但是像休伊修士這樣的人——為數並不多——都是靈魂無邪且自由的，因為他們不關心自己，拋棄了自己的想法、見解、意見、欲望，甘心接受來自天主手中的一切，服從院長的希望與命令。他們之所以能夠獲得心靈的自由，全是因為將自己的生活託付在別人手中，秉持著盲目的信心，認定天主會任用我們的院長、導師做為引導我們、塑造我們靈魂的工具。

我聽說這些特點在休伊修士身上一應俱全，因此他也是他們所說的「祈禱的人」。

但是，這種稀奇的組合——既有默觀的精神，又完全服從長上交付的院內諸多令人分心的職責——構成了聖化休伊修士的「熙篤會處方」。

我覺得我們各個會院難得出現幾個純粹的默觀者。日子太活躍了，活動太多，有做不完的事，尤其在革責瑪尼更是如此；它不僅是祈禱的發電廠，還真是一座發電廠。其實這兒有些人打從心底就對工作有幾近誇張的敬意，做事、受苦、思索事情、為愛天主做出實在而具體的犧牲，這就是這裡對默觀的看法，我想也是我們整個修會的普遍看法。它有個名稱，叫「積極的默觀」；「積極」一詞選得好，至於默觀呢？我就不那麼肯定了，就像詩人寫詩總享有那麼一點誇張的特權。

我們只有在理論上可藉著通用的藉口「服從」來消除意志中的所有毒素，但這正是熙篤會的處方，自明谷的聖伯納德及二十位中世紀熙篤主教、院牧代代相傳至今。這就是將我帶回到我自己的生活，帶回到與生俱來、流在我血液中的一項活動：我指的是寫作。

我將所有屬於作家的本能都帶進隱修院了，直到現在依然如此，這可不是走私進來的。在初學院，每逢我有詩興想寫下感想或其他文思，導師神父不但允許我，甚至還鼓勵我。

聖誕期間我已經將哥大時期的半本舊筆記寫滿了，那時我還在望會，經歷了那麼多奇妙的瞻禮日，思緒不斷湧入我腦海中。

事實上，我發現各個瞻禮日上午四點至五點半間、晚課後的空檔時間都十分安靜，是寫詩的好時光；兩、三個小時的祈禱之後，心中充滿平安和禮儀的厚實感。冷窗外露出曙光，天氣若是暖和，鳥兒已開始唱歌，大批意象彷彿在沉靜與安詳中自然結晶出來，詩句泉湧而出。

這樣過了好一陣子，直到導師神父告訴我不能在那段時間寫作才停下來，因為會規規定那個時辰是神聖的，應該用來研讀聖經與〈聖詠集〉。隨著時間的流轉，我發現那遠比寫作更好。

用那段時間來閱讀、默想真是享受啊！尤其是在夏天，帶著書本走到戶外樹下，五月底林子裡的光影、色彩多麼美妙！我從未見過那種綠色與藍色。東方的天空火紅燦爛，你簡直覺得會看到厄則克耳先知筆下有翅膀的活物蹙額來回疾馳，好像閃電。

有六年之久，在瞻禮日的凌晨時光，我只閱讀以下三、四本書：聖奧斯定對聖詠的評註、聖大國瑞的教諭、聖安博評述聖詠的書籍，或是聖德里的威廉（William of St. Thierry）所寫關於雅歌的評論。有時我閱讀這幾位教父之一的書籍，有時只閱讀聖經；一踏入這些偉大聖人的世界，在他們寫作的伊甸園中休憩，我就失去想要利用那段時間寫作的渴望。

此類書籍加上一連串的職責、禮儀年度的季節與瞻禮慶典，還有不同節氣的播種、耕種、收成，種種自然與超自然週期中不同卻密切整合的和諧組成了熙篤會的歲月，生活過得充實且滿足，經常沒有時間也沒有渴望寫作。

自從第一個聖誕節寫了一些詩之後，一月份又寫了一、兩首，聖母獻耶穌於聖殿瞻禮日（Purification）[36]寫過一首，封齋期也寫過一首，此後就沉寂下來了，我很高興能安靜無語。如果沒有其他封筆的理由，就歸咎於夏天是太過忙碌的季節吧！

復活期[37]一開始，我們就種下豌豆與菜豆；復活期結束，已到了採收的時候。五月時，他們在聖若瑟草場第一次收割紫苜蓿牧草，從那之後初學生整天都排成一路縱隊出門，頭上戴著草帽，手裡拿著乾草叉，在農場各處的牧草場上出沒。我們從聖若瑟草場出發，走到屬地最東北角的低窪地，那兒樹林環繞，位於名叫珍珠山的小丘後面；然後我們又到南方的窪地，我用叉舉起一禾束堆的乾草，一條黑蛇從草堆中倉皇逃出。當大貨車滿載時，我們有兩、三人會隨車回去，幫忙將乾草卸到牛棚、馬廄或羊圈裡，這是最艱苦的工作之一。站在又大又暗的廄樓裡，塵土飛揚，貨車裡的人飛快地往你頭上鏟草，你要盡快將乾草裝入廄樓。兩分鐘不到，這個地方就開始肖似煉獄，因為頭頂上的太陽毫不留情地照射著錫皮屋頂，使這個廄樓成為又大又暗、令人窒息的烤箱。當年在世上為非作歹時若能稍稍想到這個牛棚，也許我會三思而後行。

六月的肯塔基州正是太陽肆虐的時候，日正當中，盛怒的光芒鞭打著粘土犁溝，熙篤會士真正做補贖的時節到了。這時小小的修院內院中會出現一面小綠旗，通知大家休息和進餐時間可以不戴風帽；儘管如此，還是熱不可當，就算一動也不動地待在樹下，衣服還是全部濕透。樹林中成千隻蟋蟀嘶嘶作響，喧鬧聲在內院的磚牆和瓷磚地上回響，充斥全院，使整座隱修院發出大煎鍋在火上燒的聲響。此時唱經樓上蒼蠅充斥，必須咬緊牙關才能保持不猛力拍打的決心；想唱歌時，蒼蠅爬過你的額頭，闖入你的眼睛……但這仍是一個奇妙的季節，所得的安慰超過考驗：有許多偉大的瞻禮——五旬節、基督聖體瞻禮（我們用花擺成鑲嵌圖案裝飾隱修院）、耶穌聖心、聖若翰洗者、聖伯多祿、聖保祿瞻禮日等等。

這時你可以真正體驗到我們所謂「積極的默觀」的壓力，尤其是革責瑪尼隱修院還有許多意外的附加事項。你終於了解十八、九世紀古老嚴規熙篤會士在「默觀的操練」（包括合唱日課和默禱等等）中看到的主要是做補贖和自我懲罰的方法，因此這個季節也是初學生放棄修道還俗的季節——其他季節也有初學生放棄修道，但是夏天的考驗最為艱鉅。

我的朋友薩斯多弟兄已在五月出會。我記得在他消失之前幾天，當其他初學生都在教堂撢灰塵時，他則在聖博第祭壇旁嘆氣、閒晃，可憐兮兮的。過去他還是加爾默羅會士時，修道的名字是博第，該是他回到聖博第這位愛爾蘭主保聖徒門下的時候了。

但是我沒有出會的念頭，雖然我和別人一樣受不了那暑熱的煎熬。我的性情積極，覺得自己從事的工作、流下的汗水似乎的確有些價值，因為感覺上正在替天主賣力，如此一想也就滿意了。

---

36 譯註：二月二日。

37 審訂者註：復活期開始於「耶穌復活主日」，結束於「聖神降臨主日」（五旬節），共五十天。

薩斯多弟兄離開那天，我們到農場最西邊新闢出的一塊地工作。我們排成一列縱隊出發，整個藍色山谷就在面前展開，在肯塔基州開闊的蔚藍天空下，可以看到藏在樹間的隱修院、廄房和花園，天空中飄著美得不可比擬的白雲。我自己忖度著：「想要離開這種地方的人都是瘋子。」這種想法可真不如我想像中的那般超性。因為景致優美而愛上此地是不夠的，之所以心滿意足，只因為你是個靈性上的強人，而非天主卑微的僕役。

七月初是收穫季節，我們忙著收割麥子，巨大的打穀機停在東面牛棚處，貨車裝載著一捆捆麥子不停地從四面八方駛來。只見院裡負責管理糧食的人站在打穀機頂端，身後是廣闊的天空，他發號施令，乾淨的新麥從機器中源源滾出，一群庶務初學生一刻也不敢耽誤，忙碌地將麥子裝滿麻袋、捆緊並裝上卡車。負責將麥子送去磨坊的是幾位歌詠初學生，他們在那兒卸下麥袋，將麥子撒在穀倉地板上。大多數人則留在原野上。

那年的豐收真是破天荒，但總怕陣雨摧毀收成，每一天初學生都必須到田裡解開一堆堆禾束堆，將淋濕的捆束散在地上，在陽光下曬乾，以防長霉，之後再一一捆起才能打道回府——但是不久又會有陣雨。總之，那年的收成相當不錯。

夏日漫長的白晝將盡時，我們在原野上，多美啊！太陽不再肆虐，樹林長長的藍影覆蓋著殘株滿地的田畝，到處豎立著金色禾束堆。天空是清冷的，蒼白的半月遙遙朝隱修院微笑，林中微風突然傳來一陣松樹的清香，夾雜著濃郁的田野氣息和豐收的喜樂。當副院長拍手示意收工時，你放下工作，脫帽抹去眼中的汗水，在寂靜中忽然察覺蟋蟀的歌聲讓整個山谷活了起來，持續不變的尖銳高音從原野上向天主奔去，像晚禱的清煙飄上純淨的天空：永續不斷的讚頌！

此時你從口袋中拿出念珠，加入長長的隊伍，搖搖擺擺地踏上回家的路途，靴子踩在瀝青路上鏗鏗有聲，心境那麼平安！你唇上默默地一遍又一遍唸著天上母后的名字，她也是眼前這山谷之后：「萬福瑪利亞，滿被聖寵者，主與爾偕焉……」然後唸到她兒子的聖名，因為祂才有受造的萬物，因為祂才有這一切計畫與意願，因為祂所有的造化才有了格局，這就是祂的國度。「爾胎子耶穌，並為讚美！」

「滿被聖寵者！」這個意念一次又一次使我們心中的恩寵更加滿盈：當隱修士傍晚下工、搖搖擺擺地回家時，誰知道從這山谷、從這些玫瑰經文中有多少恩寵滿溢流入了人間！

對我而言，聖母訪親瞻禮日（Feast of Visitation）是真正詩境的開端，那時天主之母唱出她頌揚上主的歌，宣告全部預言皆已實現，讚揚在她之內的基督成為先知之后與詩人之后。就在聖母訪親瞻禮日過後幾天，我得到約翰保羅的消息。

過去幾個月他一直在加拿大西部平原，在曼尼托巴（Manitoba）的軍營中，每天長途飛行，接受轟炸訓練。現在他已經拿到空軍下士的臂章，隨時準備被遣送到海外去。

他寫信告訴我將會在出發前來革責瑪尼一趟，但是並未確定何時來。

V

聖斯德望．哈定瞻禮日（Feast St. Stephen Harding）過去了，他是熙篤會的會祖，每天我都等著被叫到院長神父的房間，等待他通告我約翰保羅已經到了。

這時玉蜀黍已經長高，每天下午我們扛著鋤頭出去，向玉蜀黍田裡的牽牛花宣戰。我們消失在那一行行綠浪中，誰也看不到誰，假如院長派人來告訴我弟弟已來，我真懷疑那人是否找得到我。我們往往連收工信號都聽不到，經常其他人早已打道回府，卻還有一、兩位較專心的初學生被留在玉蜀黍田裡，在某個偏僻角落死命地鋤草。

不過，根據經驗，我發現了一條定律：在你不做期待時，通常願望就能實現。就是這麼一個下午，我們在離修道院不遠圍牆內的蘿蔔園鋤草時，有人打手勢要我進屋，那時我已記不得自己在期待什麼了，過了一會兒才恍然大悟。

我脫下工作服，直接到院長的房間，敲了門。只見閃出一個「請稍候」的牌子，那是他按了桌上的按鈕顯示的，我別無選擇，只有坐下枯等，一等就是半個小時。

院長終於發現我還在那兒，於是叫人將我弟弟帶來。只見他和亞歷山大修士從大廳走來，精神抖擻、身體挺直，以前寬厚的肩膀現在更是方正了。

我們到了他的房間才有機會單獨相處，我馬上問他想不想領洗。

「我是有點想。」他說。

「告訴我，」我說：「你聽過多少教理？」

「沒多少。」他說。

我進一步追問了幾句話，他說的「沒多少」原來就是「一點都沒有」的委婉說法。

「但是你若不了解領洗的意義，就不能領洗。」我說。

在晚禱之前，我回到初學院，覺得非常難過無助。

「他不曾聽過任何教理。」我悶悶不樂地對導師神父說。

「但是他有心領洗，不是嗎？」

「他是這麼說的。」

我接著說：「你認為我可否在這幾天告訴他足夠的教理，幫他做好準備？詹姆斯神父也可以找機會和他談談。當然，他可以參與所有避靜的討論會。」

當時有幾個週末避靜正在進行。

「讓他帶幾本書去，」導師神父說：「和他談談，把你知道的全告訴他，我這就去找院長。」

次日我帶著一滿懷書匆忙走向約翰保羅的房間，書是從初學院公共書箱偷出來的，不久他房裡到處都是大家為他找來的各種書籍，想全部讀完至少要在修道院再住上六個月。其中有一本橘色小冊子，封面上有一幅美國國旗，書名是《天主教徒真義》（*The Truth About Catholics*），當然還有《師主篇》和新約。我提供的是「特利騰大公會議教理」（Catechism of the Council of Trent），羅伯神父的建議是《百萬人的信仰》（*The Faith of Millions*），詹姆斯神父送來小白花的自傳《靈修小史》（*Story of a Soul*），還有許多其他的書。方濟神父是那年的賓客總招待兼圖書管理員，提供《靈修小史》的也許是他，因為他對小白花非常虔誠。

總之，約翰保羅大概總覽了一下，問道：「這小白花到底是誰？」他將《靈修小史》一口氣讀完了。

在此同時，每天上下午全部的工作時間裡，我都馬不停蹄地將能想到的有關信仰的事完全傳授給他。我的初學同學正在外面幹活，相較之下我這份工作更艱難——更讓人精疲力竭。

天主的存在和世界的創始對他絲毫不成問題，輕描淡寫兩三句話便過去了。他在聖若望大教堂上唱詩班學校時聽過有關聖三的道理，因此我只告訴他，父就是父親，子就是父親對自己的意念，聖神就是父對子的愛；這三位雖然有三個位格，卻具有同一個本性——祂們依據信仰居住在我們之內。

我想我談的最多的是信仰和恩寵生活，我將親身經驗的和我察覺到他最希望能多知道的，一五一十告訴他。

他來到這兒並非為了追求抽象的真理：我一開始和他談話就已經從他眼中看到隱藏在內心的飢渴被喚醒了，是那種飢渴帶領他到革責瑪尼的——我肯定他並非純粹來看我。

這種對平安、救贖、真正快樂的無盡渴望，我是多麼熟悉啊！

此時一切浮華辭藻、精心工巧的辯詞都是多餘的：沒有必要裝聰明，也不必要花樣引他注意，他是我弟弟，我能和他直言相談，用我們倆能理解的語言，其餘的就靠我們之間的友愛了。

你也許會預料此時兄弟倆一定在「憶當年」吧！從某個角度來說的確是這樣的，我們過去的生活、我們的回憶、我們的家庭、那棟我們稱為家的房子、那些我們以為做了會開心的事情——確實都是我們談話的背景，間接穿插進入我們談話的主題。

昔日情境深深烙印在我們的回憶中，不必特意提及那些可悲而複雜的過去——充滿紛擾、誤解、錯誤的過去。就像汽車意外發生了，傷者在急診室中撿回性命，日後那記憶仍是那樣真實、鮮明、歷歷在目。

沒有信仰可能會有快樂嗎？如果沒有能超越我們一切所知事物的原則，怎麼可能有快樂呢？

在道格拉斯頓，我外祖父母建了房子，也打理了二十五年，冰箱永遠滿滿的，地毯乾乾淨淨，十五種雜誌放在客廳桌上，一部別克停在車庫中，後面陽台上鸚鵡尖叫，和鄰居的收音機唱對台，這棟房子象徵著一種除了為他們帶來混亂、焦慮、誤會、怒氣之外別無他物的生活。就在這棟房子中，外祖母每天花費好幾個小時坐在鏡子前，在臉頰上塗抹冷霜，好像準備去歌劇院——但是她從未去過歌劇院，只在夢中看過歌劇，她在劇中不安而孤立地坐在瓶瓶罐罐的油膏前。

就在這種環境下，我們用這一代人能給予我們的東西做出反應，結果所做的無非是上電影院，到長島泡便宜、燈光昏黃的小酒吧，或是到城裡泡更嘈雜、更堂皇的酒吧，做著外婆在家中所做的夢，我們也從未看到我們自己的歌劇。

假如有人想要不靠恩寵過日子，他的作為並非都是邪惡的，這點的確可確定。他照樣可以做許多好事，例如駕車，還可以讀書、游泳、繪畫，做所有我弟弟在不同時期做過的事：集郵、收集明信片、收集蝴蝶標本、讀化學、攝影、駕駛飛機、學俄文，這些事本身都是好的，沒有恩寵也能完成。

但是，如今絕對沒有必要停下來問他，沒有天主恩寵，往日的種種追求曾否讓他得到些許快樂。

我和他談信仰。信仰是一件禮物，藉著信仰，你觸摸到天主；在黑暗中，你進入天主，並接觸到祂的本質與真相：因為祂內在的本質不是我們藉著感官和理智就可以接近、理解的。然而，有了信仰就可不費吹灰之力超越所有局限，因為是天主將自己顯露給我們，我們只要謙遜地接受祂的啟示，同時遵從一個特定方式：從他人口中接受祂的啟示。

一建立好這種天人聯繫，天主便會給予我們聖化的恩寵：那就是祂自己的生命，是愛祂的一種力量，這種力量能克服我們盲目靈魂的弱點與有限，讓我們侍奉祂，控制自己瘋狂、叛逆的肉身。

「一旦有了恩寵，」我對他說：「你就自由了。沒有恩寵，明知不該做、不願做的，卻無法不做，但是一旦有了恩寵，自由就屬於你；領洗之後，世上沒有什麼東西可以強迫你犯罪——沒有什麼東西會驅使你違背良心去犯罪。只要擁有這種意願，你就會永遠自由，因為你會得到助力，需要多少就能得到多少，隨時有求必應，經常還早於你提出要求之前。」

從那時起，他就非常急於領聖洗聖事。

我到院長的房間。

「我們當然不能讓他在這兒領洗，」他說：「可以安排在附近的本堂進行。」

「你認為有可能嗎？」

「我會請詹姆斯神父和他談談後，回來告訴我他的想法。」

星期六下午，我已經將所有心得傳授給約翰保羅了。我提到聖事與赦罪，然後倒回去向他解釋教外人士覺得神秘的觀念「聖心」。說完後我停下了，實在是精疲力竭，已經沒有什麼可以給他了。

而他安然坐在椅子上說道：「繼續說啊，再多告訴我一些呀。」

次日是星期日，是聖亞納瞻禮日，會議之後、大禮彌撒之前有一長段空檔，我問導師神父是否可去賓客屋。

「院長告訴我，你弟弟可能要去新哈芬領洗。」

於是我到初學院聖堂祈禱。

晚餐後，我知道那確是事實。約翰保羅坐在他的房裡，沉默而快樂，我已有好多年不見他如此安詳了。

我隱約理解到，過去四天，我十八年或二十年來立下的壞榜樣已經被天主的愛洗淨，已變成好的了。在我的靈魂中，我愛誇口炫耀、愛愚蠢地自鳴得意所造成的罪惡已經獲得寬恕，同時也自弟弟體內滌清了，心中充滿平安與感謝之情。

我教他如何使用彌撒書，如何領聖體，因為一切都已經安排好；領洗後次日，他要在院長的私人彌撒中初領聖體。

次日清晨，在整個會議進行中，我都暗暗擔心約翰保羅會迷路，生怕他找不到前往勝利之后（Our Lady of Victories）聖堂的路。會議一結束，我就搶在院長神父前頭進了教堂，走入那空盪盪的建築跪了下來。

約翰保羅仍然無影無蹤。

我一轉身，看到正廳底端講壇上方高懸的誦經席空無一人，下面單獨跪著的就是身著軍服的約翰保羅。他似乎遙不可及，在他跪著的俗世教堂和我跪著的誦經席之間有一道上鎖的門，我無法大聲告訴他應該如何繞遠道經過賓客屋到我這兒來，他也看不懂我的手勢。

就在這一剎那，遺忘的童年往事突然在腦海中閃現，有好幾十次我丟石頭趕走約翰保羅，不讓他和我及朋友一起蓋小屋。現在忽然舊事重演，情境如昨：約翰保羅遠遠站在那兒，迷惑不已，無法跨越我們之間的距離。

現在他已死了，有時這種意象會在我心中縈繞不去，好像他還是無助地站在煉獄中，或多或少要依靠我救他，等待我為他祈禱。但我希望他早已從煉獄中出來了！

導師神父帶他過來了，我點燃了勝利之后祭台上的蠟燭。彌撒開始之前，我從眼角看到他跪在跪凳上，我們一起領了聖體，大功告成。

次日他就離開了。會議之後，我至大門口送行，有個訪客讓他搭便車到巴茲鎮。車子轉了個彎、開始上路時，約翰保羅轉過頭來揮手；就在那個時刻，他的表情似乎顯示出他和我一樣有預感今世也許不會再見面了。

秋天到了，九月間，所有年輕的隱修士必須替亡者誦唸十遍〈聖詠集〉。這個季節總是秋高氣爽、豔陽當空，卷雲高高在上，鋸齒狀山頂的森林變了顏色，呈鐵鏽色、血色和黃銅色。我們每天都出去收割玉蜀黍，聖若瑟草場早已收割完畢，綠穗已送入地下儲藏室。目前我們正橫越中、下方窪地，在那一望無際滿是石頭的田裡用刀子砍出一條路，刀子碰擊乾燥的玉蜀黍桿，發出清脆的聲音，就像來福槍的槍聲。那些空地儼然成了打靶場，我們拿著二二口徑的槍不停射擊。

我們的腳步走過之處一排排空道出現了，巨大的禾束一堆堆豎立在那兒，兩名最晚來的初學生以粗繩將禾束制服，再用細繩捆縛妥當。

十一月間，剝玉蜀黍殼的工作就要告一段落，肥火雞在槽裡大聲咯咯叫著，黑鴉鴉地成群從鐵絲籬笆這頭跑到另一頭，天空陰沉沉的。我接到約翰保羅從英國寄來的消息，他從最初留駐的波茅斯寄來一張明信片，上面有西海崖（West Cliff）附近我熟悉的寄宿之處；只不過十年前，我們還在那兒度假：想起來真不可思議，有恍如隔世之感——好像的確有靈魂轉世這麼回事！

之後他被派到牛津郡某地，他的信寄到時常有幾個被整整齊剪掉的長方形空洞，但是看到他寫著「我很高興去——，又見到了——和那些書店」，我就知道該在第一個空洞補入「牛津」，在另一個空洞補入「大學」，因為郵戳上分明有班柏立（Banbury）一字。他仍在受訓，看不出還有多久才會真正到德國上空作戰。

這段期間他的信中談到認識了一個女孩，將她描繪了一番。不久得知他們計畫要結婚，我為這件婚事高興，卻又認為他們有點草率，覺得可惜：他們有機會找個房子安住下來嗎？人人都希望如此，但如今機會渺茫。

聖誕節又來到隱修院了，和去年一樣帶來恩寵與安慰，只是我的感覺較去年更加強烈了。在宗徒聖多默瞻禮日那天，院長神父允許我私下向他發願，較獲准公開發願早了一年多；即使能每天發十個不同的願，我還是無法表達我對隱修院和熙篤會士生活的感受。

一九四三年就這樣展開，一週一週很快過去，匆匆就進入了封齋期。

封齋期要遵守許多規定，其中之一便是告別信件，隱修士在封齋期和將臨期不准收信，也不准寫信。聖灰日前，我得到約翰保羅最後的消息，他計畫在二月底結婚。我必須在復活節之後才能得知他是否結婚了。

去年我第一次過封齋期，守了一點齋，但是後來不得不中斷，因為有將近兩週我住進病房，如今是我第一次有機會完全守齋。那段日子我對食物、營養、健康還是懷著俗世的看法，認為嚴規熙篤隱修院封齋期的守齋相當嚴格。我們中午之前什麼都不吃，中飯只吃兩碗東西，一碗湯，一碗蔬菜，麵包隨便吃，但是晚餐只有點心——一片麵包和一碟像蘋果醬的東西——兩盎斯而已。

然而，假如我待的是十二世紀的熙篤會隱修院，甚至十九世紀的嚴規熙篤隱修院，我就只得縮緊腰帶忍受飢餓到下午四點了，就只有這麼一餐，沒有點心，也沒有封齋期小早餐。

知道實情後我覺得很沒面子，我們現在的封齋期守齋並不難受；目前早上的工作時間是上神學課程的時候，不像在初學院時要到小徑上擊碎石頭，或是在柴棚劈木柴。這種差別很大，因為空著肚子舞動長柄大錘膝蓋是會打顫的，至少我會這樣。

在一九四三年的封齋期，我已經可以騰出部分時間做室內工作，院長神父讓我負責翻譯一些法文書籍和文章。

因此，望完團體彌撒之後，我就拿著書、鉛筆、紙張到初學院繕寫室工作。我拼命在黃色紙張上飛快地書寫，一寫完就有另一位初學生拿去打字，在那段日子甚至有位秘書幫我忙。

這漫長的補贖禮儀在聖週達到高潮，哀歌悲戚的呼叫聲再次迴盪在隱修院教堂的黑暗唱經樓裡；接下去的四個小時，我們在會議室誦唱耶穌受難節詩篇，歌聲如雷。內院中，只見光著腳走動、噤聲不語的隱修士，朝拜十字聖架時伴唱的是漫長憂傷的單旋律聖歌。

能在聖週星期六再次聽到久違的鈴聲多麼讓人寬心啊！從死亡之眠醒來，聽到一連三聲「阿肋路亞」。那年復活節來得不能再晚了——四月二十五日——整座教堂中鮮花多得醺人，那是肯塔基州春天的氣息，是馥郁醉人的野花香味，甜美豐盛。我們剛小睡了五個小時，現在來到這充滿溫暖夜晚空氣的教堂，盡情享受香味的濃郁，不久開始復活節序經，歡騰鼓舞之情臻於頂點。

復活節日課中的聖歌及輪唱讚美詩氣勢多麼宏偉啊！國瑞聖歌按理該單調，完全缺乏現代音樂的花俏與資源，但是卻如此變化多端、無限豐富，因為它微妙、深沉、充滿靈性，扎根處遠遠超過膚淺的技巧和「技術」，深入靈性生活與人類靈魂的深淵。那些復活節的「阿肋路亞」雖然只局限於八個國瑞聖歌調式的狹窄範圍，卻能達到多彩、溫暖、有意義、歡樂的境界，沒有其他音樂能有此種能耐。就像熙篤會的一切——比如說，就像熙篤會士——其輪唱讚美詩由於服從一種嚴格的規定，看來個性似乎被毀滅了，其實反而獲得另一種獨特、無可匹敵的個性。

就在這種氣氛下，消息從英國傳來。

復活節前夕，我在膳堂餐巾下找到幾封信，其中一封是約翰保羅從英國寄來的。我直到復活節後的星期一才讀信，信中說他已依照計畫結婚了，和太太到英國湖區待了一週左右，然後被調到新的基地，在那兒就要準備作戰了。

有一、兩次他轟炸了某處，但是他根本沒給查信者剪掉文字的機會，由此可見他大大改變了對戰爭和他在其中所扮角色的態度。他不願意談這碼子事，似乎無話可說；他說沒心情談論這些，那口氣已說明他有過多麼恐怖駭人的經驗了。

約翰保羅終於與他和我協助創造出來的世界正面交鋒了！

復活節後的星期一下午，我坐下寫信給他，希望盡我所能給他一點鼓勵。信寫完時已是復活節後的星期二，我們在唱經樓望團體彌撒，導師神父進來，打了個手勢，意指「院長」。

我走向院長神父的房間，心裡已經完全有數。路上經過修院內院一角的聖母緊抱耶穌屍體像，我將自己的心願、天性中的手足之情和其他一切都埋葬在耶穌屍體的傷口中。

院長神父亮出准許進入的牌子，我跪在他的桌旁領受他的祝福，親吻他的戒指。他唸電報給我聽，我的弟弟約翰保羅．牟敦下士於四月十七日在戰役中失蹤。

我一直不能理解這份電報為何這麼久才送到，四月十七日至今已經十天——那是受難聖週的最後一天。

又過了幾天，有確定消息的信寄到了；過了幾週，我終於知道約翰保羅的確死了。事情的經過如下：十六日星期五的晚上（那是痛苦聖母瞻禮日），他和夥伴駕駛轟炸機出航，目標地是曼海姆（Mannheim），至今我仍無法斷定墜機是發生在去程或回程中。飛機掉落在北海，失事時約翰保羅受傷很重，他竟然有辦法漂浮在水面上，甚至試圖協助駕駛員，其實駕駛員已經死了。他的夥伴設法讓橡皮小艇浮了起來，將他拖進小艇。

他的傷勢很嚴重，也許脖子斷了，神志不清地躺在小艇底層。

他渴極了，不斷討水喝，但是他們沒水給他，墜機時儲水箱破了，水已流盡。

事情沒拖太久，他忍了三個小時後死了，有點像愛他、許多世紀之前為他而死的基督忍受了三個小時的口渴；就在同一天，祂在許多祭台上再次奉獻祂自己。

他的夥伴受到更多苦難，但是終於平安獲救，那是五天後的事了。

第四天，他們將約翰保羅埋葬在海裡。

好弟弟，若我無法成眠，
我的雙眼是你墳上的花朵；
若我嚥不下麵包，

我的齋戒將在你喪生之處如楊柳般生長。
火熱中，我若無緣覓水止渴，
我的渴將化為泉水，獻給你這可憐的旅者。

在哪個戰火瀰漫的荒涼國度
躺著你可憐的身軀，迷失，死去？
在哪個災難的鄉土
你不快樂的魂兒迷失了途徑？

來，在我的勞苦中安息，
在我的悲傷裡枕放你的頭，
不妨拿走我的生命，我的鮮血，
替你自己買張好點的床——
或取走我一口氣，拿我的死
替你自己買來較安逸的長眠。

戰爭中人人中彈，
旗幟倒地蒙塵，

我的、你的十字架仍要告訴人們，
基督為我倆死在我們的十字架上。

在你四月失事的殘骸裡，躺著被殺戮的基督，
基督在我青春之泉的廢墟中哭泣：
祂的眼淚似金錢般
滴入你虛弱無依的手裡，
贖你回歸故里；
祂沉默的眼淚落下，
如鈴聲墜落你客地的墳上。
聽啊，來吧：鐘聲呼喊你回家。

跋

不幸者在孤獨中的默想

I

日與日侃侃而談，天空雲彩千變萬化，四季緩慢而規則地走過我們的林野，還來不及察覺，時間就遁去了。

炎炎六月，基督才從天上將聖神降在你身上。沒多久，你環顧四周，看到自己站在曬穀場上剝玉蜀黍皮，十月底刺骨的寒風正橫掃疏林。再一轉眼就是聖誕了，基督誕生。

三台大彌撒的最後一台是天明大禮彌撒，我是彌撒輔祭者之一。在更衣室披上祭衣後，我們在聖所內等候。如雷的風琴聲中，院長神父帶領隱修士列隊經過修院禁地前來，又在勝利之后聖堂的聖體前小跪片刻，天明彌撒便開始了。我畢恭畢敬、行禮如儀地呈上牧杖，他們走向祭台，唱經班開始詠唱偉大的彌撒序曲，整個聖誕節光輝的意義得以發揚光大。聖嬰降生於地時，身分卑微，躺在搖籃裡，在牧羊人面前；今天祂在天上誕生，誕生於榮光中，莊嚴雄偉，祂的誕生之日就是永恆。祂是永生、萬能、上智的，在晨星升起前誕生；祂是開始，也是最終，永恆地因聖父、無限的天主誕生；祂自己就是天主，祂是出自天主的天主，出自光明的光明，出自真天主的真天主。天主自己誕生自己，永遠如此，祂自己就是祂的第二位格：合一，但永遠從祂而生。

祂又每時每刻在我們心中誕生：這種無歇止的誕生、永遠的開始，沒有止境；這種天主的永恆、完美的創新，誕生了祂自己，從祂自己發出，卻不離開自己，亦未改變祂的一體性，這就是我們內在的生命。但是看啊！祂忽然再次誕生了，在耀眼的光照下，祂在這祭台上潔白似雪的殮布上降生了，並在靜默的祝聖禮中被高舉在我們之上！天主之子，聖子，道成人身，全能的天主。噢，基督，這個聖誕節祢要向我說什麼？在祢誕生之際，祢為我準備的是什麼？

在唱〈除免世罪的天主羔羊頌〉（Agnus Dei）時，我將牧杖放在一旁，大家一起走到讀書信的位置，領受和平吻禮。我們相對鞠躬，這種敬禮依序傳遞下去。我們低垂著頭，雙手合十，然後一起轉身。

突然我發覺自己正對著賴克斯的臉，他站在替訪客排好的椅凳旁，離聖所的台階非常近，再進一步便在聖所內了。

我對自己說：「好極了，現在他也要領洗了。」

晚餐後我到院長神父的房間，告訴他賴克斯是我的老友，可否和他談談。通常只有家人才准許探望我們，但是我家中幾乎沒人了，院長神父允許我和賴克斯略談一下，我也提到他可能已有準備領洗。

「難道他不是天主教徒？」院長神父問。

「院長神父，他還不是。」

「那麼，為何他在昨晚的子夜彌撒領了聖體？」

在賓客室中，賴克斯告訴我他領洗的前因後果。他原本在北卡羅來納大學替幾名求知心切的年輕人開了一門廣播劇寫作課，將臨期近尾聲時，他收到瑞斯的一封信，大意是：「來紐約吧，我們找一位神父為你付洗。」

經過多年來翻來覆去的辯論，賴克斯突然就這麼跳上火車，去了紐約。從來沒有人以這種方式向他提到這件事。

在公園大道的教堂，他們找到一位耶穌會神父，就這麼領洗了，事情就是這麼簡單。

那時賴克斯說：「現在我要去肯塔基州嚴規熙篤隱修院拜訪牟敦了。」

吉卜尼對他說：「你是猶太人，現在又成了天主教徒，何不乾脆把臉塗黑，那麼南方人最痛恨的三件事在你身上便一應俱全了。」

聖誕前夕，夜幕已降，賴克斯到了巴茲鎮，站在路邊等待便車來隱修院。有幾個傢伙讓他上了車，他們一路用經常聽到的陳腔濫調談論猶太人。

於是賴克斯告訴他們，他不只是天主教徒，而且是改信天主教的猶太人。

「喔，」那些傢伙說：「你該曉得我們談論的只是正統的猶太教徒。」

從賴克斯口中我再次聽到我記憶深刻的幾位朋友的片斷消息：戈迪加入了陸軍，駐守在英國，九月時領洗了。瑞斯在某家以新聞照片為主的雜誌社工作。吉卜尼已經結婚，過一陣子會和賴克斯替另一家以新聞照片為主的雜誌社工作——新成立的雜誌社，是在我入隱修院後才創辦的，雜誌名稱叫「誇示」或「炫耀」之類的。我不知道蓓姬是否已經去了好萊塢，但是不久她真的去了，至今還留在那兒。南茜不是在《時尚》（*Vogue*）就是在《哈潑》（*Harper's Bazaar*）工作。我無法進入方濟會的那年夏天，所有住在奧利安小屋的人前後都曾替《住宅與庭園》（*House and Garden*）工作過，我總覺得這整件事很玄，也許是我做夢時夢到的。但是有那麼三、四個月，不管是多久，《住宅與庭園》一定是一本相當有看頭的雜誌，和以前我在候診室打著哈欠看到的絕對大不相同。

費禮德古德在印度，他加入了陸軍；就我所知，他的柔道還無用武之地。他在印度的主要任務就是替陸軍的阿兵哥辦報紙。有一天他走進印刷機房，替他做事的排字工人都是印度教徒，脾氣隨和極了。他站在印刷機房正中央，在當地人眾目睽睽之下用一份報告打死了一隻蒼蠅，聲如巨炮，響徹整間工廠。所有印度教徒立刻罷工，列隊離去，我想就是因為那樣，他才有足夠的空閒時間到加爾各答拜訪巴拉瑪卡瑞。

賴克斯回紐約時帶走了我的一些詩稿，其中一半是我入初學院後寫的，另外一半大部分是以前在聖文德寫的。來到革責瑪尼之後，這才第一次取出來做了一番整理選擇的功夫，就像是替一個陌生人、一個死去的詩人、一個已經被遺忘的人編輯作品。

賴克斯將這些選稿帶去給范多倫，范多倫又將稿子給了新方向出版社；就在封齋期前，我得知他們正計畫出版那些詩稿。

那本非常清爽的小書《詩三十首》（*Thirty Poems*）在十一月底來到我手裡，正值我們年度避靜之始，那年是一九四四年。

我走出去，站在陰霾的天空下，在墓地邊緣柏樹叢裡，站在寒意逼人的風中，手上拿著那本剛出版的詩集。

II

在此之前，我已經消除了自己真正身分方面的問題。我已經發過初願，所發的願應該足以卸下我僅存的最後一絲特殊身分。

然而，這個陰影，這個替身，這跟我一起進入隱修院的作家，總和我形影不離。他總是跟蹤著我，有時騎在我肩膀上，像海上老人，我擺脫不掉他。他仍然掛著多瑪斯．牟敦的名字，那是敵人的名字嗎？

他應該已經死去了。

但他總是站在我所有的祈禱門廊中迎接我，跟隨我進入教堂。他在柱子後和我一起跪著，他是猶達斯（Judas），在我耳邊喋喋不休。

他是個商人，滿腦子生意經，就活在心計和新計謀中。他在靜默中生產書籍，那種靜默原本應是甜美的，因為默觀孕育出潛力無窮的混沌。

最糟的是，他有我的長上做後盾，他們不攆走他，我也趕不走他。

也許最終他會致我於死地、飲盡我的血，似乎沒有人了解我們當中的一位必須死去。

有時我真是害怕極了，那些日子我的聖召似乎蕩然無存——我默觀的聖召——只剩些許灰燼，但是人人都很平靜地告訴我：「寫作是你的聖召。」

他就站在那兒，堵住我邁向自由的路徑。我被捆縛在世上，那些合約、評論、待校的稿件使我動彈不得，就像受埃及人的奴役虐待一般，寫作的計畫駕馭著我。

當我最初有寫作的念頭時，曾將想法告訴導師神父和院長神父，我認為那是我「心地純樸」的表現，以為我只不過是「對我的長上坦誠」；就某方面而言，我是的。

但是，沒多久他們就認為應該任命我做翻譯和寫作的工作。

這真的有點離奇。過去嚴規熙篤會士曾經明確、甚至誇張地反對學術性工作，德杭瑟（De

Ranc）曾搖旗吶喊表示他厭惡身兼業餘藝術愛好者的隱修士，因此向整個聖莫爾（Saint Maur）的本篤會發起唐吉軻德式的戰爭，其結局是德杭瑟和偉大的馬畢庸（Mabillon）神父達成妥協，讀來就像哥爾德斯密斯（Oliver Goldsmith）的作品。十八、九世紀之間，嚴規熙篤會士只要閱讀了聖經及聖人傳記之外的讀物，都會被認為犯了某種隱修士不該犯的罪，我指的傳記，其內容無非是聖人的一連串神妙奇蹟夾雜著虔誠的陳腐之言；然而，如果隱修士對教父（Fathers of the Church）[1]的生平太有興趣，又會引起質疑。

但是我進入的革責瑪尼隱修院卻大大不同。

第一，我的會院衝勁大、生氣蓬勃，為九十年來罕見。經過一個世紀的埋頭奮鬥，革責瑪尼在熙篤會和美國天主教會中突然成為顯赫、活躍的一股力量，會院中望會生和初學生有人滿為患之慮，沒有足夠的空間收留所有人。其實在一九四四年的聖若瑟瞻禮日我發初願那天，院長神父就正在發表被選去革責瑪尼第一個女隱修院的人員名單。兩天後，在聖本篤瞻禮日，移民團上路前往喬治亞州，找到一個距亞特蘭大三十哩的廄房為住處，他們在乾草房裡誦唱聖詠。至本書出版時，猶他州、新墨西哥州應已分別成立一個熙篤會隱修院，南部還有另一所會院正在籌畫。

革責瑪尼的成長是整個修會在世界各地靈性活力擴大的表現之一，連帶發生的便是有相當份量的熙篤文獻問世了。

美國即將有六間熙篤會隱修院，也快要有修女院了。愛爾蘭和蘇格蘭也將成立新的大本營，

1 譯註：指教會初期的神學家。

這意味著迫切需要以英文書寫熙篤會士生活、靈修、歷史的書籍。

除此之外，革責瑪尼已經成為有宗徒使命感者的加油站。夏天的每個週末，賓客屋住滿做避靜的人，他們祈禱，與蒼蠅對抗，抹去眼中的汗水，聆聽隱修士誦唸日課，在圖書館聽講道，吃咯文修士在陰濕地窖中製作的乾酪——這倒是挺應景的食物。應避靜熱潮的需要，革責瑪尼陸續出版了許多小冊子。

賓客屋休息室中的書架上排滿了藍、黃、粉紅、綠、灰色的小冊子，有的封面精緻，有的封面樸素，有的甚至附有圖片，標題包括：「嚴規熙篤會士說……」、「嚴規熙篤會士宣講……」、「嚴規熙篤會士懇求……」、「嚴規熙篤會士保證……」等等。嚴規熙篤會士到底說什麼、宣講什麼、懇求什麼、保證什麼？他們說的不外是「時候到了，糾正你對事物的看法」、「為何不趕緊去辦告解」、「死亡之後是什麼」諸如此類的話。這些嚴規熙篤會士對在俗的男女教徒、已婚未婚者、年長年輕者、軍人、退伍軍人或因重度殘障無法入伍的人都有話說，他們對修女進一句忠言，對神父則不只一句；他們連對如何造屋也有意見，還指導大學生如何讀完四年而不至於在靈性方面太受打擊。

甚至還有一本對默觀生活有意見的小冊子。

此情此景很容易讓人了解我的替身、陰影、敵人、多瑪斯．牟敦、海上老人為何大行其道。如果他建議為修會寫某種書，修會必定會採納，他想要出版的詩總會有人願意和他洽談；即使要為雜誌撰寫文章，又有何不可……。

一九四四年初，我即將發初願。一月的聖依搦斯瞻禮日那天，我為她寫了一首詩，完工時的感覺是，即使餘生不再寫詩也不覺遺憾。

那年年底，當《詩三十首》出版時，我的想法不但沒有改變，甚至更加堅決了。

因此，賴克斯再次來此過聖誕節時，告訴我應該多寫些詩，我沒有和他爭辯，但是內心總不覺得那是天主聖意，我的告解神父也不認為那是天主聖意。

然後有一天——一九四五年的聖保祿皈依瞻禮日——我去找院長神父尋求指導，我根本還沒想到、更沒提到這個話題，他忽然就說了：

「我要你繼續寫詩。」

III

好安靜啊！

早上的太陽照在夏天新漆過的門樓上，顯得特別明亮。從那兒望去，聖若瑟小丘的麥子快成熟了，為了預備晉升六品而做避靜的隱修士正在賓客屋花園挖土。

真安靜。我想到我所在的隱修院，想到隱修士、我的兄弟、我的長上。

大家都有萬事纏身。有人為食物奔波，有人為穿著忙碌，有人忙著修理管道與屋頂，有人油漆房子、打掃房間、在膳堂擦地板，還有戴著面罩至養蜂處取走蜂蜜，其他三、四人在房裡打字機前整天回信給要求代禱的不快樂者，又有些人在修理拖拉機、卡車，其他人則駕駛這些修好的車輛。修士費盡氣力想要把轡繩套到騾子身上，有人必須上牧場找回牛群，有人則為兔子發愁，有人說他會修錶，有人則為猶他州的新隱修院擬計畫。

不用照料雞群豬群、不用寫小冊子、不用打包寄書或處理我們彌撒書本複雜帳目的人——凡是沒有特別職責的人，就到馬鈴薯田或玉蜀黍田除野草吧！

聽到尖塔傳來的鐘聲，我會停止打字，關上工作室的窗戶。斯維修士將那機械怪物般的剪草機放置妥當後，他的助手扛著鋤頭鏟子回家。假如在團體彌撒前有空閒時間，我會取出一本書在樹下漫步閱讀，其他大多數人會坐在繕寫室裡寫下自己的神學會談記錄，或是將書中字句抄寫在信封反面。有那麼一、兩個人會站在內院通往隱修士花園的門廊裡，將念珠繞在手指上，似乎在等著什麼事發生。

然後我們一起去唱經樓，那時會很熱，風琴很響，正在學新曲的風琴師一路彈出許多錯誤。但是，我們在祭台上祭獻給天主的是基督，祂是我們永恆的祭祀品，我們屬於祂，祂帶領我們，讓我們團結一心。

耶穌的愛使我們結合為一體。

IV

美國終於領會到默觀生活的妙處了。

基督徒靈修史上有許多矛盾，例如諸教父和近代各個教宗對積極入世的生活與默觀生活的看法就有相當大的出入。聖奧斯定和聖國瑞雖然惋惜默觀生活的「不能生育」，但他們還是承認默觀本身較行動優越；不過，教宗碧岳十一世（Pius XI）卻在〈默觀者〉（Umbratilem）憲章中清楚聲明，默觀生活為教會孕育出更多果實，比教學和傳道等活動的貢獻還多。讓膚淺的觀察家更驚訝的是，此篇文告竟然是我們這個精力充沛時代的產物。

其實，只要是察覺這種辯論之存在的人，都可以告訴你聖多瑪斯的教誨包括下面三種聖召：入世、默觀和混合式，最後一種超越前兩種。這種混合式當然就是聖多瑪斯所屬修會道明會採取的方式。

但是聖多瑪斯也坦率地發表過一篇文告，其內容和碧岳十一世那篇憲章同樣不妥協。「默觀生活，」他說：「其真正本質是較入世生活高超的。」更重要的是他引用異教哲學家亞里斯多德的論證，採用自然推理證實了上述說法。這夠深奧了吧！後來他以明確的基督宗教詞彙發表最有力的論證，認為默觀生活者以天主之愛直接即時地充滿自己，沒有較此更完美、更有價值的行為了。那種愛的確就是各種德行的根源。當你領悟個人德行對其他基督奧體的肢體[2]活力的影響時，就知道默觀生活絕非「不能生育」；相反地，聖多瑪斯針對此事所做的論證就強調了默觀生活者在靈性方面是生產力豐沛的。

當他附帶承認積極入世的生活在某些情況下可能較默觀生活更完美時，他為這種陳述設立了六個非常嚴謹的限定條件，使他先前對默觀生活的論點更加堅強。首先，行動必須是愛天主之情滿溢的結果，是為了履行天主的旨意，唯有如此，行動方能超越默觀生活的喜樂與靜息。行動只

2 譯註：指教友。

能作為暫時應急之用，不可持續不斷；其目的純粹是榮耀天主，不能因此豁免我們默觀的義務。它是一種額外的義務，我們必須盡快回到讓我們靈魂與上主結合的靜思中，這種沉靜是有力量、能繁衍果實的。

積極入世的生活（力行美德、苦修、行愛德）在先，替默觀生活做好準備。默觀意指休息、中止活動，隱退進入神秘的內在孤寂，靈魂沉醉在天主浩瀚豐盛的沉靜中，不靠學習而賴豐收的愛就能獲知天主完美的奧秘。

然而，若是止步於此，仍無法抵達完美的境界。根據明谷的聖伯納德之見，較軟弱的靈魂抵達默觀境界，卻未能到達愛德外溢的境界，他們心中不覺得要將對天主的了解傳遞給他人。但是毫無例外地，所有偉大的基督徒神秘主義者，如聖國瑞、聖女大德蘭、聖十字若望、雷斯博克的真福若望（Blessed John Ruysbroeck）、聖文德等人，當他們的神秘生活登峰造極時，靈魂將與天主締結姻緣，並且得到一種不可思議、平靜、雋永、不倦的助力，為天主和眾人的靈魂工作，其成果是聖化千萬人、扭轉宗教歷史乃至俗世歷史的軌跡。

有鑒於此，聖多瑪斯不得不將最卓越的地位留給這種聖召；在他眼裡，這種聖召註定要帶領人們走向默觀的高峰，靈魂必將自己的秘密外溢，和世人分享。

不幸的是，聖多瑪斯也說過：受命傳道、辦教育的宗教機構在信仰方面居於最高位。坦白說，這種簡單的說法容易引起誤解，使人彷彿只看到虔誠用功的神職人員在圖書館與教室間匆匆奔波。假如信仰的最高境界不過如此，基督徒是不會輕易接受這個答案的；可悲的是，許多人——包括那些「混合式」修道院的成員——無法在其中尋得更深刻的意義。假如你能發表一場略帶學術性的演講，將士林哲學思想應用到社會狀況，別人就認為你高明無比了……。

不，我們必須牢牢盯住那些熱情的字句，看看聖多瑪斯如何為可以捨默觀而就活動的生活定下條件。首先談「因為愛天主之情滿溢」。只有當你愛得如此熱烈、豐盛、不得不藉教育和傳道方式全盤傾洩出來時，「混合式生活」才能算是超越純粹默觀的生活。

換言之，聖多瑪斯教誨我們的是，混合式聖召只有在較默觀生活更具默觀精神時，才算是更高超的。這個結論不容置疑，它宣示出嚴格的條件。聖多瑪斯真正要說的是：道明會士、方濟會士、加爾默羅會士必須是超級默觀者。如果不採取這種詮釋，就和他極力頌揚默觀生活的精神完全背道而馳了。

今日美國的「混合式」修會是否已確實達到預期的默觀水準，我無意在此作答，但是無論如何，大部分修會其實已做了妥協以解決這個難題。他們將神父與修女的責任分開，修女在隱修院過默觀的生活，神父在大學、城市教書講道。根據〈默觀者〉憲章和基督奧體教義，如果沒有其他出路，這樣的解決之道還算差強人意；然而，不論對個人或對教會而言，聖多瑪斯擬訂的方式卻更完整、更令人滿意！

但是默觀修會要怎麼做？修會會規及習俗授與他們過默觀生活所需的條件，如果成員不能達到目標，難處並非來自他們實際的生活方式。姑且認為他們已經符合會祖的原意，真正做到或盡其所能地過著默觀生活，難道他們真的就和一般人不同了嗎？

事實上，在所有純粹默觀的男修會會章某處總會找到「傳播默觀的果實」的概念。儘管嘉都西會士費盡心血確保在隱修院內過沉默、孤寂的隱士生活，他們原本的會規也明寫著要從事謄寫稿件、著書等特殊工作，即使口舌是沉寂的，仍可用筆向世界傳道。

熙篤會就沒有這種立法，他們遵守的規章甚至限制他們出書，並且完全禁止寫詩，但還是產生了一整個學派的神秘主義神學家；誠如貝立葉（Dom Berliére）神父所說，他們是本篤會靈修的奇葩。我剛剛才引用過這個學派的領袖明谷的聖伯納德對此主題的看法。不過，即使熙篤會士從來沒寫過將默觀果實傳諸普天下教會的作品，「傳播默觀的果實」仍將永遠是熙篤會士生活不可或缺的一部分，院長及負責指導靈魂的人永遠得以用剛從默觀之爐出籠、尚且熱氣騰騰的神秘主義神學美味麵包來餵養隱修士。這就是聖伯納德告訴約克郡那位有學識的聖職人員莫爾達緒（Henry Murdach）的話，用意在引誘他跳出書本、走入樹林，隱修士都在那兒接受櫸樹、榆樹的教誨。

至於那些「純粹積極入世」的修會又該做何解釋？這種方式存在嗎？安貧小姊妹會（The Little Sisters of the Poor）這個安養老人的團體或多或少也必須做到「傳播默觀的果實」，亦即分享默觀的果實，才算是真正履行她們的聖召；缺乏內心生活的入世聖召是貧瘠、無生氣的，而且還必須是深刻的內心生活才行。

其實，不論是哪一種修道會都有可能過最高境界的生活——也就是默觀生活，和別人分享默觀的果實——甚至有義務這樣做。聖多瑪斯的原則是堅定不移的：完美的巔峰就是「傳播默觀的果實」；但這並不表示我們必須像他一樣，將自己的聖召局限在以教學為主的修會裡。以教學為主的修會正好是最有資格傳授從愛天主得來的知識——如果他們在默觀中得到這種知識。而其他修會或許更適合學習、求取這種知識。

無論如何，分享默觀的果實有許多途徑，不一定依靠著書或發表演講，也不需要在告解室裡和靈魂直接接觸，單憑祈禱就可得到奇妙的結果。的確，默觀的光輝有自行傳播到教會每一個角落的趨勢，在隱密中振奮基督奧體內的所有成員並不需要默觀者做出任何有意識的舉動；然而，如果你認為聖多瑪斯的論點限制了我們和同伴做具體、自然的溝通（雖然很難看出為何一定會如此），即使在那種處境，仍然有一種更有力的方式可以分享神秘的、或是從經驗得來的天主的知識。

查看聖文德的《心靈朝向天主之旅》，會找到對此種最高聖召的絕佳描述，是這位愛火聖師在阿菲尼亞山（Mount Alvernia）上避靜默想時悟到的，那兒正是方濟會的偉大會祖聖方濟雙手、雙足與肋骨旁被烙上耶穌十字五傷的荒涼地點。藉著超性直覺的光照，聖文德洞察教會歷史上偉大事件的全部涵義，他說：「就在那兒，聖方濟在默觀的神魂超拔狀態中逾越進入天主，因此他是完美默觀者的模範；同時，他又是積極入世的生活的完美標準，天主藉著他吸引所有真正有靈修的人，達到逾越、神魂超拔的境界，所謂言教不如身教。」

這就是「傳播默觀的果實」的清晰真義，是由一位徹底過默觀生活、說話不模稜兩可的人說的。得到這種聖召的人將在轉化結合[3]後達到神秘生活與奧秘體驗的高峰，進入基督的境界。於

3 審訂者註：聖女大德蘭提發「結合祈禱」（prayer of union）時，按神秘結合本身的不同程度，可劃分為三個重要階段，學者專家依序命名為「單純結合」（simple union）、「超拔結合」（ecstatic union）和「轉化結合」（transforming union）。「轉化結合」是人現世所能達到的最高結合，意謂人靈已經歷徹底的煉淨，適合做主基督的淨配，以致從「靈性訂婚」（spiritual betrothal）邁進到「神婚」（spiritual marriage）。參照關永中，《聖女大德蘭自傳》〈導讀：心堡與神婚——與聖女大德蘭談默觀〉（星火文化，2010）。

是，基督住在我們之內，指導我們的一舉一動，使我們發散出喜樂、聖德、超性活力，旁人看了也渴望追尋同樣高超的結合——更恰當的說法是，生活在我們之內、完全掌握我們靈魂的基督發揮了隱密影響力，吸引旁人效法我們。

請注意一件極重要的事實，就是聖文德並未將人分成幾類幾等：基督將自己的形象烙印在聖方濟身上，目的不在吸引幾個人或少數享有特權的隱修士，而是要吸引所有真正有靈修的人，引領他們走向默觀的完美，這種完美無非是愛的完滿；一旦達到這種境界，自然就會吸引別人朝向他們。任何人在法理上（即使不是在事實上）都可能受到召喚，逐漸在默觀的熔爐中和基督融為一體，再延伸出去在地面上點燃同樣的火焰，那是基督所樂見的。

這意味著實質上聖召只有一種。不論教書、住在修院或照顧病人，不論有無宗教信仰、已婚或獨身，不論你是誰或是什麼，都有達於完美巔峰的召喚：你受召喚過深刻的內心生活，甚至受召喚做神秘祈禱，將默觀的成果傳授給他人；即使無法立言，也能以身作則。

假如你的靈魂燃燒著這種鼓舞人心的愛，冒出昇華的火焰，無疑地整個教會和世界所受的影響將遠超過言教身教所能達到的效果。聖十字若望寫過：「在天主眼裡，只要有一點一滴這種純淨的愛，看來無所作為的靈魂都較事功纍纍更彌足珍貴。」

在我們出生之前，天主已經認識我們，祂知道我們當中有人會背叛祂的愛與仁慈，也有人從能愛的那天便願意愛祂，永生不渝地愛祂。祂知道我們的皈依會給祂的國度裡的天使帶來歡樂，也知道有一天祂會帶我們一起到革責瑪尼，為了祂自己，也為了讚頌祂的愛。

修道院內每個人的生活就是構成奧蹟的一個單元，一一相加後遠遠超過原先的總和。那到底是什麼，我們尚無法了解，但是用神學的語言來說，我們都是奧秘基督的肢體，在祂內成長；為了祂，萬物受造。

就某種意義而言，我們永遠是旅人，風塵僕僕，卻不知何去何從。換種說法，我們已經抵達目的地了。

在此生，我們無法完美無缺地擁有天主，這就是我們為何總是尋尋覓覓，生活在黑暗中；但是，藉著恩寵我們已經擁有祂，所以我們已經抵達目的地，生活在光明中。

但是啊！我已經抵達了，還要走多遠才能找到祢呢！

但是現在，噢，我的天主，唯有跟祢我才能談心，旁人是不會了解的。我無法將世上任何人帶進我所居住、受祢光照的雲朵中，但那也是祢的黑暗，我在其中迷失、侷促不安。我無法向任何人解釋祢的悲慮就是祢的歡樂，也無法解釋迷失就是掌握祢，和萬物有距離便是抵達祢處，在祢內死亡就是在祢內誕生，因為我自己對它一無所知，只知道我盼望一切都已成為過去——我盼望它已經開始。

祢駁斥一切，祢將我留在無人之土。

祢令我終日在樹下來回踱步，一遍遍對自己說：「獨居，獨居。」一轉身，祢卻將整個世界丟進我懷裡。祢對我說過：「拋棄一切，跟隨我。」然後祢將半個紐約緊緊銬在我腳上。祢讓我跪在那根柱子後面，我的心像撲滿一般亂響，那算是默觀嗎？

今年春天，在我於聖若瑟瞻禮日發顯願之前，我這三十三歲的小品聖職人員確實有上述的感覺。祢看來幾乎要我放棄我渴望的孤寂，放棄默觀生活。祢要求我服從長上，我敢確定他們不是要我寫作，便是讓我教授哲學，或是要我在修道院負責十多項俗務，甚至要我當避靜神師，每天向前來修道院的世俗人做四次講道；即使沒有任何特別的職務，我都會從早上兩點鐘馬不停蹄地忙到晚上七點。

我不是花了一年時間寫了巴各滿院長的生平嗎？她被派去日本新成立的嚴規熙篤女修道會，她不也是想做默觀修道者嗎？結果怎麼了？她必須身兼門房、訪客導師、聖器室管理人、地窖看守者、庶務修女導師，偶爾獲得一點豁免，也是因為要她承擔初學導師之類更吃重的職務。

瑪爾大，瑪爾大，你為了許多事操心忙碌……[4]。

當我開始避靜、準備發聖願時，有一段時間我自問：那些聖願是否有附加條件？假如我得到的是默觀修道的聖召，而那些聖願不但不幫助我成為默觀者，反而阻擋我，那將會如何？

但是為了能開始祈禱，我必須放棄那種想法。

發了聖願之後，我發覺自己不再確知默觀者為何物，也不確知默觀聖召是什麼、我的聖召是什麼、熙篤會的聖召又是什麼。事實上，我無法再確知或理解任何事情了，只知道是祢要我在這特定時間、特定會院發特定的聖願，為了祢最清楚的原因。然後，我該做的就是與他人一致行動、奉命行事，疑團自然會解開。

那天早上我俯伏在教堂正中央，院長神父在我上面祈禱，我的嘴邊有灰塵，這時我忽然笑了。我就這麼不明就裡、歪打正著地做了正確的事，甚至做了相當驚人的事。但是並非我的工作驚人，而是祢在我內所做的工作。

幾個月過去了，祢還未減弱我那些熱望，但是祢已經給了我平安，我也開始了解情況，漸漸啟蒙了，因為祢召喚我來此不是要我戴上標籤，以便認出自己，將自己歸入某種類型。祢不要我費心思索我是什麼，祢要我想祢是什麼；或者更貼切地說，祢甚至不要我多費腦筋，因為祢要我從思索的層次提升。假如我不斷思索我是什麼、我在哪兒、為何如此，怎能完成工作？

我不想小題大做，我不會說：「祢已經要了我的一切，我也已經棄絕一切。」因為我不再希望看到祢我之間有隔閡。假如我往後退一步，認為祢我之間好像在授受些什麼，或是我奉獻了些什麼，就無異承認我們之間有間隔，記住我們之間有距離。

我的天主，就是那間隔和距離將我置於死地。

那就是我盼望孤寂的唯一原因——不再關心一切受造物，棄絕它們、不認它們，因為受造物使我想起祢我之間的距離。受造物告訴我有關祢的事情：祢和它們相距很遠，雖然祢在它們之內。祢創造了它們，祢的存在讓它們的存在得以持續，它們卻將祢藏起，不讓我看到。我要獨居，遠離它們，多麼有福的孤獨啊！

4 譯註：語出〈路加福音〉第十章第四十一節，接下去的話是：「其實需要的唯有一件。」在此耶穌指摘瑪爾大過於為俗務操勞，暗指默觀是更好的事。

因為我知道只有遠離受造物才能來到祢面前：那就是我為何一向如此不樂的原因，因為祢似乎罰我和受造物在一起。現在我的痛苦已經事過境遷，我的喜樂就要開始，這種喜樂發自最深刻的痛苦，因為我開竅了。祢教誨了我，慰藉了我，我重新開始盼望與學習。

我聽到祢對我說：

我要讓你隨心所欲。我要領你走向孤寂。我要以超越你想像的方式帶領你，因為我要領你走一條捷徑。

周遭事物全會武裝起來和你作對，否認你、中傷你、給你痛苦、讓你陷於孤寂。

因為它們充滿敵意，你會很快陷於孤立。它們會放逐你、棄絕你、拒絕你，那時你就完全孤單了。

你觸碰什麼都會受炙傷，你會疼痛地把手抽開，直到你退避萬物，那時你就完全孤獨了。

任何願望都會灼燒你，用烙器烙印你，你會痛苦地逃之夭夭，離群索居。來自受造的喜樂只會為你帶來痛苦，你會無感於喜樂，被遺棄一旁。所有人喜愛、熱望、尋求的好事都會來到你面前，但它們是以謀殺犯的身分來的，要使你辭世，與佔據俗世的一切分隔。

你會受到稱讚，那是像被捆在柱子上燒死的感覺。你會被愛，但是這愛會謀刺你的心，將你驅入沙漠。

你會得到恩賜，其重擔卻會壓垮你。你會嘗到祈禱的甜美，但亦將因此作嘔，你會插翅遠去。

當你稍受讚美、稍稍被愛，我就會拿走你所有的天賦、所有的愛、所有的讚美，你會完全被遺忘，完全被遺棄，變得一文不值、雖生猶死、被棄若敝屣。就在那一天，你會享有你長久盼望的孤寂，你的孤寂會在今世永遠無緣相見的靈魂中孕育出纍纍果實。

不要問這事在何時、何地、如何發生，在山上或在監獄，在沙漠或在集中營，在醫院或在革責瑪尼，都無關緊要。所以別問我，因為我不會告訴你，除非你已身在其境，否則你不會了解。

但是你會從我的焦慮、我的貧窮中品嘗到真正的孤寂，我會帶領你來到我喜樂的高峰；你在我內死去，在我的慈悲中尋到萬物。為了這個目的，我的慈悲創造了你，將你從普拉德帶到百慕達，到聖安東尼、奧康、倫敦、劍橋、羅馬、紐約、哥倫比亞大學、基督聖體教堂、聖文德學院，到在革責瑪尼勞動的貧窮者的熙篤會院：

好讓你成為天主的兄弟，經學習而了解人們那位被焚燒的基督。

讓此書在此完結吧，但探索仍將繼續！

國家圖書館出版品預行編目資料

七重山：當代最具影響力的靈性經典 / 多瑪斯・牟敦(Thoman Merton)
著 ; 方光珞、鄭至麗譯. -- 二版. -- 臺北市 : 啟示出版 : 英屬蓋曼群島商家庭傳媒股份有限公司城邦分公司發行, 2022.03
面 ;　公分. -- (Soul系列 ; 37)
譯自 : The Seven Storey Mountain.
ISBN 978-626-95477-7-7(平裝)

1. 牟敦(Merton, Thomas, 1915-1968)　2.天主教傳記　3.美國

249.952　　111001633

Soul系列037

七重山：當代最具影響力的靈性經典

作　　者／多瑪斯・牟敦（Thoman Merton）
譯　　者／方光珞、鄭至麗
企畫選書人／彭之琬
總 編 輯／彭之琬
責任編輯／周品淳

版　　權／黃淑敏、江欣瑜
行銷業務／周佑潔、黃崇華、賴正祐、周佳葳
總 經 理／彭之琬
事業群總經理／黃淑貞
發 行 人／何飛鵬
法律顧問／元禾法律事務所王子文律師
出　　版／啟示出版
臺北市 104 民生東路二段 141 號 9 樓
電話：(02) 25007008　傳真：(02)25007759
E-mail:bwp.service@cite.com.tw
發　　行／英屬蓋曼群島商家庭傳媒股份有限公司城邦分公司
台北市中山區民生東路二段141號2樓
書虫客服服務專線：02-25007718；25007719
服務時間：週一至週五上午09:30-12:00；下午13:30-17:00
24小時傳真專線：02-25001990；25001991
劃撥帳號：19863813；戶名：書虫股份有限公司
讀者服務信箱：service@readingclub.com.tw
城邦讀書花園：www.cite.com.tw
香港發行所／城邦（香港）出版集團
香港灣仔駱克道193號東超商業中心1F　E-mail: hkcite@biznetvigator.com
電話：(852) 25086231　傳真：(852) 25789337
馬新發行所／城邦（馬新）出版集團【Cite (M) Sdn Bhd】
41, Jalan Radin Anum, Bandar Baru Sri Petaling, 57000 Kuala Lumpur, Malaysia.
電話：(603) 90578822　傳真：(603) 90576622
Email: cite@cite.com.my

封面設計／李東記
排　　版／極翔企業有限公司
印　　刷／韋懋印刷事業有限公司

■ 2013 年 3 月 26 日初版
■ 2022 年 3 月 1 日二版
定價 480 元

Printed in Taiwan

城邦讀書花園
www.cite.com.tw

 ISBN 978-626-95477-7-7